Breakout Trading
मेड इजी

Breakout Trading मेड इजी

Price Action रणनीतियों के साथ अपने Profit को Maximise करें

सुनील गुर्जर

प्रभात प्रकाशन

प्रकाशक

प्रभात प्रकाशन प्रा. लि.

4/19 आसफ अली रोड, नई दिल्ली–110002

फोन : 011–23289777 • हेल्पलाइन नं. : 7827007777

इ–मेल : prabhatbooks@gmail.com ❖ वेब ठिकाना : www.prabhatbooks.com

संस्करण

प्रथम, 2024

अनुवाद

श्वेता भट्ट

पेपरबैक मूल्य

चार सौ पंचानबे रुपए

मुद्रक

आर–टेक ऑफसेट प्रिंटर्स, दिल्ली

BREAKOUT TRADING MADE EASY
by Shri Sunil Gurjar
(Hindi translation of BREAKOUT TRADING MADE EASY)

Published by **PRABHAT PRAKASHAN PVT. LTD.**
4/19 Asaf Ali Road, New Delhi-110002

ISBN 978-93-5521-994-7

₹ 495.00 (PB)

अनुक्रम

1
ब्रेकआउट ट्रेडिंग का परिचय

एक ट्रेडर के रूप में मैं अपनी ट्रेडिंग यात्रा के आरंभ से ही क्लासिकल चार्ट पैटर्न्स का उपयोग कर रहा हूँ, जिसने मुझे न केवल मेरी पूँजी को कई गुना बढ़ाने में, बल्कि स्थिर बाजार स्थितियों के दौरान मेरी पूँजी को संरक्षित करने में भी मदद की है। यह एकमात्र रणनीति है, जिसने बाजार में अन्य सभी प्रकार की ट्रेड रणनीतियों को सांख्यिकीय रूप से पीछे छोड़ दिया है। यह सबसे अलग है, क्योंकि यह ट्रेडर्स को परिभाषित सीमित नुकसान के साथ बाजार में बड़े रुझानों के साथ चलने में सक्षम बनाता है। जब ट्रेडिंग ब्रेकआउट की बात आती है तो आपका मंत्र वास्तविक मूल्य-प्रवृत्ति को शीघ्र पहचान लेने और उस पर अमल करने का होना चाहिए, क्योंकि यह आपके सौदों पर बड़े संभावित रिटर्न्स या प्रतिलाभ प्रदान करता है।

हालाँकि, यदि आप ट्रेडिंग में नए हैं तो यह करने से अधिक कहना आसान है। एक वास्तविक ब्रेकआउट और नकली ब्रेकआउट के बीच अंतर जानने के लिए अभ्यास की जरूरत होती है। स्मार्ट प्राइस गोल्स और स्टॉप-लॉस (वह मूल्य, जिस पर हमारा विश्लेषण गलत हो जाता है और नुकसान को रोकने के लिए हमें ट्रेड से बाहर निकलने की जरूरत होती है) निर्धारित करना भी आसान काम नहीं है। ऐसा करने के लिए आपको ब्रेकआउट ट्रेडिंग के बुनियादी नियमों और रणनीतियों को जानना होगा, जिन पर हम आगे के अध्यायों में चर्चा करेंगे।

ब्रेकआउट ट्रेडिंग को बेहतर ढंग से समझने के लिए हमें इसमें उपयोग की जाने वाली कुछ अवधारणाओं के विषय में स्पष्ट होना होगा। आइए, उन विभिन्न स्थितियों को समझने के लिए, जो ब्रेकआउट ट्रेडिंग करते समय बाजार में मौजूद हो सकती हैं, विभिन्न प्रकार के बाजारों पर एक दृष्टि डालते हैं।

एक मूल्य श्रृंखला, जो लगातार या तो उच्च या निम्न पर (औसतन निश्चित अवधियों में) बंद होती है, उसे 'ट्रेंडिंग' (रुझान होना) कहा जाता है। ऊपर की ओर

रुझान वाला बाजार वह होता है, जिसमें ऊपर-नीचे उतार-चढ़ाव हो सकता है, लेकिन औसतन जिसकी प्रवृत्ति आवधिक ऊँचाई पर बंद होने की होती है। नीचे की ओर रुझान वाला बाजार आवधिक रूप से गिरावट के साथ समाप्त होता है, चाहे अंतरिम चालें जो भी रही हों! किसी भी परिसंपत्ति वर्ग की प्रतिभूतियाँ किसी-न-किसी प्रकार का ट्रेडिंग व्यवहार दिखाती हैं।

एक साइडवेज बाजार में कीमतों में अपेक्षाकृत क्षैतिज उतार-चढ़ाव होते हैं, जो तब होते हैं, जब आपूर्ति और माँग के बल कुछ समय के लिए लगभग बराबर होते हैं। यह आमतौर पर समेकन की अवधि के दौरान होता है, इससे पहले कि कीमत एक पूर्व प्रवृत्ति जारी रखती है या एक नई प्रवृत्ति में बदल जाती है।

एक रेंजिंग मार्केट वह बाजार होता है, जहाँ प्रतिभूतियों की कीमतें उच्च मूल्य स्तर एवं निम्न मूल्य स्तर की मूल्य-सीमा के बीच आगे-पीछे होती हैं। उच्चतम मूल्य स्तर एक प्रतिरोध रेखा के साथ बनता है, जबकि निम्नतम मूल्य स्तर एक समर्थन रेखा के साथ बनता है।

समर्थन और प्रतिरोध

एक स्टॉक व्यापारी का सबसे आवश्यक (और चुनौतीपूर्ण) कार्य प्रतिभूतियों की भविष्य की कीमत का पूर्वानुमान करना है। कीमतें कब बढ़ेंगी (या गिरेंगी), इसका विश्वसनीय अनुमान लगाना असंभव होता है। परिणामस्वरूप, समर्थन और प्रतिरोध का विचार मूल्य में उतार-चढ़ाव को समझने के लिए एक उचित रूपरेखा प्रदान करता है। समर्थन एवं प्रतिरोध स्तरों की सहायता से रुझानों को पहचाना जा सकता है और ट्रेडिंग विकल्पों का चुनाव किया जा सकता है।

एक समर्थन या प्रतिरोध स्तर तब स्थापित होता है, जब एक बाजार की मूल्य गतिविधि उलट जाती है और दिशा बदलती है तथा बाजार के शिखर या गर्त (स्विंग पॉइंट : अतीत में एक महत्त्वपूर्ण मोड़ लाने वाली कीमत) को पीछे छोड़ देती है।

ब्रेकआउट क्या होता है?

ब्रेकआउट एक संभावित ट्रेडिंग अवसर होता है, जो तब आता है, जब एक प्रतिभूति की मात्रा बढ़ने पर एक परिसंपत्ति की कीमत प्रतिरोध स्तर से ऊपर चढ़ जाती है या नीचे गिर जाती है (इसे अध्याय-2 में समझाया गया है)। ऐसा तब होता है, जब एक शेयर की कीमत बढ़ते वॉल्यूम के साथ परिभाषित समर्थन या प्रतिरोध स्तर, चार्ट पैटर्न, ट्रेंड लाइन, मूविंग एवरेज (औसत चलन) से बाहर चली जाती है (इन सभी पर पुस्तक में आगे चर्चा की गई है)। जब शेयर की कीमत प्रतिरोध स्तर पर टूटती है तो एक ब्रेकआउट ट्रेडर तेजी

की लंबी स्थिति या लॉन्ग पोजीशन में प्रवेश करता है (जिसमें वह लंबी अवधि के लिए ट्रेड करता है और कम कीमत पर प्रतिभूति खरीदता है तथा फिर उसे उच्च कीमत पर बेचता है) और जब स्टॉक की कीमत समर्थन के नीचे टूट जाती है तो एक ब्रेकआउट व्यापारी एक मंदी की छोटी स्थिति या शॉर्ट पोजीशन में प्रवेश करता है (जिसमें वह छोटी अवधि के लिए ट्रेड करता है और प्रतिभूति को उच्च कीमत पर बेचता है तथा फिर उसे कम कीमत पर खरीदता है)।

ब्रेकआउट अकसर चार्ट पैटर्न्स से जुड़े होते हैं, जैसे ट्राइएंगल्स, फ्लैग्स, वेजेज और हेड-एंड-शोल्डर्स, ट्रेंड लाइन, मूविंग एवरेज इत्यादि। ये ब्रेकआउट तब होते हैं, जब कीमत लगातार बढ़ती है और स्पष्ट समर्थन एवं/या प्रतिरोध स्तर उत्पन्न करती है। तब व्यापारी ब्रेकआउट के लिए इन स्तरों पर नजर रखते हैं। यदि कीमत प्रतिरोध से ऊपर टूटती है तो वे लॉन्ग पोजीशंस शुरू कर सकते हैं; यदि कीमत समर्थन से नीचे टूटती है तो वे शॉर्ट पोजीशंस स्थापित कर सकते हैं।

ब्रेकआउट ट्रेडिंग एक ऐसी ट्रेडिंग पद्धति है, जो कीमत के उसकी सीमा से बाहर निकलते ही ब्रेकआउट ट्रेड में प्रवेश करना चाहती है। यह बाजार सहभागियों के लिए एक रुझान के शुरुआती चरण में पोजीशन लेने का एक तरीका है।

जैसा कि प्रसिद्ध अमेरिकी निवेशक एवं वित्तीय टिप्पणीकार जिम रोजर्स ने कहा था, "मैं केवल कोने में पैसे पड़े रहने तक की प्रतीक्षा करता हूँ, और मुझे बस, वहाँ जाकर उसे उठाना होता है। मैं इस बीच कुछ नहीं करता।"

इसी प्रकार, ब्रेकआउट ट्रेडिंग में जब तक हमें कोई ब्रेकआउट नहीं दिखाई देता, हमें कोई लॉन्ग या शॉर्ट पोजीशन नहीं लेनी चाहिए। व्यापारी उच्च गति चाहते हैं और ब्रेकआउट एक व्यापार में प्रवेश करने तथा आगे की बाजार काररवाई से लाभ कमाने का संकेत होता है।

जब आप एक ब्रेकआउट योजना कार्यान्वित कर लेते हैं तो जान लें कि ब्रेकआउट विफल हो जाने की स्थिति में आपको अपने नुकसान को कब कम करना है और परिदृश्य का पुनर्मूल्यांकन करें (जिसे इस अध्याय में आगे समझाया जाएगा)।

असली और नकली ब्रेकआउट क्या होते हैं?

वास्तविक ब्रेकआउट तब होता है, जब कीमत उस दिशा में जारी रहने के लिए गति के साथ समर्थन या प्रतिरोध के एक संकेतित स्तर से गुजरती है। एक असफल ब्रेकआउट तब होता है, जब कीमत समर्थन या प्रतिरोध के एक संकेतित स्तर से गुजरती है; लेकिन उस दिशा में जारी रखने के लिए गति का अभाव होता है। हालाँकि, कुछ व्यापारी ब्रेकआउट होने पर ब्रेकआउट दिशा में पोजीशंस बनाने की कोशिश करते हैं। वे

ब्रेकआउट विफल हो जाने पर उन सौदों को बंद करने का चुनाव कर सकते हैं।

ब्रेकआउट रणनीति उन पहली रणनीतियों में से एक है, जिसे नौसिखिए ट्रेडर्स या तो सीखते हैं या उपयोग करने के लिए बाध्य महसूस करते हैं। एक ब्रेकआउट रणनीति का लक्ष्य एक स्पष्ट चार्ट पैटर्न ब्रेकआउट बनने के बाद मूल्य की बड़ी चाल से लाभ कमाना है, जैसे कि एक रेंज या एक ट्राइएंगल से ब्रेकआउट।

हालाँकि, ट्रेडिंग ब्रेकआउट लाभदायक हो सकते हैं, ट्रेडर्स को कई झूठे ब्रेकआउट्स का सामना करने के लिए तैयार रहना चाहिए, जिसमें कीमत पहले पैटर्न के बाहर जाती है और फिर अंदर वापस आ जाती है। यह बाजार से संदेश होता है। यदि झूठे ब्रेकआउट्स लगातार बने रहते हैं तो यह निराशा का एक स्रोत होता है और आपको कोई भी प्रविष्टि लेने से पहले निश्चित रूप से विशिष्ट ब्रेकआउट अवसरों की प्रतीक्षा करनी चाहिए।

यह जानने के लिए कि कब नकली ब्रेक होने की संभावना है, अनुशासन और थोड़ी 'गट फील' की आवश्यकता होती है, और आप वास्तव में कभी भी 'निश्चित रूप से' तब तक नहीं जान पाते, जब तक कि वह हो नहीं जाता। हालाँकि, हम कुछ ऐसे लक्षणों की तलाश कर सकते हैं, जो नकली ब्रेकआउट को वास्तविक ब्रेकआउट से अलग करते हैं, जिनका मैंने नीचे उल्लेख किया है।

एक वास्तविक ब्रेकआउट स्ट्रॉन्ग कैंडल्स बॉडी की विशेषताएँ—

- ब्रेकआउट के साथ मजबूत वॉल्यूम
- उल्लेखनीय समर्थन और प्रतिरोध
- दीर्घकालिक रुझानों के अनुरूप ब्रेकआउट
- ब्रेकआउट से पहले कम वॉल्यूम एक अच्छा संकेत है
- ब्रेकआउट से ठीक पहले टाइट क्लोजिंग बिल्ड-अप (समेकन)।

ये ब्रेकआउट ट्रेडिंग के बुनियादी सिद्धांत हैं। यदि आप ट्रेडिंग करते समय इनका अच्छी तरह से उपयोग करते हैं तो ट्रेड की सही दिशा में होने की आपकी संभावना बढ़ सकती है।

केस स्टडी : रियल (वास्तविक) ब्रेकआउट।

चित्र 1.1 टाटा एलेक्सी के दैनिक चार्ट को दरशाता है, जो एक वास्तविक ब्रेकआउट की सभी विशेषताएँ दिखाता है। मजबूत ब्रेकआउट कैंडल के साथ स्टॉक में अच्छा वॉल्यूम था। इसमें एक मजबूत पूर्व प्रवृत्ति भी थी, जो सुरक्षा में गति का संकेत देती है।

हमेशा याद रखें, यदि ब्रेकआउट वास्तविक है तो स्टॉक कभी भी ब्रेकआउट कैंडल के नीचे नहीं दिखाई देगा, बशर्ते कि ब्रेकआउट कैंडल मजबूत हो!

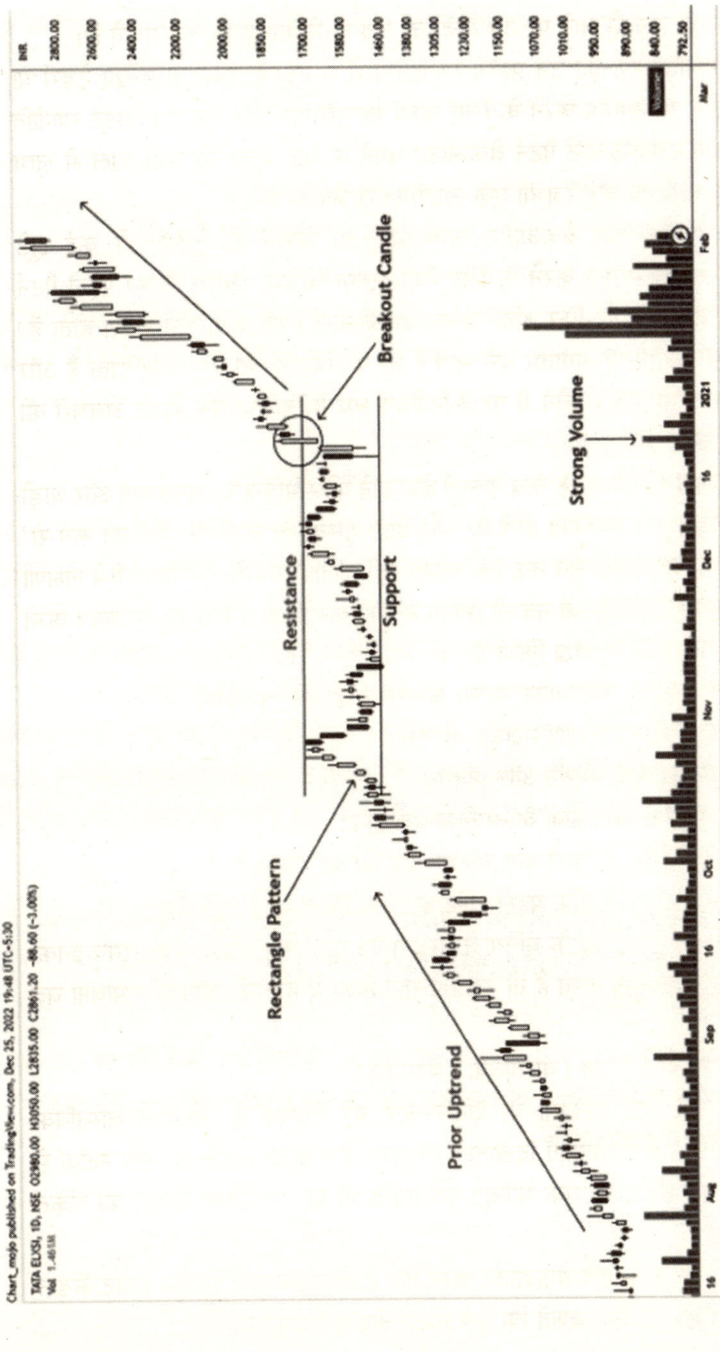

चित्र 1.1: Real breakout

एक वास्तविक ब्रेकआउट को एक मजबूत कैंडल बॉडी के सभी मानदंडों को पूरा करना चाहिए—

- ब्रेकआउट के साथ मजबूत वॉल्यूम (हाँ)।
- महत्त्वपूर्ण समर्थन और प्रतिरोध (हाँ)।
- दीर्घकालिक रुझानों के अनुरूप ब्रेकआउट (हाँ)।
- ब्रेकआउट से पहले कम वॉल्यूम एक अच्छा संकेत है (हाँ)।
- ब्रेकआउट से ठीक पहले टाइट क्लोजिंग बिल्ड-अप (नहीं)।

यदि स्टॉक में टाइट क्लोजिंग बिल्ड-अप (टी.सी.बी.) है, यानी एक सख्त समेकन या दायरा है, तो यह अधिक सकारात्मक संकेत होगा; क्योंकि यह दरशाता है कि कमजोर हाथ बाहर हो गए। कभी-कभी यदि टी.सी.बी. बहुत तंग होता है तो स्टॉप-लॉस को उसके ठीक नीचे रखना आसान हो जाता है।

केस स्टडी : नकली (फेक आउट) कैंडल/सिग्नल।

चित्र 1.2 हिंदुस्तान यूनिलीवर लिमिटेड (HUL) का दैनिक चार्ट दिखाता है। इस स्टॉक ने वास्तविक ब्रेकआउट की अधिकांश विशेषताओं को प्रदर्शित नहीं किया। इसमें एक मजबूत वॉल्यूम नहीं था। हालाँकि, ब्रेकआउट कैंडल अच्छा था, लेकिन उसके बाद का कैंडल मंदी की ओर मुड़ गया और ब्रेकआउट नकली निकला। स्टॉक में पहले एक मजबूत तेजी का रुझान अवश्य था, जो सुरक्षा में गति का संकेत देता है।

इन विशेषताओं वाले स्टॉक से बचना चाहिए, क्योंकि इससे स्टॉप-लॉस प्रभावित होना तय है। यदि आपने स्टॉप-लॉस नहीं लगाया है तो आपको बहुत नुकसान उठाना पड़ेगा, क्योंकि आप देख सकते हैं कि कीमत 1,780 रुपए से घटकर 1,500 रुपए हो गई है।

प्रो टिप : ट्रेडिंग सिस्टम में स्टॉप-लॉस दर्ज किए बिना कभी भी ट्रेड न करें। घाटे से बचने के लिए मूल्य-आधारित या तकनीकी विश्लेषण-आधारित स्टॉप-लॉस के साथ ट्रेड करें।

आप ब्रेकआउट जोन के चारों ओर बने बड़े कैंडलस्टिक पैटर्न को भी देख सकते हैं, जो एक मंदी के संकेत और मजबूत वॉल्यूम बार (स्टॉक मूल्य पर निराशावाद का संकेत) का सुझाव देता है।

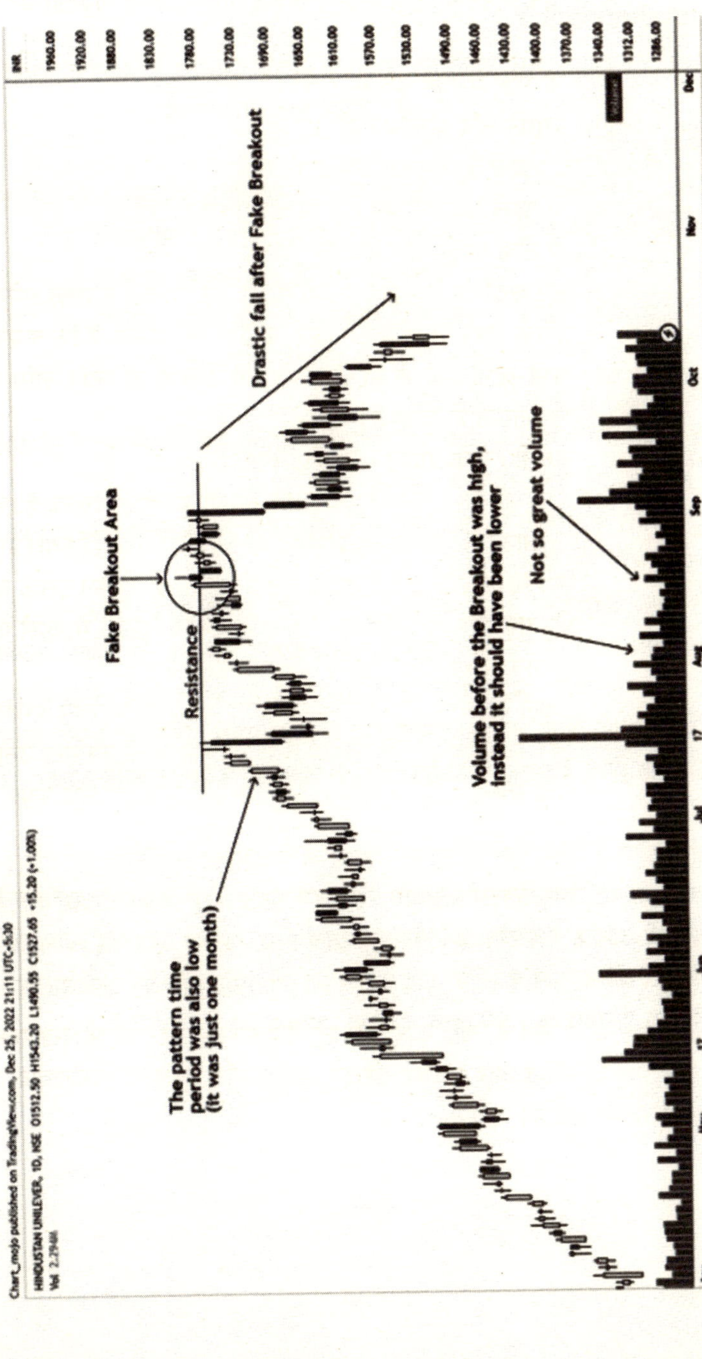

चित्र 1.2: Fake out candle/signal

यह महत्त्वपूर्ण क्यों है ?

लोगों को स्टॉप-लॉस लगाने की आदत नहीं होती, इसलिए वे अपनी संपूर्ण ट्रेडिंग पूँजी का एक बड़ा हिस्सा खो देते हैं और ट्रेडिंग खाता उड़ा देते हैं।

केस स्टडी : फर्जी ब्रेकआउट।

चित्र 1.3 में सिटी यूनियन बैंक का दैनिक चार्ट वास्तविक ब्रेकआउट की अधिकांश विशेषताओं को दरशाता है। स्टॉक में एक अच्छा वॉल्यूम (औसत से ऊपर) था। ब्रेकआउट कैंडल भी एक वाइड रेंज कैंडल था, जो उसे व्यापार करने के लिए आदर्श बनाता था। हालाँकि, स्टॉक ने एक फर्जी संकेत दिया। यह स्टॉप-लॉस से आगे निकल गया (ब्रेकआउट कैंडल के निम्न बिंदु, या हालिया स्विंग लो, पर रखा गया), जो ब्रेकआउट कैंडल से थोड़ा ही नीचे था।

यह एक ऐसा मामला है, जहाँ कई लोग फँस जाएँगे, यदि उन्होंने स्टॉप-लॉस नहीं लगाया है; और उन्हें पूँजी-क्षरण का सामना करना पड़ेगा।

इस प्रकार की स्थिति में लॉस बुक करें, जब स्टॉक स्टॉप-लॉस तक पहुँचता है, और दूसरे अवसर की तलाश करें।

सर्वश्रेष्ठ ब्रेकआउट ट्रेडर्स कहते हैं—मैंने स्वयं अपनी ट्रेडिंग यात्रा के दौरान इसका अनुभव किया है कि यदि कोई ट्रेड सफल होने वाला है तो बाजार आपको लगभग तुरंत बता देगा। यदि ब्रेकआउट वास्तविक है तो कीमत कभी भी ब्रेकआउट कैंडल से नीचे नहीं जानी चाहिए। हमेशा याद रखें कि सबसे अच्छा या सबसे मजबूत ब्रेकआउट वह होगा, जिसका ब्रेकआउट होने से ठीक पहले एक मजबूत आधार (टी. सी.बी.) होगा।

यदि तोड़ने के लिए एक महत्त्वपूर्ण स्तर है तो ब्रेकआउट पर विचार करें। जितनी अधिक एक कीमत समर्थन/प्रतिरोध/प्रवृत्ति रेखा/चार्ट पैटर्न/चालू औसत पर पहुँचती है, स्तर उतना ही अधिक वैध होता है। चैनल्स, ट्राइएंगल्स, फ्लैग्स और कई अन्य पैटर्न 'ब्रेकिंग पॉइंट' की पहचान करने में मदद कर सकते हैं। गंभीर स्तरों का उल्लंघन करना कठिन है। इस परिमाण के उल्लंघन के दूरगामी प्रभाव होंगे।

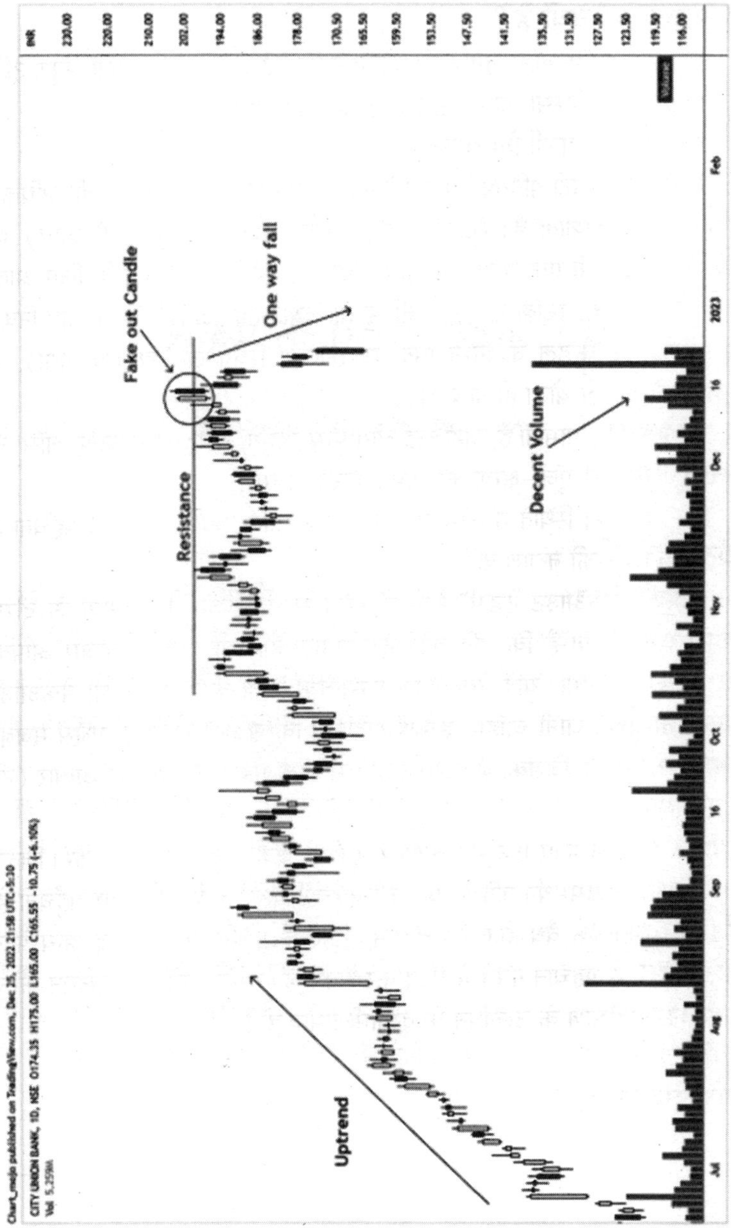

चित्र 1.3: Fake breakout

2

ब्रेकआउट ट्रेडिंग के प्रकार

इस अध्याय में हम विभिन्न ब्रेकआउट तकनीकों के बारे में बात करेंगे, जो निम्नलिखित हैं—

समर्थन और प्रतिरोध

तकनीकी विश्लेषण में समर्थन (सपोर्ट) और प्रतिरोध (रेसिस्टेंस) दो सबसे महत्त्वपूर्ण स्तंभ हैं। यदि एक ट्रेडर यह नहीं समझता है कि उनका निर्माण कैसे होता है और उनका क्या अर्थ है, तो यह वास्तव में उसकी तकनीकी प्रगति को धीमा कर सकता है। हालाँकि, चिंता न करें, मैं इसके बारे में सबकुछ अध्याय में आगे विस्तार से बताऊँगा।

एक समर्थन या प्रतिरोध स्तर तब स्थापित होता है, जब एक बाजार की मूल्य गतिविधि उलट जाती है और दिशा बदलती है तथा बाजार के शिखर या गर्त (स्विंग पॉइंट : अतीत में एक महत्त्वपूर्ण मोड़ लाने वाला मूल्य) को पीछे छोड़ देती है। समर्थन और प्रतिरोध स्तर ट्रेडिंग रेंज बना सकते हैं, जैसा कि चित्र 2.1 में देखा गया है, और उन्हें ट्रेडिंग मार्केट्स में भी देखा जा सकता है, जब एक बाजार पीछे हटता है और स्विंग पॉइंट्स को पीछे छोड़ देता है। सीधे शब्दों में कहें, तो समर्थन और प्रतिरोध को रेंजिंग व ट्रेडिंग मार्केट में भी देखा जा सकता है। आइए, दोनों उदाहरण देखते हैं।

एक साइडवेज मार्केट में समर्थन और प्रतिरोध

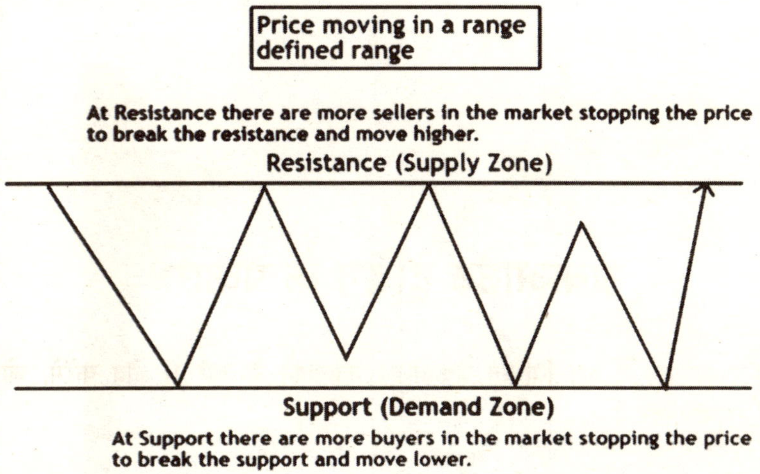

चित्र 2.1: Support and resistance in a sideways market

केस स्टडी : ग्राफिक रेंजिंग मार्केट में टाटा स्टील के लिए मासिक चार्ट दिखाता है।

एक रेंजिंग (सीमाबद्ध) मार्केट में समर्थन और प्रतिरोध का उदाहरण

चित्र 2.2 टाटा स्टील का मासिक चार्ट दिखाता है, जो वर्ष 2007 से 2021 तक के रेंजिंग मार्केट का संकेत देती है। जो ट्रेडर आमतौर पर रिवर्सल ट्रेडिंग करते हैं, वे समर्थन पर खरीदते हैं और प्रतिरोध पर बेचते हैं। हालाँकि, यह याद रखा जाना चाहिए कि ब्रेकआउट ट्रेडिंग करते समय हम प्रतिभूति तभी खरीदेंगे, जब वह प्रतिरोध स्तर को पार कर जाएगी और जब प्रतिभूति समर्थन-क्षेत्र को तोड़ देगी, तब एक शॉर्ट पोजीशन लेंगे।

इस चार्ट में मूल्य गतिविधि से संकेत मिलता है कि बुल्स एवं बेयर्स भ्रमित हैं और एक-दूसरे से लड़ रहे हैं। जो कोई भी जीतेगा, उसे कीमत को अपनी दिशा में मोड़ने की स्वतंत्रता होगी, क्योंकि उसने प्रतिद्वंद्वी पार्टी को हरा दिया है। इसलिए आप एक ब्रेकआउट होते हुए और कीमत को एक दिशा में बढ़ते हुए देखते हैं।

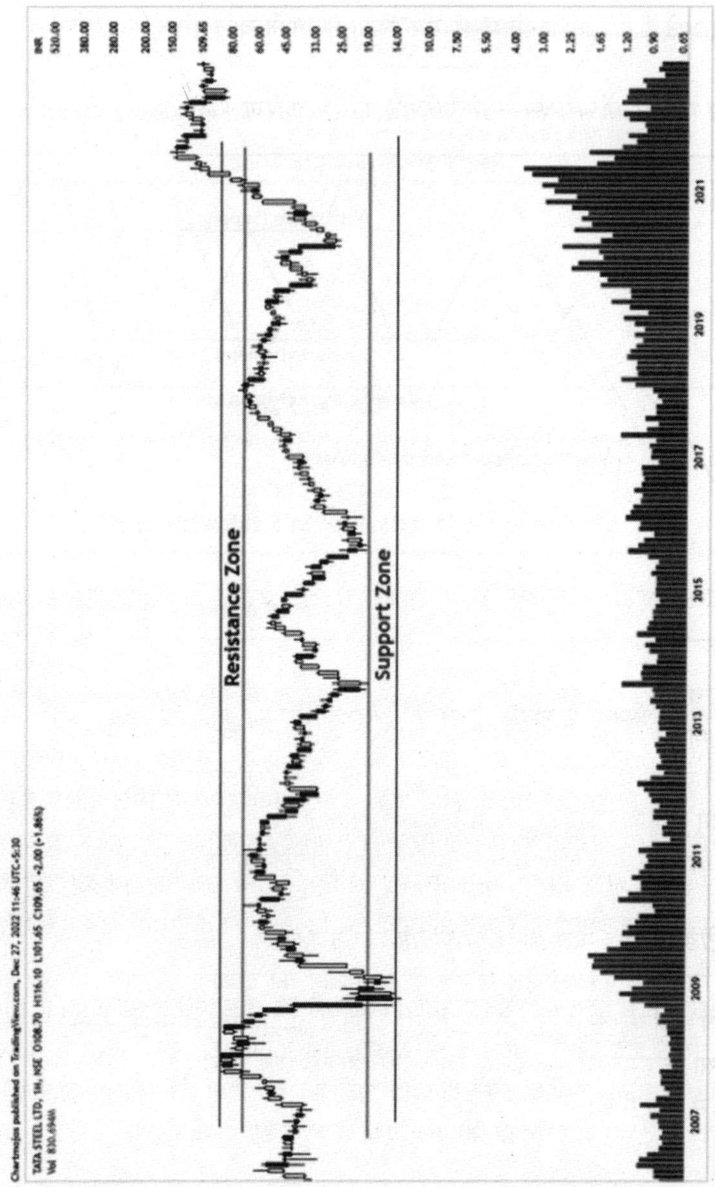

चित्र 2.2: Tata Steel (ranging market)

चार्ट्स स्कैन करें और ऐसे स्टॉक ढूँढ़ें, जो समेकन चरण से गुजर रहे हैं तथा उन्हें रडार पर रखें। एक बार जब ये स्टॉक अपने प्रतिरोध-क्षेत्र या समर्थन-क्षेत्र से बाहर निकल जाते हैं तो आपको किसी भी एक दिशा में इनकी चाल देखने को मिलेगी।

ट्रेंडिंग मार्केट में समर्थन और प्रतिरोध का उदाहरण

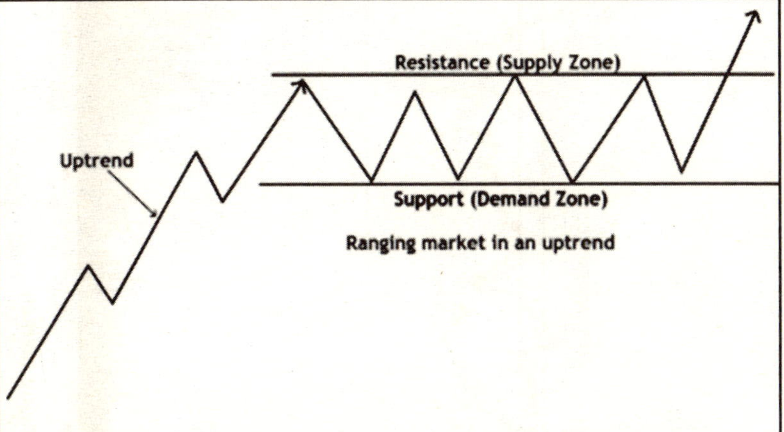

चित्र **2.3: Support and resistance in a trending market**

चित्र 2.3 को देखकर आप एक अपट्रेंड (ऊपर की ओर बढ़ते बाजार) में एक रेंजिंग मार्केट में समर्थन व प्रतिरोध देख सकते हैं। आइए, इन्हें अधिक विस्तृत तरीके से समझने के लिए कुछ व्यावहारिक उदाहरण देखें। याद रखें, यही बात डाउनट्रेंड के लिए भी लागू होती है (जो कि एक अपट्रेंड के विपरीत है)।

केस स्टडी : ग्राफिक भारतीय स्टेट बैंक का मासिक चार्ट दिखाता है।

एक ट्रेंडिंग मार्केट में समर्थन और प्रतिरोध का उदाहरण

चित्र 2.4 एक अपट्रेंड में एक रेंजिंग मार्केट को दरशाता है। एक बार जब हम प्रतिरोध-क्षेत्र को ऊपर की ओर टूटते हुए देखते हैं तो हम एक लॉन्ग पोजीशन ले सकते हैं। जैसा कि हम चार्ट से देख सकते हैं, दीर्घकालिक दृश्य अच्छा दिख रहा है और स्टॉक समय से तेजी में है।

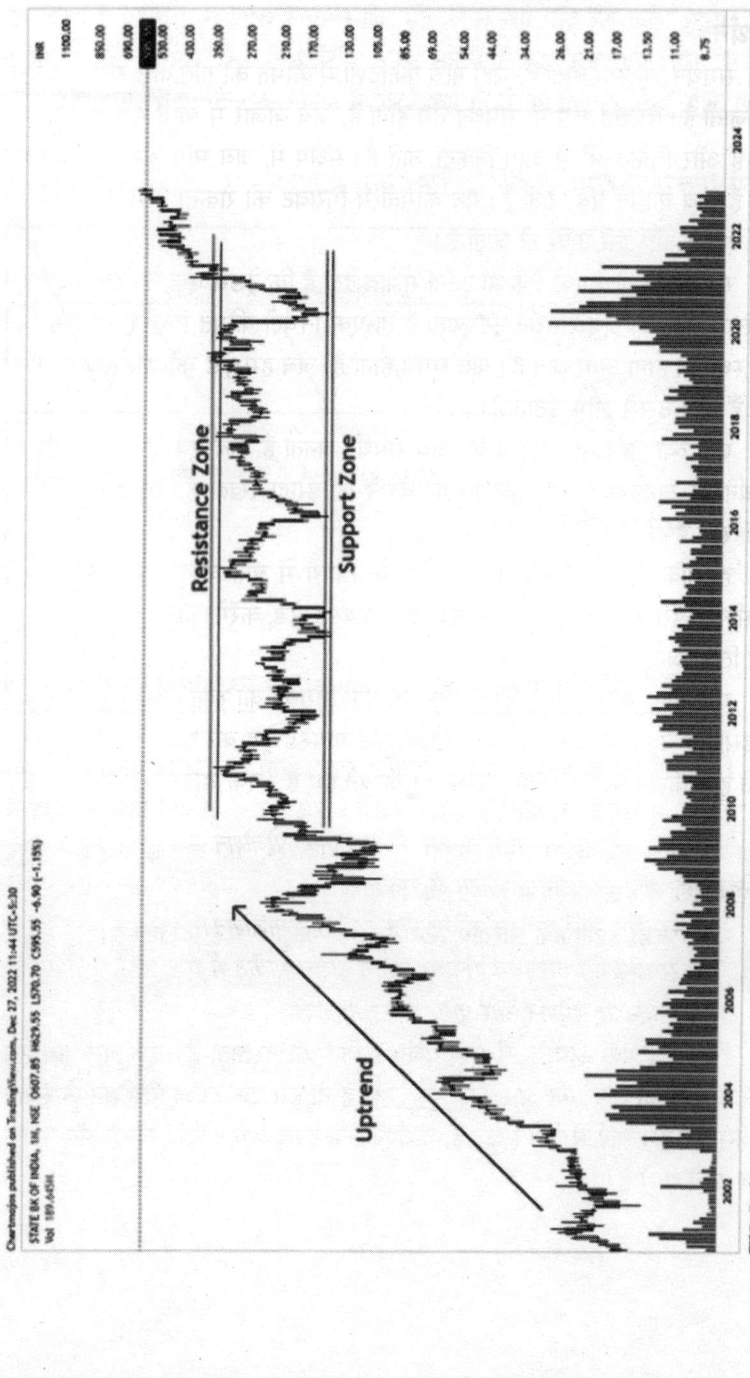

चित्र 2.4: State Bank of India (ranging market in an uptrend).

समर्थन

समर्थन वह स्तर होता है, जहाँ नीचे की दिशा में कीमत की गति कुछ समय के लिए रुक जाती है। सिद्धांत रूप में, समर्थन तब होता है, जब बाजार में बहुत सारे खरीदार आ जाते हैं और विक्रेताओं से आगे निकल जाते हैं। संक्षेप में, जब माँग आपूर्ति से अधिक होती है, तब कीमतें बढ़ जाती हैं। यह कीमतों में गिरावट को रोकता है या उसकी दिशा मोड़ देता है और इसे ऊपर ले जाता है।

समर्थन के नीचे एक ब्रेक या टूटना सुझाव देता है कि ट्रेडर्स एक नए स्तर पर बेचने के लिए तैयार हैं। जब समर्थन टूट जाता है तो एक निचले कीमत बिंदु पर नया समर्थन स्तर स्थापित होना आम बात है। यही समय होता है, जब हम ट्रेड को शॉर्ट साइड पर ले जाते हैं और उससे लाभ उठाते हैं।

एक व्यापक धारणा यह है कि जब समर्थन बनता है, तब एक ट्रेडर आमतौर पर समर्थन पर खरीदता है और प्रतिरोध पर बेचने का इरादा रखता है, जो रिवर्सल ट्रेडिंग का हिस्सा है।

हालाँकि, यहाँ हम ब्रेकआउट ट्रेडिंग के विषय में बात कर रहे हैं, इसलिए हम रिवर्सल ट्रेडिंग नहीं करेंगे और केवल शॉर्ट बायस्ड ट्रेड करेंगे, जब समर्थन नीचे की ओर लिया जाएगा।

एक और अवसर तब होता है, जब हम एक गिरावट का रुझान या डाउनट्रेंड देखते हैं। इसलिए जब रुझान बनते हैं तो हम एक शॉर्ट बायस्ड ट्रेड कर सकते हैं, यह ध्यान में रखते हुए कि लोअर लोज और लोअर हाईज बने हुए हैं (एक डाउनट्रेंड)।

प्रो टिप : कभी भी बढ़ते बाजार में एक शॉर्ट पोजीशन न लें। ऐसे केवल दो परिदृश्य हैं, जहाँ हम शॉर्ट पोजीशन ले सकते हैं—

1. *समर्थन टूटने पर एक रेंजिंग मार्केट में शॉर्ट पोजीशन।*
2. *समर्थन का उल्लंघन होने पर डाउन ट्रेंडिंग मार्केट में एक शॉर्ट पोजीशन।*

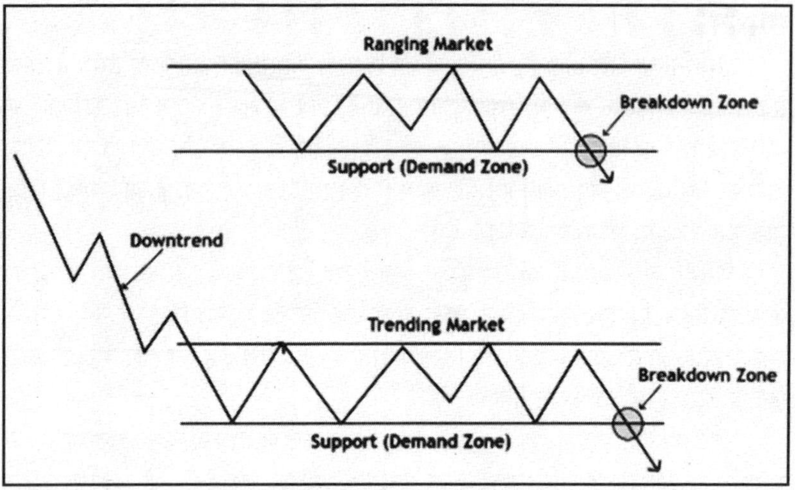

चित्र 2.5 : (ए) समर्थन टूटने पर एक रेंजिंग मार्केट में एक शॉर्ट पोजीशन (शीर्ष चित्र); (बी) समर्थन का उल्लंघन होने पर डाउन ट्रेंडिंग मार्केट में एक शॉर्ट पोजीशन (नीचे का चित्र)।

केस स्टडी : ग्राफिक आई.आर.बी. इन्फ्रास्ट्रक्चर चार्ट दिखाता है।

रेंजिंग मार्केट में शॉर्ट पोजीशन का उदाहरण

चित्र 2.6 आई.आर.बी. इन्फ्रास्ट्रक्चर डेवलपर्स लिमिटेड का साप्ताहिक चार्ट है, जो सितंबर 2014 से सितंबर 2018 तक के रेंजिंग मार्केट का संकेत देता है। जैसा कि हम चार्ट में देख सकते हैं, यह एक ऐसा वातावरण है, जहाँ स्टॉक समर्थन व प्रतिरोध के बीच होता है और समर्थन-क्षेत्र से एक ब्रेकडाउन या टूटना दरशाता है। ब्रेकडाउन पैटर्न की पुष्टि हो जाने के बाद शॉर्ट पोजीशन लेना और नीचे की ओर बढ़ना समझदारी होगी।

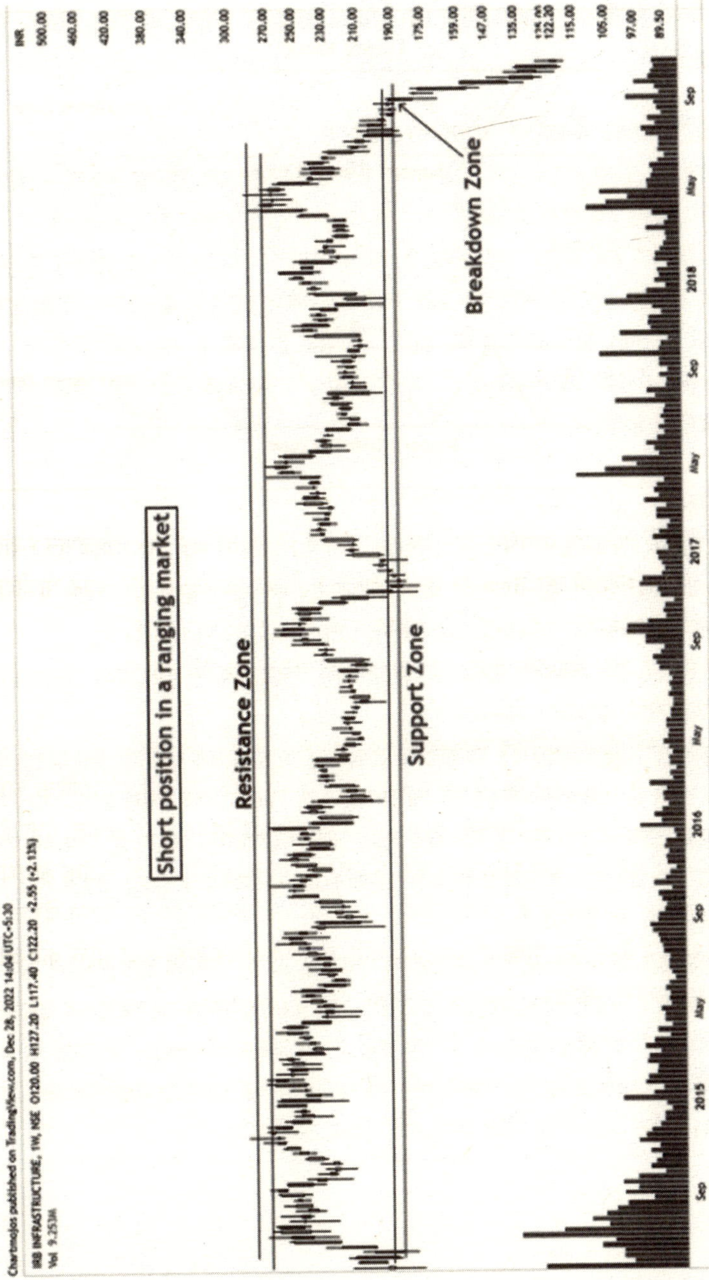

चित्र 2.6: Weekly chart of IRB Infrastructure Developers Ltd. indicating a ranging market.

केस स्टडी : ग्राफिक बी.ए.एस.एफ. (BASF) इंडिया के लिए दैनिक चार्ट दिखाता है।

एक ट्रेंडिंग मार्केट में शॉर्ट पोजीशन का उदाहरण

चित्र 2.7 बी.ए.एस.एफ. इंडिया का दैनिक चार्ट दिखाता है, जो नवंबर 2018 से अक्तूबर 2019 तक एक डाउन ट्रेंडिंग (बाजार में गिरावट) का संकेत दे रहा है।

जैसा कि हम चार्ट में देख सकते हैं, स्टॉक डाउनट्रेंड में समर्थन व प्रतिरोध के बीच है और समर्थन-क्षेत्र से नीचे की ओर मंदी का संकेत देते हुए ब्रेकडाउन दिखाता है। एक बार रेक्टैंगल पैटर्न के साथ ब्रेकडाउन की पुष्टि हो जाने के बाद शॉर्ट पोजीशन लेने तथा कीमत में और गिरावट शुरू हो जाने के साथ डाउनसाइड (नीचे की ओर) चलने में समझदारी होगी।

प्रतिरोध

प्रतिरोध, समर्थन के बिल्कुल विपरीत होता है। प्रतिरोध स्तर पर बिक्री का दबाव कीमत को और बढ़ने से रोकने के लिए पर्याप्त मजबूत माना जाता है। विरोध के लिए तर्क यह है कि बाजार में खरीदारों से अधिक विक्रेता शामिल हो गए हैं।

इसलिए, हम केवल प्रतिरोध ब्रेकआउट पर व्यापार करेंगे और एक सौदा करते समय एक लॉन्ग पोजीशन लेंगे।

जब प्रतिरोध अवरोध टूट जाता है तो उच्च स्तर पर एक नया प्रतिरोध स्तर बनता है। यह तब होता है, जब हम व्यापार को लॉन्ग साइड ले जाते हैं और उससे लाभ उठाते हैं।

एक आम धारणा यह है कि जब मूल्य चार्ट पर प्रतिरोध बनता है, तब व्यापारी आमतौर पर प्रतिरोध पर बेचता है और समर्थन पर खरीदने का इरादा रखता है (जो रिवर्सल ट्रेडिंग का हिस्सा है)।

यहाँ हम ब्रेकआउट ट्रेडिंग के बारे में बात कर रहे हैं, इसलिए हम रिवर्सल ट्रेडिंग नहीं करेंगे और केवल लॉन्ग बायस्ड ट्रेड लेंगे, जब प्रतिरोध अपसाइड पर लिया जाएगा।

जब एक अपट्रेंड बनता है तो हम एक लॉन्ग बायस्ड व्यापार (प्रचलित बाजार स्थितियों की हमारी समझ के आधार पर) ले सकते हैं, यह ध्यान में रखते हुए कि चार्ट पर हायर हाईज और हायर लोज बने हुए हैं (एक अपट्रेंड)।

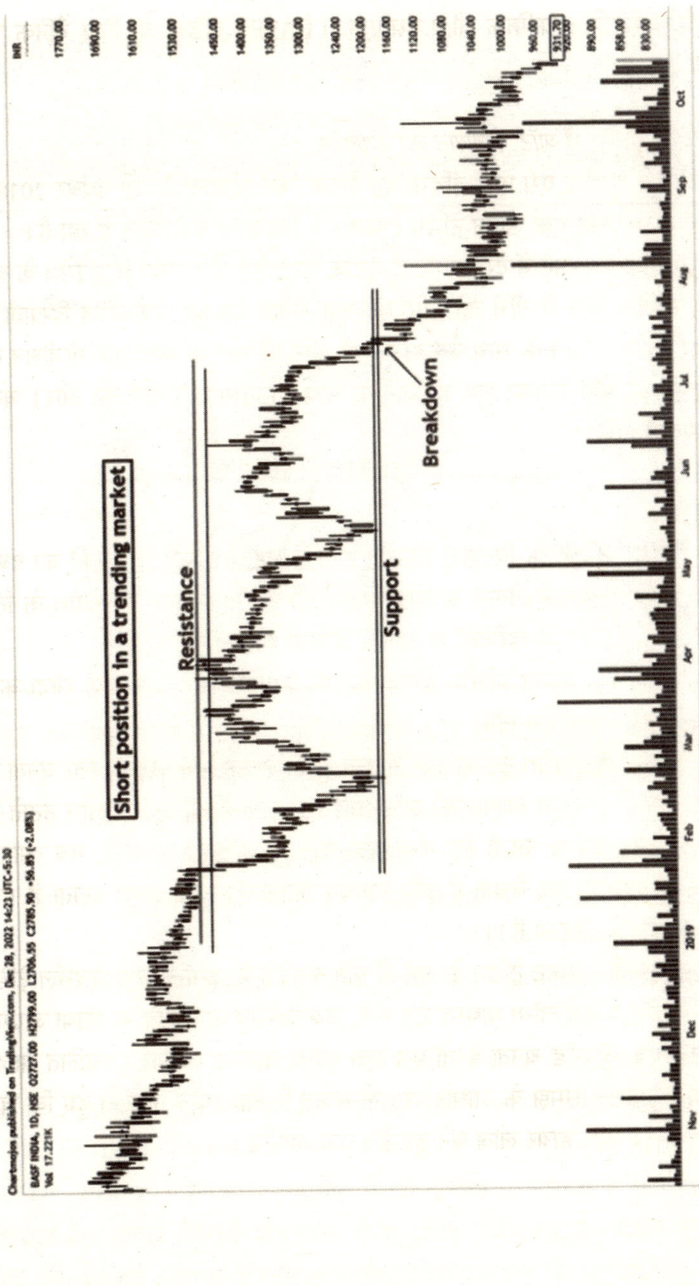

चित्र 2.7: Daily chart of BASF India indicating a down trending market.

प्रो टिप : डाउन ट्रेडिंग मार्केट में कभी भी एक लॉन्ग पोजीशन न लें। ऐसे केवल दो परिदृश्य हैं, जहाँ हम एक लॉन्ग पोजीशन ले सकते हैं—

1. *प्रतिरोध टूटने पर एक रेंजिंग मार्केट में लॉन्ग पोजीशन।*
2. *प्रतिरोध का उल्लंघन होने पर एक अप-ट्रेडिंग मार्केट में लॉन्ग पोजीशन।*

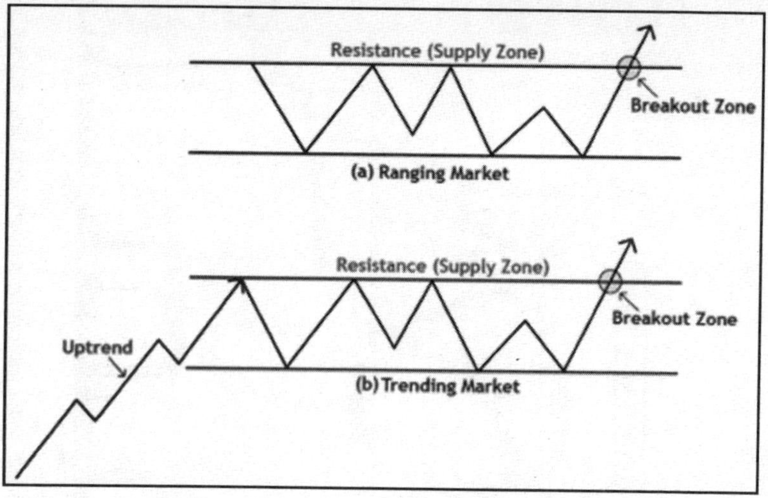

चित्र 2.8 : (ए) प्रतिरोध टूटने पर एक रेंजिंग मार्केट में लॉन्ग पोजीशन; (बी) प्रतिरोध का उल्लंघन होने पर एक अप-ट्रेडिंग बाजार में लॉन्ग पोजीशन।

चित्र 2.8 दो उदाहरण दिखाता है, जिसमें पहला उदाहरण एक रेंजिंग मार्केट का है, जो साइडवेज ट्रेंड के ऊपरी बैंड पर प्रतिरोध को तोड़ता है।

दूसरा उदाहरण एक अपट्रेंड में एक रेंजिंग मार्केट को दरशाता है, जो ऊपरी बैंड पर प्रतिरोध का उल्लंघन करता है।

केस स्टडी : ग्राफिक जे.एस.डब्ल्यू. स्टील का मासिक चार्ट दिखाता है।

एक रेंजिंग मार्केट में लॉन्ग पोजीशन का उदाहरण

चित्र 2.9 जे.एस.डब्ल्यू. स्टील लिमिटेड का मासिक चार्ट दिखाता है, जो वर्ष 2007 से 2018 तक के रेंजिंग मार्केट का संकेत देता है। जो व्यापारी आमतौर पर रिवर्सल ट्रेडिंग करते हैं, वे समर्थन पर खरीदते हैं और प्रतिरोध पर बेचते हैं। हालाँकि, यह याद रखा जाना चाहिए कि ब्रेकआउट ट्रेडिंग करते समय हम प्रतिभूति केवल तभी खरीदेंगे, जब वह प्रतिरोध स्तर को पार कर जाएगी और जब प्रतिभूति समर्थन-क्षेत्र को तोड़ देगी, तब एक शॉर्ट पोजीशन लेंगे।

इस चार्ट में स्टॉक ने एक छोटी बुलिश कैंडल के साथ ऊपर की ओर ब्रेकआउट दिखाया है। इस मामले में ब्रेकआउट कैंडल छोटी थी, इसलिए यहाँ हम पिछले कैंडल लो पर एक स्टॉप-लॉस लगा सकते हैं, जिसे कैंडल लो पॉइंट और घिरे हुए क्षेत्र के ठीक नीचे एक लाइन के साथ चिह्नित किया गया है।

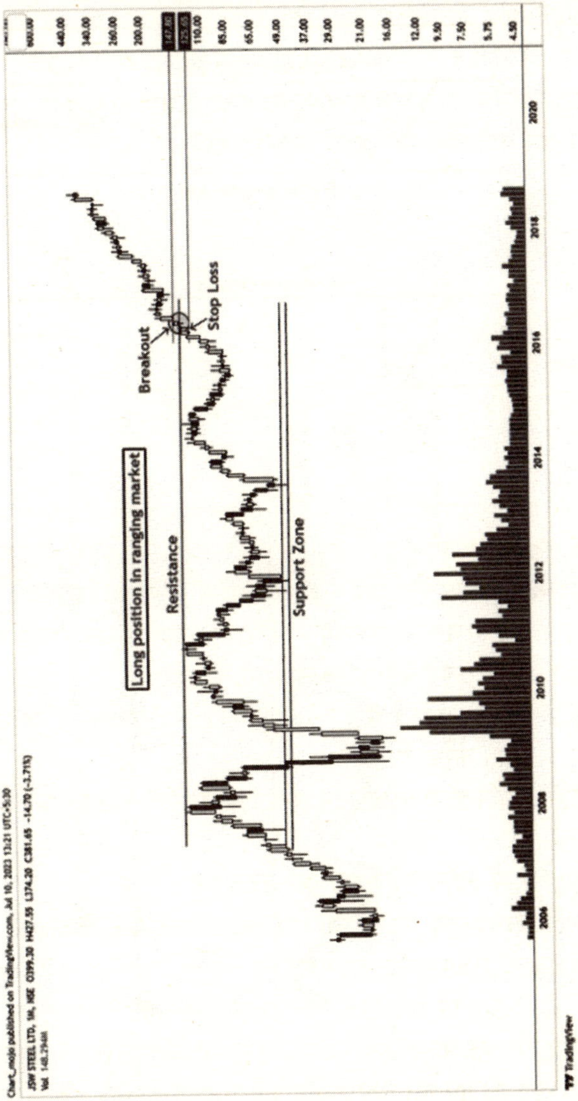

चित्र 2.9: JSW Steel Ltd. (ranging market from 2007 to 2018)

केस स्टडी : ग्राफिक ए.यू. स्मॉल फाइनेंस का चार्ट दिखा रहा है।

एक रेंजिंग बाजार में लॉन्ग पोजीशन का उदाहरण

चित्र 2.10 एक्शन एंड अर्जेंसी (ए.यू.) स्मॉल फाइनेंस बैंक का साप्ताहिक चार्ट है। शेयर एक साइडवेज मार्केट में चला गया। फिर इसने एक तेजी की गति का संकेत देते हुए ऊपर की ओर एक अच्छा ब्रेकआउट दिखाया। यह उदाहरण हमें दिखाता है कि हमें हमेशा लॉन्ग साइड की ओर पोजीशन लेनी चाहिए, जब प्रतिभूति एक साइडवेज फेज (रेंजिंग मार्केट) में होती है और ब्रेकआउट प्रतिरोध रेखा के ऊपर होता है।

एक बार जब ब्रेकआउट एक मजबूत ब्रेकआउट कैंडल के साथ हो गया तो क़ीमत उच्च स्तर की ओर बढ़ी और एक अच्छी चाल दिखाई।

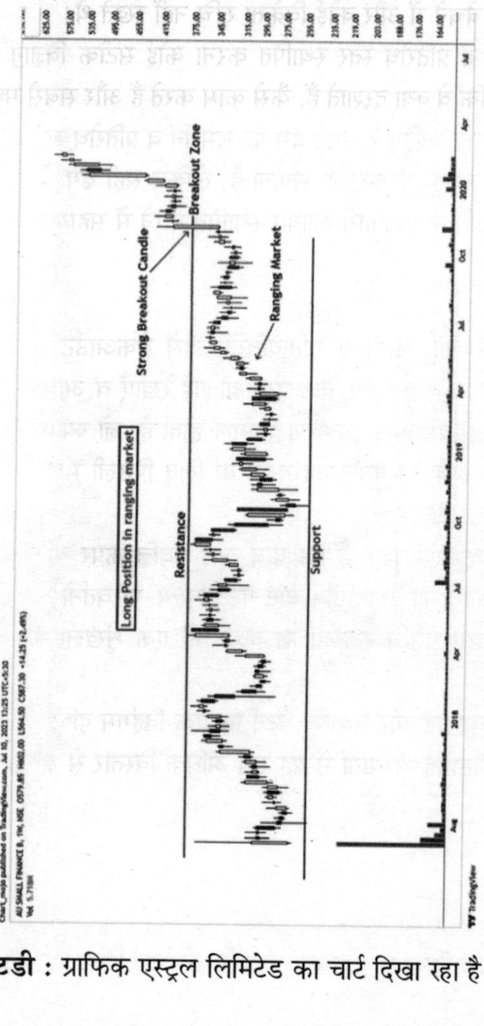

चित्र 2.10: Weekly chart of Action and Urgency (AU) Small Finance Bank.

केस स्टडी : ग्राफिक एस्ट्रल लिमिटेड का चार्ट दिखा रहा है।

एक ट्रेंडिंग मार्केट में लॉन्ग पोजीशन का उदाहरण

चित्र 2.11 एस्ट्रल लिमिटेड का साप्ताहिक चार्ट है। स्टॉक जब एक अपट्रेंड में था, तब वह साइडवेज फेज में चला गया। फिर उसने ऊपर की ओर एक विस्तृत रेंज ब्रेकआउट (बड़ी बॉडी कैंडल द्वारा दरशाया गया) दिखाया, जो तेजी की गति का संकेत देता है। ब्रेकआउट एक मजबूत गति के साथ हुआ और उसके बाद कीमत कभी भी बड़े बॉडी कैंडल से नीचे नहीं गिरी, क्योंकि यह एक वास्तविक ब्रेकआउट था। ब्रेकआउट एक मजबूत वॉल्यूम के साथ हुआ (जैसा कि चार्ट में बड़े वॉल्यूम बार द्वारा दरशाया गया है)। पैटर्न बनने के साथ वॉल्यूम एक शुष्क चरण से गुजरा, यह दरशाते हुए कि अब इस प्रतिभूति को बेचने में और कोई विक्रेता रुचि नहीं रखते थे।

जबकि समर्थन व प्रतिरोध स्तर स्थापित करना कोई सटीक विज्ञान नहीं है, यह समझना महत्त्वपूर्ण है कि वे क्या दरशाते हैं, कैसे काम करते हैं और सबसे महत्त्वपूर्ण रूप से, उन्हें कैसे लागू करना चाहिए? अपने दम पर समर्थन व प्रतिरोध स्तर के पैटर्न ढूँढ़ना और उनका रेखांकन करना मुश्किल हो सकता है; लेकिन सही ढंग से लागू किए जाने पर वे आपको और अधिक लाभकारी व्यापार स्थापित करने में सहायता कर सकते हैं।

चार्ट पैटर्न्स

चार्ट पैटर्न्स भविष्य की मूल्य गतिविधियों, जैसे ब्रेकआउट और रिवर्सल के पूर्वानुमान में सहायता के लिए मूल्य चार्ट पर रखी गई रेखाएँ व आकार होते हैं। उनमें एक मौलिक तकनीकी विश्लेषण उपकरण शामिल होता है, जो व्यापारियों को भविष्य की संभावित बाजार चालों का पूर्वानुमान करने के लिए पिछली मूल्य गतिविधियों का लाभ उठाने की अनुमति देता है।

चार्ट पैटर्न्स अकसर दिखाते हैं कि कब कोई प्रवृत्ति ऊपर या नीचे जा रही है, या ऊपर जाते-जाते नीचे जाने लगी है। चार्ट पैटर्न मूल्य-परिवर्तनों की एक पहचानने योग्य व्यवस्था है, जिसे प्रवृत्ति रेखाओं या वक्रों की एक श्रृंखला को देखकर पाया जा सकता है।

यहाँ हम कंटिन्यूएशन और रिवर्सल पैटर्न पर एक विहंगम दृष्टि डालने जा रहे हैं। हम चार्ट पैटर्न्स को समर्पित अध्यायों में यह सब अधिक विस्तार से सीखेंगे।

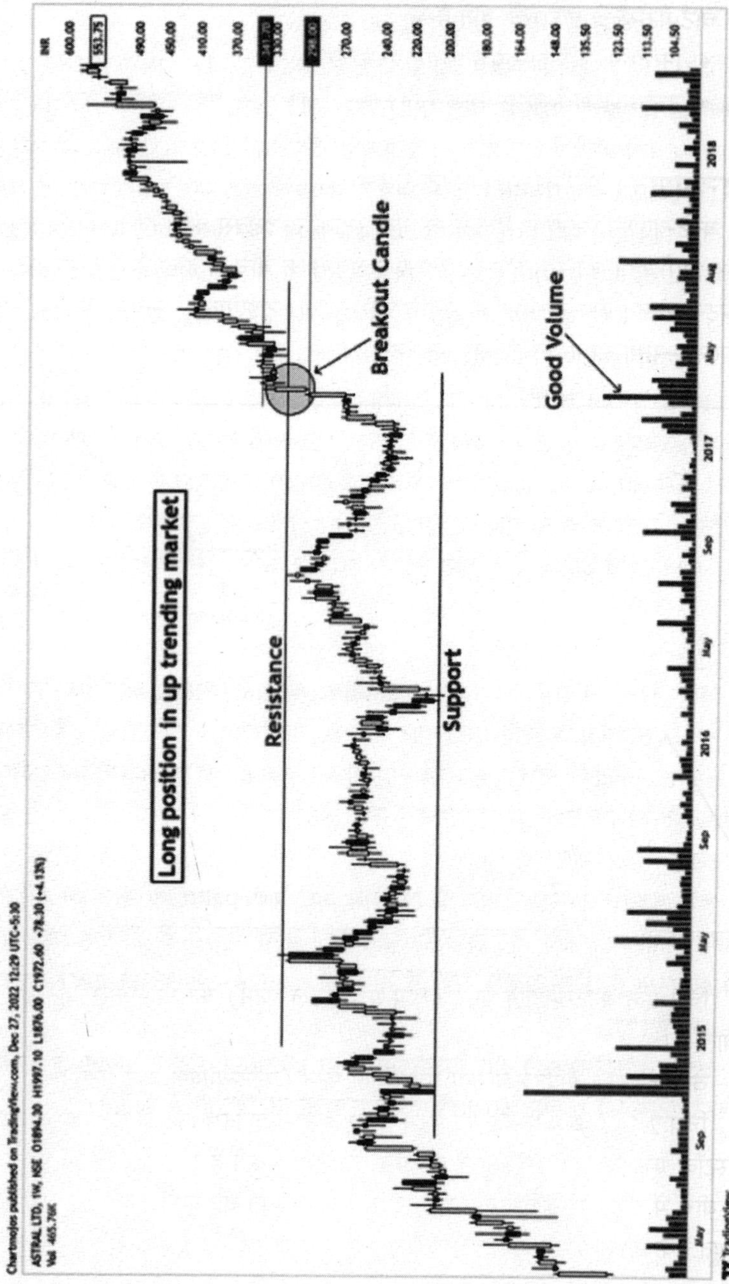

चित्र 2.11: Weekly chart of Astral Ltd.

चार्ट पैटर्न्स दो प्रकार के होते हैं—

- निरंतरता या कंटिन्यूएशन चार्ट पैटर्न
- उत्क्रमण या रिवर्सल चार्ट पैटर्न।

कंटिन्यूएशन (निरंतरता) चार्ट पैटर्न

कंटिन्यूएशन पैटर्न्स दिखाते हैं कि एक स्टॉक या इंडेक्स की मौजूदा कीमत प्रवृत्ति या ट्रेंड जारी रहने की संभावना है। यह एक प्रवृत्ति के बीच में होता है और दरशाता है कि पैटर्न समाप्त होने के बाद भी प्रवृत्ति जारी रहेगी। ट्राइएंगल्स, फ्लैग्स, पेनेंट्स और रेक्टैंगल्स—सभी सामान्य कंटिन्यूएशन पैटर्न हैं।

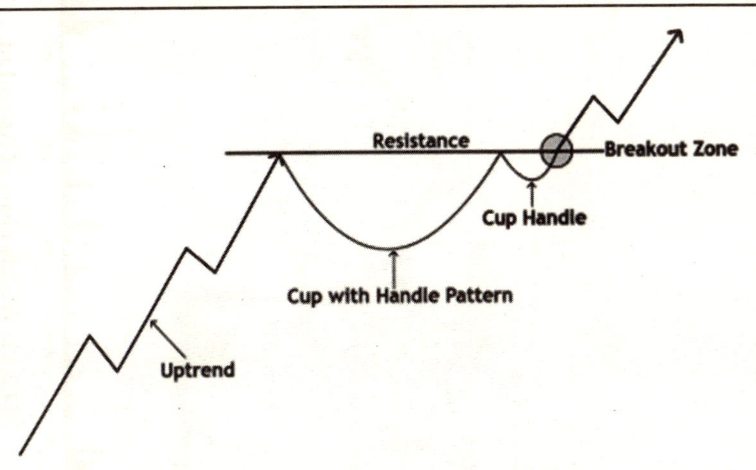

चित्र **2.12: Continuation chart pattern**

चित्र एक कंटिन्यूएशन पैटर्न (कप एंड हैंडल पैटर्न) का ग्राफिकल प्रतिनिधित्व दिखाता है।

केस स्टडी : प्रैक्टिकल कप एंड हैंडल पैटर्न (कंटिन्यूएशन चार्ट पैटर्न)।

चित्र 2.13 एक कंटिन्यूएशन पैटर्न के साथ टाटा एलेक्सी का दैनिक चार्ट दिखाता है। स्टॉक एक मजबूत अपट्रेंड में था और हम देख सकते हैं कि हैंडल पैटर्न के साथ कप बीच में बना। इसने तेजी का संकेत देते एक मजबूत वॉल्यूम उछाल के साथ एक मजबूत ब्रेकआउट रुझान दिखाया।

रिवर्सल चार्ट पैटर्न

उत्क्रमण या रिवर्सल पैटर्न का तात्पर्य यह हो सकता है कि या तो बुल्स ने या बेयर्स ने नियंत्रण खो दिया है और प्रवृत्ति में एक बदलाव जल्द ही आने वाला है।

यह एक संकेत है कि मौजूदा प्रवृत्ति समाप्त हो जाएगी और कीमत एक अलग दिशा (तेजी या मंदी) में चली जाएगी।

एक ट्रेडिंग रिवर्सल तब होता है, जब स्टॉक्स या ट्रेडेड परिसंपत्तियों की प्रवृत्ति दिशा बदल जाती है या उलट जाती है। जब व्यापारी उलट-फेर का पैटर्न देखते हैं तो वे उसे एक संकेत के रूप में लेते हैं कि उन्हें अपने सौदे से बाहर निकलने पर विचार करना चाहिए, क्योंकि ट्रेडिंग माहौल संभवतः बदल गया होगा। एक रिवर्सल पैटर्न नए सौदों की शुरुआत भी करता है, जिसके परिणामस्वरूप एक नई प्रवृत्ति की शुरुआत होती है।

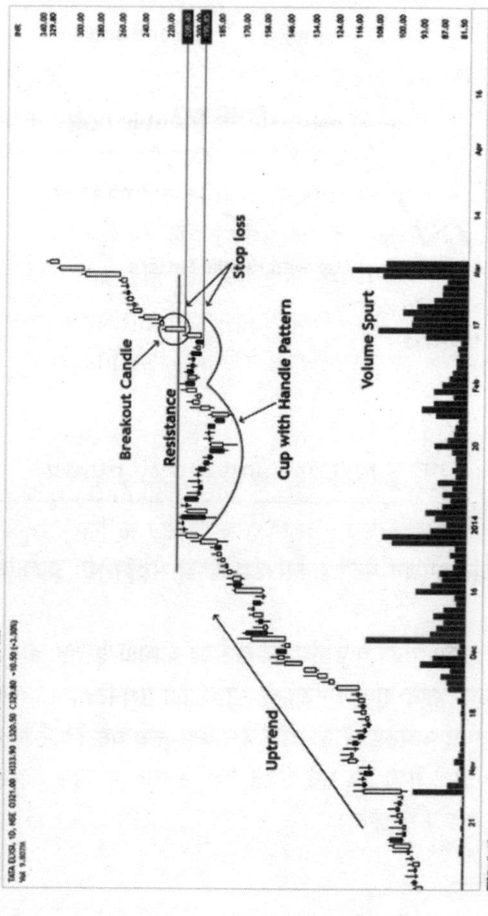

चित्र 2.13: Tata Elxsi (continuation pattern)

एक उत्क्रमण पैटर्न का उदाहरण (डबल बॉटम)

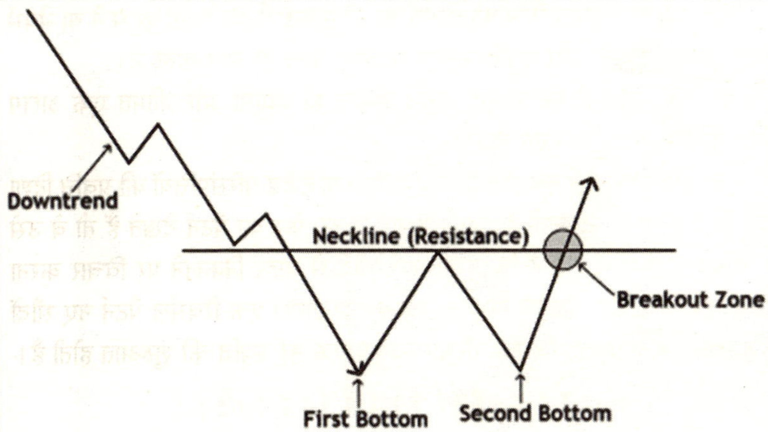

चित्र **2.14: Reversal pattern (double bottom)**

केस स्टडी : प्रैक्टिकल डबल बॉटम (रिवर्सल चार्ट पैटर्न)।

चित्र 2.15 में लक्ष्मी मशीन का दैनिक चार्ट एक ट्रेंड रिवर्सल पैटर्न दिखाता है। स्टॉक में गिरावट का रुख था, जिसके बाद तेजी का रुख आया। हम देख सकते हैं कि ट्रेंड रिवर्सल पैटर्न (डबल बॉटम) का निर्माण हुआ और बढ़ती मात्रा के साथ एक मजबूत ब्रेकआउट दिखाया, जिससे स्टॉक में तेजी का संकेत मिला।

ट्रेंड लाइन ब्रेकआउट

ट्रेंड (प्रवृत्ति) लाइंस, जैसा कि नाम से पता चलता है, वे रेखाएँ होती हैं, जिन्हें ट्रेंड की दिशा के आधार पर समर्थन या प्रतिरोध दिखाने के लिए ट्रेंड के साथ-साथ खींचा जा सकता है। इन्हें क्षैतिज तल में समर्थन और प्रतिरोध के विकर्ण संस्करण के रूप में देखें।

ट्रेंड लाइंस का उपयोग ट्रेडर्स द्वारा एक चार्ट पर कीमतों के अनुक्रम को जोड़ने के लिए किया जाता है। परिणामी रेखा का उपयोग ट्रेडर को उस दिशा का एक ठोस संकेत प्रदान करने के लिए किया जाता है, जिसमें स्टॉक का मूल्य बदल सकता है।

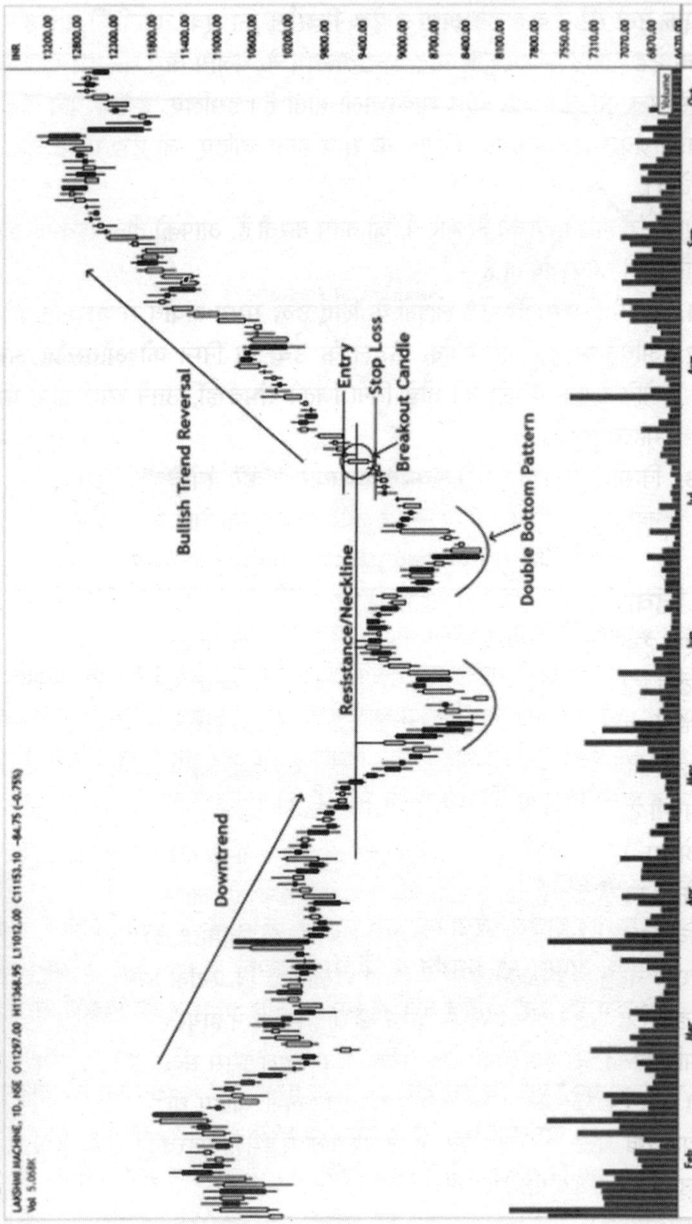

चित्र 2.15: Daily chart of Lakshmi Machine with a trend reversal pattern.

एक टूटी हुई ट्रेंड लाइन आसन्न ट्रेंड रिवर्सल का एक तकनीकी संकेतक है। यदि एक ट्रेंड लाइन के टूटने के बाद उच्च वॉल्यूम के बजाय कम वॉल्यूम देखा जाता है तो सिग्नल कमजोर और कम शक्तिशाली होता है। इसलिए, हमेशा याद रखें कि ट्रेंड लाइन ब्रेकआउट मजबूत वॉल्यूम के साथ होना चाहिए, जो ट्रेंड में बदलाव का संकेत देगा।

ऐसी ट्रेंड लाइनें खींचने के बारे में, जो काम करती हैं, आपको तीन बहुत महत्त्वपूर्ण बातें जानने की आवश्यकता है—

1. सबसे विश्वसनीय ट्रेंड लाइनों के लिए उच्च समय अवधि से शुरुआत करें।
2. अधिकांश ट्रेंड लाइनें एक कैंडल के उच्च या निम्न को ओवरलैप करेंगी। लेकिन एक कैंडल को तोड़े बिना जितने संभव हों, उतने स्पर्श प्राप्त करना महत्त्वपूर्ण है।
3. किसी ट्रेंड लाइन को फिट करने का प्रयास न करें, क्योंकि यदि वह चार्ट में फिट नहीं होती है तो वह मान्य नहीं है और उसे आपके चार्ट पर नहीं होना चाहिए।

अपने डिवाइस पर ट्रेंड लाइन कैसे बनाएँ

एक ट्रेंड लाइन शुरू करने के लिए आपको प्रमुख स्विंग लो का चयन करना होगा और बढ़ती ट्रेंड लाइन के लिए चयनित ट्रेंड लाइन टूल को ऊपर की ओर तथा गिरती ट्रेंड लाइनों के लिए नीचे की ओर खींचना होगा। आपको चयनित सिक्योरिटी में कम–से–कम दो बिंदुओं की आवश्यकता होगी। जब आपको दूसरा उच्च या निम्न मिल जाता है, तब आप अपनी ट्रेंड लाइन खींच सकते हैं।

आइए, एक ऐसी ट्रेंड लाइन की जाँच करें, जो तेजी के दौरान बनी थी।

केस स्टडी : एक अपट्रेंड के दौरान व्यावहारिक ट्रेंड लाइन।

चित्र 2.16 में दिया गया चार्ट वोडाफोन आइडिया लिमिटेड का साप्ताहिक चार्ट है, जिसने एक चढ़ती ट्रेंड लाइन बनाई है। चार्ट दिखाता है कि स्टॉक मजबूत अपट्रेंड में था और बढ़ती ट्रेंड लाइन का उल्लंघन करने के बाद स्टॉक ने हायर हाईज और हायर लोज का निर्माण किया, जो एक अपट्रेंड का संकेत दे रहा था। इससे संकेत मिला कि ट्रेंड बदल गया था और ट्रेड को ब्रेकडाउन जोन में पोजीशन लेनी चाहिए थी।

याद रखें, एक ट्रेंड लाइन ब्रेकआउट तकनीक में हमेशा महत्त्वपूर्ण क्षेत्र (ब्रेकआउट/ब्रेकडाउन) पर ट्रेडिंग पोजीशन लें।

इस मामले में, एक शॉर्ट पोजीशन लें, क्योंकि यहाँ एक नकारात्मक पक्ष का संकेत देता ब्रेकडाउन था।

आइए, अब एक ट्रेंड लाइन की जाँच करें, जो डाउनट्रेंड के दौरान खींची गई थी।

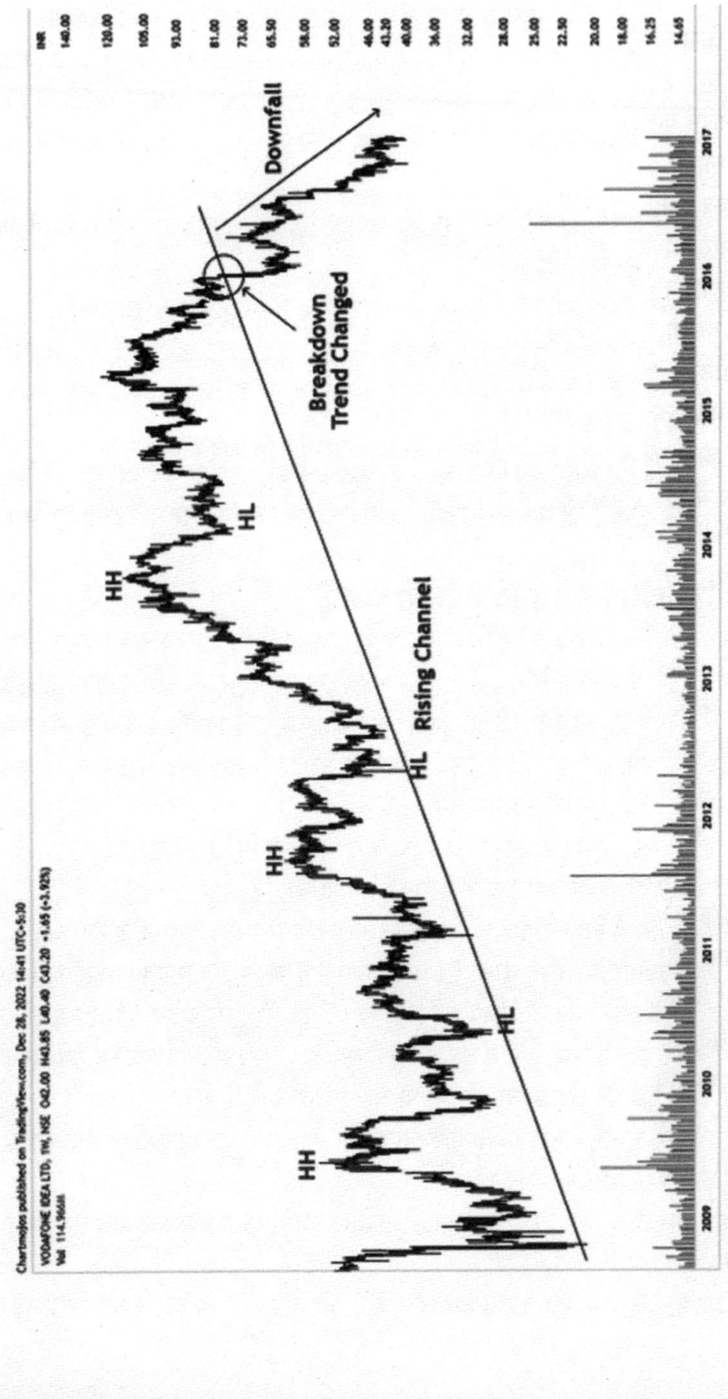

चित्र 2.16: Weekly chart of Vodafone Idea Ltd.

केस स्टडी : डाउनट्रेंड के दौरान व्यावहारिक ट्रेंड लाइन।

चित्र 2.17 एच.सी.एल. टेक्नोलॉजीज लिमिटेड का दैनिक चार्ट है, जो एक गिरती ट्रेंड लाइन को दरशाता है। यह दरशाता है कि स्टॉक एक मजबूत डाउनट्रेंड में था और उसने लोअर लोज एवं लोअर हाईज का गठन किया, जो एक डाउनट्रेंड का संकेत दे रहा था। जब स्टॉक ने गिरती ट्रेंड लाइन का उल्लंघन किया, तब उसने ट्रेंड में नीचे से ऊपर की ओर बदलाव का संकेत दिया और ऐसे में व्यापारी को ब्रेकआउट क्षेत्र पर एक तेजी की पोजीशन लेनी चाहिए।

हमेशा याद रखें, ट्रेंड लाइन ब्रेकआउट तकनीक में महत्त्वपूर्ण क्षेत्र (ब्रेकआउट/ब्रेकडाउन) पर एक ट्रेडिंग पोजीशन लें। इस मामले में एक लॉन्ग पोजीशन लें, क्योंकि ब्रेकआउट अपसाइड बायस का संकेत देते हुए हुआ था।

आप यह भी देख सकते हैं कि ब्रेकआउट हो जाने के बाद कीमत ऊँची हो गई और स्टॉक में भारी उछाल देखा गया।

मूविंग एवरेज ब्रेकआउट

'मूविंग एवरेज' (MA) एक तकनीकी विश्लेषण संकेतक है, जिसका उपयोग निरंतर अद्यतन किए जाते औसत मूल्य की गणना करके मूल्य डाटा को सुचारु बनाने में मदद करने के लिए किया जाता है। ऊपर की ओर बढ़ता मूविंग एवरेज एक अपट्रेंड का संकेत देता है, जबकि एक नीचे ज़ाता मूविंग एवरेज गिरावट का संकेत देता है।

मूविंग एवरेज दो प्रकार के होते हैं—

- सिंपल (सरल) मूविंग एवरेज
- एक्सपोनेंशियल (घातांकीय) मूविंग एवरेज (EMA)।

हम घातीय मूविंग औसत का उपयोग करेंगे, क्योंकि वे हाल के मूल्य डाटा को अधिक महत्त्व देते हैं।

आपके द्वारा कैप्चर किए गए ट्रेंड या रुझान की लंबाई प्रचलित बाजार प्रवृत्ति की बदलती लंबाई के आधार पर निर्धारित की जाएगी। एक अधिक लंबा मूविंग एवरेज आपको लंबी अवधि के रुझानों पर चलने की अनुमति देता है; लेकिन समझौता यह करना पड़ता है कि बहुत सारा अप्राप्त लाभ चला जाता है। एक छोटा मूविंग एवरेज व्हिपसॉ (शोर) को बढ़ाते हुए ऑन द टेबल बचे हुए मुनाफे को कम कर देता है।

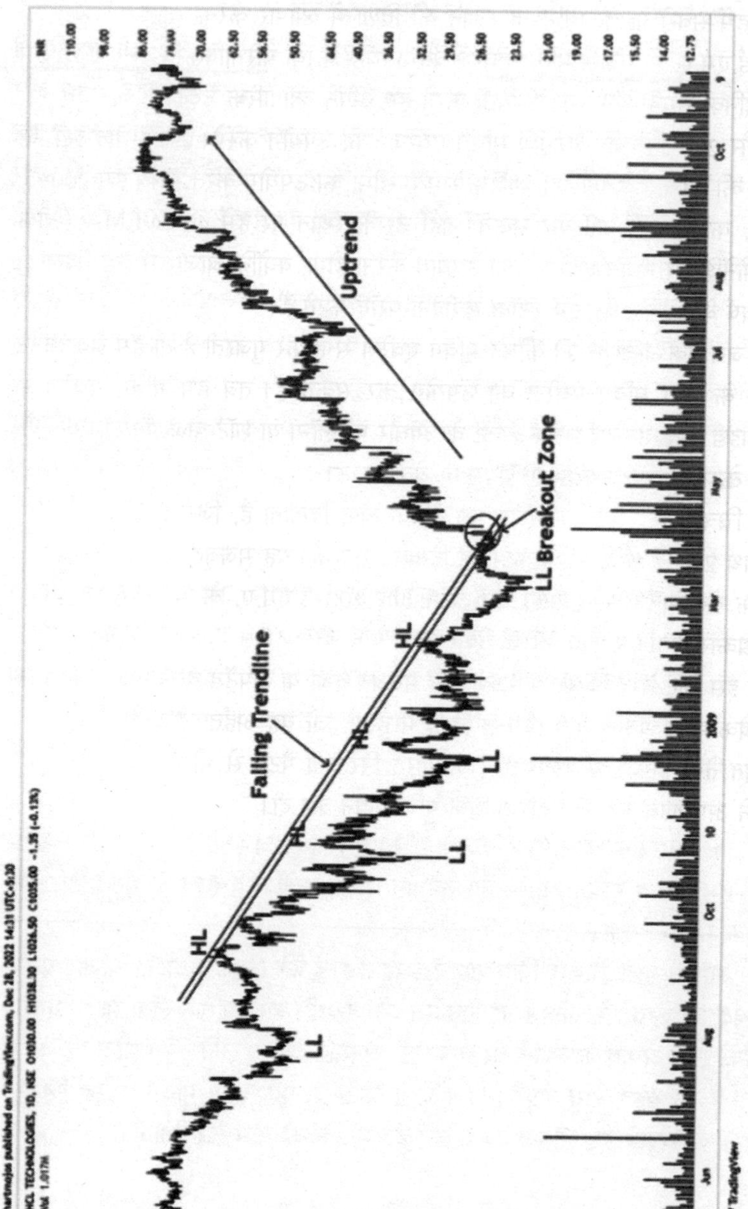

चित्र 2.17: Daily chart of HCL Technologies Ltd. which shows a falling trend line.

हमें सबसे पहले प्रवृत्ति या रुझान की दिशा में व्यापार करना चाहिए। प्रवृत्ति को 200-ई.एम.ए. के एकल मूविंग एवरेज का उपयोग करके परिभाषित किया गया है। हम एक दैनिक समय-सीमा का उपयोग करते हुए अपने व्यापारिक उद्देश्यों के लिए 21, 50 और 200-दिवसीय 'घातीय मूविंग एवरेज' का उपयोग करेंगे। हमेशा याद रखें कि रुझान की पहचान के लिए साप्ताहिक समय-सीमा का उपयोग करते समय हम 200-ई. एम.ए. का उपयोग नहीं कर सकते। यहाँ उसके स्थान पर हमें 40-WEMA (वीक एक्सपोनेंशियल मूविंग एवरेज) का उपयोग करना होगा, क्योंकि बाजार में बड़े खिलाड़ी एक वर्ष के औसत से ऊपर स्टॉक खरीदना पसंद करते हैं।

जब एक प्रतिभूति की कीमत मूविंग एवरेज से होकर गुजरती है तो हम ब्रेकआउट ट्रेडिंग के लिए मूविंग एवरेज का उपयोग कर सकते हैं। तब हम मूविंग एवरेज से अपसाइड या डाउनसाइड ब्रेकआउट के आधार पर लॉन्ग या शॉर्ट पोजीशन ले सकते हैं।

केस स्टडी : एक 200-ई.एम.ए. ब्रेकआउट।

चित्र 2.18 जिंदल स्टेनलेस का दैनिक चार्ट दिखाता है, जिसमें मजबूत वॉल्यूम के साथ 200-ई.एम.ए. से ब्रेकआउट दिखाया गया है। यह मजबूत तेजी का प्रतीक है, क्योंकि ब्रेकआउट क्लासिकल चार्ट पैटर्न और 200-ई.एम.ए. के साथ हुआ। इसलिए एक प्रकार से यह संभावित उछाल की दोहरी पुष्टि है।

इस चार्ट में स्टॉक पहले से ही एक मजबूत तेजी या अपट्रेंड की प्रवृत्ति में था और यह ब्रेकआउट प्रवृत्ति की प्रचलित दिशा में हुआ, जो यह अर्हता देता है कि यह एक मजबूत तेजी होगी। यह पैटर्न तेजी आधारित निरंतरता पैटर्न से भी मिलता-जुलता था, जिसने अपसाइड के लिए और अधिक पुष्टि प्रदान कर दी।

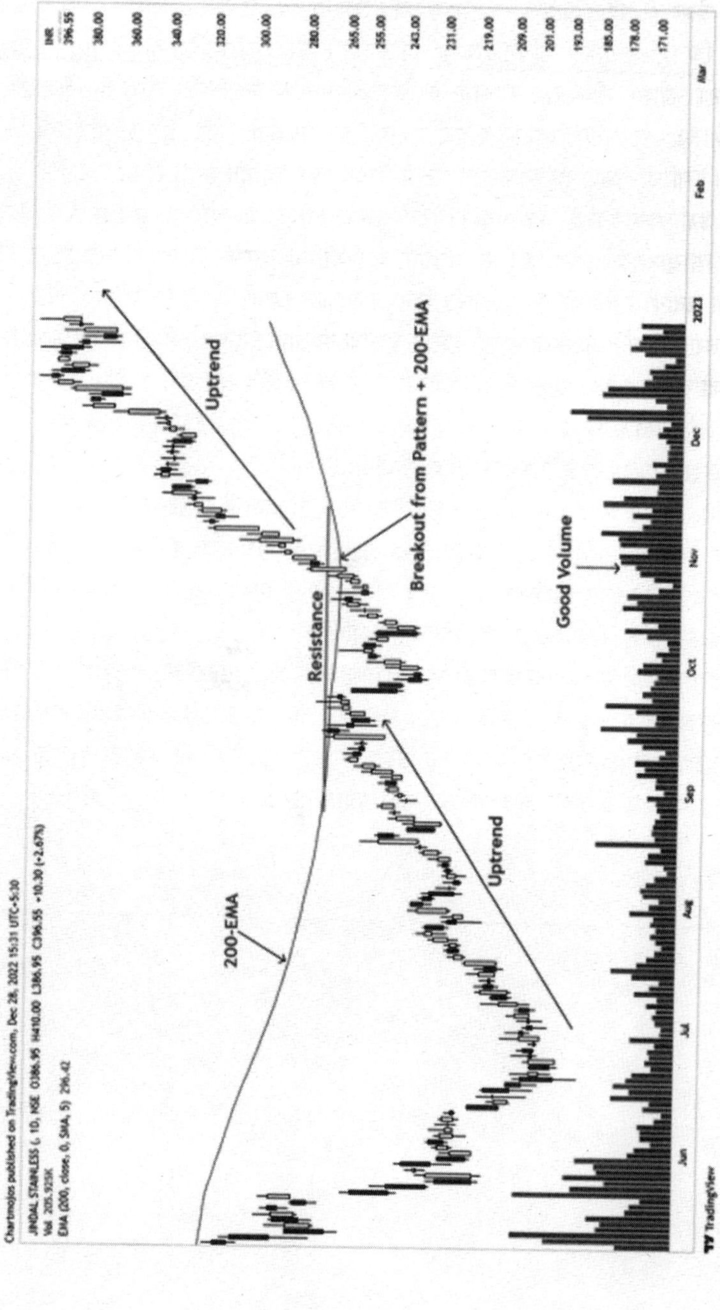

चित्र 2.18: Daily chart for Jindal Stainless Ltd. (a 200-EMA breakout).

केस स्टडी : एक 50-ई.एम.ए. ब्रेकआउट।

चित्र 2.19 जिंदल स्टेनलेस लिमिटेड का दैनिक चार्ट है, जो एक मजबूत वॉल्यूम के साथ 50-ई.एम.ए. से ब्रेकआउट दिखाता है। चार्ट मजबूत तेजी का प्रतीक है, क्योंकि ब्रेकआउट क्लासिकल निरंतरता चार्ट पैटर्न (फॉलिंग वेज) और 50-ई.एम.ए. के साथ हुआ। इसलिए, एक प्रकार से यह लंबित उलट-फेर की दोहरी पुष्टि है।

इस चार्ट में स्टॉक पहले से एक मजबूत अपट्रेंड में था और 50-ई.एम.ए. से काफी ऊपर कारोबार कर रहा था। यह ब्रेकआउट प्रवृत्ति की प्रचलित दिशा में हुआ, जो यह अर्हता प्रदान करता है कि यह एक मजबूत उछाल होगा। यह पैटर्न फॉलिंग वेज पैटर्न (निरंतरता पैटर्न) से भी मिलता-जुलता है, जिसने आगे भी यह पुष्टि कर दी कि कीमत में तेजी बनी रहेगी।

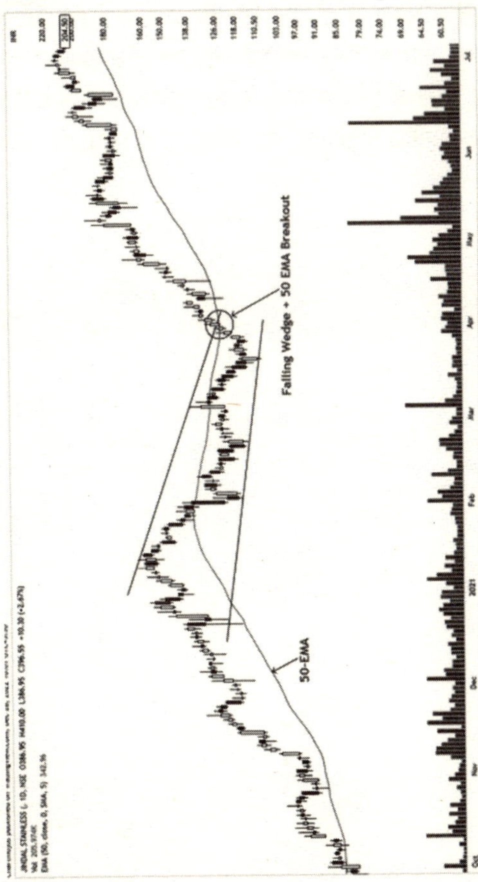

चित्र 2.19: Daily chart of Jindal Stainless Ltd. (a 50-EMA breakout).

केस स्टडी : एक 50-ई.एम.ए. ब्रेकडाउन।

चित्र 2.20 में बालाजी एमाइंस लिमिटेड का दैनिक चार्ट मजबूत वॉल्यूम के साथ 50-ई.एम.ए. से एक ब्रेकडाउन दिखाता है। चार्ट मजबूत मंदी का संकेत देता है, क्योंकि ब्रेकआउट क्लासिकल रिवर्सल चार्ट पैटर्न (सममित त्रिकोण) और 50-ई.एम.ए. के साथ हुआ, इसलिए एक प्रकार से यह लंबित गिरावट की दोहरी पुष्टि है।

केस स्टडी : एक 21-ई.एम.ए. ब्रेकआउट।

यह 'जस्ट डायल' का दैनिक चार्ट है, जो मजबूत वॉल्यूम के साथ 21-ई.एम.ए. से ब्रेकआउट दिखा रहा है। चार्ट मजबूत तेजी का संकेत देता है, क्योंकि ब्रेकआउट एक क्लासिकल निरंतरता चार्ट पैटर्न (सममित त्रिकोण) और 21-ई.एम.ए. के साथ हुआ। इसलिए एक प्रकार से यह संभावित उछाल की दोहरी पुष्टि है।

इस चार्ट में स्टॉक पहले से ही एक मजबूत अपट्रेंड में था, जो अधिकतर समय 21-ई.एम.ए. से ऊपर कारोबार कर रहा था और यह ब्रेकआउट रुझानों की प्रचलित दिशा में हुआ। यह दरशाता है कि यह एक मजबूत उछाल होगा। यह पैटर्न एक सममित त्रिभुज (निरंतरता पैटर्न) जैसा दिखता है, जो अपसाइड के लिए और अधिक पुष्टि प्रदान करता है।

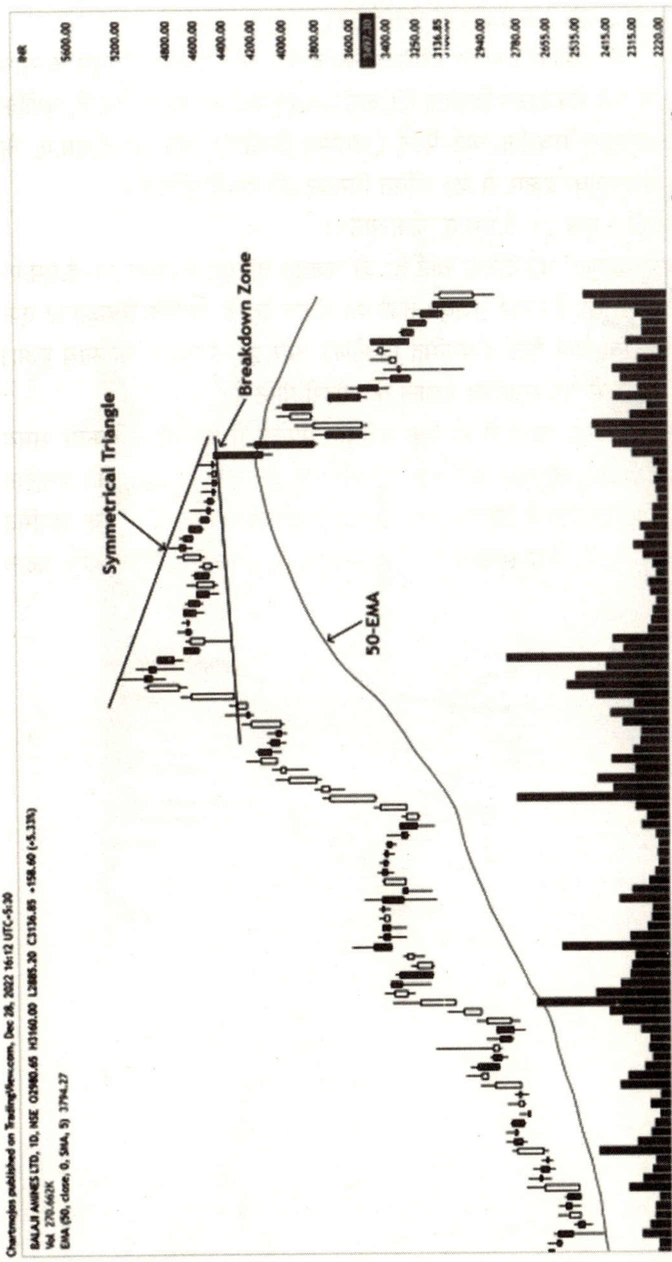

चित्र 2.20: Daily chart of Balaji Amines Ltd. (a 50-EMA breakdown).

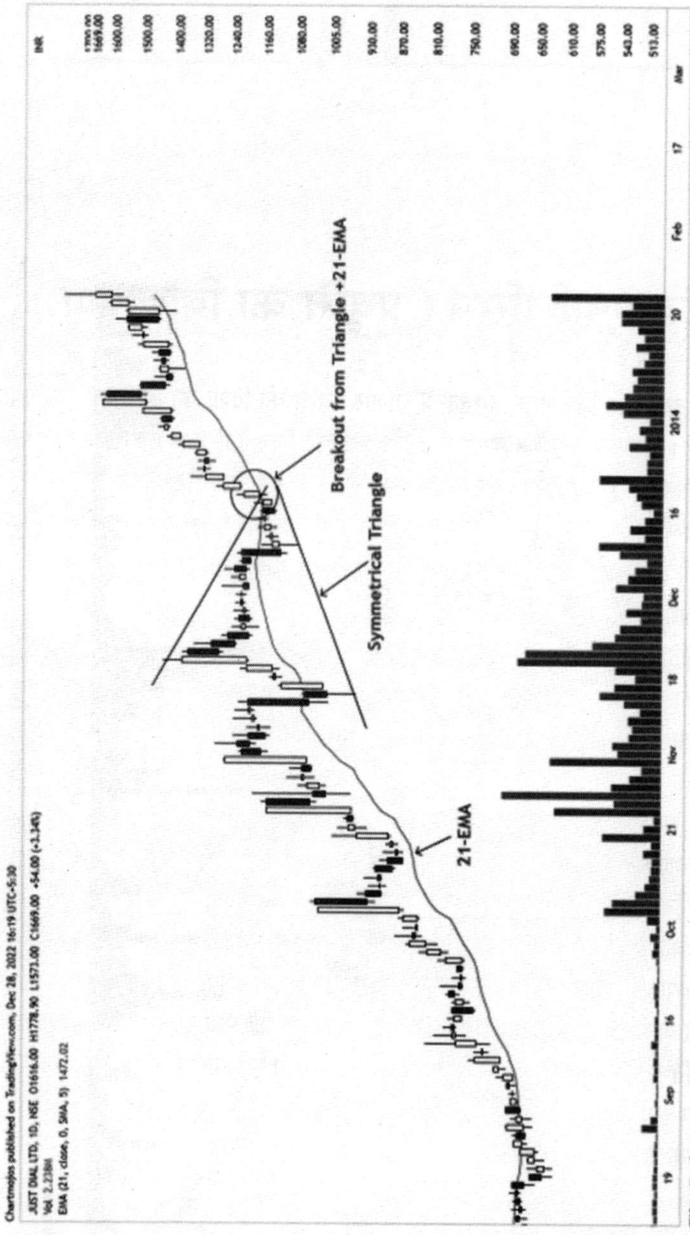

चित्र 2.21: Daily chart of Just Dial showing a breakout from 21-EMA.

3

ट्रेंड एनालिसिस (प्रवृत्ति का विश्लेषण)

एक तकनीकी विश्लेषक का लक्ष्य बाजार प्रवृत्ति की दिशा का अनुमान लगाना होता है। जैसा कि कहा जाता है, 'प्रवृत्ति आपकी मित्र है।' एक तकनीकी व्यापारी के रूप में यह समझने के लिए कि बाजार की चाल क्या है, यह देखें कि अतीत में कीमतें कैसे बदली हैं? इसलिए आप जो सीखते हैं, उसके आधार पर तय करें कि किसी स्टॉक या किसी प्रतिभूति (स्टॉक, कमोडिटी, मुद्रा) के साथ क्या करना है? यही कारण है कि बाजार के रुझान को समझना इतना महत्त्वपूर्ण होता है।

प्रतिभूतियों की प्रवृत्ति वह दिशा होती है, जिसमें उसकी कीमत का रुझान होता है। शेयर की कीमतें सकारात्मक या नकारात्मक बाजार धारणा की प्रतिक्रिया में अकसर बढ़ती या घटती हैं। वे कभी एक सीधी रेखा में नहीं चलतीं, क्योंकि निकट अवधि में स्टॉक के मूल्य अस्थिर हो सकते हैं। स्टॉक मूल्य में उतार-चढ़ाव को एक प्रवृत्ति के रूप में समझने के लिए व्यापारियों को समय की एक विशिष्ट अवधि का मूल्यांकन करना चाहिए।

'ट्रेंड एनालिसिस' पिछले डाटा का विश्लेषण करके बाजार की चाल का अनुमान लगाने की एक रणनीति है। इस प्रकार, इस 'प्रवृत्ति विश्लेषण रणनीति' का उपयोग करके व्यापारी यह अनुमान लगाने का प्रयास कर सकते हैं कि एक बढ़ते हुए बाजार का विकास जारी रहेगा या नहीं! यह तकनीकी विश्लेषण का एक रूप है, जो व्यापारियों को एक प्रतिभूति का वर्तमान मूल्य पैटर्न निर्धारित करने में सहायता करता है। इसका उपयोग अकसर व्यापारियों को खरीदने या बेचने का निर्णय लेने में सहायता करने के लिए एक संकेत के रूप में किया जाता है।

ट्रेंड्स (प्रवृत्तियों) के प्रकार

- अपट्रेंड
- डाउनट्रेंड
- साइडवेज ट्रेंड।

अपट्रेंड

एक ऊपर चढ़ता रुझान या अपट्रेंड किसी स्टॉक, सूचकांक या अन्य वित्तीय साधन की मूल्य गतिविधि का प्रतिनिधित्व करता है, जब सामान्य दिशा ऊपर की ओर होती है। इस प्रकार, बाजार में तेजी है, यानी बाजार बुलिश है।

अपट्रेंड को बढ़ते डाटा बिंदुओं से परिभाषित किया जाता है, जैसे राइजिंग स्विंग हाईज और राइजिंग स्विंग लोज। हायर लोज और हायर हाईज के इस निर्माण को एक अपट्रेडिंग मार्केट के रूप में संदर्भित किया जाता है।

एक अपट्रेंड में एक व्यापारी एक लंबे अवसर की तलाश करेगा, क्योंकि अपट्रेंड उच्च स्तर की ओर जारी रहता है।

अपट्रेंड का उदाहरण

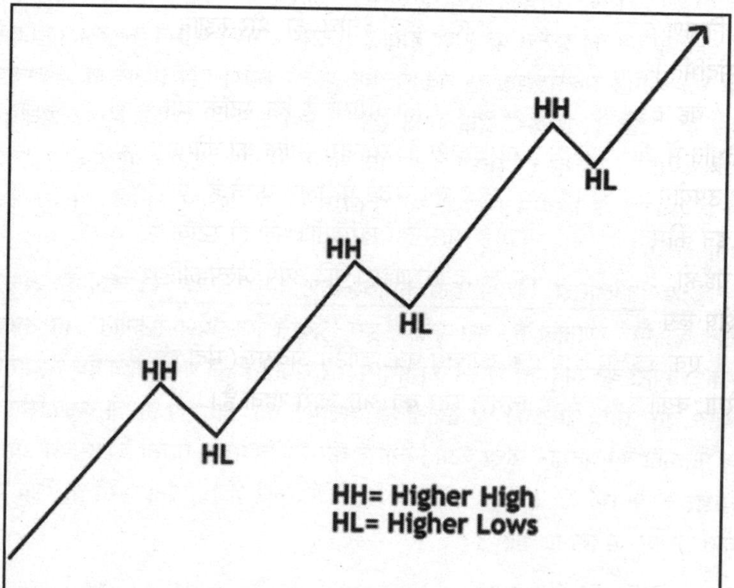

चित्र **3.1: Uptrend with higher highs and higher lows**

चित्र 3.1 एक अपट्रेंड का ग्राफिकल प्रतिनिधित्व है, जिसमें ऊपर व नीचे प्रत्येक स्विंग पर हायर हाईज और हायर लोज चिह्नित हैं।

केस स्टडी : अपट्रेंड

चित्र 3.2 एबॉट इंडिया लिमिटेड का मासिक चार्ट है। स्टॉक ने ऊपर व नीचे प्रत्येक स्विंग पर चिह्नित हायर हाईज और हायर लोज के साथ एक अपट्रेंड का गठन किया है।

यह चित्र स्पष्ट रूप से दिखाता है कि यदि प्रतिभूति का रुझान ऊपर की ओर है तो लॉन्ग साइड पर व्यापार करें। एक अपट्रेंड में ऊँचे शिखर (राइजिंग लैग) गर्त (काउंटर ट्रेंड) से बड़े होंगे।

वह एकमात्र समय, जब स्टॉक को साइडवेज करते हुए लाभ बुक होता है, तब होता है, जब स्टॉक एक साइडवेज दौर से गुजर रहा होता है। जब स्टॉक उस समेकन के प्रतिरोध का उल्लंघन कर देता है तो वह पुनः उच्च स्तर की ओर बढ़ना शुरू कर देता है; क्योंकि जो लोग पिछली बार बढ़त लेने से चूक गए थे, वे भी बाजार में प्रवेश करते हैं और नए खरीदार कीमत को अधिक बढ़ा देते हैं।

डाउनट्रेंड

इसी प्रकार, एक बाजार, जो निरंतर लोअर लोज और लोअर हाईज की संरचना का निर्माण करता है, उसे 'डाउनवर्ड ट्रेंड' (नीचे की ओर रुझान) वाले बाजार के रूप में संदर्भित किया जाता है।

यह दरशाता है कि व्यापारियों को भरोसा है कि स्टॉक की कीमत में या किसी प्रतिभूति में और अधिक गिरावट आएगी। व्यापारी स्टॉक की कीमत में प्रत्येक छोटी वृद्धि का उपयोग उन शेयरों में से कुछ को बेचने के लिए करते हैं, जो उनके पास पहले से हैं। इन कीमतों पर कोई भी कुछ और नहीं खरीदता। भले ही स्टॉक की कीमत बहुत कम हो गई हो, आपको उसे नहीं खरीदना चाहिए। यदि आप अल्पकालिक व्यापारी हैं तो यह विशेष रूप से सच है।

एक डाउनट्रेंड में एक व्यापारी एक शॉर्टिंग अवसर (मंदी की स्थिति) की तलाश करेगा, क्योंकि डाउनट्रेंड निचले स्तर की ओर जारी रहता है।

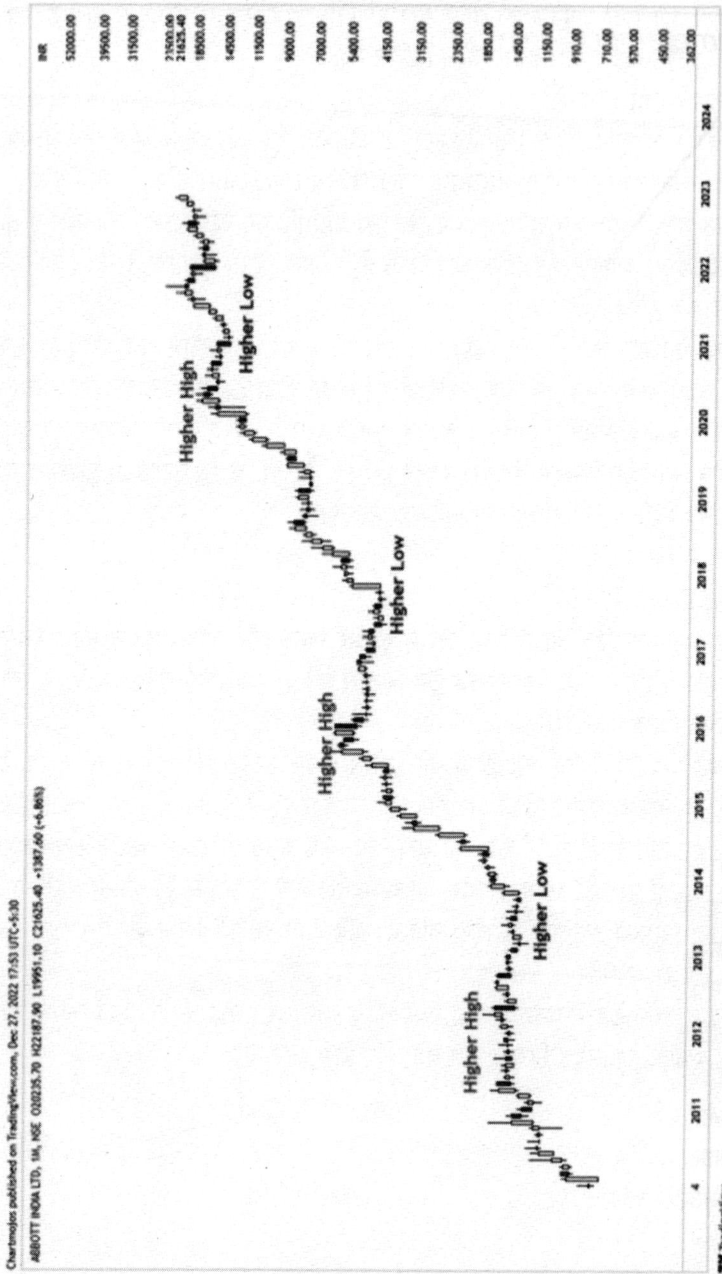

चित्र 3.2: Monthly chart of Abbott India Ltd. showing an uptrend.

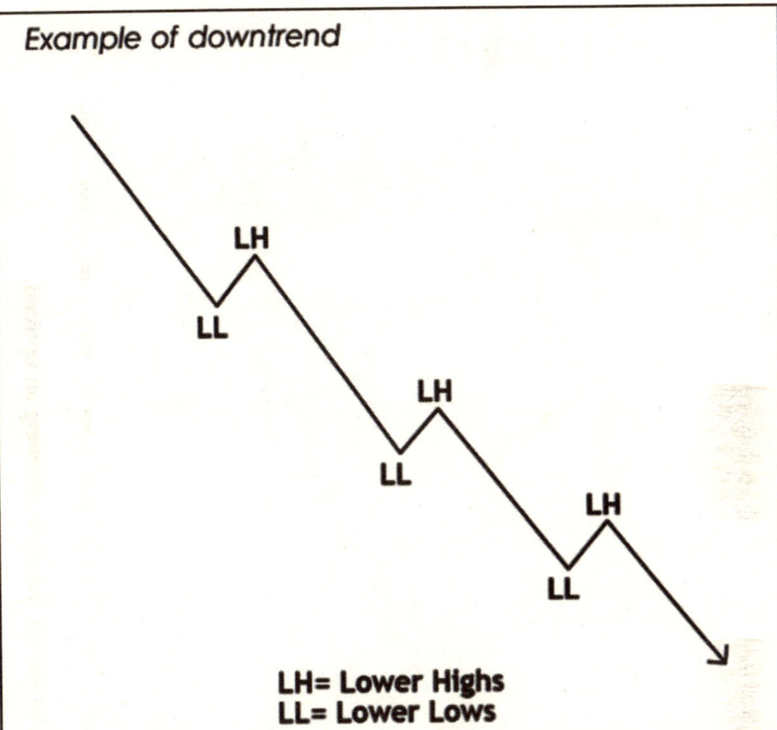

चित्र 3.3: Lower highs and lower lows in a downtrend

प्रत्येक स्विंग के ऊपर व नीचे चिह्नित लोअर हाईज और लोअर लोज के साथ डाउनट्रेंड का एक चित्रमय प्रतिनिधित्व चित्र 3.3 में दिखाया गया है।

केस स्टडी : डाउनट्रेंड

चित्र 3.4 बजाज कंज्यूमर केयर लिमिटेड का दैनिक चार्ट दिखाता है।

स्टॉक ने हर स्विंग के ऊपर व नीचे चिह्नित लोअर लोज और लोअर हाईज के साथ एक डाउनट्रेंड बनाया है।

यह चित्र स्पष्ट रूप से दिखाता है कि यदि प्रतिभूति का रुझान नीचे की ओर है तो शॉर्ट साइड पर ट्रेड करें, क्योंकि हम देख सकते हैं कि एक डाउनट्रेंड में निचले शिखर गर्त (काउंटर ट्रेंड) से बड़े होंगे।

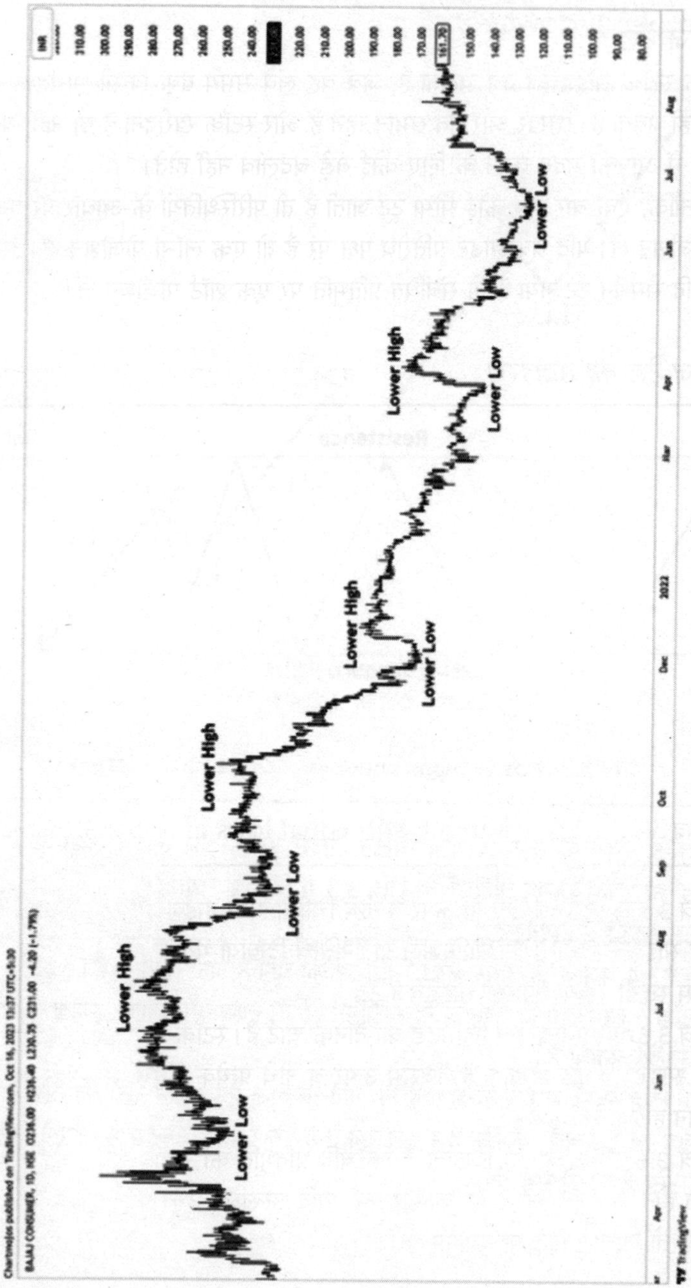

चित्र 3.4: Daily chart of Bajaj Consumer Care Ltd. showing a downtrend.

साइडवेज ट्रेंड

एक स्टॉक साइडवेज तब चलता है, जब वह लंबे समय तक किसी भी दिशा में अधिक नहीं बढ़ता है। शिखर और गर्त समान रहते हैं और स्टॉक खरीदना है या नहीं, यह तय करने में आपकी मदद करने के लिए कोई बड़े बदलाव नहीं होते।

हालाँकि, एक बार जब कोई सीमा टूट जाती है तो परिस्थितियों के आधार पर एक ट्रेडिंग पोजीशन लें। यदि ब्रेकआउट प्रतिरोध पक्ष पर है तो एक लॉन्ग पोजीशन लें। इसी प्रकार, यदि समर्थन टूट गया है तो संबंधित प्रतिभूति पर एक शॉर्ट पोजीशन लें।

साइडवेज ट्रेंड का उदाहरण

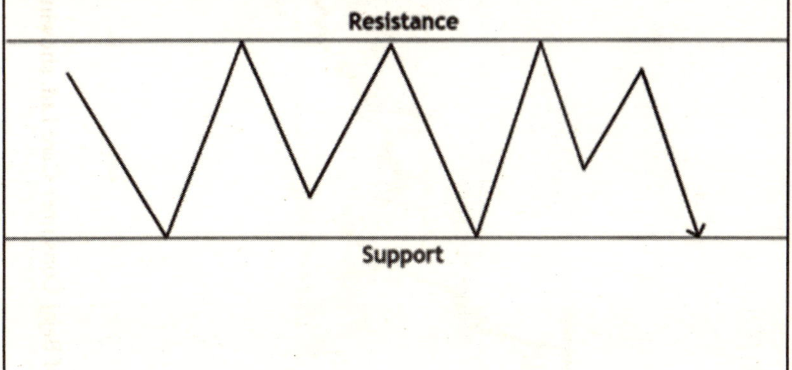

चित्र 3.5: Sideways trend with equal lows and equal highs

चित्र 3.5 में प्रत्येक स्विंग के ऊपर व नीचे चिह्नित हायर हाईज और हायर लोज के साथ एक साइडवेज प्रवृत्ति का ग्राफिकल प्रतिनिधित्व दिखाया गया है।

केस स्टडी : व्यावहारिक साइडवेज ट्रेंड

चित्र 3.6 भारती एयरटेल लिमिटेड का दैनिक चार्ट है। स्टॉक वर्ष 2007 से 2020 तक एक साइडवेज ट्रेंड दिखाता है, जिसमें ऊपर व नीचे प्रत्येक स्विंग पर समान लोज और समान हाईज चिह्नित हैं।

चित्र 3.6 स्पष्ट रूप से दिखाता है कि यदि प्रतिभूति का रुझान साइडवेज है तो ब्रेकडाउन होने पर शॉर्ट साइड पर व्यापार करें। यदि उल्लंघन उच्च पक्ष (ब्रेकआउट) पर होता है तो लॉन्ग साइड पर व्यापार करें।

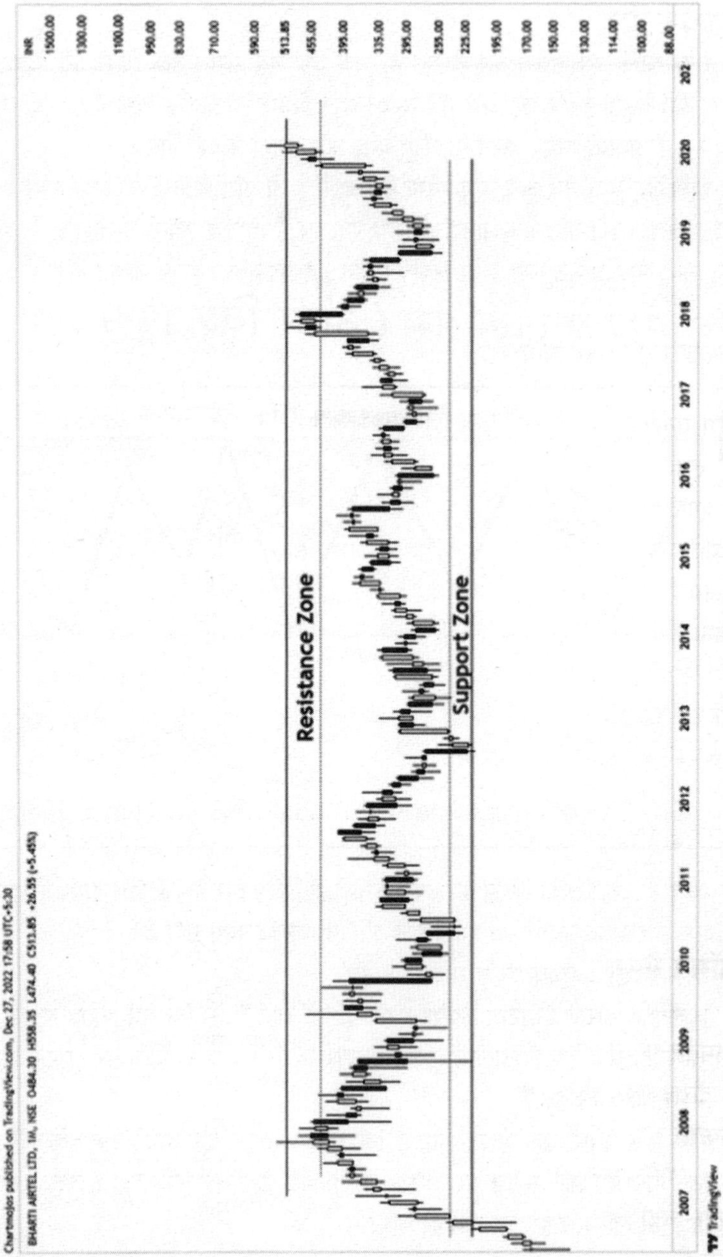

चित्र 3.6: Monthly chart of Bharti Airtel Ltd. showing a sideways trend.

4

गैप एनालिसिस (अंतर विश्लेषण)

गैप एनालिसिस यह जानने के लिए महत्त्वपूर्ण है कि जब अगला ट्रेडिंग सत्र खुला, तब कोई विशेष स्टॉक ऊपर या नीचे क्यों चला गया? यदि स्टॉक की कीमत एक गैप बनाते हुए बढ़ती है (गैप अप) तो इसका मतलब है कि लोग खरीदने के लिए अधीर हैं। यदि शेयर की कीमत गैप बनाते हुए नीचे की ओर बढ़ती है (गैप डाउन) तो इसका मतलब है कि लोग बेचने के लिए अधीर हैं। यह छोटी समय-सीमाओं के दौरान भी हो सकता है। गैप के विभिन्न प्रकारों की व्याख्या नीचे दी गई है—

गैप के प्रकार

- कॉमन या सामान्य गैप्स
- ब्रेकअवे गैप्स
- रनअवे गैप्स
- एग्जॉशन गैप्स।

कॉमन गैप्स

कॉमन गैप, जिसे एक 'ट्रेड गैप' या 'एरिया गैप' के रूप में भी जाना जाता है, आमतौर पर घटनाहीन होता है। वास्तव में, ये एक कम व्यापारिक गतिविधि की अवधि के दौरान पूर्व-लाभांश की घोषणा करने वाली प्रतिभूति द्वारा उत्पन्न हो सकते हैं। ये गैप अकसर होते हैं और ये आमतौर पर तेजी से बंद हो जाते हैं।

'गेटिंग फिल्ड' (getting filled) से पता चलता है कि भविष्य में कीमत में उतार-चढ़ाव (कुछ दिनों से लेकर कुछ हफ्तों तक) आमतौर पर गैप से पूर्व कम-से-कम पिछले दिन पर वापस आ जाता है। इसे कभी-कभी 'क्लोजिंग द गैप' भी कहा जाता है।

एक कॉमन गैप आमतौर पर एक ट्रेडिंग रेंज या कंजेशन क्षेत्र में उत्पन्न होता है और उस समय स्टॉक में रुचि की कमी को पुष्ट करता है। यह अकसर कम व्यापार मात्रा द्वारा बढ़ जाता है। इस प्रकार के गैप्स से अवगत रहना लाभप्रद है; लेकिन इसमें संदेह होता है कि इनके परिणामस्वरूप ट्रेडिंग अवसर प्राप्त होंगे!

केस स्टडी : कॉमन गैप्स

चित्र 4.1 इन्फोसिस लिमिटेड का दैनिक चार्ट है, जो मई 2022 से दिसंबर 2022 तक कॉमन गैप्स का एक व्यावहारिक उदाहरण दिखाता है।

ट्रेडर्स को यह ध्यान रखना चाहिए कि ये कॉमन गैप्स कोई ट्रेडिंग अवसर उत्पन्न नहीं करते हैं और उन्हें उन शेयरों से दूर रहना चाहिए, जिनमें कॉमन गैप्स का निर्माण होता है।

ब्रेकअवे गैप्स

ब्रेकअवे गैप्स वे हैं, जो सबसे मजेदार होते हैं। ये तब घटित होते हैं, जब एक कीमत अपनी व्यापारिक सीमा या कंजेशन क्षेत्र से बाहर चली जाती है। इससे पहले कि आप गैप्स को समझ सकें, आपको यह जानना होगा कि मार्केट कंजेशन कैसे काम करता है?

एक कंजेशन एरिया केवल कीमतों की एक श्रृंखला होती है, जहाँ बाजार कुछ समय से, आमतौर पर कुछ हफ्तों से, कारोबार कर रहा होता है। नीचे से कंजेशन एरिया के शीर्ष के करीब पहुँचना आमतौर पर कठिन होता है।

ऊपर से आने पर कंजेशन एरिया के नीचे के पास का क्षेत्र भी एक समर्थन होता है। इन क्षेत्रों से बाहर निकलने के लिए बाजार को उत्साहित होने की आवश्यकता होती है (या तो विक्रेताओं से बहुत अधिक खरीदार या खरीदारों से बहुत अधिक विक्रेता)।

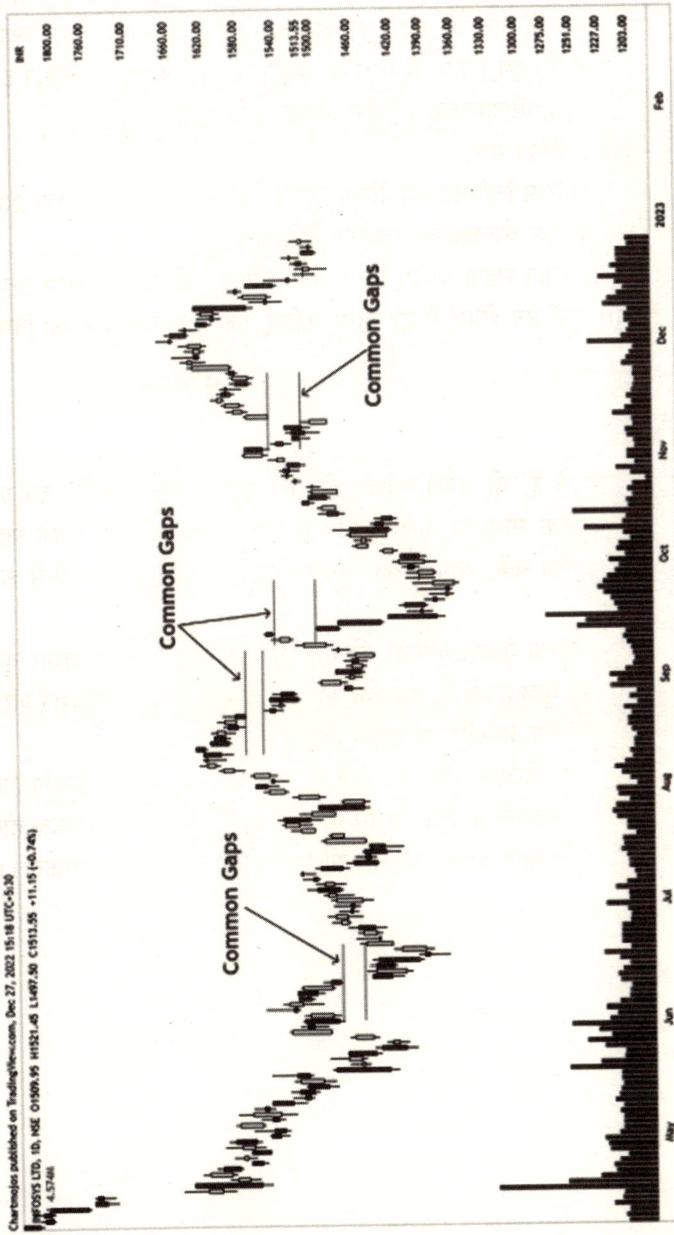

चित्र 4.1: Daily chart of Infosys Ltd. showing common gaps.

ट्रेडिंग वॉल्यूम में बहुत वृद्धि होनी चाहिए—न केवल इसलिए कि लोग अधिक उत्साहित हैं, बल्कि इसलिए भी, क्योंकि कई लोगों के पास ब्रेकआउट के उलटे पक्ष पर पोजीशंस हैं और उन्हें कवर करने या बेचने की आवश्यकता है। गैप के बाद हाई एवरेज वॉल्यूम हो तो बेहतर होता है। इसका तात्पर्य यह होता है कि बाजार की नई दिशा के बने रहने की संभावना है।

यदि ब्रेकआउट ऊपर जाता है तो ब्रेकआउट का बिंदु नया समर्थन बन जाता है। यदि ब्रेकआउट नीचे जाता है तो ब्रेकडाउन का बिंदु नया प्रतिरोध बन जाता है। इस सोच के जाल में न फँसें कि इस प्रकार का गैप जल्द ही भर जाएगा। यदि यह बहुत अधिक मात्रा से जुड़ा है तो इसमें कुछ समय लग सकता है। इस तथ्य के साथ चलें कि स्टॉक एक अलग दिशा में बढ़ना शुरू कर चुका है और उसी के अनुसार ट्रेड करें।

केस स्टडी : ब्रेकअवे गैप

चित्र 4.2 में नवीन फ्लोरिन इंटरनेशनल लिमिटेड का दैनिक चार्ट ब्रेकअवे गैप का एक व्यावहारिक उदाहरण दिखाता है और एक उचित गैप के साथ ब्रेकआउट होने के बाद एक मजबूत उछाल का संकेत देता है।

यदि ट्रेडिंग गैप्स चार्ट पैटर्न से अच्छी तरह से जुड़े हुए हैं तो यह एक अच्छा संकेत है। उदाहरण के लिए, यदि एक असेंडिंग ट्राइएंगल में अचानक ऊपर की ओर गैप आ जाता है तो यह एक चार्ट पैटर्न-रहित गैप की तुलना में बहुत बेहतर व्यापार हो सकता है, जिसमें ब्रेकआउट क्षेत्र में ब्रेकअवे गैप होता है। हेड एंड शोल्डर्स की निरंतरता आमतौर पर तेजी वाली होती है, क्योंकि इसमें एक सपाट शीर्ष और एक गोल तल होता है। चित्र 4.2 ऊपर की ओर एक ब्रेकअवे गैप के साथ एक हेड एंड शोल्डर्स की निरंतरता को दरशाता है, जिसकी आप एक असेंडिंग ट्राइएंगल से अपेक्षा करेंगे।

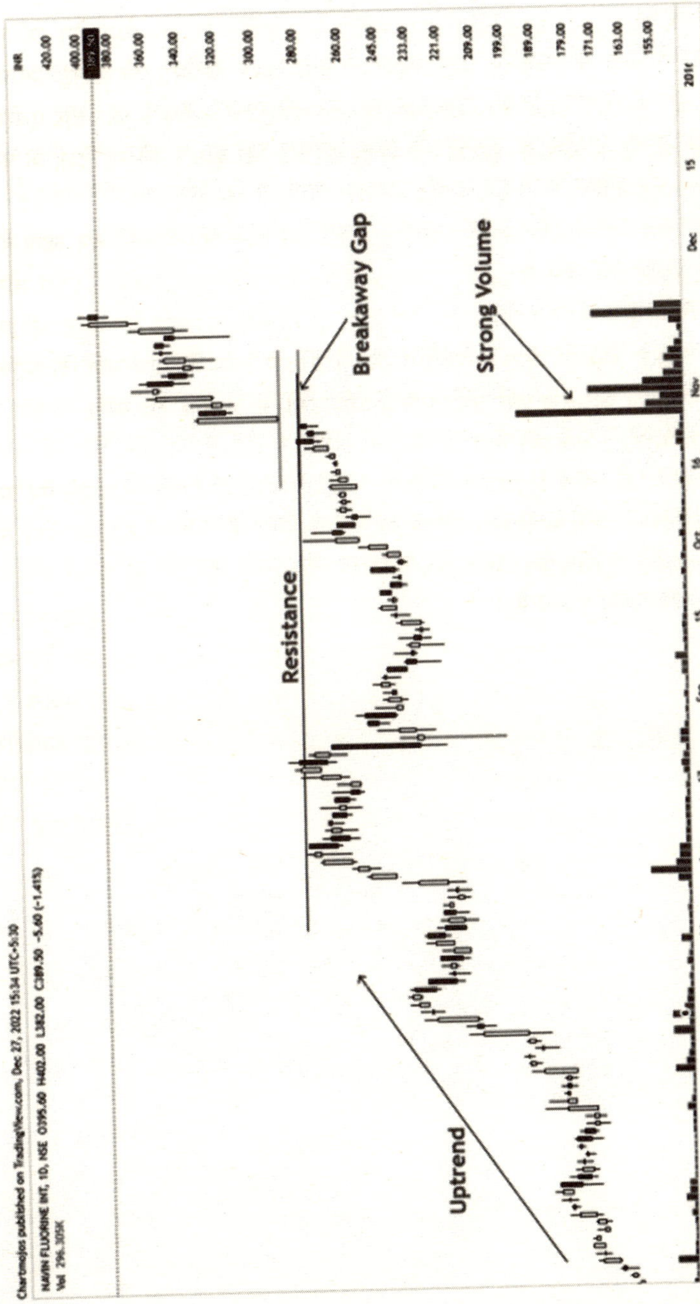

चित्र 4.2: Daily chart of Navin Flourine International Ltd. showing breakaway gaps.

रनअवे गैप्स

रनअवे गैप्स या 'मेजरिंग गैप्स' खरीदारों द्वारा स्टॉक खरीदने की मजबूत प्रवृत्ति दिखाए जाने के कारण होते हैं। ऊपर की ओर रनअवे गैप्स आमतौर पर इसलिए होते हैं, क्योंकि ट्रेडर्स अपट्रेंड की शुरुआत में इसमें शामिल नहीं हुए थे और मूल्य रिट्रेसमेंट (पुलबैक) की प्रतीक्षा करते हुए उन्होंने फैसला किया था कि ऐसा नहीं होने वाला है।

अचानक अधिक लोग स्टॉक खरीदना चाहते हैं और कीमत में एक दिन पहले की तुलना में उछाल आ जाता है।

केस स्टडी : रनअवे गैप्स

चित्र 4.3 बालाजी एमाइंस लिमिटेड का दैनिक चार्ट है, जिसने रनअवे गैप्स का निर्माण किया है। जब ट्रेडर्स इस प्रकार का रनअवे गैप देखते हैं तो वे लगभग घबराहट की स्थिति में आ जाते हैं। इसके अलावा, एक अच्छे अपट्रेंड में 'रनअवे गैप्स' के नाम से गैप हो सकते हैं, जो बड़ी न्यूज स्टोरीज के कारण होता है, जो लोगों की स्टॉक में पुनः रुचि पैदा करती हैं तथा उन्हें और अधिक खरीदने के लिए प्रेरित करती हैं।

यह जानने के लिए कि रनअवे गैप के दौरान और उसके बाद वॉल्यूम इतना अधिक कैसे बढ़ गया, चित्र 4.3 देखें।

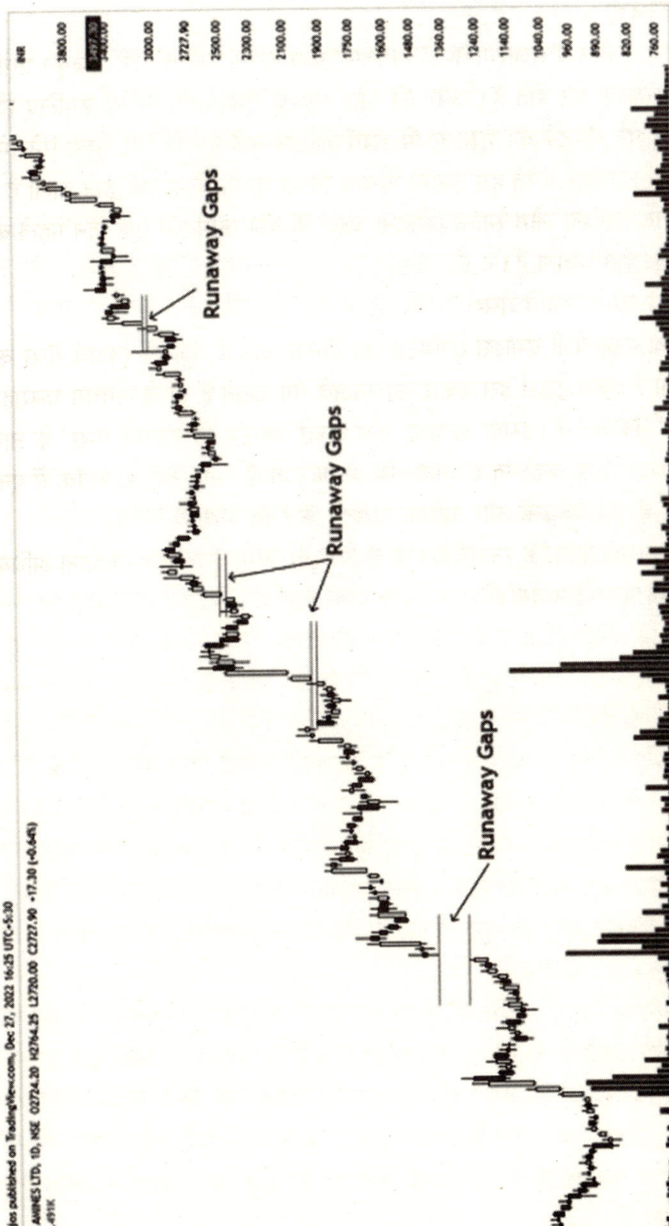

चित्र 4.3: Daily chart of Balaji Amines Ltd. showing runaway gaps.

केस स्टडी : रनअवे गैप्स

चित्र 4.4 तेल एवं प्राकृतिक गैस निगम लिमिटेड का दैनिक चार्ट है, जो रनअवे गैप्स को दरशाता है। याद रखें कि रनअवे गैप्स डाउनट्रेंड के दौरान भी हो सकते हैं। आमतौर पर यह इंगित करता है कि खरीदारी का दबाव बिक्री के दबाव से कहीं अधिक है।

रनअवे गैप्स को 'मेजरिंग' या 'मापन गैप्स' भी कहा जाता है। ऐसे उदाहरण ढूँढ़ना कठिन है, जो इस अर्थ में फिट हों; लेकिन यह पता लगाने का एक तरीका है कि एक रुझान कितने समय तक चलेगा! विचार यह है कि 'मेजरमेंट गैप' चाल के बीच में या लगभग आधे रास्ते में दिखाई देगा।

एग्जॉशन गैप्स

एग्जॉशन गैप्स तब होते हैं, जब एक अच्छा अपट्रेंड या डाउनट्रेंड समाप्त होने वाला होता है। वे अकसर इस चाल के खत्म होने का पहला संकेत होते हैं। इन्हें पहचानना आसान होता है, क्योंकि पिछले दिन के अंत में कीमत और अगले दिन बाजार खुलने पर कीमत के बीच एक बड़ा अंतर होता है। यदि आप इस बात पर ध्यान नहीं देते हैं कि अंतर कितना बड़ा है, तो उन्हें रनअवे गैप्स समझ लेना आसान होता है। इसके अतिरिक्त, अगले कुछ दिनों में कीमत पर ध्यान दें और देखें कि वह जारी है या उलट रही है!

जब कीमतें फिर से बढ़ने लगती हैं तो परिणामी आपूर्ति की कमी जल्द ही पूरी हो जाती है। जब वे तेजी के बाजार के दौरान घटित होते हैं तो खरीदार अत्यधिक उत्साहित हो जाते हैं और स्टॉक की कीमत आसमान छूने लगती है। भारी मात्राओं के कारण एक 'गैप' में कीमतें बढ़ जाती हैं; लेकिन फिर निवेशक भारी मुनाफे के लिए इन्हें बेचते हैं और ट्रेडिंग वॉल्यूम शून्य हो जाता है। इससे कीमतों में नाटकीय गिरावट आती है और रुझान में उलट-फेर होता है।

जब कीमतें अपनी प्रवृत्ति को उलट देती हैं तो एग्जॉशन गैप शीघ्रता से भर जाते हैं। इसी प्रकार, यदि वे तेजी के दौरान घटित होते हैं तो तेजी का उत्साह ट्रेड पर हावी हो जाता है और ट्रेडर्स को उस स्टॉक का पर्याप्त हिस्सा नहीं मिल पाता। कीमतें तेजी से बढ़ती हैं, जिसके बाद बड़े पैमाने पर मुनाफा कमाया जाता है और स्टॉक की माँग पूरी तरह से गायब हो जाती है। कीमतें नीचे आ जाती हैं और रुझान में उल्लेखनीय परिवर्तन होता है।

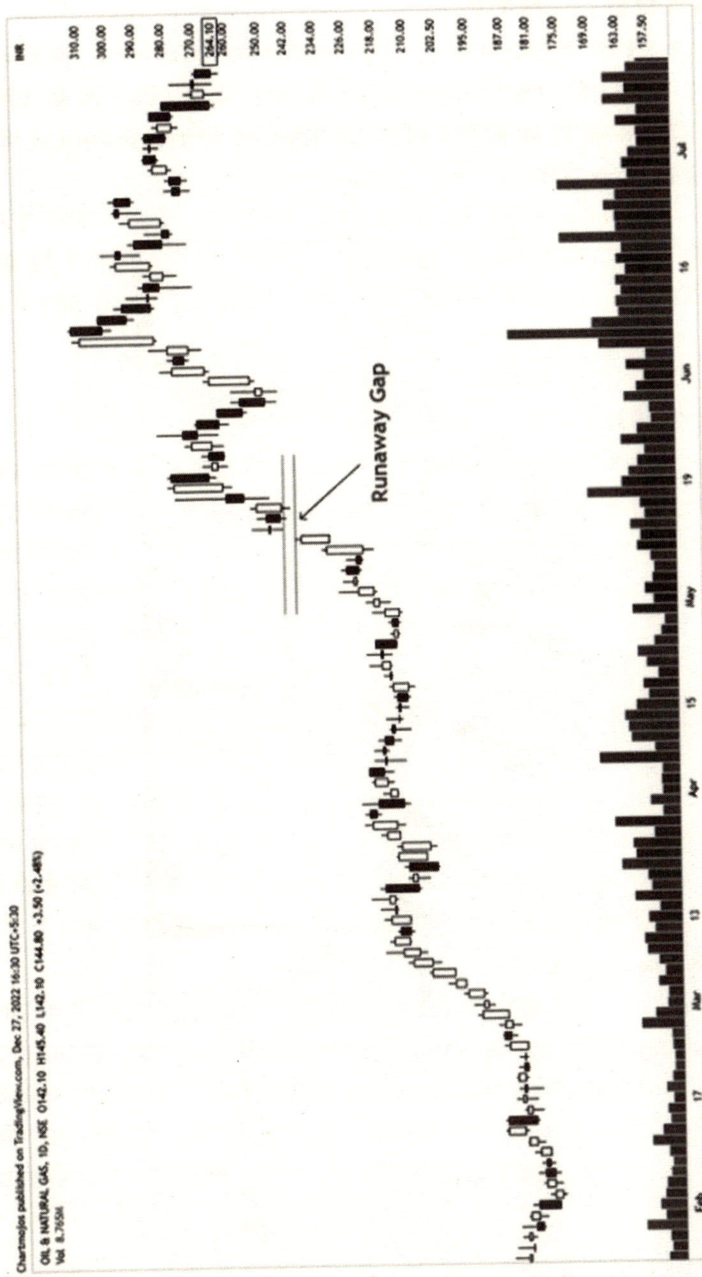

चित्र 4.4: Daily chart of Oil and Natural Gas Corporation Ltd. showing runaway gaps.

केस स्टडी : एग्जॉशन गैप्स

चित्र 4.5 में मैंगलोर रिफाइनरी और पेट्रोकेमिकल्स लिमिटेड का दैनिक चार्ट एग्जॉशन गैप का एक उदाहरण दिखाता है। यह ब्रेकआउट के बाद एक मजबूत उलट-फेर को इंगित करता है, बढ़ती मात्रा सहित एक उचित गैप के साथ और एग्जॉशन गैप के बाद शीघ्र ही भर जाता है।

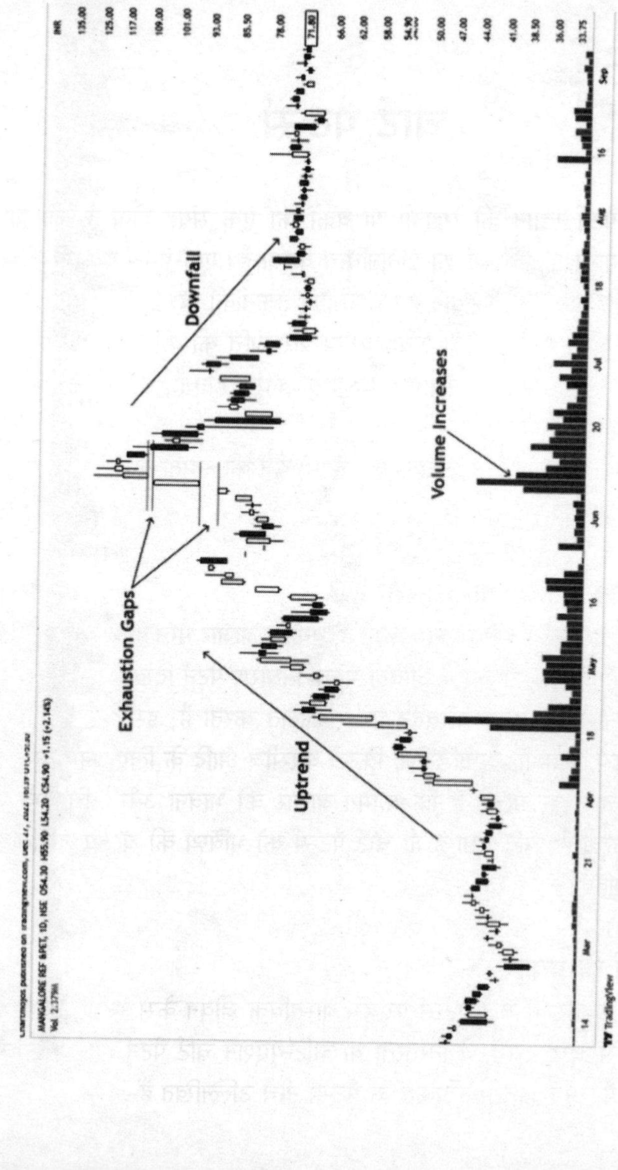

चित्र 4.5: Daily chart of Mangalore Refinery and Petrochemicals Ltd. showing exhaustion gaps.

5
चार्ट पैटर्न्स

एक चार्ट पैटर्न रुझान की रेखाओं या वक्रों का एक संग्रह होता है, जो ग्राफिक रूप से मूल्य गतिविधियों का प्रतिनिधित्व करता है। एक परिसंपत्ति की कीमत में उतार-चढ़ाव के रुझान की पहचान करने के लिए तकनीकी विश्लेषण में चार्ट पैटर्न का उपयोग किया जाता है। चार्ट पैटर्न एक वित्तीय परिसंपत्ति की कीमत में वे परिवर्तन हैं, जो स्वाभाविक रूप से होते हैं और कई चीजों के कारण होते हैं, जिसमें लोगों के काम करने का तरीका भी शामिल है।

ध्यान रखें, चार्ट पैटर्न को सटीक रूप से समझने की क्षमता के लिए अभ्यास और समर्पण की आवश्यकता होती है।

एक चार्ट पैटर्न कैसे काम करता है?

चार्ट पैटर्न समय अवधि में काम करते हैं, क्योंकि बाजार भग्न होते हैं (जिसमें हिस्से पूरे के समान होते हैं), इसलिए वे आवर्ती मूल्य-निर्धारण पैटर्न दिखाते हैं।

ट्रेडर मनोविज्ञान मूल्य-परिवर्तन को संचालित करता है; इसलिए ये चार्ट पैटर्न स्टॉक्स, बॉण्ड्स, मुद्राओं, कमोडिटीज, क्रिप्टो करेंसीज आदि के लिए काम करते हैं।

टेक्निकल ट्रेडर्स सोचते हैं कि कीमत बाजार की भावना और उचित मूल्य का प्रतिनिधित्व करती है। यदि ऐसा है तो चार्ट पैटर्न्स को भविष्य की बाजार गतिविधि का संकेत देना चाहिए।

चार्ट पैटर्न्स के प्रकार

जिन दो प्रकार के चार्ट पैटर्न्स पर हम वास्तविक जीवन केस स्टडी उदाहरणों के साथ विस्तार से चर्चा करेंगे, वे निरंतरता या कंटिन्यूएशन चार्ट पैटर्न और उत्क्रमण या रिवर्सल चार्ट पैटर्न्स हैं। विभिन्न प्रकार के पैटर्न्स नीचे उल्लिखित हैं—

- कंटिन्यूएशन चार्ट पैटर्न
- रिवर्सल चार्ट पैटर्न।

असेंडिंग ट्राइएंगल (आरोही त्रिभुज)

एक असेंडिंग ट्राइएंगल पैटर्न की विशेषता है—कीमत के उच्चतर निम्न स्तर पर पहुँचने पर शीर्ष पर एक सपाट प्रतिरोध और नीचे की तरफ एक ऊर्ध्वगामी ढलान। यह कम होते प्रतिरोध और तेजी की ओर आसन्न ब्रेकआउट का संकेत दे सकता है।

यदि कीमत समर्थन रेखा को तीन बार और प्रतिरोध रेखा को दो बार (या समर्थन रेखा को कम-से-कम दो बार और प्रतिरोध रेखा को तीन बार) छूती है तो आरोही त्रिकोण पैटर्न अच्छा है।

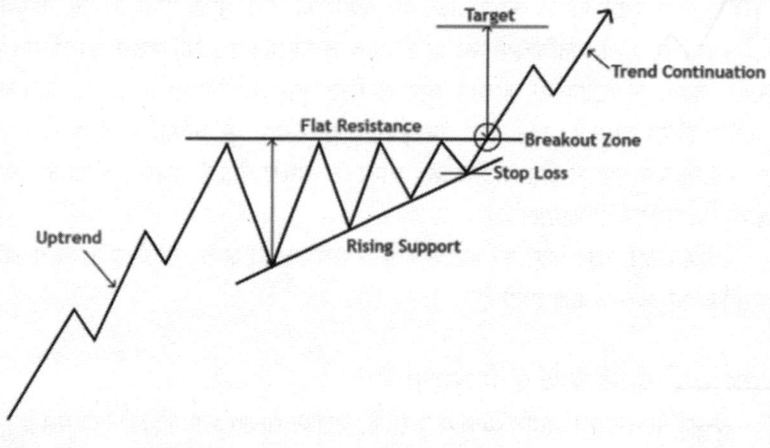

चित्र 5.1: Ascending triangle chart pattern

ट्रेंड : प्रतिभूति का प्रचलित ट्रेंड ऊपर होना चाहिए, क्योंकि यह दरशाता है कि हम प्रवृत्ति के साथ जा रहे हैं और ये तेजी की गति का संकेत देते हैं।

एंट्री : प्रतिरोध से ऊपर की ओर ब्रेकआउट होने पर हम बाजार में एंट्री करेंगे।

स्टॉप-लॉस : हम हालिया स्विंग लो या ब्रेकआउट कैंडल्स लो पर स्टॉप-लॉस लगाएँगे (यदि ब्रेकआउट कैंडल मजबूत है)।

प्रोफिट टार्गेट : पैटर्न की शुरुआत में पैटर्न आधार को पैटर्न के ब्रेकआउट जोन से टार्गेट के रूप में लिया जाएगा।

वॉल्यूम : यदि आरोही त्रिकोण एक मजबूत वॉल्यूम के साथ बन रहा है तो यह दरशाता है कि अधिक बाजार भागीदार प्रतिभूति खरीदने में रुचि रखते हैं।

डिसेंडिंग ट्राइएंगल (अवरोही त्रिकोण)

डिसेंडिंग ट्राइएंगल एक बेयरिश या मंदी का गठन है, जो अकसर डाउनट्रेंड के दौरान एक कंटिन्यूएशन पैटर्न के रूप में बनता है। डिसेंडिंग ट्राइएंगल्स का निर्माण कभी-कभी एक अपस्विंग के समापन की ओर रिवर्सल पैटर्न्स के रूप में हो सकता है; हालाँकि, वे मुख्य रूप से कंटिन्यूएशन पैटर्न्स होते हैं।

एक डिसेंडिंग ट्राइएंगल ट्रेडर्स के लिए ब्रेकडाउन की प्रत्याशा में एक शॉर्ट पोजीशन शुरू करने का एक संकेत होता है। चार्ट पर एक असेंडिंग ट्राइएंगल की पहचान ऊँचे व निचले दोनों स्तरों के बीच प्रवृत्ति रेखाएँ खींचकर की जा सकती है।

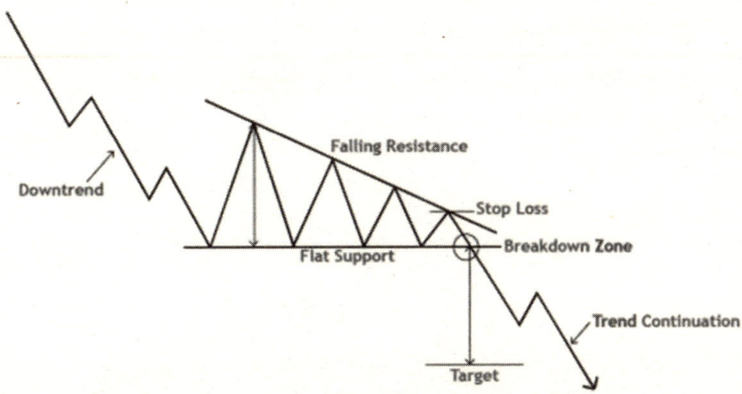

चित्र 5.2 : Descending triangle chart pattern

ट्रेंड : प्रतिभूति का प्रचलित ट्रेंड नीचे होना चाहिए, क्योंकि यह दरशाता है कि हम ट्रेंड के साथ जा रहे हैं, और यह गिरावट की गति को इंगित करता है।

एंट्री : हम बाजार में तब प्रवेश करेंगे, जब समर्थन से गिरावट की ओर ब्रेकडाउन होगा।

स्टॉप-लॉस : हाल के स्विंग हाई या ब्रेकडाउन कैंडल्स के निचले स्तर पर स्टॉप-लॉस रखें (यदि ब्रेकडाउन कैंडल मजबूत है)।

प्रोफिट टार्गेट : पैटर्न की शुरुआत में पैटर्न आधार को पैटर्न के ब्रेकडाउन जोन से टार्गेट के रूप में लिया जाएगा।

वॉल्यूम : यदि आरोही त्रिकोण मजबूत वॉल्यूम के साथ हो रहा है तो यह दरशाता है कि अधिक बाजार भागीदार प्रतिभूति खरीदने में रुचि रखते हैं।

सिमेट्रिकल ट्राइएंगल (सममित त्रिभुज)

बुलिश सिमेट्रिकल ट्राइएंगल

एक बुलिश सिमेट्रिकल ट्राइएंगल चार्ट पर एक निरंतरता पैटर्न होता है। दो अभिसरण प्रवृत्ति रेखाएँ, जो विकर्ण रेखा के संबंध में सममित हैं, पैटर्न का निर्माण करती हैं।

पहली पंक्ति एक प्रतिरोध पैदा करने वाली मंदी की प्रवृत्ति रेखा है, जिसे अकसर 'बुलिश सममित त्रिकोण की प्रतिरोध रेखा' के रूप में जाना जाता है।

दूसरी पंक्ति एक बुलिश प्रवृत्ति रेखा है, जो समर्थन प्रदान करती है, जिसे 'बुलिश सममित त्रिकोण की समर्थन रेखा' के रूप में जाना जाता है।

यदि दो रेखाएँ प्रभावी ढंग से दोलन करती हैं तो एक बुलिश सिमेट्रिकल ट्राइएंगल मान्य होता है। पैटर्न की पुष्टि करने के लिए इनमें से प्रत्येक पंक्ति कम-से-कम दो बार स्पर्श की हुई होनी चाहिए।

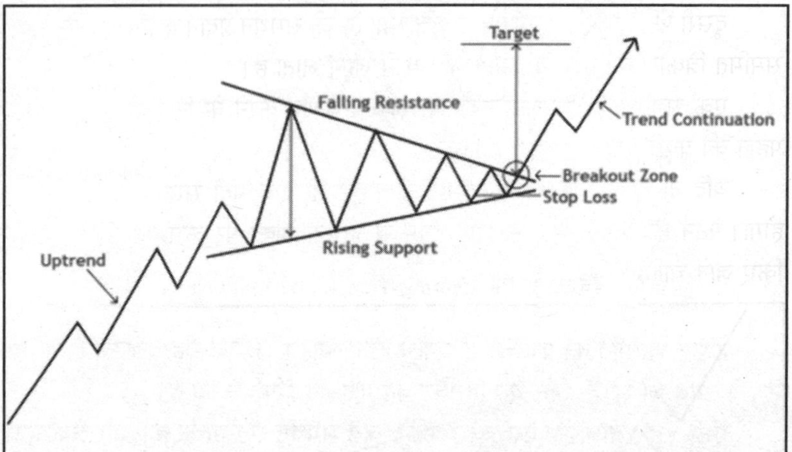

चित्र 5.3: Bullish continuation symmetrical triangle

ट्रेंड : स्टॉक प्रधान ट्रेंड ऊपर होना चाहिए, क्योंकि यह दरशाता है कि हम ट्रेंड का अनुसरण कर रहे हैं और यह सकारात्मक गति का संकेत देता है।

एंट्री : हम स्टॉक तब खरीदेंगे, जब कीमत गिरते प्रतिरोध के ऊपर टूट जाएगी और हमें ऊपर की ओर एक मजबूत ब्रेकआउट मिलेगा।

स्टॉप-लॉस : सममित त्रिकोणीय पैटर्न के लिए स्टॉप-लॉस ऑर्डर अकसर ब्रेकआउट बिंदु (हाल ही में स्विंग कम) से कुछ नीचे रखे जाते हैं।

प्रोफिट टार्गेट : एक बुलिश सममित त्रिकोण के लिए प्राइस टार्गेट ब्रेकआउट बिंदु (त्रिकोण से बाहर निकलने) पर त्रिकोण के आधार की ऊँचाई पर आधारित होता है।

वॉल्यूम : जैसे-जैसे सममित त्रिभुज की लंबाई बढ़ती है और ट्रेडिंग रेंज सिकुड़ती है, वॉल्यूम में गिरावट शुरू होनी चाहिए। इसका तात्पर्य तूफान से पहले की शांति या ब्रेकआउट से पहले के समेकन से है।

बेयरिश (मंदी) सिमेट्रिकल ट्राइएंगल (सममित त्रिभुज)

एक बेयरिश सिमेट्रिकल ट्राइएंगल मंदी की प्रवृत्तियों के लिए एक निरंतरता पैटर्न है। दो अभिसरण प्रवृत्ति रेखाएँ, जो विकर्ण रेखा के संबंध में सममित हैं, पैटर्न का निर्माण करती हैं।

पहली पंक्ति एक प्रतिरोध पैदा करने वाली मंदी की प्रवृत्ति रेखा है, जिसे आमतौर पर 'मंदी सममित त्रिकोण की प्रतिरोध रेखा' के रूप में जाना जाता है।

दूसरी पंक्ति एक सकारात्मक प्रवृत्ति रेखा है, जो समर्थन प्रदान करती है, जिसे 'मंदी सममित त्रिकोण की समर्थन रेखा' के रूप में जाना जाता है।

एक सममित त्रिभुज को 'मंदी' के रूप में वर्णित करने के लिए इसके निर्माण से पहले की प्रवृत्ति मंदी की होनी चाहिए।

यदि दो रेखाओं के बीच उत्कृष्ट दोलन है तो एक मंदी सममित त्रिकोण मान्य होगा। पैटर्न की पुष्टि करने के लिए इनमें से प्रत्येक पंक्ति पर कम-से-कम दो स्पर्श किए जाने चाहिए।

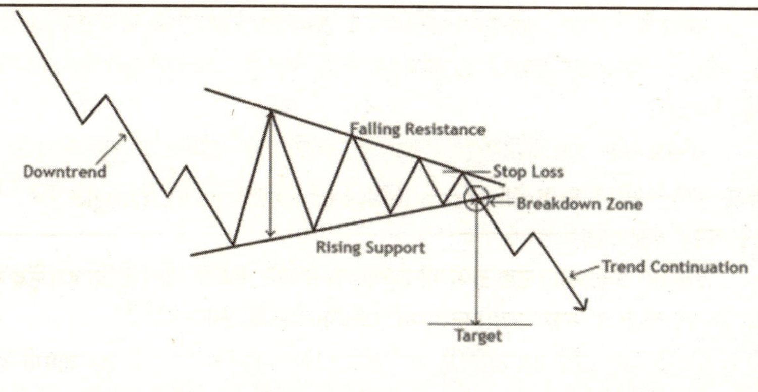

चित्र 5.4: Bearish symmetrical triangle continuation pattern

ट्रेंड : स्टॉक प्रधान ट्रेंड नीचे होना चाहिए, क्योंकि यह दरशाता है कि हम ट्रेंड का अनुसरण कर रहे हैं और यह नकारात्मक गति को इंगित करता है।

एंट्री : एक बार जब कीमत बढ़ते समर्थन से नीचे आ जाएगी और हमें गिरावट की ओर एक मजबूत ब्रेकडाउन मिलेगा, तो हम स्टॉक खरीद लेंगे।

स्टॉप-लॉस : सममित त्रिकोणीय पैटर्न के लिए स्टॉप-लॉस ऑर्डर अकसर ब्रेकडाउन बिंदु (हाल ही में उच्च स्विंग) से थोड़ा ऊपर रखा जाता है।

प्रोफिट टार्गेट : एक मंदी सममित त्रिकोण के लिए मूल्य लक्ष्य ब्रेकडाउन बिंदु (त्रिकोण से बाहर निकलने) पर त्रिकोण के आधार की ऊँचाई पर आधारित होता है।

वॉल्यूम : जैसे-जैसे सममित त्रिभुज की लंबाई बढ़ती है और ट्रेडिंग रेंज सिकुड़ती है, वॉल्यूम में गिरावट शुरू होनी चाहिए। इसका तात्पर्य तूफान से पहले की शांति या विघटन की ओर ले जाने वाले समेकन से है।

पेनेंट पैटर्न

पेनेंट एक कंटिन्यूएशन चार्ट पैटर्न है, जो एक सममित त्रिभुज जैसा लगता है; लेकिन उसकी विशेषताएँ अलग हैं।

आमतौर पर यह चार्ट पैटर्न एक तीव्र ऊर्ध्वगामी या अधोगामी गति का अनुसरण करता है। समय-सीमा के परिणामस्वरूप एक पेनेंट का जीवनकाल छोटा होता है।

बुलिश पेनेंट पैटर्न

बुल पेनेंट एक बुलिश या तेजी का निरंतरता पैटर्न है, जो समेकन चरण समाप्त होने के बाद अपट्रेंड की निरंतरता को इंगित करता है।

फ्लैग के विपरीत, जहाँ मूल्य गतिविधि दो समानांतर रेखाओं के बीच समेकित होती है, पेनेंट दो अभिसरण रेखाओं के बीच समेकित होता है, जब तक कि कोई सफलता नहीं मिलती।

बुलिश पेनेंट एक कंटिन्यूएशन पैटर्न है, क्योंकि यह वर्तमान अपट्रेंड को और भी ऊपर जाने में मदद करता है। संक्षेप में, पेनेंट ट्रेडर्स को यह समझने में मदद करता है कि इस समय रुझान किस चरण में है!

इसलिए पेनेंट का व्यापार करना बहुत आसान है, क्योंकि बीच में और फ्लैगपोल पर मिलने वाली दो रेखाएँ यह स्पष्ट करती हैं कि ट्रेड का स्तर कहाँ है!

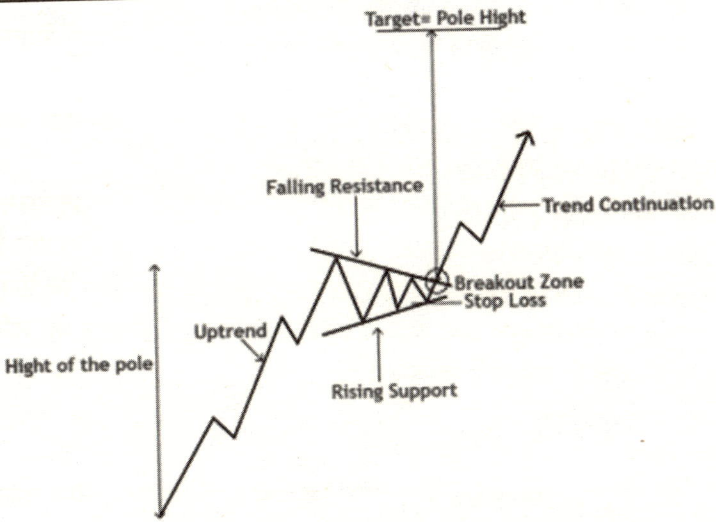

चित्र 5.5: Bullish pennant continuation pattern

ट्रेंड : किसी पैटर्न को निरंतरता पैटर्न माने जाने के लिए पिछले ट्रेंड का एक प्रमाण होना चाहिए। पेनेंट्स को बहुत अधिक मात्रा में एक तीव्र वृद्धि या गिरावट दिखाने की आवश्यकता होती है। यह कदम आमतौर पर आगे बढ़ने के लिए एक बड़े कदम का पहला कदम होता है और पेनेंट केवल एक विराम होता है।

एंट्री : हम बाजार में तब प्रवेश करेंगे, जब कीमत गिरते प्रतिरोध स्तर को पार कर जाएगी और ऊपर की ओर एक मजबूत ब्रेकआउट दिखाएगी।

स्टॉप-लॉस : तेजी वाले या बुलिश पेनेंट पैटर्न के लिए स्टॉप-लॉस ऑर्डर अकसर ब्रेकआउट पॉइंट (हाल ही में लो स्विंग) से थोड़ा नीचे रखा जाता है।

प्रोफिट टार्गेट : फ्लैगपोल की लंबाई का उपयोग पेनेंट के प्रतिरोध ब्रेक के आधार पर अग्रिम अनुमान लगाने के लिए किया जा सकता है।

वॉल्यूम : अपट्रेंड जो फ्लैगपोल बनाता है, उसके साथ उच्च वॉल्यूम भी होना चाहिए। प्रतिरोध उल्लंघन पर खरीदारी की मात्रा का दबाव पैटर्न को मान्य करता है और निरंतरता की संभावना को बढ़ाता है।

बेयरिश पेनेंट पैटर्न

बेयरिश पेनेंट एक मंदी का निरंतरता पैटर्न है, जो समेकन चरण समाप्त होने के बाद डाउनट्रेंड की निरंतरता को इंगित करता है।

फ्लैग के विपरीत, जहाँ मूल्य गतिविधि दो समानांतर रेखाओं के बीच समेकित होती है, पेनेंट दो अभिसरण रेखाओं के बीच समेकित होता है, जब तक कि कोई सफलता नहीं मिल जाती।

बेयरिश पेनेंट एक कंटिन्यूएशन पैटर्न है, क्योंकि यह मौजूदा डाउनट्रेंड को और भी नीचे जाने में मदद करता है। संक्षेप में, पेनेंट ट्रेडर्स को यह समझने में मदद करता है कि इस समय रुझान किस चरण में है!

इसलिए, पेनेंट का ट्रेड करना बहुत आसान है, क्योंकि बीच में और फ्लैगपोल पर मिलने वाली दो रेखाएँ यह स्पष्ट करती हैं कि ट्रेड का स्तर कहाँ है!

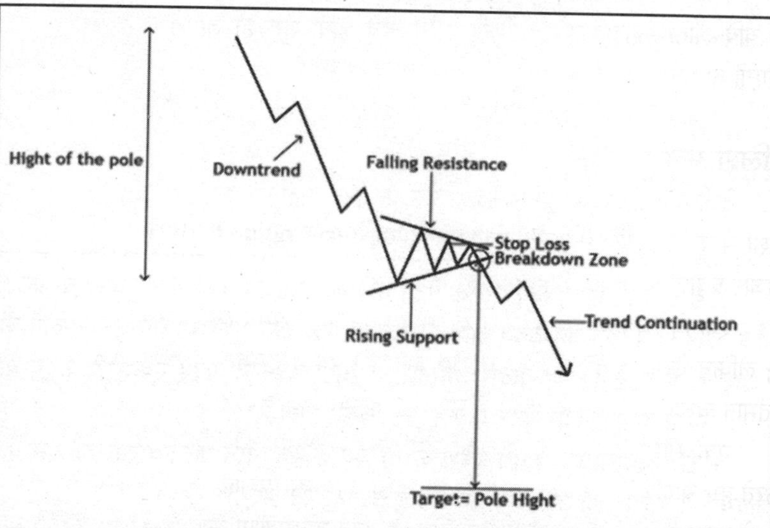

चित्र **5.6: Bearish pennant continuation pattern**

ट्रेंड : किसी पैटर्न को निरंतरता पैटर्न माने जाने के लिए पिछले ट्रेंड का प्रमाण होना चाहिए। बेयरिश पेनेंट्स को बहुत बड़ी मात्रा पर तीव्र गिरावट दिखाने की आवश्यकता है।

यह कदम आमतौर पर आगे बढ़ने के लिए एक बड़े कदम का पहला कदम होता है और अंत केवल एक विराम होता है।

एंट्री : एक बार जब कीमत बढ़ते समर्थन से नीचे आ जाएगी और हमें गिरावट की ओर एक मजबूत ब्रेकडाउन मिलेगा, तब हम ट्रेड में प्रवेश करेंगे।

स्टॉप-लॉस : मंदी के पैटर्न के लिए स्टॉप-लॉस ऑर्डर्स अकसर ब्रेकडाउन बिंदु (हाल ही में उच्च स्विंग) से कुछ ऊपर रखे जाते हैं।

प्रोफिट टार्गेट : फ्लैगपोल की लंबाई का उपयोग पेनेंट का समर्थन टूटने के आधार पर गिरावट का अनुमान लगाने के लिए किया जा सकता है।

वॉल्यूम : उस डाउनट्रेंड के दौरान जो फ्लैगपोल बनाता है, पेनेंट के साथ उच्च वॉल्यूम होना चाहिए। समर्थन उल्लंघन पर बिक्री मात्रा का दबाव पैटर्न को मान्य करता है और निरंतरता की संभावना को बढ़ाता है।

फ्लैग पैटर्न

फ्लैग एक छोटा आयत होता है, जो अंतिम पैटर्न की विपरीत दिशा में ढालू होता है। यदि अंतिम चाल ऊपर होगी तो फ्लैग नीचे जाना शुरू हो जाएगा। यदि चाल नीचे जाएगी तो फ्लैग ऊपर जाएगा।

बुलिश फ्लैग

तेजी का या बुलिश फ्लैग एक रिट्रेसमेंट पैटर्न होता है। रिट्रेसमेंट कीमत की समग्र दिशा से दूर एक छोटा सा बदलाव होता है। यह प्रकृति में अस्थायी होता है और व्यापक बाजार प्रवृत्ति को प्रतिबिंबित नहीं करता है।

एक निश्चित अवधि में किसी परिसंपत्ति का मूल्य समग्र रूप से बढ़ या घट सकता है; लेकिन ऐसा निरंतर रूप से कम ही होता है। एक रिट्रेसमेंट पैटर्न ट्रेडर्स को ट्रेंड के वर्तमान चरण को निर्धारित करने में मदद करता है।

एक सामान्य ट्रेडिंग दिशा-निर्देश के रूप में, ऊपर की ओर विस्तार की उम्मीद करते हुए यादृच्छिक कीमत पर खरीदारी करने की कभी सलाह नहीं दी जाती है; बल्कि इसमें व्यापारी को एक महत्त्वपूर्ण प्रतिरोध के टूटने की प्रतीक्षा करनी चाहिए।

सीधे शब्दों में कहें तो मूल्य गतिविधि दो समानांतर प्रवृत्ति रेखाओं (प्रतिरोध व समर्थन) से बाधित होती है, जो नीचे की ओर झुकी होती हैं।

फ्लैगपोल और फ्लैग मिलकर एक बुलिश फ्लैग बनाते हैं।

इस प्रकार, यह एक खंभे पर लगे झंडे जैसा प्रतीत होता है। यह तब बनता है, जब कीमत एक स्थिर अपट्रेंड में चलती है, जिससे उच्चतर ऊँचाई (हायर हाईज) और उच्चतर निम्न (लोअर लोज) स्तर बनते हैं। बुल फ्लैग अक्षर F जैसा दिखता है।

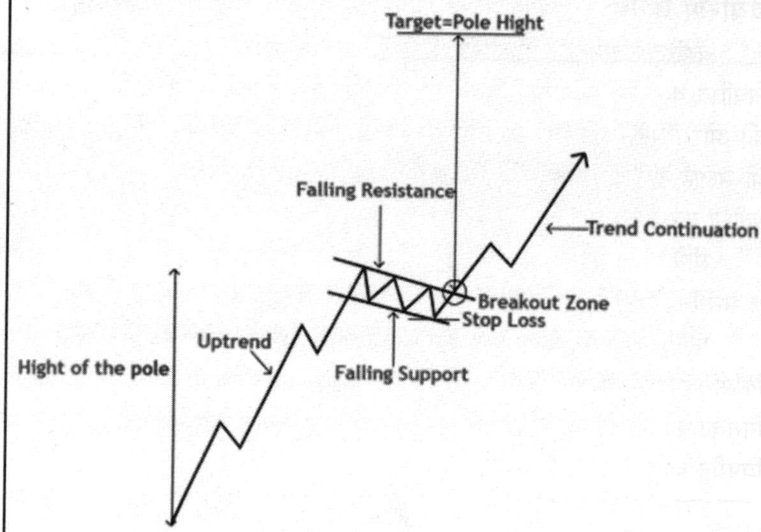

चित्र 5.7: Bullish flag pattern

ट्रेंड : एक बुलिश फ्लैग कंटिन्यूएशन पैटर्न माने जाने के लिए एक पूर्व अपट्रेंड का सबूत होना चाहिए।

एंट्री : ट्रेडर्स अकसर कीमत के टूटने और ऊपरी समानांतर प्रवृत्ति रेखा (लॉन्ग पोजीशन) के ऊपर बंद होने के अगले दिन एक फ्लैग में एंट्री करने की आशा करते हैं।

स्टॉप-लॉस : ट्रेडर्स स्टॉप-लॉस स्तर के रूप में ध्वज पैटर्न के विपरीत पक्ष का उपयोग करने की आशा करते हैं। उदाहरण के लिए, यदि पैटर्न की ऊपरी प्रवृत्ति रेखा 60 रुपए प्रति शेयर पर है और निचली प्रवृत्ति रेखा 50 रुपए प्रति शेयर पर है, तो 50 रुपए प्रति शेयर से नीचे लॉन्ग पोजीशन के लिए स्टॉप-लॉस ऑर्डर लगाना समझदारी होगी।

प्रोफिट टार्गेट : फ्लैगपोल की लंबाई का उपयोग फ्लैग के प्रतिरोध विच्छेद के आधार पर अग्रिम गणना के लिए किया जा सकता है।

वॉल्यूम : फ्लैगपोल के चढ़ने या गिरने के दौरान पूरे समय वॉल्यूम अधिक होना चाहिए। फ्लैगपोल का निर्माण करने वाली त्वरित और तेज गति को वॉल्यूम के परिमाण द्वारा मान्य किया जाता है। प्रतिरोध टूटने पर वॉल्यूम में वृद्धि से गठन मान्य होता है और इसके जारी रहने की संभावना बढ़ जाती है।

बेयरिश फ्लैग

बेयरिश फ्लैग एक रिट्रेसमेंट पैटर्न है। यह व्यापारियों को ट्रेंड का वर्तमान चरण निर्धारित करने में मदद करता है। एक सामान्य ट्रेडिंग दिशा-निर्देश के रूप में, ऊपर की ओर विस्तार की उम्मीद करते हुए यादृच्छिक कीमत पर खरीदारी करने की कभी भी सलाह नहीं दी जाती है; बल्कि इसमें ट्रेडर्स को एक महत्त्वपूर्ण समर्थन के टूटने की प्रतीक्षा करनी चाहिए।

सीधे शब्दों में कहें तो कीमत में उतार-चढ़ाव दो समानांतर प्रवृत्ति रेखाओं (प्रतिरोध व समर्थन) द्वारा बाधित होता है, जो एक अपट्रेंड दिखाते हुए तिरछी होती हैं।

फ्लैगपोल और फ्लैग मिलकर एक बेयरिश फ्लैग बनाते हैं। इस तरीके से यह किसी खंभे पर लगे झंडे जैसा प्रतीत होता है। इसका गठन तब होता है, जब कीमत स्थिर गिरावट की ओर बढ़ती है, जिससे निम्न ऊँचाई और निचला स्तर बनता है। बेयरिश फ्लैग विपरीत अक्षर F जैसा दिखता है।

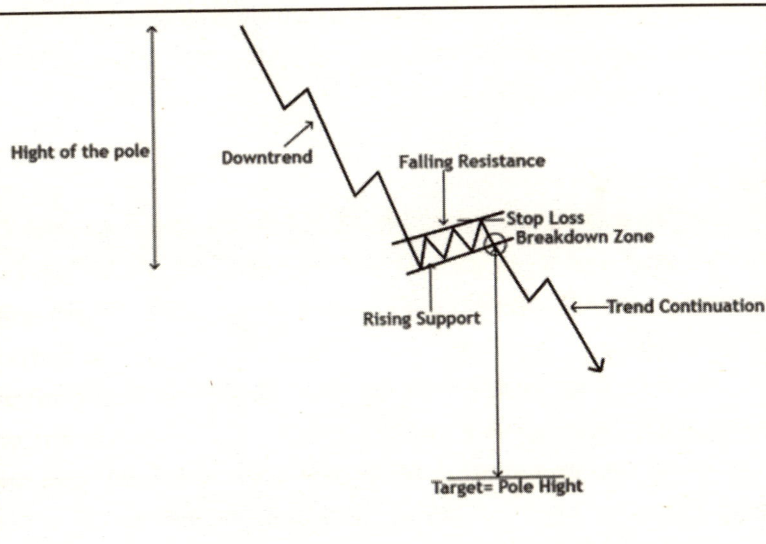

चित्र 5.8: Bearish flag continuation pattern

ट्रेंड : एक बेयरिश फ्लैग कंटिन्यूएशन पैटर्न माने जाने के लिए एक पूर्व गिरावट का सबूत होना चाहिए।

एंट्री : ट्रेडर्स अकसर कीमत के टूटने के और निचली समानांतर प्रवृत्ति रेखा के नीचे बंद होने के अगले दिन एक फ्लैग में प्रवेश करने की आशा करते हैं, जिसे 'बढ़ती समर्थन रेखा' या 'शॉर्ट पोजीशन' भी कहा जा सकता है।

स्टॉप-लॉस : ट्रेडर्स स्टॉप-लॉस स्तर के रूप में एक फ्लैग पैटर्न के विपरीत पक्ष का उपयोग करने की आशा करते हैं। उदाहरण के लिए, यदि पैटर्न की ऊपरी प्रवृत्ति रेखा 60 रुपए प्रति शेयर पर है और निचली प्रवृत्ति रेखा 50 रुपए प्रति शेयर पर है तो 60 रुपए प्रति शेयर से ऊपर एक शॉर्ट पोजीशन के लिए स्टॉप-लॉस ऑर्डर लगाना उचित होगा।

प्रोफिट टार्गेट : फ्लैगपोल की लंबाई का उपयोग फ्लैग का समर्थन टूटने के आधार पर गिरावट की गणना करने के लिए किया जा सकता है।

वेज (पच्चर) पैटर्न

वेज दो प्रवृत्ति रेखाओं से बना एक मूल्य पैटर्न है, जो बीच में मिलती हैं। ये दो प्रवृत्ति रेखाएँ मूल्य श्रृंखला के हाईज और लोज को जोड़कर बनाई जाती हैं। ये रेखाएँ दरशाती हैं कि हाईज और लोज अलग-अलग दरों पर ऊपर या नीचे जा रहे हैं। जैसे-जैसे रेखाएँ एक-दूसरे के करीब आती हैं, वे एक पच्चर की तरह दिखने लगती हैं। लोगों को लगता है कि पच्चर के आकार की प्रवृत्ति रेखाएँ यह अनुमान लगाने में मदद कर सकती हैं कि कीमतें दिशा कब बदल सकती हैं!

राइजिंग वेज पैटर्न

'राइजिंग वेज' एक मंदी का पैटर्न है, जो नीचे से बड़ी मात्रा में शुरू होता है। जैसे-जैसे कीमतें बढ़ती हैं और ट्रेडिंग रेंज छोटी होने लगती है, यह और छोटा हो जाता है। उभरते हुए वेजेज में एक स्पष्ट अपस्लोप (ऊपर की ओर ढलान) और नीचे जाने की प्रवृत्ति होती है।

सीधे शब्दों में कहें तो राइजिंग वेज एक बेयरिश चार्ट पैटर्न है, जो नीचे की ओर एक संभावित ब्रेकडाउन का संकेत देता है।

यह तब सच होता है, अगर दो बुलिश रेखाएँ अच्छे तरीके से आगे और पीछे चलती हैं। शीर्ष पर मौजूद रेखा प्रतिरोध रेखा होती है और नीचे की रेखा समर्थन रेखा होती है।

पैटर्न को साबित करने के लिए इनमें से प्रत्येक रेखा का कम-से-कम दो बार स्पर्श होना चाहिए। यदि समर्थन रेखा टूट जाती है तो पैटर्न की पुष्टि हो जाती है। अधिकांश समय यह ब्रेक आउट उच्च मात्रा के साथ होता है।

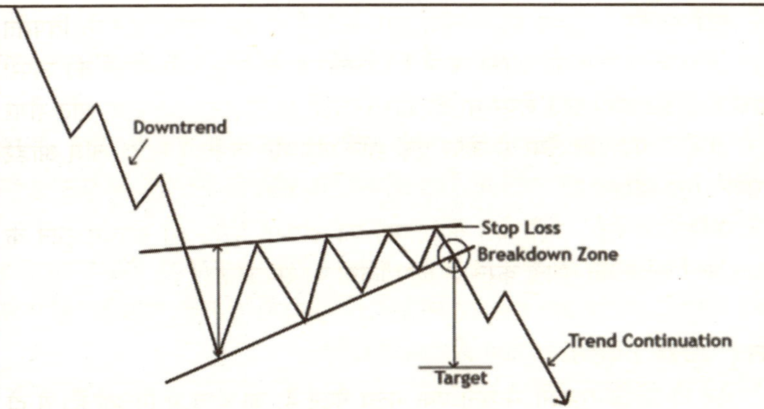

चित्र **5.9: Rising wedge pattern**

ट्रेंड : एक रिवर्सल या उलट पैटर्न के लिए परिभाषित मानदंडों में मौजूदा डाउन ट्रेंड की उपस्थिति शामिल है। एक बढ़ता वेज प्रवृत्ति में बदलाव का संकेत दे सकता है—या तो मध्यवर्ती या दीर्घकालिक, और यह आमतौर पर तीन से छह महीने की अवधि में होता है।

एंट्री : जब हमारे पास वेज क्षेत्र के बाहर (समर्थन रेखा के नीचे) पहला दैनिक समापन होता है तो हम एक 'छोटी स्थिति' या 'शॉर्ट पोजीशन' रखते हैं।

स्टॉप-लॉस : स्टॉप-लॉस ऑर्डर को हाल के स्विंग हाई (प्रतिरोध रेखा) के आसपास वेज के क्षेत्र के अंदर रखा जाना चाहिए, क्योंकि वेज के क्षेत्र में कीमत वापस जाने से पैटर्न अमान्य हो जाएगा।

प्रोफिट टार्गेट : प्राइस टार्गेट वेज के पीछे की ऊँचाई (पैटर्न आधार) के समान होता है।

वॉल्यूम : एक आदर्श दुनिया में, जब कीमतें बढ़ती हैं और वेज बदलता है, तो वॉल्यूम कम हो जाता है। जब समर्थन रेखा टूटती है तो वॉल्यूम में वृद्धि को इस बात की पुष्टि के रूप में देखा जा सकता है कि कीमत कम हो रही हैं।

फॉलिंग वेज पैटर्न

फॉलिंग वेज एक तेजी का या बुलिश पैटर्न है, जो शीर्ष पर बड़ी शुरुआत करता है और जैसे-जैसे कीमतें नीचे जाती हैं तथा ट्रेडिंग रेंज छोटी होने लगती है, यह छोटा होता जाता है। राइजिंग वेजेज का एक स्पष्ट नकारात्मक पहलू होता है और इसकी नीचे जाने

की प्रवृत्ति होती है।

सीधे शब्दों में कहें तो फॉलिंग वेज एक बुलिश चार्ट पैटर्न है, जो ऊपर की ओर संभावित ब्रेकआउट का संकेत देता है।

यदि दो तेजी की रेखाएँ सकारात्मक तरीके से आगे और पीछे चलती हैं तो एक फॉलिंग वेज सही होता है। शीर्ष की रेखा प्रतिरोध रेखा होती है और नीचे की रेखा समर्थन रेखा होती है।

पैटर्न को साबित करने के लिए इनमें से प्रत्येक रेखा का कम-से-कम दो बार स्पर्श होना चाहिए। यदि प्रतिरोध रेखा टूट जाती है तो पैटर्न की पुष्टि हो जाती है। अधिकांश समय यह ब्रेक आउट उच्च मात्रा के साथ होता है।

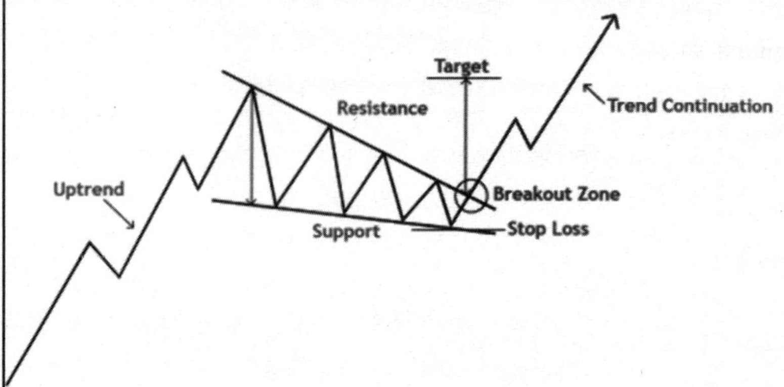

चित्र **5.10: Falling wedge pattern**

ट्रेंड : एक रिवर्सल या उलट पैटर्न के लिए परिभाषित मानदंडों में एक मौजूदा अपट्रेंड की उपस्थिति शामिल है। एक फॉलिंग वेज ट्रेंड में बदलाव का संकेत दे सकता है—या तो मध्यवर्ती या दीर्घकालिक, और यह आमतौर पर तीन से छह महीने की अवधि में होता है।

एंट्री : जब हम वेज के क्षेत्र (प्रतिरोध रेखा के ऊपर) के बाहर पहला दैनिक बंद करते हैं तो हम एक लॉन्ग पोजीशन रखते हैं।

स्टॉप-लॉस : स्टॉप-लॉस ऑर्डर्स को हाल के स्विंग लो (समर्थन रेखा) के आसपास वेज के क्षेत्र के अंदर रखा जाना चाहिए, क्योंकि वेज के क्षेत्र में कीमत वापस जाने से पैटर्न अमान्य हो जाएगा।

प्रोफिट टार्गेट : प्राइस टार्गेट वेज के पीछे की ऊँचाई (पैटर्न आधार) के समान होता है।

वॉल्यूम : एक आदर्श दुनिया में जैसे-जैसे कीमतें बढ़ती हैं और वेज बदलता है, वॉल्यूम कम होने लगता है। जब प्रतिरोध रेखा टूटती है तो वॉल्यूम में वृद्धि को इस बात की पुष्टि के रूप में देखा जा सकता है कि कीमत बढ़ रही है।

कप एंड हैंडल पैटर्न

बुलिश कंटिन्यूएशन कप एंड हैंडल

'कप विद हैंडल' एक बुलिश कंटिन्यूएशन पैटर्न है, जो एक ब्रेकआउट के बाद समेकन की अवधि को दरशाता है। यह पैटर्न दो भागों से बना है—कप एवं हैंडल।

एक बढ़त के बाद कप एक कटोरे या तली का आकार ले लेता है, जो गोल हो जाता है। जैसे ही कप बनता है, दाईं ओर एक ट्रेडिंग रेंज बन जाती है और हैंडल उसके साथ आ जाता है।

यदि हैंडल पुनः अपनी ट्रेडिंग रेंज से बाहर निकलता है तो पिछली वृद्धि जारी रहती है।

कप की अवधि एक से छह महीने तक और कभी-कभी इससे भी अधिक हो सकती है। आदर्श रूप से, हैंडल एक से चार सप्ताह के भीतर विकसित होकर समाप्त हो जाता है।

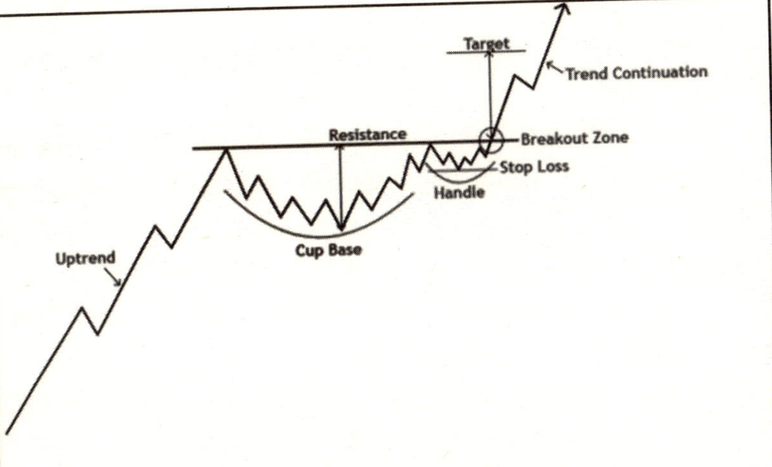

चित्र **5.11: Bullish cup and handle pattern**

ट्रेंड : कंटिन्यूएशन पैटर्न के रूप में अर्हता प्राप्त करने के लिए एक पूर्ववर्ती ट्रेंड होना चाहिए। आदर्श रूप से, ट्रेंड कुछ ही महीने पुराना होना चाहिए और बहुत परिपक्व नहीं होना चाहिए। ट्रेंड जितना अधिक परिपक्व होगा, पैटर्न की निरंतरता का प्रतिनिधित्व करने की संभावना उतनी ही कम होगी और विकास की संभावना भी उतनी ही कम होगी।

एंट्री : खरीद बिंदु तब होता है, जब एक स्टॉक टूट जाता है या प्रतिरोध के पिछले स्तर (कप के दाईं ओर) से ऊपर बढ़ जाता है।

स्टॉप-लॉस : बुलिश कप एंड हैंडल पैटर्न के लिए स्टॉप-लॉस ऑर्डर अकसर ब्रेकआउट बिंदु से थोड़ा नीचे रखा जाता है (हैंडल के निचले क्षेत्र में हालिया लो स्विंग)।

प्रोफिट टार्गेट : हम कप के शीर्ष से कप के नीचे तक की दूरी को मापकर और उस राशि को खरीद बिंदु पर जोड़कर ब्रेकआउट के बाद मूल्य उद्देश्य का अनुमान लगा सकते हैं।

वॉल्यूम : जब कीमत अंततः हैंडल के प्रतिरोध को पार कर जाती है तो वॉल्यूम में उल्लेखनीय वृद्धि होनी चाहिए।

बेयरिश कंटिन्यूएशन कप एंड हैंडल

हैंडल के साथ कप को एक मंदी वाले कंटिन्यूएशन पैटर्न के रूप में भी बनाया जा सकता है, जो एक ब्रेकआउट के बाद समेकन की अवधि को दरशाता है। पैटर्न दो भागों से बना है—कप एवं हैंडल। नीचे की ओर जाने के बाद कप विपरीत कटोरे या शीर्ष का आकार ले लेता है, जो गोल हो जाता है।

जैसे ही कप पूरा हो जाता है, दाईं ओर एक ट्रेडिंग रेंज बन जाती है और हैंडल उसके साथ आ जाता है। यदि हैंडल पुनः अपनी ट्रेडिंग रेंज से टूट जाता है तो पिछली गिरावट जारी रहेगी।

कप की अवधि एक से छह महीने तक और कभी-कभी इससे भी अधिक हो सकती है। आदर्श रूप से, हैंडल एक से चार सप्ताह के भीतर विकसित और पूरा हो जाएगा।

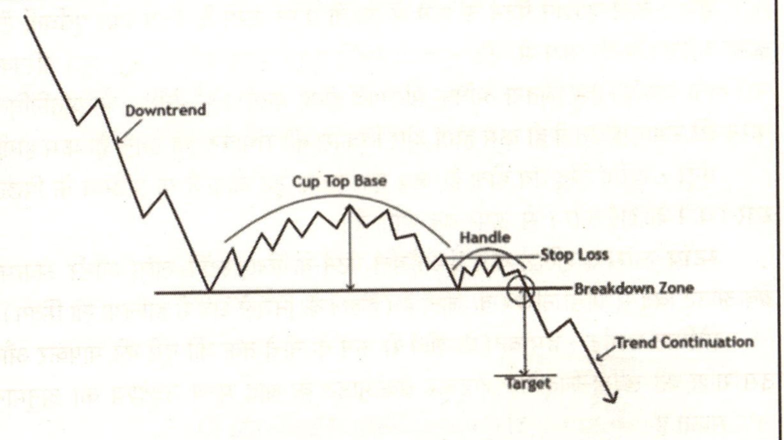

चित्र 5.12: Bearish Continuation Cup and Handle

ट्रेंड : एक बेयरिश कंटिन्यूएशन पैटर्न के रूप में अर्हता प्राप्त करने के लिए एक पूर्ववर्ती गिरावट का ट्रेंड होना चाहिए। आदर्श रूप से, ट्रेंड कुछ महीने पुराना होना चाहिए और बहुत परिपक्व नहीं होना चाहिए। ट्रेंड जितना अधिक परिपक्व होगा, पैटर्न के निरंतरता का प्रतिनिधित्व करने की संभावना और विकास की संभावना भी उतनी ही कम होगी।

एंट्री : खरीदारी तब होती है, जब एक स्टॉक टूट जाता है या अपनी नेकलाइन अथवा समर्थन स्तर से नीचे गिर जाता है।

स्टॉप-लॉस : बेयरिश कप और हैंडल पैटर्न के लिए स्टॉप-लॉस ऑर्डर अकसर ब्रेकडाउन बिंदु से थोड़ा ऊपर रखे जाते हैं (हैंडल के शीर्ष क्षेत्र में हालिया उच्च स्विंग)।

प्रोफिट टार्गेट : हम कप के शीर्ष से कप के नीचे तक की दूरी को मापकर और उस राशि को खरीद बिंदु पर जोड़कर ब्रेकआउट के बाद मूल्य उद्देश्य का अनुमान लगा सकते हैं।

वॉल्यूम : जब कीमत अंततः हैंडल के प्रतिरोध को पार कर जाती है तो वॉल्यूम में उल्लेखनीय वृद्धि होनी चाहिए।

रेक्टैंगल (आयताकार) पैटर्न

एक रेक्टैंगल या आयत एक कंटिन्यूएशन पैटर्न है, जो एक ट्रेडिंग रेंज की तरह दिखता है। यह तब बनता है, जब ट्रेंड कुछ देर के लिए रुक जाता है। पैटर्न को पहचानना आसान है, क्योंकि इसमें दो समान ऊँचाइयाँ और दो समान चढ़ाव होते हैं। हाईज और

लोज को दो समानांतर रेखाएँ बनाने के लिए जोड़ा जा सकता है, जो एक आयत का ऊपरी व निचला हिस्सा बनाती हैं।

लोग कभी-कभी आयतों के संदर्भ में बात करने के लिए 'ट्रेडिंग रेंजेज', 'कन्सॉलिडेशन जोन्स' और 'कंजेशन एरियाज' जैसे शब्दों का प्रयोग करते हैं।

बुलिश रेक्टैंगल

आपको आमतौर पर आयतों या बॉक्स प्लेज का कंटिन्यूएशन पैटर्न के रूप में ट्रेड करना चाहिए। इस स्थिति में, लोग निश्चित नहीं होते कि उन्हें क्या करना चाहिए? लेकिन आमतौर पर वे ट्रेंड या रुझान के साथ चलने का निर्णय लेते हैं। इस समय आपूर्ति व माँग संतुलन में दिख रही है।

खरीदार और विक्रेता दोनों एक ही स्थिति में प्रतीत होते हैं।

वही 'हाईज' और 'लोज' हमेशा परीक्षण में रखी जाती हैं। बाजार दो स्पष्ट सीमाओं के बीच आगे-पीछे चलता रहता है।

जैसा कि चित्र 5.13 में देखा गया है, अस्थायी समर्थन और प्रतिरोध स्तरों के बीच समेकित होने से पहले कीमत एक मजबूत अपट्रेंड में चढ़ती है।

यह साइडवेज यात्रा करना जारी रखती है तथा इन दो समानांतर रेखाओं के बीच उछलती रहती है और पैटर्न के बॉक्स जैसी आकृति उत्पन्न करती है।

फिर कीमत प्रतिरोध के शीर्ष स्तर को तोड़ देती है और अपनी वृद्धि जारी रखती है।

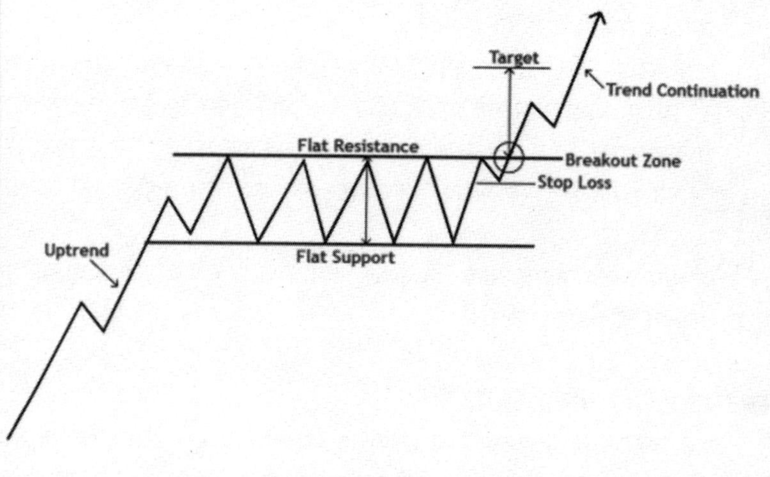

चित्र **5.13: Bullish rectangle continuation pattern**

ट्रेंड : एक तेजी वाला या बुलिश रेक्टैंगल कंटिन्यूएशन पैटर्न माना जाने के लिए एक पूर्व अपट्रेंड का सबूत होना चाहिए।

एंट्री : जब प्राइस एक्शन एक बुलिश रेक्टैंगल पैटर्न के प्रतिरोध को तोड़ देता है, तब स्टॉक खरीद लें।

स्टॉप-लॉस : अपने स्टॉप-लॉस को आयत की प्रतिरोध रेखा के ठीक नीचे हालिया स्विंग लो (प्रतिरोध के ठीक नीचे) पर सेट करें।

प्रोफिट टार्गेट : आप आयत की ऊँचाई मापकर और उस संख्या को ब्रेकआउट पर लागू करके अनुमानित चाल का पता लगा सकते हैं।

वॉल्यूम : आयतों में वॉल्यूम के पैटर्न मानक पैटर्न का पालन नहीं करते हैं। जैसे-जैसे एक पैटर्न विकसित होता है, वॉल्यूम कभी-कभी कम हो जाता है। अन्य अवसरों पर, समर्थन और प्रतिरोध के बीच कीमतों में उछाल के कारण वॉल्यूम बदल जाता है। जैसे-जैसे पैटर्न पुराना होता जाएगा, वॉल्यूम में कभी-कभार ही वृद्धि होगी। यदि वॉल्यूम कम हो जाता है तो ब्रेकआउट की पुष्टि करने का सबसे अच्छा तरीका यह देखना है कि ब्रेकआउट मजबूत वॉल्यूम के साथ आगे बढ़े!

बेयरिश रेक्टैंगल

चित्र 5.14 में आपूर्ति एवं माँग संतुलन में प्रतीत होती है।

खरीदार और विक्रेता दोनों एक ही स्थिति में प्रतीत होते हैं।

वही 'हाईज' और 'लोज' हमेशा परीक्षण में रखे जाते हैं। बाजार दो स्पष्ट सीमाओं के बीच आगे-पीछे चलता रहता है।

इस चार्ट में अस्थायी समर्थन और प्रतिरोध स्तरों के बीच समेकित होने से पहले कीमत एक मजबूत डाउनट्रेंड में चढ़ती है।

यह साइडवेज यात्रा करना जारी रखती है, इन दो समानांतर रेखाओं के बीच उछलती रहती है और पैटर्न के बॉक्स जैसी आकृति उत्पन्न करती है।

फिर कीमत समर्थन के निचले स्तर से टूट जाती है और गिरावट जारी रहती है।

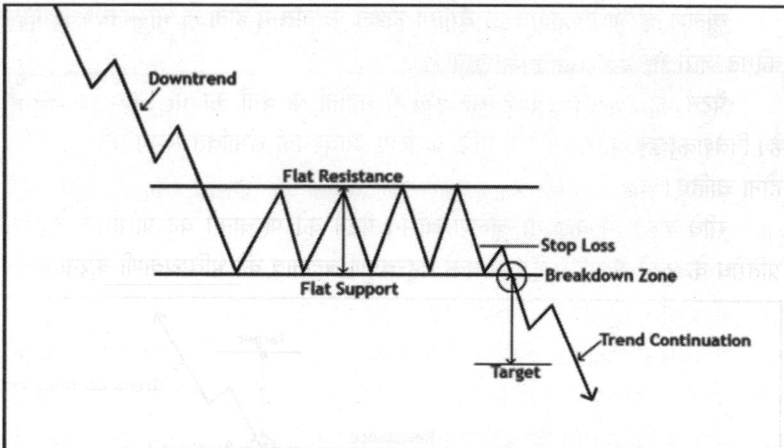

चित्र 5.14: Bearish rectangle continuation pattern

ट्रेंड : एक मंदी वाले या बेयरिश रेक्टैंगल कंटिन्यूएशन पैटर्न माना जाने के लिए एक पूर्व डाउनट्रेंड का सबूत होना चाहिए।

एंट्री : बाजार में तब प्रवेश करें, जब प्राइस एक्शन बेयरिश रेक्टैंगल पैटर्न के समर्थन स्तर से गुजरता है।

स्टॉप-लॉस : अपने स्टॉप-लॉस को आयत की सपोर्ट लाइन या नेकलाइन के ठीक ऊपर हालिया स्विंग हाई (सपोर्ट के ठीक ऊपर) पर सेट करें।

प्रोफिट टार्गेट : आप आयत की ऊँचाई को मापकर और उस संख्या को नीचे की ओर टूटने पर लागू करके अनुमानित चाल का पता लगा सकते हैं।

वॉल्यूम : आयतों में वॉल्यूम के पैटर्न मानक पैटर्न का पालन नहीं करते हैं। जैसे-जैसे एक पैटर्न विकसित होता है, वॉल्यूम कभी-कभी कम हो जाता है। अन्य अवसरों पर समर्थन व प्रतिरोध के बीच कीमतों में उछाल के कारण वॉल्यूम बदल जाता है। जैसे-जैसे पैटर्न पुराना होता जाएगा, वॉल्यूम का बढ़ना कम होता जाएगा। यदि वॉल्यूम कम हो जाता है तो ब्रेकआउट की पुष्टि करने का सबसे अच्छा तरीका यह देखना है कि ब्रेकआउट मजबूत वॉल्यूम के साथ आगे बढ़े।

बेसिंग पैटर्न

बुलिश बेसिंग

यह कीमतों में उतार-चढ़ाव द्वारा पहचाना जाने वाला एक तकनीकी विश्लेषण चार्ट पैटर्न है, जो रेखांकन करने पर 'U' आकार जैसा दिखता है।

बुलिश बेसिंग विस्तारित ऊर्ध्वगामी रुझान के अंत में होता है और लंबी अवधि में कीमत जारी रहने का संकेत दे सकता है।

पैटर्न की लंबाई को विकसित होने में महीनों या वर्षों का भी समय लग सकता है। निवेशकों को बाजार में पूर्ण वृद्धि के लिए आवश्यक संभावित समय के बारे में पता होना चाहिए।

सीधे शब्दों में कहें तो बुलिश बेसिंग पैटर्न को पहचानने का प्राथमिक उद्‌देश्य प्रतिरोध के टूटने से प्राइस ट्रेंड में एक महत्त्वपूर्ण बदलाव की भविष्यवाणी करना है।

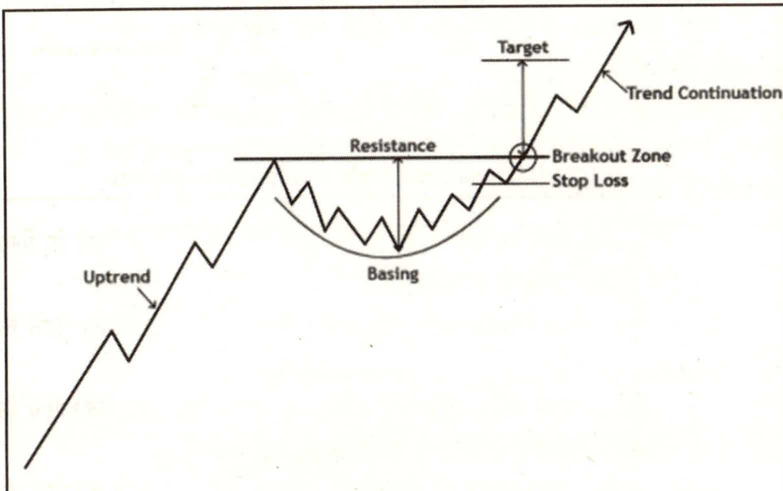

चित्र **5.15: Bullish basing continuation pattern**

ट्रेंड : पैटर्न तब विकसित होता है, जब कीमत बढ़ती है और लंबे समय तक स्थिर रहती है, जिससे बुलिश बेसिंग बनती है।

पैटर्न के घटित होने से पहले प्रचलित ट्रेंड ऊपर की ओर होना चाहिए।

एंट्री : जब पैटर्न की नेकलाइन टूटी हो, तब बाजार में प्रवेश करें। नेकलाइन के ऊपर कैंडल क्लोजेज देखें (बुलिश बेसिंग के लिए)।

स्टॉप-लॉस : बुलिश बेसिंग में कारोबार करते समय स्टॉप-लॉस को नेकलाइन के ठीक नीचे हालिया स्विंग लो पर रखा जाता है।

प्रोफिट टार्गेट : प्रोफिट टार्गेट वास्तविक पैटर्न की ऊँचाई को मापकर और नेकलाइन ब्रेक से उस दूरी को बढ़ाकर निर्धारित किया जाता है।

वॉल्यूम : जब कीमत अंततः प्रतिरोध से बाहर हो जाती है तो वॉल्यूम में उल्लेखनीय वृद्धि होनी चाहिए।

बेयरिश बेसिंग

बेयरिश बेसिंग एक तकनीकी विश्लेषण चार्ट पैटर्न है, जिसे मूल्य के उतार-चढ़ाव द्वारा पहचाना जाता है, और रेखांकन किए जाने पर यह उलटे 'U' के आकार जैसा दिखता है।

बेयरिश बेसिंग विस्तारित गिरावट के रुझान के अंत में होता है और लंबी अवधि में कीमत जारी रहने का संकेत दे सकता है।

पैटर्न की लंबाई को विकसित होने में महीनों या वर्षों का भी समय लग सकता है। निवेशकों को बाजार में पूर्ण गिरावट के लिए आवश्यक संभावित समय के बारे में जानकारी होनी चाहिए।

सीधे शब्दों में कहें तो बेयरिश बेसिंग पैटर्न को पहचानने का प्राथमिक उद्देश्य ब्रेकडाउन जोन से समर्थन के टूटने से लेकर नीचे की ओर प्राइस ट्रेंड में एक महत्त्वपूर्ण बदलाव की भविष्यवाणी करना है।

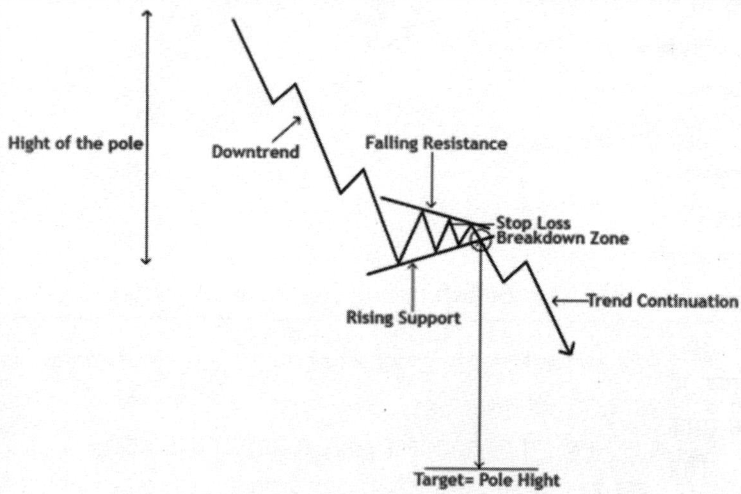

चित्र 5.16: Bearish basing continuation pattern

ट्रेंड : पैटर्न तब विकसित होता है, जब कीमत गिरती है और लंबे समय तक स्थिर रहती है, जिससे एक बेयरिश बेसिंग बनती है; पैटर्न के घटित होने से पहले प्रचलित प्रवृत्ति नीचे होनी चाहिए।

एंट्री : जब पैटर्न की नेकलाइन टूटी हो, तब बाजार में प्रवेश करें। नेकलाइन के नीचे कैंडल क्लोज देखें (बेयरिश बेसिंग के लिए)।

स्टॉप-लॉस : बेयरिश बेसिंग कंटिन्यूएशन पैटर्न पर ट्रेड करते समय स्टॉप-लॉस को नेकलाइन के ठीक ऊपर हाल के स्विंग हाई पर रखा जाता है।

प्रोफिट टार्गेट : लाभ का लक्ष्य वास्तविक पैटर्न की ऊँचाई को मापकर और नेकलाइन ब्रेक से उस दूरी को बढ़ाकर निर्धारित किया जाता है।

वॉल्यूम : जब कीमत अंततः समर्थन से टूट जाती है तो वॉल्यूम में उल्लेखनीय वृद्धि होनी चाहिए।

हेड एंड शोल्डर कंटिन्यूएशन पैटर्न

बुलिश हेड एंड शोल्डर कंटिन्यूएशन पैटर्न

हेड एंड शोल्डर्स चार्ट पैटर्न्स की शृंखला में से वे पैटर्न हैं, जिन्हें आमतौर पर ट्रेंड रिवर्सिंग (प्रवृत्ति पलटने वाले) के रूप में देखा जाता है। हालाँकि, करीब से निरीक्षण करने पर हेड एंड शोल्डर्स भी एक निरंतरता या कंटिन्यूएशन के रूप में काम कर सकते हैं। निरंतरता और उत्क्रमण पैटर्न्स के बीच कुछ महत्त्वपूर्ण अंतर हैं, जो आपको लाभदायक ट्रेड करने और नुकसान से रोकने में मदद कर सकते हैं।

सीधे शब्दों में कहें तो हेड एंड शोल्डर पैटर्न उलटने के बजाय निरंतरता का संकेत दे सकता है; लेकिन यह कार्य कम ही होता है। हेड एंड शोल्डर्स निरंतरता पैटर्न एक गिरावट में उभरता है, लेकिन इन्वर्स या उलटा हेड एंड शोल्डर्स पैटर्न ऊपर की ओर बढ़ता है। इस प्रकार, आप उनमें गलती की संभावना नहीं रखते हैं। निम्नांकित चार्ट एक नकारात्मक निरंतरता पैटर्न प्रदर्शित करता है।

यह कंटिन्यूएशन पैटर्न एक तेज अपट्रेंड (या रन डाउन) के बाद उत्पन्न होता है। व्यापक परिप्रेक्ष्य से देखने पर यह हेड एंड शोल्डर्स पैटर्न उत्क्रमण पैटर्न की तुलना में एक समेकन पैटर्न जैसा प्रतीत होता है।

चित्र 5.17 एक बुलिश हेड एंड शोल्डर्स निरंतरता को दरशाता है, जिसमें उलट-फेर के समान विशेषताएँ हैं। हालाँकि, हेड एंड शोल्डर्स निरंतरता एक प्रचलित ट्रेंड की निरंतरता को दरशाती है और रिवर्सल हेड एंड शोल्डर्स प्रवृत्ति के पलटने का संकेत देते हैं।

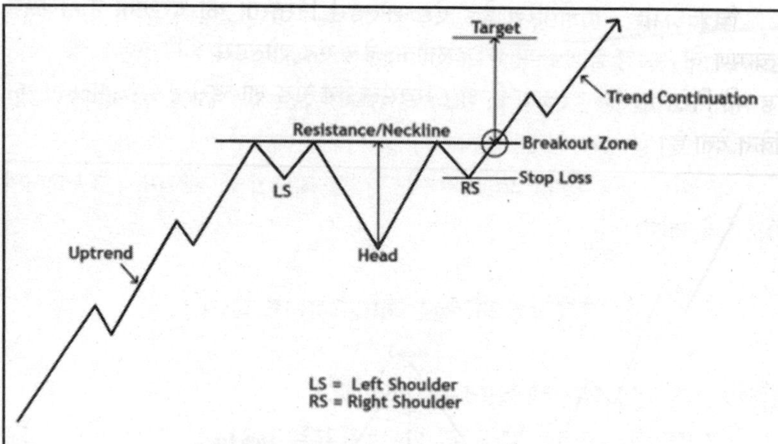

चित्र 5.17: Bullish head and shoulders continuation pattern

ट्रेंड : प्रतिभूति का प्रचलित ट्रेंड ऊपर होना चाहिए, क्योंकि यह दरशाता है कि हम ट्रेंड के साथ जा रहे हैं और तेजी की गति का संकेत देते हैं।

एंट्री : प्रतिरोध से ऊपर की ओर ब्रेकआउट होने पर हम बाजार में प्रवेश करेंगे।

स्टॉप-लॉस : हम हाल के स्विंग लो (दाएँ शोल्डर के ठीक नीचे) या ब्रेकआउट कैंडल्स के लो (यदि ब्रेकआउट कैंडल मजबूत है) पर स्टॉप-लॉस लगाएँगे।

प्रोफिट टार्गेट : नेकलाइन प्रतिरोध को तोड़ने के बाद नेकलाइन से लेकर सिर के नीचे तक की दूरी को मापकर अनुमानित लक्ष्य पाया जाता है। प्राइस टार्गेट प्राप्त करने के लिए नेकलाइन को इस दूरी में जोड़ा जाता है।

वॉल्यूम : यदि ब्रेकआउट क्षेत्र में मजबूत वॉल्यूम के साथ बुलिश हेड एंड शोल्डर्स कंटिन्यूएशन की स्थिति बन रही है तो यह दरशाता है कि अधिक बाजार प्रतिभागी सुरक्षा खरीदने में रुचि रखते हैं।

बेयरिश हेड एंड शोल्डर कंटिन्यूएशन पैटर्न

हेड एंड शोल्डर्स कंटिन्यूएशन पैटर्न एक गिरावट में उभरता है; लेकिन इन्वर्स हेड एंड शोल्डर्स पैटर्न ऊपर की ओर बढ़ता है। इसलिए आप उनसे गलती की संभावना नहीं रखते हैं। निम्नलिखित चार्ट एक बेयरिश कंटिन्यूएशन पैटर्न को दरशाता है।

यह कंटिन्यूएशन पैटर्न एक तेज डाउनट्रेंड (या गिरावट) के बाद उत्पन्न होता है। व्यापक परिप्रेक्ष्य से देखने पर यह हेड एंड शोल्डर्स पैटर्न उत्क्रमण पैटर्न के बजाय एक समेकन पैटर्न जैसा अधिक लगता है।

चित्र 5.18 एक बेयरिश हेड एंड शोल्डर्स निरंतरता को दरशाता है, जिसमें उत्क्रमण के समान विशेषताएँ हैं। हालाँकि, हेड एंड शोल्डर्स कंटिन्यूएशन प्रचलित ट्रेंड की निरंतरता को दरशाता है और रिवर्सल हेड एंड शोल्डर्स ट्रेंड के पलटने का संकेत देता है।

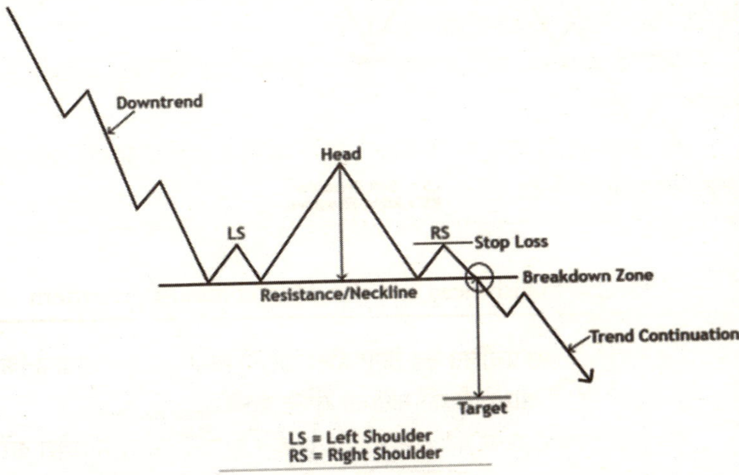

चित्र **5.18: Bearish head and shoulders continuation pattern**

ट्रेंड : सुरक्षा के प्रचलित ट्रेंड में गिरावट होनी चाहिए, क्योंकि यह दरशाता है कि हम ट्रेंड के साथ जा रहे हैं और यह गिरावट की गति का संकेत देता है।

एंट्री : जब कीमत के समर्थन से नीचे की ओर बढ़ने पर ब्रेकडाउन होगा, तब हम बाजार में प्रवेश करेंगे।

स्टॉप-लॉस : हम हालिया स्विंग हाई (दाएँ शोल्डर के ठीक ऊपर) या ब्रेकडाउन कैंडल्स हाई (यदि ब्रेकडाउन कैंडल मजबूत है) पर स्टॉप-लॉस रखेंगे।

प्रोफिट टार्गेट : नेकलाइन समर्थन को तोड़ने के बाद नेकलाइन से सिर के शीर्ष तक की दूरी को मापकर अनुमानित लक्ष्य पाया जाता है। फिर एक नकारात्मक प्राइस टार्गेट प्राप्त करने के लिए नेकलाइन को इस दूरी में जोड़ा जाता है।

वॉल्यूम : यदि ब्रेकडाउन जोन में मजबूत वॉल्यूम के साथ मंदी की स्थिति बन रही है तो यह दरशाता है कि अधिक बाजार प्रतिभागी प्रतिभूति में एक शॉर्ट पोजीशन में रुचि रखते हैं।

डिसेंडिंग (अवरोही) ब्रॉडनिंग वेज कंटिन्यूएशन

एक डिसेंडिंग ब्रॉडनिंग वेज कंटिन्यूएशन एक बुलिश चार्ट पैटर्न है। यह दो गिरती रेखाओं से उत्पन्न होता है, जो विसरित होती हैं।

यदि दो नीचे की रेखाओं के बीच उत्कृष्ट दोलन है तो एक डिसेंडिंग ब्रॉडनिंग वेज कंटिन्यूएशन की पुष्टि होती है। शीर्ष रेखा प्रतिरोध का प्रतिनिधित्व करती है, जबकि निचली रेखा समर्थन का प्रतिनिधित्व करती है।

पैटर्न को प्रमाणित करने के लिए इनमें से प्रत्येक रेखा का कम-से-कम दो बार स्पर्श होना चाहिए।

यदि प्राइस लाइन कम-से-कम तीन बार समर्थन या प्रतिरोध को पूरा करती है तो लाइन वैध मानी जाती है।

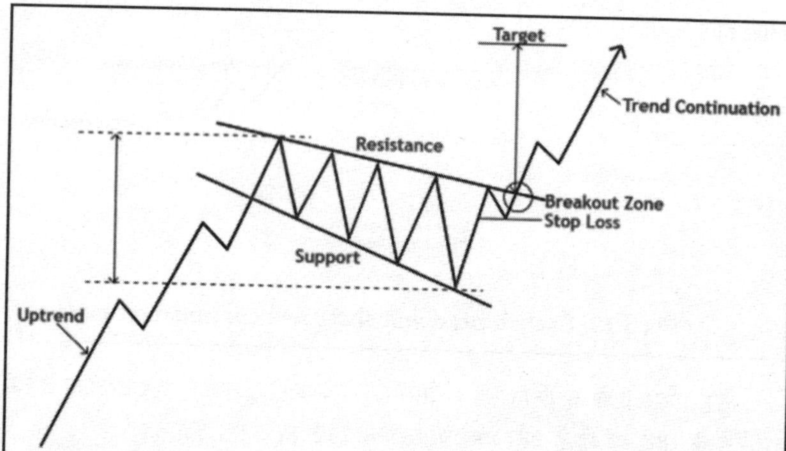

चित्र 5.19: Descending broadening wedge continuation pattern

ट्रेंड : एक डिसेंडिंग ब्रॉडनिंग वेज निरंतरता पैटर्न माना जाने के लिए एक पूर्व अपट्रेंड का सबूत होना चाहिए।

एंट्री : इसमें प्रवेश तब लिया जाएगा, जब प्राइस एक्शन एक बुलिश कंटिन्यूएशन पैटर्न के गिरते प्रतिरोध को तोड़ देगी।

स्टॉप-लॉस : अपने स्टॉप-लॉस को पैटर्न की गिरती प्रतिरोध रेखा के ठीक नीचे हालिया स्विंग लो (प्रतिरोध के ठीक नीचे) पर सेट करें।

प्रोफिट टार्गेट : प्रोफिट टार्गेट का अनुमान पैटर्न के शीर्ष किनारे के स्विंग से स्विंग के निचले किनारे तक लगाया जाएगा (चित्र 5.19 देखें) और यह दूरी ब्रेकआउट जोन में नेकलाइन में जोड़ी जाएगी।

वॉल्यूम : जब कीमत अंततः पैटर्न के गिरते प्रतिरोध से बाहर निकल जाती है तो वॉल्यूम में एक महत्त्वपूर्ण वृद्धि होनी चाहिए।

असेंडिंग ब्रॉडनिंग वेज कंटिन्यूएशन

एक असेंडिंग ब्रॉडनिंग वेज कंटिन्यूएशन एक बेयरिश चार्ट पैटर्न है। यह दो उभरती हुई रेखाओं से उत्पन्न होता है, जो विसरित होती हैं।

यदि दो ऊर्ध्वगामी रेखाओं के बीच अच्छा दोलन है तो एक असेंडिंग ब्रॉडनिंग वेज कंटिन्यूएशन की पुष्टि होती है। ऊपरी रेखा प्रतिरोध का प्रतिनिधित्व करती है, जबकि निचली रेखा समर्थन का प्रतिनिधित्व करती है।

पैटर्न को प्रमाणित करने के लिए इनमें से प्रत्येक पंक्ति का कम-से-कम दो बार स्पर्श होना चाहिए।

यदि प्राइस लाइन कम-से-कम तीन बार समर्थन या प्रतिरोध को पूरा करती है तो लाइन वैध मानी जाती है।

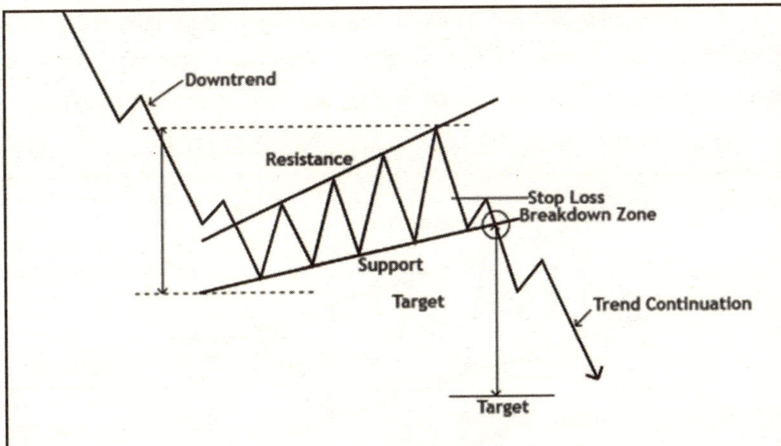

चित्र 5.20: Ascending broadening wedge continuation pattern

एंट्री : बाजार में तब प्रवेश करें, जब प्राइस एक्शन एक बेयरिश या मंदी के कंटिन्यूएशन पैटर्न के बढ़ते समर्थन को तोड़ देती है।

स्टॉप-लॉस : अपने स्टॉप-लॉस को पैटर्न की बढ़ती समर्थन रेखा के ठीक ऊपर हाल के स्विंग हाई (समर्थन के ठीक ऊपर) पर सेट करें।

प्रोफिट टार्गेट : प्रोफिट टार्गेट का अनुमान पैटर्न के निचले किनारे के स्विंग से स्विंग के शीर्ष किनारे तक लगाया जाएगा (चित्र 5.20 देखें); फिर उस दूरी को

ब्रेकडाउन जोन पर नेकलाइन से जोड़ दिया जाएगा।

वॉल्यूम : जब कीमत अंततः पैटर्न में बढ़ते समर्थन से बाहर हो जाती है तो वॉल्यूम में एक महत्त्वपूर्ण वृद्धि होनी चाहिए।

चैनल

डिसेंडिंग चैनल

एक ट्रेडिंग चैनल एक 'क्षैतिज ट्रेडिंग रेंज' की तरह होता है, जिसे एक कोण पर घुमा दिया गया है। जबकि यह रेंज समय के साथ समर्थन व प्रतिरोध के काफी सुपरिभाषित स्तरों के बीच व्यापार करती है। चार्ट पर प्राइस एक्शन के चलते कोणीय चैनल में लोअर लोज या निचले स्तर (एक डिसेंडिंग चैनल) होते हैं।

एक डिसेंडिंग चैनल पैटर्न निरंतरता और उत्क्रमण चार्ट पैटर्न—दोनों होता है। यह इस बात पर निर्भर करता है कि ट्रेड कैसा चलता है ?

उदाहरण के लिए, यदि आप चैनल के भीतर और चैनल ट्रेंड की दिशा में ट्रेड करते हैं तो यह एक कंटिन्यूएशन चार्ट पैटर्न के रूप में कार्य करेगा। दूसरी ओर, यदि आप चैनल ब्रेकआउट का ट्रेड करते हैं तो यह रिवर्सल चार्ट पैटर्न के रूप में काम करेगा।

चित्र 5.21 एक कंटिन्यूएशन डिसेंडिंग चैनल पैटर्न दिखा रहा है।

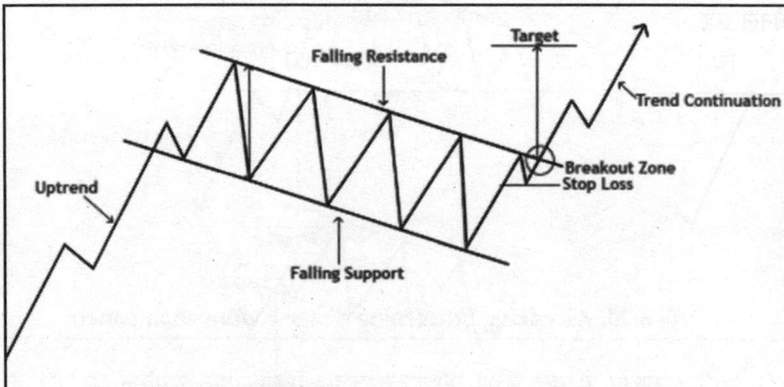

चित्र **5.21: Continuation descending channel pattern**

ट्रेंड : डिसेंडिंग चैनल पैटर्न के गठन से पहले का ट्रेंड ऊर्ध्वगामी होना चाहिए।

एंट्री : जब स्टॉक चैनल के ऊपरी बैंड को पार कर जाए और उसके ऊपर बंद हो जाए, तब ट्रेडर को लॉन्ग पोजीशन में प्रवेश लेना चाहिए।

स्टॉप-लॉस : स्टॉप-लॉस को आमतौर पर ब्रेकआउट से पहले होने वाले अंतिम स्विंग लो से कुछ रुपए नीचे रखा जा सकता है।

प्रोफिट टार्गेट : जब एक डिसेंडिंग चैनल की नेकलाइन (चैनल का ऊपरी बैंड) टूट जाती है तो व्यापारी को अवरोही चैनल गठन में उच्चतम व निम्नतम बिंदुओं के बीच की दूरी की गणना करनी चाहिए और संभावित चाल निर्धारित करने के लिए उसे ब्रेकआउट बिंदु में जोड़ देना चाहिए।

वॉल्यूम : जब कीमत अंततः गिरते प्रतिरोध या नेकलाइन से बाहर निकल जाती है तो वॉल्यूम में महत्त्वपूर्ण वृद्धि होनी चाहिए।

असेंडिंग चैनल

जहाँ रेंज समय के साथ समर्थन व प्रतिरोध के काफी सुपरिभाषित स्तरों के बीच ट्रेड करती है, चार्ट पर प्राइस एक्शन के चलते कोणीय चैनल में हायर हाईज (एक आरोही चैनल) होती है।

एक असेंडिंग चैनल पैटर्न एक कंटिन्यूएशन और एक रिवर्सल चार्ट पैटर्न दोनों होता है। यह इस पर निर्भर करता है कि ट्रेड कैसा चलता है?

उदाहरण के लिए, यदि आप चैनल के भीतर और चैनल ट्रेंड की दिशा में ट्रेड करते हैं तो यह एक कंटिन्यूएशन चार्ट पैटर्न के रूप में कार्य करेगा। दूसरी ओर, यदि आप चैनल ब्रेकआउट का ट्रेड करते हैं तो यह रिवर्सल चार्ट पैटर्न के रूप में काम करेगा।

चित्र 5.22 एक कंटिन्यूएशन असेंडिंग चैनल पैटर्न दिखा रहा है।

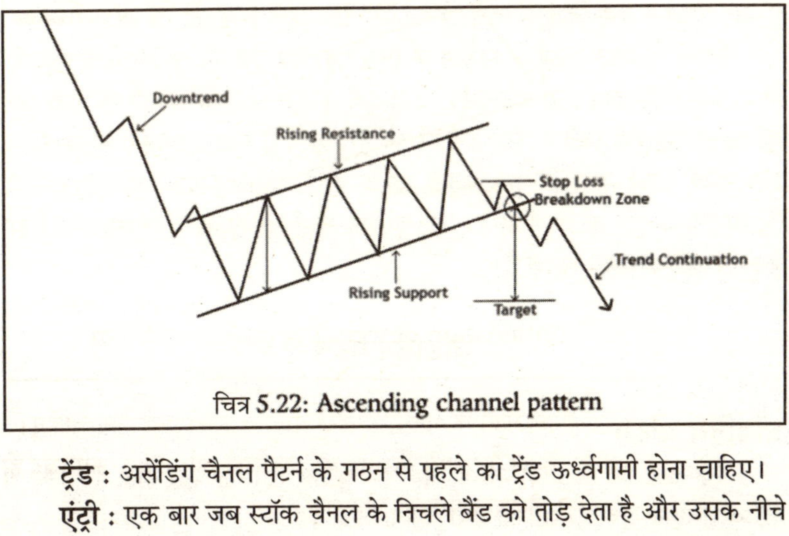

चित्र 5.22: Ascending channel pattern

ट्रेंड : असेंडिंग चैनल पैटर्न के गठन से पहले का ट्रेंड ऊर्ध्वगामी होना चाहिए।

एंट्री : एक बार जब स्टॉक चैनल के निचले बैंड को तोड़ देता है और उसके नीचे

बंद हो जाता है, तब एक शॉर्ट पोजीशन में प्रवेश करें।

स्टॉप-लॉस : स्टॉप-लॉस को आमतौर पर ब्रेकडाउन से पहले होने वाले अंतिम स्विंग हाई से कुछ रुपए ऊपर रखा जा सकता है।

प्रोफिट टार्गेट : जब एक असेंडिंग चैनल की नेकलाइन (चैनल का निचला बैंड) टूट जाती है तो व्यापारी को असेंडिंग चैनल के गठन में उच्चतम व निम्नतम बिंदुओं के बीच की दूरी की गणना करनी चाहिए और संभव चाल निर्धारित करने के लिए इसे ब्रेकडाउन बिंदु में जोड़ना चाहिए।

वॉल्यूम : जब कीमत अंततः गिरते प्रतिरोध या नेकलाइन से बाहर निकल जाती है, तब वॉल्यूम में एक महत्त्वपूर्ण वृद्धि होनी चाहिए।

रिवर्सल पैटर्न

तकनीकी विश्लेषकों द्वारा चार्ट पैटर्न्स का अध्ययन इसलिए किया जाता है, क्योंकि ये बाजार व्यवहार का एक मजबूत संकेतक प्रदान करते हैं। कुछ चार्ट पैटर्न्स यह सुझाव दे सकते हैं कि एक प्रवृत्ति कब दिशा बदल सकती है ?

हम दो प्राथमिक चार्ट पैटर्न्स के रूप में रिवर्सल पैटर्न्स और कंटिन्यूएशन पैटर्न्स पर ध्यान केंद्रित करेंगे, क्योंकि हम पिछले चार्टों में कंटिन्यूएशन पैटर्न्स पर पहले ही चर्चा कर चुके हैं।

रिवर्सल पैटर्न का तात्पर्य यह होता है कि एक महत्त्वपूर्ण ट्रेंड का रिवर्सल हो रहा है। कंटिन्यूएशन पैटर्न्स संकेत देते हैं कि ट्रेंड केवल सुधार हेतु थोड़ी देर के लिए रुक रहा है और संभवतः उसी दिशा में जारी रहेगा, जैसी कि पहले चर्चा की गई थी।

किसी भी प्राइस पैटर्न के निर्माण के लिए एक पूर्व ट्रेंड की आवश्यकता होती है। किसी प्रमुख ट्रेंड लाइन या नेकलाइन को तोड़ना अकसर ट्रेंड के उलटने या जारी रहने की पहली चेतावनी होती है। किसी पैटर्न को पूरा करने में जितना अधिक समय लगेगा और उसके अंदर मूल्य-भिन्नता जितनी अधिक होगी, संभावना उतनी ही अधिक होगी कि अगला कदम महत्त्वपूर्ण होगा। कंटिन्यूएशन पैटर्न की तुलना में रिवर्सल पैटर्न को बनने में अधिक समय लगता है।

ब्रॉडनिंग पैटर्न

ब्रॉडनिंग बॉटम

एक तल, जो चौड़ा हो रहा है, वह एक बुलिश रिवर्सल पैटर्न होता है। पैटर्न दो क्षैतिज सममित अपसारी रेखाओं द्वारा बनाया जाता है।

अत: यह एक 'उलटा सममित त्रिभुज' होता है।

इसलिए, दो त्रिभुज सिरों के बीच दोलन बड़े हो जाते हैं। एक रेखा को सत्यापित करने के लिए उसका कम-से-कम दो बार स्पर्श होना चाहिए।

थॉमस एन. बुलकोव्स्की के अनुसार, 'एक विस्तृत तल या ब्रॉडनिंग बॉटम की पुष्टि कम-से-कम दो माइनर हाईज और दो माइनर लोज से होनी चाहिए।'

ब्रॉडनिंग बॉटम एक अधोगामी प्रवृत्ति के परिणामस्वरूप विकसित होता है। उसे आगे एक ऊर्ध्वगामी ब्रेकआउट और अधोगामी ब्रेकआउट में विभाजित किया जाता है। चित्र 5.23 में एक बुलिश रिवर्सल पैटर्न दिखाया गया है।

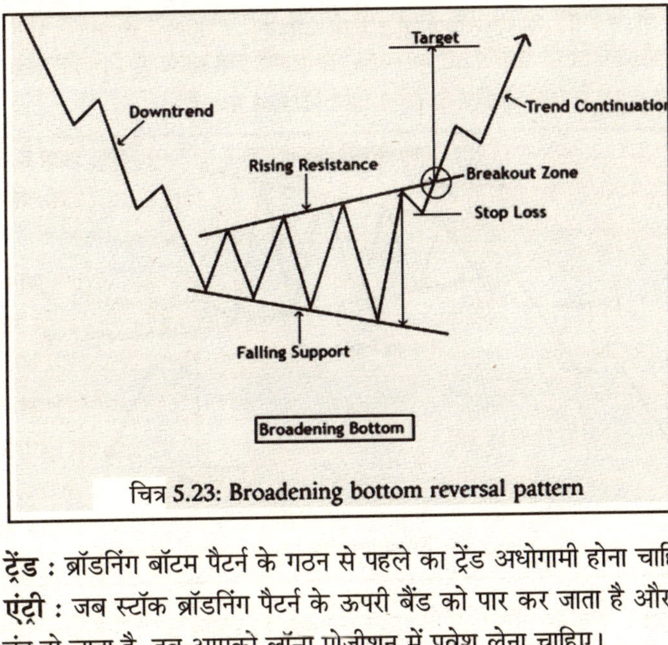

चित्र 5.23: Broadening bottom reversal pattern

ट्रेंड : ब्रॉडनिंग बॉटम पैटर्न के गठन से पहले का ट्रेंड अधोगामी होना चाहिए।

एंट्री : जब स्टॉक ब्रॉडनिंग पैटर्न के ऊपरी बैंड को पार कर जाता है और उसके ऊपर बंद हो जाता है, तब आपको लॉन्ग पोजीशन में प्रवेश लेना चाहिए।

स्टॉप-लॉस : एक स्टॉप-लॉस को आमतौर पर ब्रेकआउट से पहले होने वाले अंतिम स्विंग लो से कुछ रुपए नीचे रखा जा सकता है।

प्रोफिट टार्गेट : जब एक ब्रॉडनिंग बॉटम की नेकलाइन (पैटर्न का ऊपरी बैंड) टूट जाती है तो ट्रेडर को पैटर्न के अंतिम आधार के उच्चतम व निम्नतम बिंदुओं के बीच की दूरी की गणना करनी चाहिए (चित्र 5.23 देखें) और संभावित ऊर्ध्वगामी चाल का निर्धारण करने के लिए उसे ब्रेकआउट बिंदु में जोड़ देना चाहिए।

वॉल्यूम : जब कीमत अंतत: बढ़ते प्रतिरोध या नेकलाइन से बाहर निकल जाती है तो वॉल्यूम में महत्त्वपूर्ण वृद्धि होनी चाहिए।

ब्रॉडनिंग टॉप रिवर्सल पैटर्न

एक शीर्ष, जो चौड़ा हो रहा है, वह एक बेयरिश रिवर्सल पैटर्न होता है। पैटर्न दो क्षैतिज सममित अपसारी रेखाओं द्वारा बनाया गया है।

इस प्रकार, यह एक 'उलटा सममित त्रिभुज' या 'इन्वर्टेड सिमेट्रिकल ट्राइएंगल' है। इसलिए, दो त्रिभुज सिरों के बीच दोलन बड़े होते जा रहे हैं। किसी रेखा को सत्यापित करने के लिए उसका कम-से-कम दो बार स्पर्श होना चाहिए।

थॉमस एन. बुलकोव्स्की के अनुसार, 'एक ब्रॉडनिंग टॉप की पुष्टि कम-से-कम दो माइनर हाईज और दो माइनर लोज से होनी चाहिए।'

एक ब्रॉडनिंग बॉटम एक अधोगामी ट्रेंड के परिणामस्वरूप विकसित होता है। इसे आगे एक ऊर्ध्वगामी ब्रेकआउट और एक अधोगामी ब्रेकआउट में विभाजित किया गया है। चित्र 5.24 में एक बेयरिश रिवर्सल पैटर्न दिखाया गया है।

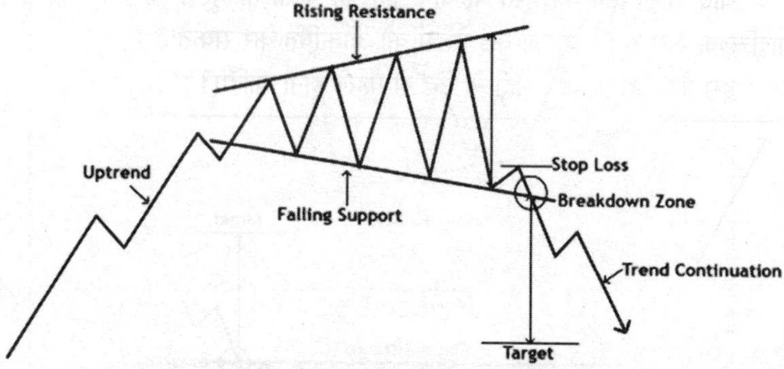

चित्र **5.24: Broadening top reversal pattern**

ट्रेंड : ब्रॉडनिंग टॉप पैटर्न के गठन से पहले का रुझान ऊर्ध्वगामी होना चाहिए।

एंट्री : जब स्टॉक ब्रॉडनिंग पैटर्न के निचले बैंड को पार कर जाता है और उसके नीचे बंद हो जाता है, तब आपको शॉर्ट पोजीशन में प्रवेश करना चाहिए।

स्टॉप-लॉस : स्टॉप-लॉस को आमतौर पर ब्रेकडाउन से पहले होने वाले अंतिम स्विंग हाई से कुछ रुपए ऊपर रखा जा सकता है।

प्रोफिट टार्गेट : जब एक ब्रॉडनिंग बॉटम की नेकलाइन (पैटर्न का निचला बैंड) टूट जाती है तो ट्रेडर को पैटर्न के अंतिम आधार के उच्चतम व निम्नतम बिंदुओं के बीच की दूरी की गणना करनी चाहिए (चित्र 5.24 देखें) और संभावित गिरावट का निर्धारण करने के लिए उसे 'ब्रेकडाउन बिंदु' में जोड़ना चाहिए।

वॉल्यूम : जब कीमत अंततः गिरते समर्थन या नेकलाइन से टूट जाती है, तब वॉल्यूम में महत्त्वपूर्ण वृद्धि होनी चाहिए।

राइट-एंगल्ड डिसेंडिंग ब्रॉडनिंग वेज रिवर्सल पैटर्न

एक समकोण या राइट-एंगल्ड ब्रॉडनिंग वेज एक बुलिश रिवर्सल चार्ट पैटर्न होता है। यह दो अपसारी रेखाओं द्वारा निर्मित एक उलटा आरोही त्रिभुज होता है, जिसमें प्रतिरोध एक क्षैतिज रेखा है और समर्थन एक मंदी की ओर ढलान वाली रेखा है।

इस प्रकार, दो त्रिभुज सिरों के बीच दोलन बड़े होते जा रहे हैं। एक रेखा को सत्यापित करने के लिए उसका कम-से-कम दो बार स्पर्श होना चाहिए।

राइट-एंगल्ड डिसेंडिंग ब्रॉडनिंग वेज ट्रेडर्स की बढ़ती चिंता और अनिश्चितता को दरशाता है।

यदि चार्ट पैटर्न की तुरंत पहचान नहीं की जाती तो मूल्य-परिवर्तन पूरी तरह से यादृच्छिक लग सकते हैं, जो कई ट्रेडर्स को आकर्षित कर सकते हैं।

इस पैटर्न का निर्माण मंदी के ट्रेंड से पहले होना चाहिए।

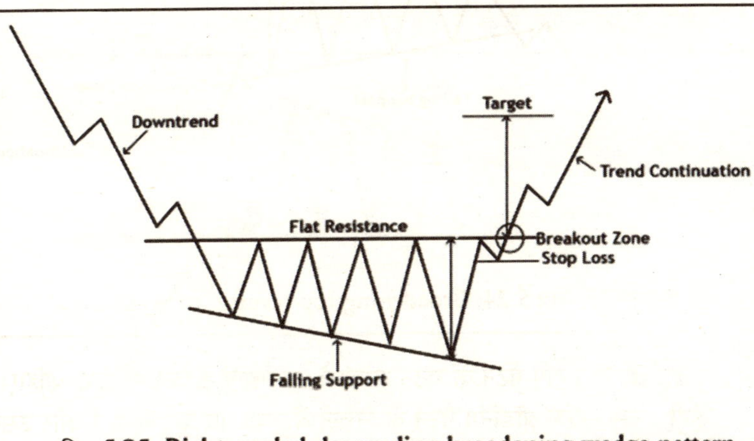

चित्र **5.25: Right-angled descending broadening wedge pattern**

ट्रेंड : एक राइट-एंगल्ड डिसेंडिंग ब्रॉडनिंग वेज माना जाने के लिए एक पूर्व डाउनट्रेंड का प्रमाण होना चाहिए।

एंट्री : इसमें एंट्री तब ली जाएगी, जब प्राइस एक्शन बुलिश रिवर्सल पैटर्न के प्रतिरोध को तोड़ देगी।

स्टॉप-लॉस : अपने स्टॉप-लॉस को पैटर्न की प्रतिरोध रेखा के ठीक नीचे हालिया स्विंग लो (प्रतिरोध के ठीक नीचे) पर सेट करें।

प्रोफिट टार्गेट : आप पैटर्न के अंतिम आधार की ऊँचाई को मापकर और उस संख्या को ब्रेकआउट पर लागू करके अनुमानित चाल का पता लगा सकते हैं।

वॉल्यूम : जब कीमत अंततः राइट-एंगल्ड डिसेंडिंग ब्रॉडनिंग वेज के प्रतिरोध से बाहर निकल जाती है, तब वॉल्यूम में महत्त्वपूर्ण वृद्धि होनी चाहिए।

राइट-एंगल्ड असेंडिंग ब्रॉडनिंग वेज रिवर्सल पैटर्न

यह पैटर्न अधोगामी उलट-फेर दरशाता है। पैटर्न दो अपसारी रेखाओं द्वारा बनाया गया है, जहाँ समर्थन एक क्षैतिज रेखा है और प्रतिरोध एक तिरछी बुलिश रेखा है, इसलिए यह एक उलटा अवरोही त्रिकोण है। अतः, दो त्रिभुज सिरों के बीच दोलन बड़े हो जाते हैं। किसी रेखा को सत्यापित करने के लिए उसका कम-से-कम दो बार स्पर्श होना चाहिए।

एक राइट-एंगल्ड असेंडिंग ब्रॉडनिंग वेज निवेशकों की बढ़ती चिंता और अनिश्चितता को दरशाता है।

यदि पैटर्न की जल्द ही पहचान नहीं की जाती तो उतार-चढ़ाव पूरी तरह से यादृच्छिक लग सकते हैं, जो कई निवेशकों को आकर्षित कर सकते हैं।

इस पैटर्न का निर्माण तेजी के ट्रेंड से पहले होना चाहिए।

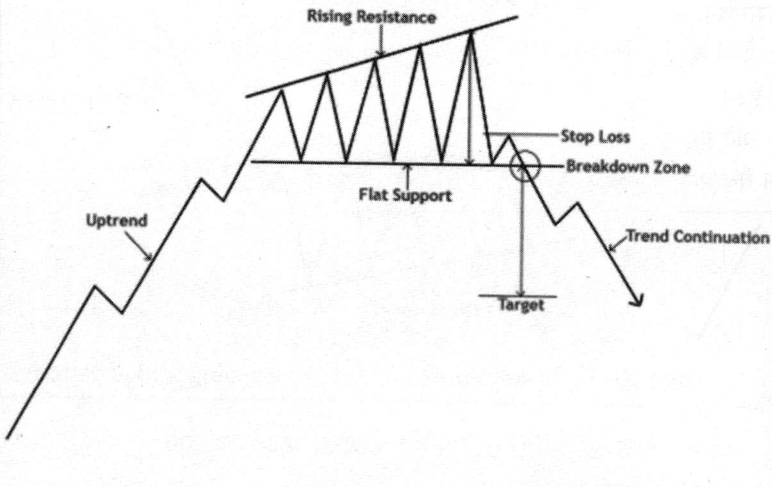

चित्र 5.26: Right-angled ascending broadening wedge pattern

ट्रेंड : एक राइट-एंगल्ड असेंडिंग ब्रॉडनिंग वेज पैटर्न माना जाने के लिए एक पूर्व अपट्रेंड का प्रमाण होना चाहिए।

एंट्री : जब प्राइस एक्शन मंदी के उलट पैटर्न के समर्थन को तोड़ देता है, तब बाजार में एंट्री करें।

स्टॉप-लॉस : अपने स्टॉप-लॉस को पैटर्न की समर्थन रेखा के ठीक ऊपर हाल के स्विंग हाई (समर्थन के ठीक ऊपर) पर सेट करें।

प्रोफिट टार्गेट : आप पैटर्न के अंतिम आधार की ऊँचाई को मापकर और उस संख्या को नीचे की ओर ब्रेकडाउन पर लागू करके अनुमानित चाल का पता लगा सकते हैं।

वॉल्यूम : जब कीमत अंततः राइट-एंगल्ड असेंडिंग ब्रॉडनिंग वेज के समर्थन से टूट जाती है तो ब्रेकडाउन के समय वॉल्यूम में महत्त्वपूर्ण वृद्धि होनी चाहिए।

डिसेंडिंग ब्रॉडनिंग वेज

एक डिसेंडिंग ब्रॉडनिंग वेज एक बुलिश रिवर्सल चार्ट पैटर्न होता है। यह दो अलग-अलग गिरती रेखाओं से उत्पन्न होता है, जो विसरित होती हैं।

यदि दो अधोगामी रेखाओं के बीच उत्कृष्ट दोलन है तो एक डिसेंडिंग ब्रॉडनिंग वेज की पुष्टि हो जाती है। शीर्ष रेखा प्रतिरोध का प्रतिनिधित्व करती है, जबकि निचली रेखा समर्थन का प्रतिनिधित्व करती है।

पैटर्न को प्रमाणित करने के लिए इनमें से प्रत्येक पंक्ति का कम-से-कम दो बार स्पर्श हुआ होना चाहिए।

यदि प्राइस लाइन कम-से-कम तीन बार समर्थन या प्रतिरोध को पूरा करती है तो लाइन वैध मानी जाती है।

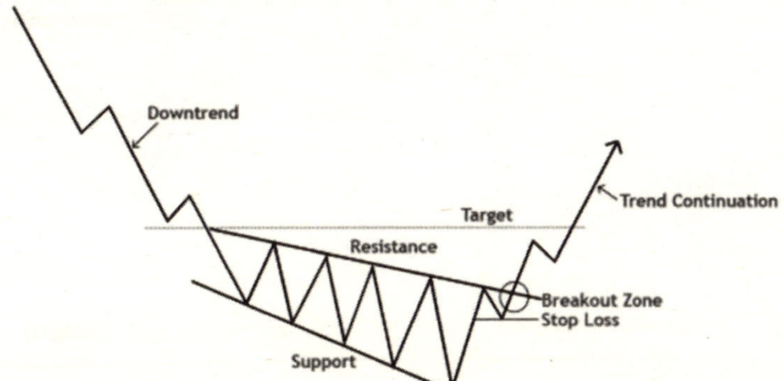

चित्र 5.27: Descending broadening wedge reversal pattern

ट्रेंड : एक डिसेंडिंग ब्रॉडनिंग वेज पैटर्न माना जाने के लिए एक पूर्व डाउनट्रेंड का सबूत होना चाहिए।

एंट्री : इसमें प्रवेश तब लिया जाएगा, जब प्राइस एक्शन बुलिश रिवर्सल पैटर्न के प्रतिरोध को तोड़ देगी।

स्टॉप-लॉस : अपने स्टॉप-लॉस को पैटर्न की गिरती प्रतिरोध रेखा के ठीक नीचे हाल के स्विंग लो (प्रतिरोध के ठीक नीचे) पर सेट करें।

प्रोफिट टार्गेट : प्रोफिट टार्गेट उस बिंदु पर रखा जाएगा, जहाँ ब्रेकआउट क्षेत्र से दो रेखाएँ चौड़ी होनी शुरू हुईं।

वॉल्यूम : जब कीमत अंततः पैटर्न के गिरते प्रतिरोध से बाहर निकलती है तो वॉल्यूम में महत्त्वपूर्ण वृद्धि होनी चाहिए।

असेंडिंग ब्रॉडनिंग वेज

एक असेंडिंग ब्रॉडनिंग वेज एक बेयरिश रिवर्सल चार्ट पैटर्न है। यह दो उभरती हुई रेखाओं से उत्पन्न होता है, जो विसरित होती हैं।

यदि दो ऊपर की रेखाओं के बीच अच्छा दोलन है तो एक ब्रॉडनिंग असेंडिंग वेज सत्यापित होता है। शीर्ष रेखा प्रतिरोध का प्रतिनिधित्व करती है, जबकि निचली रेखा समर्थन का प्रतिनिधित्व करती है।

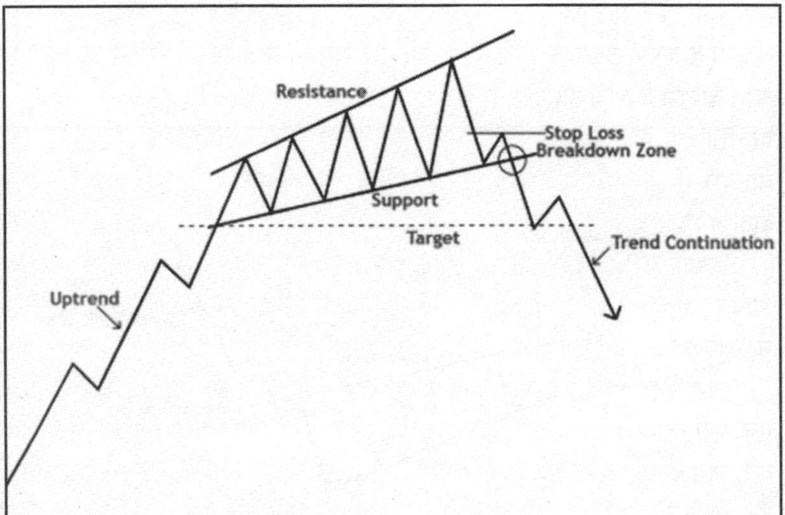

चित्र **5.28: Ascending broadening wedge reversal pattern**

पैटर्न को प्रमाणित करने के लिए इनमें से प्रत्येक पंक्ति का कम-से-कम दो बार स्पर्श होना चाहिए। यदि प्राइस लाइन तीन या अधिक बार समर्थन या प्रतिरोध को पूरा करती है तो एक रेखा को 'वैध' माना जाता है।

यह इंगित करता है कि असेंडिंग एक्सपैंडिंग वेज पैटर्न स्वीकार्य होगा, यदि कीमत समर्थन रेखा से कम-से-कम तीन बार और प्रतिरोध रेखा से कम-से-कम दो बार (या समर्थन रेखा से कम-से-कम दो बार और प्रतिरोध रेखा से तीन बार) टकराती है।

ट्रेंड : एक असेंडिंग ब्रॉडनिंग वेज पैटर्न माना जाने के लिए आरोही एक पूर्व अपट्रेंड का प्रमाण होना चाहिए।

एंट्री : जब प्राइस एक्शन एक बेयरिश रिवर्सल पैटर्न की बढ़ती समर्थन रेखा को तोड़ता है, तब बाजार में एंट्री करें।

स्टॉप-लॉस : अपने स्टॉप-लॉस को पैटर्न की बढ़ती समर्थन रेखा के ठीक ऊपर हाल के स्विंग हाई (प्रतिरोध के ठीक ऊपर) पर सेट करें।

प्रोफिट टार्गेट : प्रोफिट टार्गेट उस बिंदु पर रखा जाएगा, जहाँ ब्रेकआउट क्षेत्र से पैटर्न की दो रेखाएँ चौड़ी होनी शुरू हुईं।

वॉल्यूम : जब कीमत अंतत: पैटर्न के बढ़ते समर्थन से बाहर चली जाती है तो वॉल्यूम में गिरावट की ओर एक महत्त्वपूर्ण वृद्धि होनी चाहिए।

बंप एंड रन रिवर्सल बॉटम

थॉमस एन. बुलकोव्स्की ने बंप एंड रन रिवर्सल पैटर्न (बी.ए.आर.आर.) की पहचान ऐसे पैटर्न के रूप में की, 'जो तब बनता है, जब अत्यधिक सट्टेबाजी और वॉल्यूम में वृद्धि के कारण किसी परिसंपत्ति की कीमत में तेजी से वृद्धि या कमी होती है।'

इसके गठन में तीन चरण होते हैं—लीड-इन, बंप और रन। इस पैटर्न के पीछे का आधार यह है कि कीमत एक दिशा में बड़ी प्रगति के बाद समर्थन या प्रतिरोध के एक महत्त्वपूर्ण स्तर पर 'अल्पकालिक रिट्रेसमेंट' बनाएगी।

इस पैटर्न के साथ सफलतापूर्वक ट्रेड करने की कुंजी रन फेस शुरू होने के बाद एक एंट्री के अवसर की पहचान करना है। बाजार में शामिल होने पर उस समय विचार करें, जब कीमत उसके पहले आने वाली गिरती ट्रेंड लाइन (या तो बंप चरण की गिरती ट्रेंड लाइन या पैटर्न की बड़ी गिरती ट्रेंड लाइन) को तोड़ देती है।

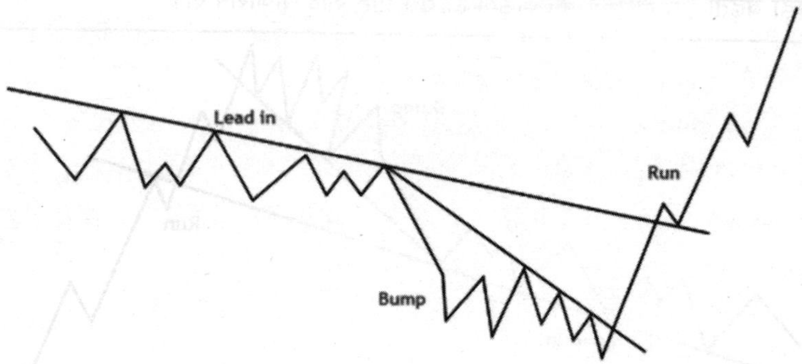

चित्र 5.29: Bump and run reversal pattern

ट्रेंड : एक बंप एंड रिवर्सल पैटर्न माने जाने के लिए एक पूर्व डाउनट्रेंड का प्रमाण होना चाहिए।

एंट्री : जब प्राइस एक्शन गिरते प्रतिरोध से टूटता है, या तो उछाल चरण में गिरती ट्रेंड लाइन से या बुलिश रिवर्सल पैटर्न की बड़ी डिग्री की ट्रेंड लाइन से, तब बाजार में एंट्री करें।

स्टॉप-लॉस : अपने स्टॉप-लॉस को पैटर्न की गिरती प्रतिरोध रेखा के ठीक नीचे हाल के स्विंग लो (गिरते प्रतिरोध के ठीक नीचे) पर सेट करें।

प्रोफिट टार्गेट : आपका लक्षित प्रोफिट बंप की ऊँचाई है और आपका स्टॉप-लॉस आपकी जोखिम सहनशीलता पर निर्धारित होता है। इस मामले में आप अपने स्टॉप-लॉस को अपने प्रवेश बिंदु से थोड़ा नीचे हालिया स्विंग लो पर रख सकते हैं, जैसा कि ऊपर बताया गया है।

वॉल्यूम : जब कीमत अंततः पैटर्न के गिरते प्रतिरोध से बाहर निकल जाती है तो वॉल्यूम में महत्त्वपूर्ण वृद्धि होनी चाहिए।

बंप और रन रिवर्सल टॉप

बंप और रन रिवर्सल पैटर्न के गठन में तीन चरण होते हैं—लीड-इन, बंप और रन। इस पैटर्न के पीछे का आधार यह है कि कीमत एक दिशा में बड़ी प्रगति के बाद समर्थन या प्रतिरोध के एक महत्त्वपूर्ण स्तर पर 'अल्पकालिक रिट्रेसमेंट' बनाएगी।

इस पैटर्न पर सफलतापूर्वक ट्रेड करने की कुंजी रन फेस शुरू होने के बाद एंट्री के अवसर की पहचान करना है। बाजार में शामिल होने पर विचार करें, अर्थात् जब कीमत

अपने पहले की बढ़ती ट्रेंड लाइन (या तो उछाल चरण की गिरती ट्रेंड लाइन या पैटर्न की बड़ी बढ़ती ट्रेंड लाइन) को तोड़ती है, तब एक शॉर्ट पोजीशन लें।

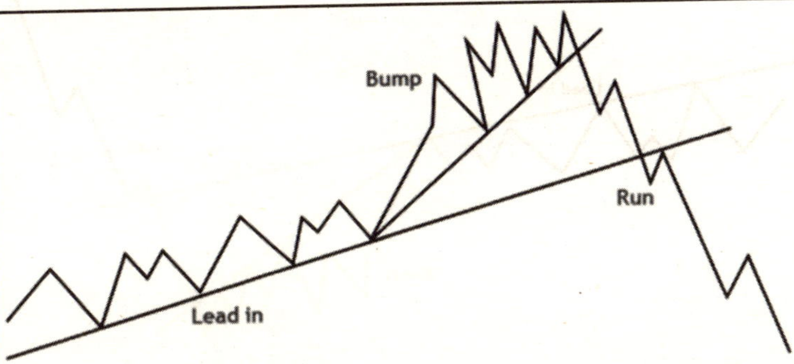

चित्र **5.30: Bump and run reversal pattern**

ट्रेंड : एक बंप एंड रिवर्सल पैटर्न माना जाने के लिए एक पूर्व अपट्रेंड का प्रमाण होना चाहिए।

एंट्री : जब प्राइस एक्शन बढ़ते प्रतिरोध से टूटता है, या तो बंप फेस में गिरती ट्रेंड लाइन या बुलिश रिवर्सल पैटर्न की बड़ी डिग्री ट्रेंड लाइन (जहाँ उल्लंघन के बाद रन फेस शुरू होता है), तब बाजार में प्रवेश करें।

स्टॉप-लॉस : अपने स्टॉप-लॉस को पैटर्न की बढ़ती प्रतिरोध रेखा के ठीक ऊपर हाल के स्विंग हाई (बढ़ते प्रतिरोध के ठीक ऊपर) पर सेट करें।

प्रोफिट टार्गेट : आपका लक्षित प्रोफिट बंप की ऊँचाई है और आपका स्टॉप-लॉस आपकी जोखिम सहनशीलता से निर्धारित होता है। इस मामले में आप अपने स्टॉप-लॉस को अपने प्रवेश बिंदु से थोड़ा ऊपर हालिया स्विंग हाई पर रख सकते हैं, जैसा कि ऊपर बताया गया है।

वॉल्यूम : जब कीमत अंततः पैटर्न में बढ़ते प्रतिरोध से टूट जाती है तो वॉल्यूम में महत्त्वपूर्ण वृद्धि होनी चाहिए।

कप विद हैंडल बॉटम

यह एक बुलिश रिवर्सल पैटर्न है, जो ब्रेकआउट के बाद समेकन की एक अवधि को दरशाता है। पैटर्न दो भागों से बना है—कप और हैंडल। एक गिरावट के बाद कप एक कटोरे या तली का आकार ले लेता है, जो और गोल हो जाता है।

जैसे ही कप पूरा हो जाता है, दाईं ओर एक ट्रेडिंग रेंज बन जाती है और हैंडल एक

साथ आ जाता है। यदि कीमत हैंडल के आसपास अपनी ट्रेडिंग रेंज से बाहर हो जाती है तो प्रवृत्ति उलट जाएगी।

कप की अवधि एक से छह महीने तक और कभी-कभी इससे भी अधिक हो सकती है। आदर्श रूप से, हैंडल एक से चार सप्ताह के भीतर विकसित होकर समाप्त हो जाएगा।

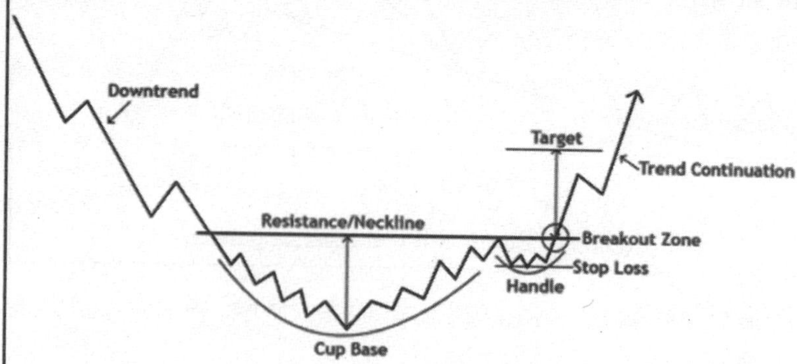

चित्र **5.31: Cup with handle bottom pattern**

ट्रेंड : रिवर्सल पैटर्न के रूप में अर्हता प्राप्त करने के लिए एक पूर्ववर्ती डाउनट्रेंड होना चाहिए। आदर्श रूप से प्रवृत्ति कुछ महीने पुरानी होनी चाहिए और बहुत परिपक्व नहीं होनी चाहिए। प्रवृत्ति जितनी अधिक परिपक्व होगी, पैटर्न के उलट होने की संभावना और ऊपर की ओर बढ़ने की संभावना भी उतनी ही कम होगी।

एंट्री : परचेज पॉइंट तब होता है, जब कोई स्टॉक टूट जाता है या प्रतिरोध या नेकलाइन के स्तर से ऊपर बढ़ जाता है।

स्टॉप-लॉस : बुलिश कप और हैंडल रिवर्सल पैटर्न के लिए स्टॉप-लॉस ऑर्डर अकसर ब्रेकआउट पॉइंट (हैंडल के निचले क्षेत्र में हालिया स्विंग लो) से कुछ नीचे रखा जाता है।

प्रोफिट टार्गेट : हम कप के शीर्ष से कप के नीचे तक की दूरी को मापकर और उस राशि को परचेज पॉइंट पर जोड़कर ब्रेकआउट के बाद मूल्य उद्देश्य का अनुमान लगा सकते हैं।

वॉल्यूम : जब कीमत अंततः हैंडल के प्रतिरोध को पार कर जाती है तो वॉल्यूम में उल्लेखनीय वृद्धि होनी चाहिए।

कप विद हैंडल टॉप

हैंडल टॉप पैटर्न वाला कप एक बेयरिश रिवर्सल पैटर्न है, जो ब्रेकआउट के बाद समेकन की अवधि को दरशाता है। पैटर्न दो भागों से बना है—कप और हैंडल। गिरावट के बाद कप उलटे कटोरे या शीर्ष का आकार ले लेता है, जो और गोल हो जाता है।

जैसे ही कप पूरा होता है, दाईं ओर एक ट्रेडिंग रेंज बन जाती है और हैंडल उसके साथ आ जाता है। यदि कीमत हैंडल के आसपास अपनी ट्रेडिंग रेंज से नीचे की ओर टूटती है तो ट्रेंड उलट जाएगा।

कप की अवधि एक से छह महीने तक और कभी-कभी इससे भी अधिक हो सकती है। आदर्श रूप से, हैंडल एक से चार सप्ताह के भीतर विकसित होकर समाप्त हो जाएगा।

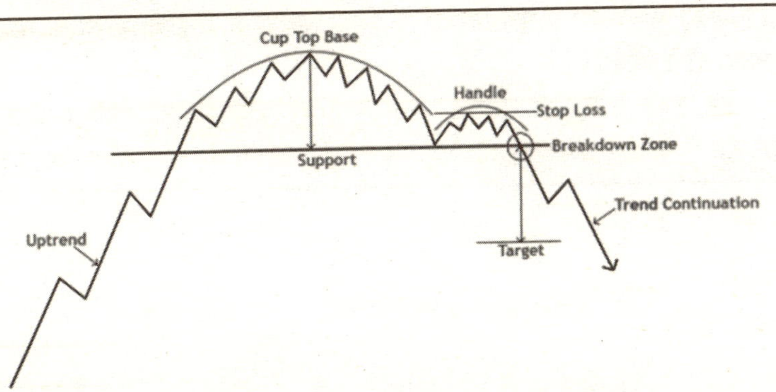

चित्र 5.32: Cup with handle top pattern

ट्रेंड : रिवर्सल पैटर्न के रूप में अर्हता प्राप्त करने के लिए एक पूर्ववर्ती अपट्रेंड होना चाहिए। आदर्श रूप से, ट्रेंड कुछ महीने पुराना होना चाहिए और बहुत परिपक्व नहीं होना चाहिए। ट्रेंड जितना अधिक परिपक्व होगा, पैटर्न के उलट होने की संभावना उतनी ही कम होगी और नकारात्मक वृद्धि की संभावना भी कम होगी।

एंट्री : परचेज पॉइंट तब होता है, जब कोई स्टॉक टूट जाता है अथवा समर्थन या नेकलाइन के स्तर से नीचे गिर जाता है।

स्टॉप-लॉस : बेयरिश कप और हैंडल रिवर्सल पैटर्न के लिए स्टॉप-लॉस ऑर्डर अकसर ब्रेकडाउन पॉइंट (हैंडल के शीर्ष क्षेत्र में हाल ही में उच्च स्विंग) से कुछ ऊपर रखा जाता है।

प्रोफिट टार्गेट : हम कप के शीर्ष से कप के नीचे तक की दूरी को मापकर और उस राशि को परचेज पॉइंट पर जोड़कर ब्रेकडाउन के बाद मूल्य उद्देश्य का अनुमान लगा सकते हैं।

वॉल्यूम : जब कीमत अंततः हैंडल के समर्थन से नीचे गिरती है तो वॉल्यूम में उल्लेखनीय वृद्धि होनी चाहिए।

राउंडिंग बॉटम

राउंडिंग बॉटम एक तकनीकी विश्लेषण चार्ट पैटर्न है, जिसे मूल्य गतिविधियों द्वारा पहचाना जाता है और जो रेखांकन करने पर 'U' आकार जैसा दिखता है।

राउंडिंग बॉटम विस्तारित गिरावट की प्रवृत्तियों के अंत में होता है और लंबी अवधि में कीमत में उलट-फेर का संकेत दे सकता है।

पैटर्न की लंबाई को विकसित होने में महीनों या वर्षों का भी समय लग सकता है। निवेशकों को बाजार में पूर्ण गिरावट के लिए आवश्यक संभावित समय के बारे में जानकारी होनी चाहिए।

सीधे शब्दों में कहें तो राउंडेड बॉटम पैटर्न को पहचानने का प्राथमिक उद्देश्य प्राइस ट्रेंड में नीचे से ऊपर की ओर एक महत्त्वपूर्ण बदलाव की भविष्यवाणी करना है।

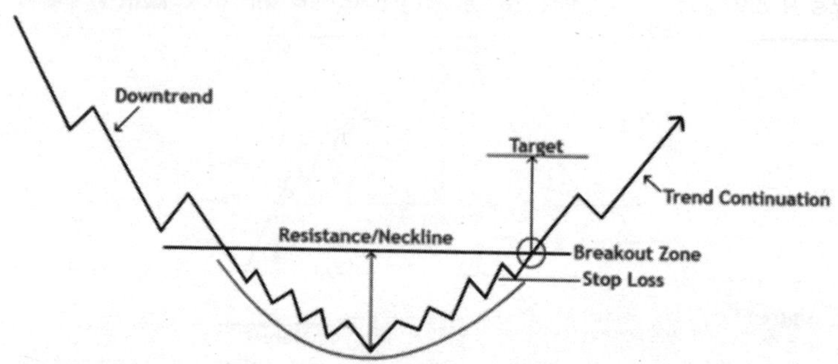

चित्र 5.33: **Rounding bottom pattern**

ट्रेंड : पैटर्न तब विकसित होता है, जब कीमत गिरती है और एक लंबी अवधि में स्थिर हो जाती है, जिससे एक गोल शीर्ष बनता है; पैटर्न के घटित होने से पहले प्रचलित प्रवृत्ति नीचे की ओर होनी चाहिए।

एंट्री : पैटर्न की नेकलाइन टूटी होने पर बाजार में प्रवेश करें। नेकलाइन के ऊपर (गोल तल के लिए) कैंडल क्लोजेज देखें।

स्टॉप-लॉस : राउंडेड बॉटम पर कारोबार करते समय स्टॉप-लॉस को हाल के स्विंग लो पर नेकलाइन के नीचे रखा जाता है।

प्रोफिट टार्गेट : प्रोफिट का उद्देश्य वास्तविक पैटर्न की ऊँचाई को मापकर और

नेकलाइन ब्रेक से उस दूरी को बढ़ाकर निर्धारित किया जाता है।

वॉल्यूम : जब कीमत अंततः प्रतिरोध से बाहर हो जाती है तो वॉल्यूम में उल्लेखनीय वृद्धि होनी चाहिए।

राउंडिंग टॉप

राउंडिंग टॉप एक तकनीकी विश्लेषण चार्ट पैटर्न है, जिसे मूल्य गतिविधियों द्वारा पहचाना जाता है और रेखांकित किए जाने पर यह उलटे 'U' जैसा दिखता है।

राउंडिंग टॉप्स विस्तारित ऊर्ध्वगामी ट्रेंड्स के अंत में होते हैं और एक लंबी अवधि में कीमत में बदलाव का संकेत दे सकते हैं।

पैटर्न की लंबाई को विकसित होने में महीनों या वर्षों का भी समय लग सकता है। निवेशकों को बाजार में पूर्ण गिरावट के लिए आवश्यक संभावित समय के बारे में जानकारी होनी चाहिए।

सीधे शब्दों में कहें तो राउंडेड टॉप पैटर्न को पहचानने का प्राथमिक उद्देश्य प्राइस ट्रेंड में ऊपर से नीचे की ओर एक महत्त्वपूर्ण बदलाव की भविष्यवाणी करना है।

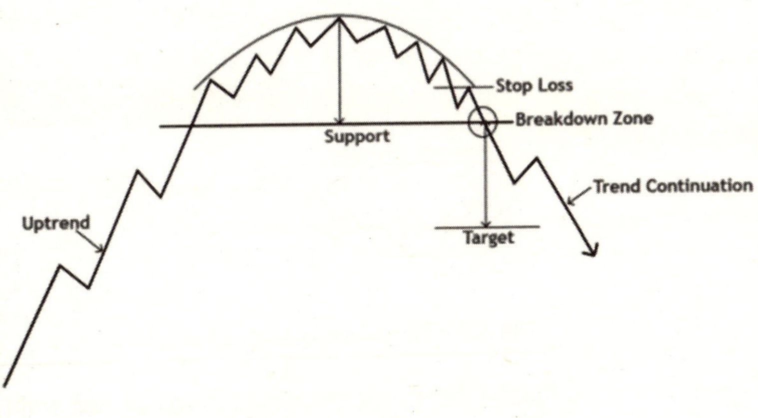

चित्र **5.34: Rounding top pattern**

ट्रेंड : पैटर्न तब विकसित होता है, जब कीमत बढ़ती है और लंबे समय तक स्थिर रहती है, जिससे एक गोल तल बनता है; पैटर्न के घटित होने से पहले प्रचलित ट्रेंड ऊपर होना चाहिए।

एंट्री : पैटर्न की नेकलाइन टूटने पर बाजार में प्रवेश करें। नेकलाइन के नीचे कैंडल क्लोजेज देखें (राउंडेड टॉप के लिए)।

स्टॉप-लॉस : राउंडेड टॉप पर ट्रेड करते समय स्टॉप-लॉस को नेकलाइन के ठीक ऊपर हालिया स्विंग हाई पर रखा जाता है।

प्रोफिट टार्गेट : प्रोफिट का उद्देश्य वास्तविक पैटर्न की ऊँचाई को मापकर और उस दूरी को नेकलाइन ब्रेक से नीचे की ओर बढ़ाकर निर्धारित किया जाता है।

वॉल्यूम : जब कीमत अंततः समर्थन या नेकलाइन से बाहर हो जाती है तो वॉल्यूम में उल्लेखनीय वृद्धि होनी चाहिए।

हेड एंड शोल्डर्स पैटर्न्स

हेड एंड शोल्डर बॉटम

हेड एंड शोल्डर्स पैटर्न दरशाता है कि एक ट्रेंड बदलने वाला है। यह एक ऐसी चीज है, जिसके बारे में ट्रेडर सबसे अधिक जानते हैं और यही कारण है कि वे इसमें अच्छा प्रदर्शन करते हैं।

पैटर्न हर प्रकार से ट्रिपल बॉटम के समान है, सिवाय इसके कि दूसरा बॉटम पहले दो से ऊँचा है।

शोल्डर या कंधा पहले और तीसरे शिखरों से बना है, जिनकी ऊँचाई लगभग समान है। हेड या सिर दूसरे शिखर से बना है, जो कंधे के शिखरों से ऊँचा है।

सिद्धांत रूप में, दोनों कंधों की ऊँचाई समान होनी चाहिए और गरदन की रेखा सीधी होनी चाहिए।

वास्तविक जीवन में कंधों की ऊँचाई हमेशा एक जैसी नहीं होती और नेकलाइन ऊपर या नीचे जा सकती है (पैटर्न में कंधों के आकार के आधार पर)।

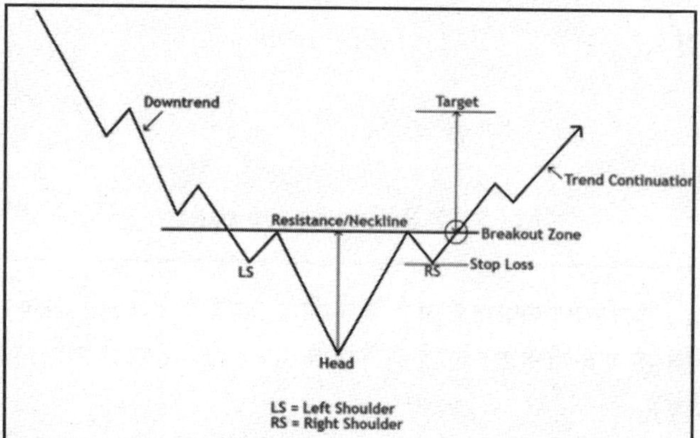

चित्र 5.35: Head and shoulders bottom pattern

ट्रेंड : इसके एक रिवर्सल पैटर्न होने के लिए यह दिखाना महत्त्वपूर्ण है कि पहले एक डाउनट्रेंड रह चुका है। यदि रिवर्स करने या पलटने के लिए एक डाउनट्रेंड नहीं हुआ है तो हेड एंड शोल्डर बॉटम नहीं बन सकता है।

एंट्री : जब तक नेकलाइन पर प्रतिरोध नहीं टूट जाता, तब तक हेड एंड शोल्डर बॉटम पैटर्न अधूरा रहता है (और डाउनट्रेंड पलटता नहीं है)। यह हेड एंड शोल्डर्स बॉटम के लिए एक ठोस तरीके से होना चाहिए और यही वह समय है, जब हम एक ट्रेड में प्रवेश लेते हैं।

स्टॉप-लॉस : स्टॉप-लॉस को दाएँ शोल्डर पर रखा जाना चाहिए, जो स्टॉक के लिए हालिया स्विंग लो के रूप में भी काम करेगा।

प्रोफिट टार्गेट : नेकलाइन प्रतिरोध को तोड़ने के बाद नेकलाइन से हेड के नीचे तक की दूरी को मापकर अनुमानित लक्ष्य पाया जाता है। प्राइस टार्गेट प्राप्त करने के लिए नेकलाइन को इस दूरी में जोड़ा जाता है।

वॉल्यूम : हेड एंड शोल्डर्स टॉप में वॉल्यूम महत्त्वपूर्ण है, लेकिन हेड एंड शोल्डर्स बॉटम में यह अत्यधिक महत्त्वपूर्ण है। वॉल्यूम में सही वृद्धि के बिना किसी भी ब्रेकआउट के सही होने की संभावना नहीं रहती।

हेड एंड शोल्डर्स टॉप

पैटर्न हर तरह से ट्रिपल टॉप के समान है, सिवाय इसके कि इस मामले में दूसरा टॉप पहले दो से ऊँचा है।

शोल्डर पहले और तीसरे शिखरों से बना है, जिनकी ऊँचाई लगभग समान है। हेड दूसरे शिखर से बना है, जो शोल्डर के शिखर से ऊँचा है।

सिद्धांत रूप में, दोनों शोल्डर्स की ऊँचाई समान होनी चाहिए और नेकलाइन सीधी होनी चाहिए।

वास्तविक जीवन में, शोल्डर्स या कंधों की ऊँचाई हमेशा एक जैसी नहीं होती और नेकलाइन ऊपर या नीचे जा सकती है (पैटर्न में दिखाए शोल्डर्स के आकार के आधार पर)।

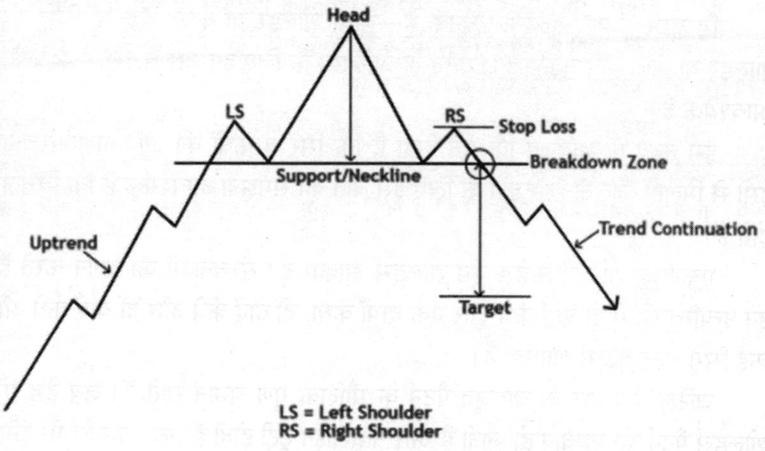

चित्र 5.36: Head and shoulders top

ट्रेंड : इसके एक रिवर्सल पैटर्न होने के लिए यह दिखाना महत्त्वपूर्ण है कि पूर्व में एक अपट्रेंड रह चुका है। यदि पलटने के लिए कोई अपट्रेंड नहीं है तो हेड एंड शोल्डर्स टॉप नहीं बन सकता।

एंट्री : हेड एंड शोल्डर्स टॉप पैटर्न अधूरा रहता है (और अपट्रेंड पलटता नहीं है), जब तक कि नेकलाइन पर समर्थन टूट नहीं जाता। यह एक हेड एंड शोल्डर्स टॉप के लिए एक ठोस तरीके से होना चाहिए; और यही वह समय है, जब हम एक ट्रेड में प्रवेश करते हैं।

स्टॉप-लॉस : स्टॉप-लॉस को दाएँ शोल्डर पर रखा जाना चाहिए, जो स्टॉक के लिए हालिया स्विंग हाई के रूप में भी काम करेगा।

प्रोफिट टार्गेट : नेकलाइन समर्थन को तोड़ने के बाद नेकलाइन से हेड के शीर्ष तक की दूरी को मापकर अनुमानित लक्ष्य पाया जाता है। प्राइस टार्गेट प्राप्त करने के लिए नेकलाइन को इस दूरी में जोड़ा जाता है।

वॉल्यूम : हेड एंड शोल्डर्स टॉप में वॉल्यूम महत्त्वपूर्ण है। वॉल्यूम में सही वृद्धि के बिना किसी भी ब्रेकआउट के सही होने की संभावना नहीं है।

कॉम्प्लेक्स (जटिल) हेड एंड शोल्डर बॉटम

आमतौर पर, हेड एंड शोल्डर पैटर्न एक बहुत ही विश्वसनीय तकनीकी संरचना है, जो एक स्टॉक में ट्रेंड रिवर्सल या ट्रेंड के पलटने का संकेत देती है।

डिजाइन में चार अद्वितीय घटक हैं—बायाँ शोल्डर या कंधा, हेड या सिर, दायाँ शोल्डर या कंधा और नेकलाइन। गठन के अस्तित्व के लिए इन चार घटकों में से प्रत्येक आवश्यक है।

इस तथ्य के बावजूद कि मैंने देखा है कि सिर व कंधों की अधिकांश संरचनाएँ इसी से मिलती-जुलती हैं, ट्रेडर्स के लिए इस बात को समझना आवश्यक है कि विचलन होते हैं।

एकाधिक या जटिल हेड एंड शोल्डर्स आकार इन संरचनाओं का वर्णन करते हैं। इन उत्परिवर्तनों में दो बाएँ कंधे और एक दायाँ कंधा, दो दाएँ कंधे और दो बाएँ कंधे और कई सिरों वाले पैटर्न्स शामिल हैं।

जटिल रूप होने के बावजूद पैटर्न के मौलिक गुण समान रहते हैं। जब हेड एंड शोल्डर्स पैटर्न की पहचान हो जाती है और नेकलाइन टूटी होती है, जो आमतौर पर इंगित करता है कि स्टॉक की कीमत बढ़ेगी।

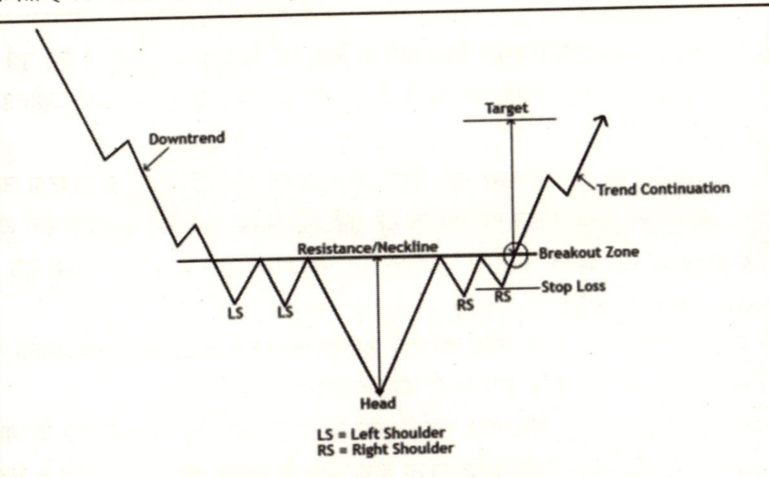

चित्र 5.37: Complex head and shoulders bottom

ट्रेंड : पैटर्न तब विकसित होता है, जब कीमत गिरती है और लंबे समय तक स्थिर रहती है, जिससे एक 'कॉम्प्लेक्स या जटिल हेड एंड शोल्डर्स बॉटम पैटर्न' बनता है; पैटर्न के घटित होने से पहले प्रचलित ट्रेंड नीचे होना चाहिए।

एंट्री : पैटर्न की नेकलाइन टूटी होने पर बाजार में एंट्री करें। नेकलाइन के ऊपर कैंडल क्लोजेज की तलाश करें।

स्टॉप-लॉस : जटिल हेड एंड शोल्डर्स पैटर्न का ट्रेड करते समय स्टॉप-लॉस को नेकलाइन के ठीक नीचे हालिया स्विंग लो (दाएँ कंधे के नीचे) पर रखा जाता है।

प्रोफिट टार्गेट : प्रोफिट का टार्गेट हेड के नीचे से पैटर्न की नेकलाइन तक वास्तविक पैटर्न की ऊँचाई को मापकर और नेकलाइन ब्रेक से ऊपर की ओर उस दूरी को बढ़ाकर निर्धारित किया जाता है।

वॉल्यूम : जब कीमत अंततः प्रतिरोध या नेकलाइन से बाहर निकलती है तो वॉल्यूम में महत्त्वपूर्ण वृद्धि होनी चाहिए।

कॉम्प्लेक्स हेड एंड शोल्डर्स टॉप

आमतौर पर, हेड एंड शोल्डर्स पैटर्न एक बहुत ही विश्वसनीय तकनीकी संरचना है, जो किसी स्टॉक में ट्रेंड रिवर्सल का संकेत देती है।

डिजाइन में चार अद्वितीय घटक हैं—बायाँ कंधा या शोल्डर, हेड या सिर, दायाँ कंधा या शोल्डर और नेकलाइन। गठन के अस्तित्व के लिए इन चार घटकों में से प्रत्येक आवश्यक है।

इस तथ्य के बावजूद कि मेरी देखी हुई हेड एंड शोल्डर्स की अधिकांश संरचनाएँ इसी से मिलती-जुलती हैं, ट्रेडर्स के लिए यह समझना आवश्यक है कि विचलन होते हैं।

एकाधिक या जटिल हेड एंड शोल्डर्स आकार इन संरचनाओं का वर्णन करते हैं। इन उत्परिवर्तनों में दो बाएँ कंधे एवं एक दायाँ कंधा, दो दाएँ कंधे एवं दो बाएँ कंधे और कई हेड्स या सिरों वाले पैटर्न्स शामिल हैं।

जटिल रूप होने के बावजूद पैटर्न्स के मौलिक गुण समान रहते हैं। जब हेड एंड शोल्डर्स पैटर्न की पहचान हो जाती है और नेकलाइन टूटी होती है तो यह आमतौर पर संकेत होता है कि स्टॉक की कीमत में गिरावट आएगी।

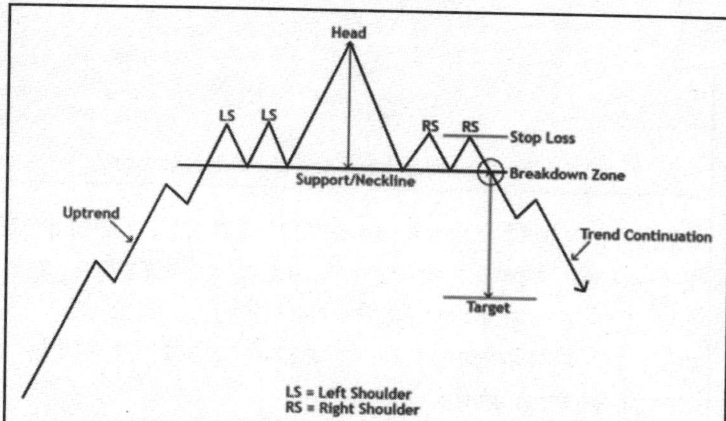

चित्र 5.38: Complex head and shoulders top

ट्रेंड : पैटर्न तब विकसित होता है, जब कीमत बढ़ती है और लंबे समय तक स्थिर रहती है, जिससे एक जटिल हेड एंड शोल्डर टॉप पैटर्न का निर्माण होता है। पैटर्न के घटित होने से पहले प्रचलित ट्रेंड ऊपर होना चाहिए।

एंट्री : जब पैटर्न की नेकलाइन टूटी हो, तब बाजार में प्रवेश करें। नेकलाइन के नीचे कैंडल क्लोजेज देखें।

स्टॉप-लॉस : जटिल हेड एंड शोल्डर्स पैटर्न का ट्रेड करते समय स्टॉप-लॉस को नेकलाइन के ठीक ऊपर हालिया स्विंग हाई (दाएँ कंधे के शीर्ष पर) पर रखा जाता है।

प्रोफिट टार्गेट : प्रोफिट का टार्गेट हेड के टॉप (शीर्ष) से पैटर्न की नेकलाइन तक वास्तविक पैटर्न की ऊँचाई को मापकर और नेकलाइन ब्रेक से नीचे की ओर उस दूरी को बढ़ाकर निर्धारित किया जाता है।

वॉल्यूम : जब कीमत अंततः समर्थन या नेकलाइन से बाहर हो जाती है तो वॉल्यूम में उल्लेखनीय वृद्धि होनी चाहिए।

डायमंड पैटर्न्स

डायमंड बॉटम

डायमंड बॉटम एक बुलिश चार्ट पैटर्न है, जो ट्रेंड को उलट देता है। डायमंड का निचला भाग दो सममित त्रिभुजों द्वारा एक हीरे का पैटर्न बनाते हुए बनाया गया है।

डायमंड बॉटम से पहले एक मंदी की प्रवृत्ति की आवश्यकता होती है। यह पैटर्न बिक्री के ट्रेंड और ट्रेडर की अनिश्चितता के अंत का संकेत देता है।

अस्थिरता और दोलन पैटर्न के पहले भाग के दौरान बढ़ते हैं (अर्थात् सममित ब्रॉडनिंग वेज पैटर्न) और बाद में दूसरे भाग के दौरान कम हो जाते हैं (अर्थात् सममित त्रिकोण में)।

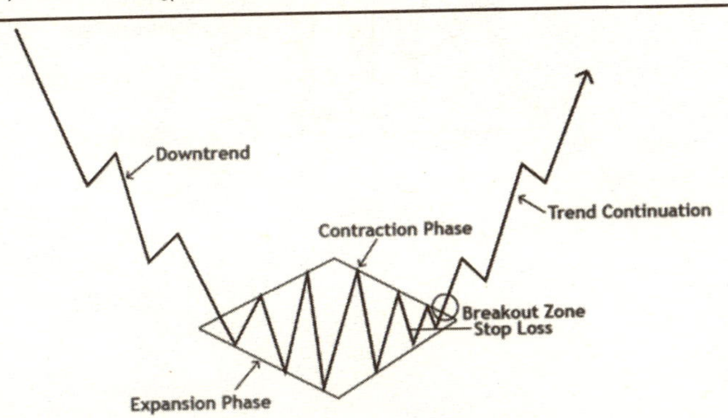

चित्र 5.39: Diamond bottom pattern

ट्रेंड : डायमंड बॉटम पैटर्न के निर्माण से पहले का रुझान अधोगामी होना चाहिए।

एंट्री : जब स्टॉक संकुचन चरण के ऊपरी बैंड को पार कर जाता है और उसके ऊपर बंद होता है, तब आपको लॉन्ग पोजीशन में एंट्री लेनी चाहिए।

स्टॉप-लॉस : स्टॉप-लॉस को आमतौर पर ब्रेकआउट से पहले होने वाले अंतिम स्विंग लो से कुछ रुपए नीचे रखा जा सकता है।

प्रोफिट टार्गेट : एक बार जब डायमंड संरचना की नेकलाइन टूट जाती है तो ट्रेडर को 'डायमंड संरचना' में उच्चतम व निम्नतम बिंदुओं के बीच की दूरी की गणना करनी चाहिए और संभावित चाल निर्धारित करने के लिए इसे 'ब्रेकआउट पॉइंट' से जोड़ना चाहिए।

वॉल्यूम : जब कीमत अंततः प्रतिरोध या नेकलाइन से बाहर निकलती है तो वॉल्यूम में महत्त्वपूर्ण वृद्धि होनी चाहिए।

डायमंड टॉप

डायमंड टॉप एक बेयरिश या मंदी का चार्ट पैटर्न है, जो ट्रेंड को पलट देता है।

डायमंड का शीर्ष दो सममित त्रिभुजों द्वारा डायमंड का पैटर्न बनाते हुए निर्मित किया गया है।

एक डायमंड बॉटम से पहले एक बुलिश या तेजी की प्रवृत्ति की आवश्यकता होती है। यह पैटर्न खरीदारी के ट्रेंड और ट्रेडर की अनिश्चितता के अंत का संकेत देता है।

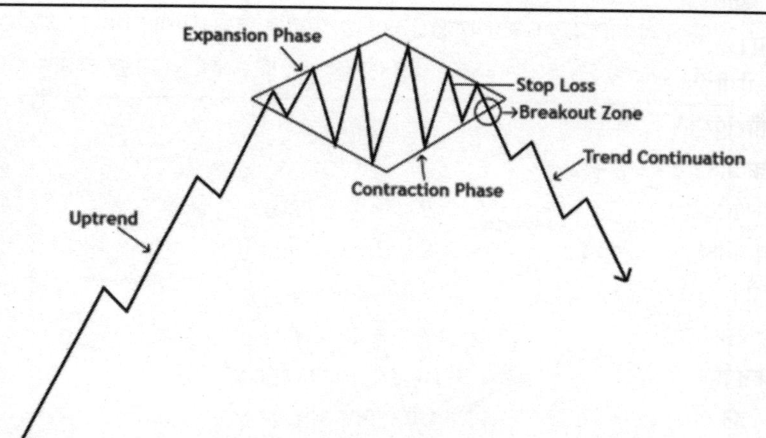

चित्र 5.40: Diamond top pattern

अस्थिरता और दोलन पैटर्न के पहले भाग के दौरान (अर्थात् सममित ब्रॉडनिंग वेज पैटर्न) बढ़ते हैं और बाद में दूसरे भाग के दौरान, यानी सममित त्रिकोण में कम हो जाते हैं।

डायमंड टॉप संरचनाएँ केवल एक अपस्विंग के अंत में होती हैं, जबकि डायमंड बॉटम संरचनाएँ एक गिरावट के अंत में होती हैं।

ट्रेंड : डायमंड टॉप पैटर्न बनने से पहले ट्रेंड ऊपर की ओर होना चाहिए।

एंट्री : जब स्टॉक संकुचन चरण के निचले बैंड को पार कर जाता है और उसके नीचे बंद होता है, तब शॉर्ट पोजीशन में प्रवेश करना चाहिए।

स्टॉप-लॉस : स्टॉप-लॉस को आमतौर पर ब्रेकआउट से पहले होने वाले अंतिम स्विंग हाई से कुछ रुपए ऊपर रखा जा सकता है।

प्रोफिट टार्गेट : जब डायमंड संरचना की नेकलाइन टूट जाती है तो ट्रेडर को डायमंड संरचना में उच्चतम व निम्नतम बिंदुओं के बीच की दूरी की गणना करनी चाहिए और संभावित चाल निर्धारित करने के लिए इसे 'ब्रेकआउट पॉइंट' से जोड़ना चाहिए।

वॉल्यूम : जब कीमत अंततः समर्थन या नेकलाइन से बाहर हो जाती है तो वॉल्यूम में उल्लेखनीय वृद्धि होनी चाहिए।

रेक्टैंगल (आयताकार) पैटर्न्स

रेक्टैंगल बॉटम

आपको आमतौर पर रेक्टैंगल बॉटम को रिवर्सल पैटर्न के रूप में ट्रेड करना चाहिए।

ऐसी स्थितियाँ होती हैं, जब लोग निश्चित नहीं होते कि क्या करना है? लेकिन आमतौर पर ट्रेंड के साथ जाने का निर्णय लेते हैं और ट्रेंड में बदलाव प्रतिरोध के माध्यम से ब्रेकआउट होने के बाद होता है।

खरीदार और विक्रेता दोनों एक ही स्थिति में प्रतीत होते हैं। हमेशा वही उतार-चढ़ाव परीक्षण के लिए रखे जाते हैं। बाजार दो स्पष्ट सीमाओं के बीच आगे-पीछे चलता रहता है।

जैसा कि चित्र 5.41 में देखा गया है, अस्थायी समर्थन और प्रतिरोध स्तरों के बीच समेकित होने से पहले कीमत एक मजबूत गिरावट में चढ़ती है।

इन दो समानांतर रेखाओं के बीच उछलते हुए और पैटर्न के बॉक्स जैसी आकृति उत्पन्न करते हुए यह साइडवेज यात्रा करना जारी रखता है। फिर कीमत प्रतिरोध के शीर्ष स्तर को पार कर जाती है और अपनी वृद्धि जारी रखती है।

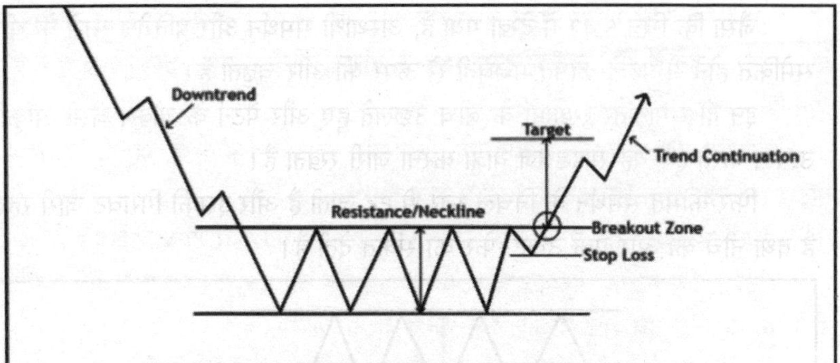

चित्र **5.41: Rectangle bottom reversal pattern**

ट्रेंड : एक बुलिश रेक्टैंगल रिवर्सल पैटर्न माना जाने के लिए एक पूर्व डाउनट्रेंड का सबूत होना चाहिए।

एंट्री : जब प्राइस एक्शन बुलिश रिवर्सल रेक्टैंगल पैटर्न (रेक्टैंगल बॉटम) के प्रतिरोध को तोड़ता है, तब बाजार में एंट्री करें।

स्टॉप-लॉस : अपने स्टॉप-लॉस को रेक्टैंगल की प्रतिरोध रेखा के ठीक नीचे हालिया स्विंग लो (प्रतिरोध के ठीक नीचे) पर सेट करें।

प्रोफिट टार्गेट : आप आयत की ऊँचाई मापकर और उस संख्या को ब्रेकआउट पर लागू करके अनुमानित चाल का पता लगा सकते हैं।

वॉल्यूम : रेक्टेंगल्स में वॉल्यूम के पैटर्न्स मानक पैटर्न्स का पालन नहीं करते हैं। जैसे-जैसे एक पैटर्न विकसित होता है, वॉल्यूम कभी-कभी कम हो जाता है। अन्य अवसरों पर, समर्थन व प्रतिरोध के बीच कीमतों में उछाल के कारण वॉल्यूम बदल जाता है। जैसे-जैसे पैटर्न पुराना होता जाता है, वॉल्यूम शायद ही कभी बढ़ता है। यदि वॉल्यूम कम हो जाता है तो ब्रेकआउट की पुष्टि करने का सबसे अच्छा तरीका मजबूत वॉल्यूम वाले ब्रेकआउट की तलाश करना है।

रेक्टैंगल टॉप

आपको आमतौर पर रेक्टैंगल टॉप को रिवर्सल पैटर्न के रूप में ट्रेड करना चाहिए। ऐसे मामलों में, लोग आमतौर पर ट्रेंड के साथ चलते हैं और ट्रेंड में बदलाव ब्रेकआउट के बाद नकारात्मक पक्ष के समर्थन के माध्यम से होता है।

खरीदार और विक्रेता दोनों एक ही स्थिति में प्रतीत होते हैं। हमेशा वही हाईज और लोज परीक्षण के लिए रखे जाते हैं। बाजार दो स्पष्ट सीमाओं के बीच आगे-पीछे चलता रहता है।

जैसा कि चित्र 5.42 में देखा गया है, अस्थायी समर्थन और प्रतिरोध स्तरों के बीच समेकित होने से पहले कीमत मजबूती से ऊपर की ओर चढ़ती है।

इन दो समानांतर रेखाओं के बीच उछलते हुए और पैटर्न के बॉक्स जैसी आकृति उत्पन्न करते हुए यह साइडवेज यात्रा करना जारी रखता है।

फिर कीमत समर्थन के निचले स्तर से टूट जाती है और इसकी गिरावट जारी रहती है तथा नीचे की ओर एक उलट-फेर का संकेत देती है।

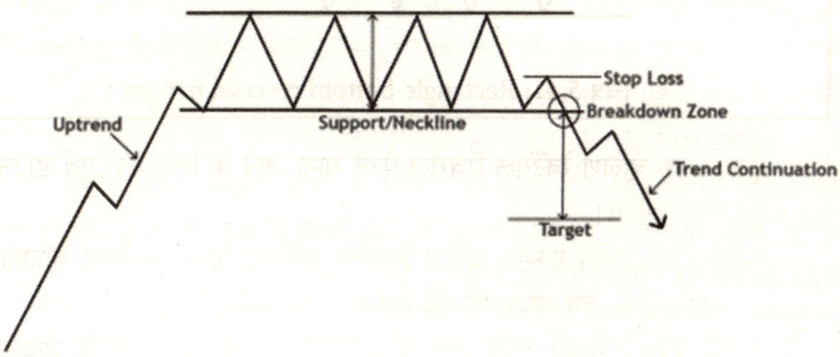

चित्र **5.42: Rectangle top reversal pattern**

ट्रेंड : एक बेयरिश रेक्टैंगल रिवर्सल पैटर्न (रेक्टैंगल पैटर्न) माना जाने के लिए एक पूर्व अपट्रेंड का सबूत होना चाहिए।

एंट्री : जब प्राइस एक्शन बेयरिश रिवर्सल रेक्टैंगल पैटर्न (रेक्टैंगल टॉप) के समर्थन को तोड़ता है, तब बाजार में एंट्री करें।

स्टॉप-लॉस : अपने स्टॉप-लॉस को आयत की समर्थन रेखा के ठीक ऊपर हालिया स्विंग हाई (प्रतिरोध के ठीक ऊपर) पर सेट करें।

प्रोफिट टार्गेट : आप आयत की ऊँचाई मापकर और उस संख्या को ब्रेकडाउन पर लागू करके अनुमानित चाल का पता लगा सकते हैं।

वॉल्यूम : रेक्टैंगल्स में वॉल्यूम के पैटर्न्स मानक पैटर्न्स का पालन नहीं करते हैं। जैसे-जैसे एक पैटर्न विकसित होता है, वॉल्यूम कभी-कभी कम हो जाता है। कभी-कभी समर्थन व प्रतिरोध के बीच कीमतों में उछाल के कारण वॉल्यूम बदल जाता है। जैसे-जैसे पैटर्न पुराना होता जाता है, वॉल्यूम शायद ही कभी बढ़ता है। यदि वॉल्यूम कम हो जाता है तो ब्रेकडाउन की पुष्टि करने का सबसे अच्छा तरीका मजबूत वॉल्यूम के साथ ब्रेकडाउन की तलाश करना है।

डबल बॉटम चार्ट पैटर्न्स

डबल बॉटम एडम और एडम

'एडम' और 'एडम डबल बॉटम' को 'जुड़वाँ माइनर लोज' द्वारा परिभाषित किया जाता है, जो संकीर्ण व लंबे प्रतीत होते हैं और बॉटम बनाने में काफी समय लेते हैं, क्योंकि यह एक 'दीर्घकालिक क्लासिकल चार्ट पैटर्न' है।

एक वैध डबल बॉटम के रूप में अर्हता प्राप्त करने के लिए कीमतें दो बॉटम्स के बीच उच्चतम ऊँचाई से ऊपर बंद होनी चाहिए। इस कीमत को ब्रेकआउट या पुष्टीकरण कीमत के रूप में जाना जाता है।

गिरावट की प्रवृत्ति के दौरान इस पैटर्न का निरीक्षण करें। यह प्रवृत्ति के पलटने का संकेत देता है और आगे एक तेजी की उम्मीद है। ट्विन बॉटम डिजाइन के कारण दो घाटियाँ देखी जा सकती हैं। पहले एडम का तल पतला V आकार का है, जबकि दूसरे एडम का आकार पहले एडम के समान ही है।

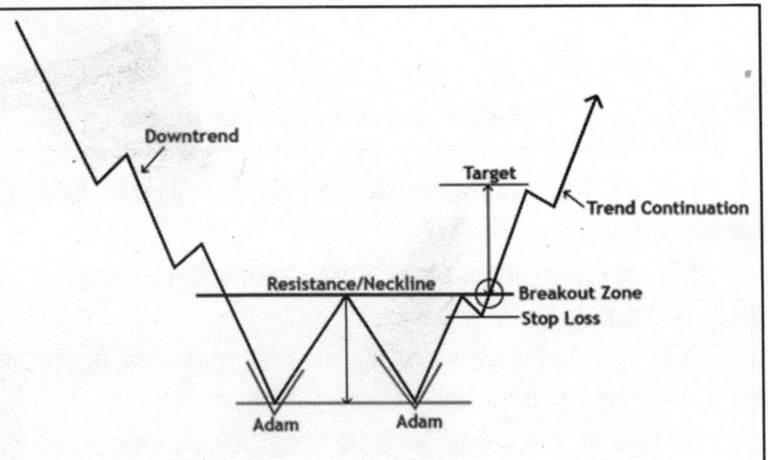

चित्र 5.43: Adam and Adam double bottom pattern

ट्रेंड : पैटर्न तब विकसित होता है, जब कीमत गिरती है और लंबे समय तक स्थिर रहती है, जिससे 'एडम और एडम डबल पैटर्न' निर्मित होता है। पैटर्न के घटित होने से पहले प्रचलित ट्रेंड नीचे होना चाहिए।

एंट्री : पैटर्न की नेकलाइन टूटी होने पर लॉन्ग पोजीशन दर्ज करें। नेकलाइन के ऊपर कैंडल क्लोजेज की तलाश करें।

स्टॉप-लॉस : एडम और एडम डबल पैटर्न पर ट्रेड करते समय स्टॉप-लॉस को हाल के स्विंग लो पर नेकलाइन के ठीक नीचे रखा जाता है।

प्रोफिट टार्गेट : प्रोफिट का उद्देश्य नेकलाइन के शीर्ष से डबल बॉटम के नीचे तक वास्तविक पैटर्न की ऊँचाई को मापकर और नेकलाइन ब्रेकआउट से ऊपर की तरफ उस दूरी को बढ़ाकर निर्धारित किया जाता है।

वॉल्यूम : जब कीमत अंततः प्रतिरोध या नेकलाइन से बाहर निकलती है तो वॉल्यूम में महत्त्वपूर्ण वृद्धि होनी चाहिए।

डबल बॉटम एडम और ईव

डबल बॉटम एडम और ईव को 'जुड़वाँ माइनर लोज' द्वारा परिभाषित किया जाता है (पहला V आकार का है और दूसरा आकार में गोल है), जो संकीर्ण व लंबे प्रतीत होते हैं और बॉटम को बनाने में काफी समय लेते हैं; क्योंकि यह एक 'दीर्घकालिक क्लासिकल चार्ट पैटर्न' है।

वैध डबल बॉटम के रूप में अर्हता प्राप्त करने के लिए कीमतें दो बॉटम्स के बीच उच्चतम ऊँचाई से ऊपर बंद होनी चाहिए। इस कीमत को ब्रेकआउट या पुष्टीकरण कीमत के रूप में जाना जाता है।

गिरावट के ट्रेंड के दौरान इस पैटर्न का निरीक्षण करें। यह ट्रेंड के पलटने का संकेत दे रहा है और आगे एक तेजी की उम्मीद है। ट्विन बॉटम डिजाइन के कारण दो घाटियाँ देखी जा सकती हैं। पहले एडम का तल पतला V आकार का है, जबकि दूसरे ईव का तल चौड़ा और अधिक गोलाकार है।

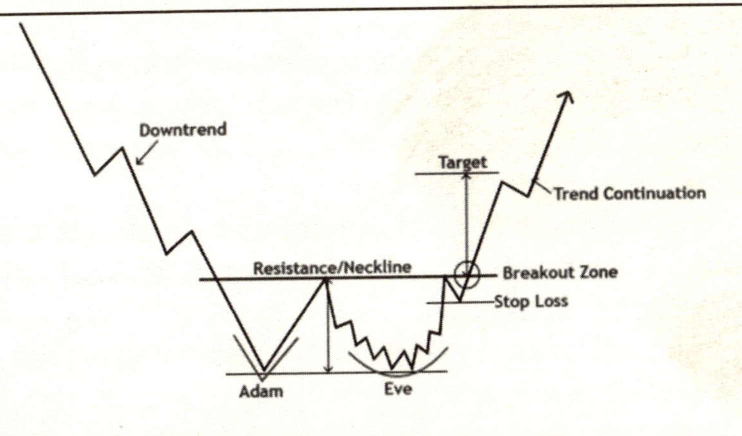

चित्र 5.44: Double bottom Adam and Eve

ट्रेंड : पैटर्न तब विकसित होता है, जब कीमत गिरती है और लंबे समय तक स्थिर रहती है, जिससे 'एडम और ईव डबल बॉटम' बनता है। पैटर्न के घटित होने से पहले प्रचलित ट्रेंड नीचे होना चाहिए।

एंट्री : पैटर्न की नेकलाइन टूटी होने पर लॉन्ग पोजीशन दर्ज करें। नेकलाइन के ऊपर कैंडल क्लोजेज की तलाश करें।

स्टॉप-लॉस : एडम और ईव डबल बॉटम पैटर्न पर ट्रेड करते समय स्टॉप-लॉस को हाल के स्विंग लो पर नेकलाइन के ठीक नीचे रखा जाता है।

प्रोफिट टार्गेट : प्रोफिट का टार्गेट नेकलाइन के शीर्ष से डबल बॉटम के तले तक वास्तविक पैटर्न की ऊँचाई को मापकर और नेकलाइन ब्रेकआउट से ऊपर की ओर उस दूरी को बढ़ाकर निर्धारित किया जाता है।

वॉल्यूम : जब कीमत अंततः प्रतिरोध या नेकलाइन से बाहर निकलती है तो वॉल्यूम में महत्त्वपूर्ण वृद्धि होनी चाहिए।

डबल बॉटम ईव और एडम

ईव और एडम डबल बॉटम को जुड़वाँ माइनर लोज द्वारा परिभाषित किया गया है (पहला आकार में गोल है और दूसरा V आकार का है), जो संकीर्ण व लंबे प्रतीत होते हैं और बॉटम को बनाने में काफी समय लेते हैं; क्योंकि यह एक 'दीर्घकालिक क्लासिकल चार्ट पैटर्न' है।

वैध डबल बॉटम के रूप में अर्हता प्राप्त करने के लिए कीमतें दो बॉटम्स के बीच उच्चतम ऊँचाई से ऊपर बंद होनी चाहिए। इस कीमत को 'ब्रेकआउट' या 'पुष्टीकरण कीमत' के रूप में जाना जाता है।

गिरावट के ट्रेंड के दौरान इस पैटर्न का निरीक्षण करें। यह ट्रेंड के पलटने का संकेत दे रहा है और आगे एक तेजी की उम्मीद है। ट्विन बॉटम डिजाइन के कारण दो घाटियाँ देखी जा सकती हैं। पहली ईव U आकार की तरह चौड़ी और अधिक गोल है, जबकि दूसरे एडम का तल पतला V आकार का है।

ट्रेंड : पैटर्न तब विकसित होता है, जब कीमत गिरती है और लंबी अवधि के लिए स्थिर रहती है, जिससे एक ईव और एडम डबल बॉटम बनता है। पैटर्न के घटित होने से पहले प्रचलित ट्रेंड नीचे होना चाहिए।

एंट्री : पैटर्न की नेकलाइन टूटी होने पर लॉन्ग पोजीशन दर्ज करें। नेकलाइन के ऊपर कैंडल क्लोजेज की तलाश करें।

स्टॉप-लॉस : ईव और एडम डबल बॉटम पैटर्न पर ट्रेड करते समय स्टॉप-लॉस को हाल के स्विंग लो पर नेकलाइन के ठीक नीचे रखा जाता है।

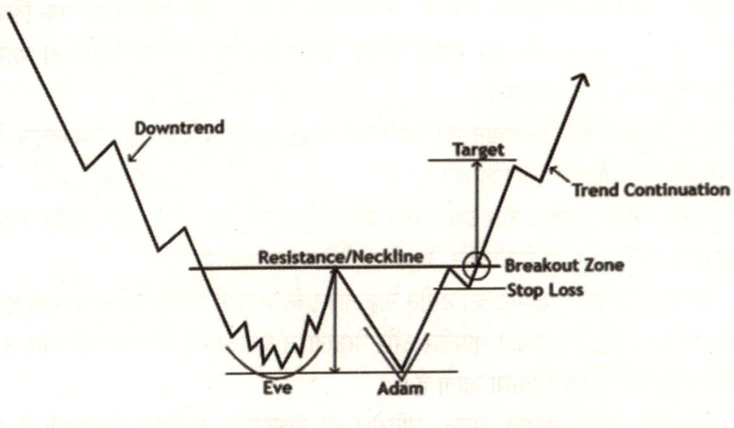

चित्र 5.45: Double Bottom Eve and Adam

प्रोफिट टार्गेट : लाभ का लक्ष्य नेकलाइन के शीर्ष से डबल बॉटम के तले तक वास्तविक पैटर्न की ऊँचाई को मापकर और नेकलाइन ब्रेकआउट से ऊपर की ओर उस दूरी को बढ़ाकर निर्धारित किया जाता है।

वॉल्यूम : जब कीमत अंततः प्रतिरोध या नेकलाइन से बाहर निकलती है तो वॉल्यूम में महत्त्वपूर्ण वृद्धि होनी चाहिए।

ईव और ईव डबल बॉटम

ईव और ईव डबल बॉटम को जुड़वाँ माइनर लोज द्वारा परिभाषित किया गया है (पहला व दूसरा—दोनों ही आकार में गोल हैं), जो संकीर्ण व लंबे प्रतीत होते हैं और बॉटम बनाने में कुछ समय लेते हैं; क्योंकि यह एक 'दीर्घकालिक क्लासिकल चार्ट पैटर्न' है।

वैध डबल बॉटम के रूप में अर्हता प्राप्त करने के लिए कीमतें दो बॉटम्स के बीच उच्चतम ऊँचाई से ऊपर बंद होनी चाहिए। इस कीमत को 'ब्रेकआउट' या 'पुष्टीकरण कीमत' के रूप में जाना जाता है।

गिरावट के ट्रेंड के दौरान इस पैटर्न का निरीक्षण करें। यह ट्रेंड के पलटने का संकेत दे रहा है और आगे एक तेजी की उम्मीद है। ट्विन बॉटम डिजाइन के कारण दो घाटियाँ देखी जा सकती हैं। पहली ईव चौड़ी और अधिक गोलाकार है, जबकि दूसरी ईव का आकार भी गोलाकार जैसा ही है।

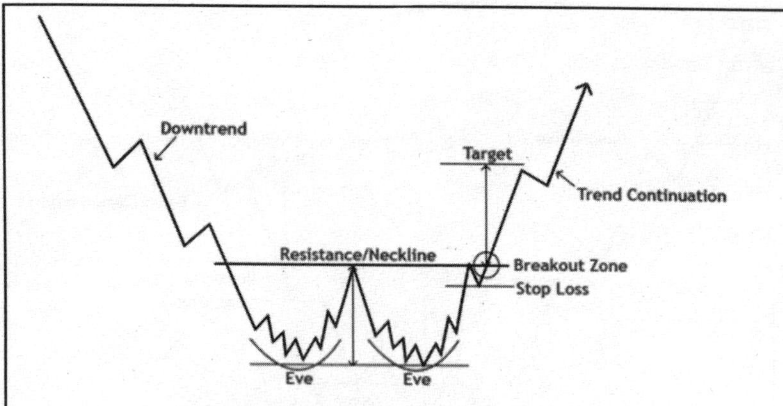

चित्र 5.46: Double bottom Eve and Eve

ट्रेंड : पैटर्न तब विकसित होता है, जब कीमत गिरती है और लंबे समय तक स्थिर रहती है, जिससे ईव और ईव डबल बॉटम बनता है। पैटर्न के घटित होने से पहले प्रचलित ट्रेंड नीचे की ओर होना चाहिए।

एंट्री : पैटर्न की नेकलाइन टूटी होने पर लॉन्ग पोजीशन में एंट्री करें। नेकलाइन के ऊपर कैंडल क्लोजेज की तलाश करें।

स्टॉप-लॉस : ईव और ईव डबल बॉटम पैटर्न पर ट्रेड करते समय स्टॉप-लॉस को हाल के स्विंग लो पर नेकलाइन के ठीक नीचे रखा जाता है।

प्रोफिट टार्गेट : टार्गेट का उद्देश्य नेकलाइन के शीर्ष से डबल बॉटम के तले तक वास्तविक पैटर्न की ऊँचाई को मापकर और नेकलाइन ब्रेकआउट से ऊपर की ओर उस दूरी को बढ़ाकर निर्धारित किया जाता है।

वॉल्यूम : जब कीमत अंतत: प्रतिरोध या नेकलाइन से बाहर निकलती है तो वॉल्यूम में महत्त्वपूर्ण वृद्धि होनी चाहिए।

डबल टॉप चार्ट पैटर्न्स

एडम और एडम डबल टॉप

एडम और एडम डबल टॉप को जुड़वाँ माइनर हाईज द्वारा परिभाषित किया गया है, जो संकीर्ण व लंबी लगती हैं और शीर्ष बनाने में काफी समय लेती हैं; क्योंकि यह एक 'दीर्घकालिक क्लासिकल चार्ट पैटर्न' है।

वैध डबल बॉटम के रूप में अर्हता प्राप्त करने के लिए कीमतें दो शीर्षों के बीच

सबसे निचले स्तर से नीचे बंद होनी चाहिए। इस कीमत को 'ब्रेकडाउन' या 'पुष्टीकरण कीमत' के रूप में जाना जाता है।

ऊपर की ओर रुझान के दौरान इस पैटर्न का निरीक्षण करें। यह ट्रेंड के पलटने का संकेत दे रहा है और आगे एक मंदी की आशंका है। ट्विन टॉप डिजाइन के कारण दो चोटियाँ देखी जा सकती हैं। पहले एडम का शीर्ष पतला A आकार का है, जबकि दूसरे एडम का आकार पहले एडम के समान ही है।

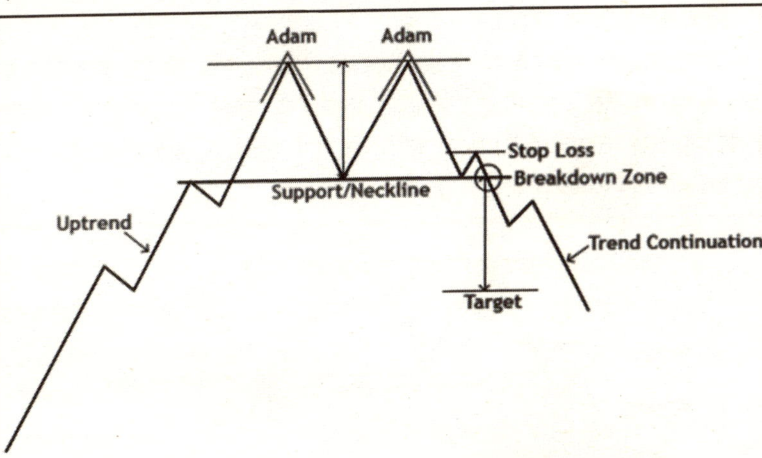

चित्र **5.47: Adam and Adam double top**

ट्रेंड : पैटर्न तब विकसित होता है, जब कीमत बढ़ती है और लंबे समय तक स्थिर रहती है, जिससे एक एडम और एडम डबल टॉप बनता है। पैटर्न के घटित होने से पहले प्रचलित ट्रेंड ऊपर की ओर होना चाहिए।

एंट्री : पैटर्न की नेकलाइन टूटी होने पर शॉर्ट पोजीशन में एंट्री करें। नेकलाइन के नीचे कैंडल क्लोजेज देखें।

स्टॉप-लॉस : एडम और एडम डबल टॉप पैटर्न पर ट्रेड करते समय स्टॉप-लॉस को हाल के स्विंग हाई पर नेकलाइन के ठीक ऊपर रखा जाता है।

प्रोफिट टार्गेट : प्रोफिट का टार्गेट नेकलाइन के तले से डबल टॉप के शीर्ष तक वास्तविक पैटर्न की ऊँचाई को मापकर और उस दूरी को नेकलाइन ब्रेकडाउन से नीचे की ओर बढ़ाकर निर्धारित किया जाता है।

वॉल्यूम : जब समर्थन या नेकलाइन की कीमत अंततः टूट जाती है तो वॉल्यूम में उल्लेखनीय वृद्धि होनी चाहिए।

एडम और ईव डबल टॉप

एडम और ईव डबल टॉप को जुड़वाँ माइनर हाईज द्वारा परिभाषित किया गया है, जो संकीर्ण व लंबी प्रतीत होती हैं और शीर्ष बनाने में काफी समय लेती हैं; क्योंकि यह एक लॉन्ग टर्म क्लासिकल चार्ट पैटर्न है।

वैध डबल बॉटम के रूप में अर्हता प्राप्त करने के लिए कीमतें दो शीर्षों के बीच सबसे निचले स्तर से नीचे बंद होनी चाहिए। इस कीमत को 'ब्रेकडाउन' या 'पुष्टीकरण कीमत' के रूप में जाना जाता है।

ऊपर की ओर रुझान के दौरान इस पैटर्न का निरीक्षण करें। यह ट्रेंड के पलटने का संकेत दे रहा है, और आगे भी एक मंदी की आशंका है। ट्विन टॉप डिजाइन के कारण दो चोटियाँ देखी जा सकती हैं। पहले एडम का शीर्ष पतला A आकार का है, जबकि दूसरे ईव का शीर्ष उलटे ∩ आकार का है।

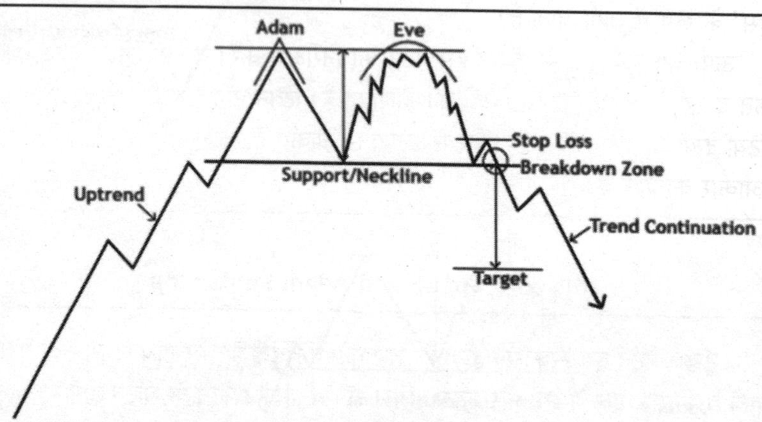

चित्र **5.48: Adam and Eve double top**

ट्रेंड : पैटर्न तब विकसित होता है, जब कीमत बढ़ती है और लंबे समय तक स्थिर रहती है, जिससे एक एडम और ईव डबल टॉप बनता है। पैटर्न के घटित होने से पहले प्रचलित ट्रेंड ऊपर की ओर होना चाहिए।

एंट्री : पैटर्न की नेकलाइन टूटी होने पर शॉर्ट पोजीशन में एंट्री करें। नेकलाइन के नीचे कैंडल क्लोजेज देखें।

स्टॉप-लॉस : एडम और ईव डबल टॉप पैटर्न पर ट्रेड करते समय स्टॉप-लॉस को हाल के स्विंग हाई पर नेकलाइन के ठीक ऊपर रखा जाता है।

प्रोफिट टार्गेट : प्रोफिट का उद्देश्य नेकलाइन के नीचे से डबल टॉप के शीर्ष

तक वास्तविक पैटर्न की ऊँचाई को मापकर और नेकलाइन ब्रेकडाउन से नीचे की ओर उस दूरी को बढ़ाकर निर्धारित किया जाता है।

वॉल्यूम : जब सपोर्ट या नेकलाइन का प्राइस अंततः टूट जाता है तो वॉल्यूम में उल्लेखनीय वृद्धि होनी चाहिए।

ईव और एडम डबल टॉप

ईव और एडम डबल टॉप को जुड़वाँ माइनर हाईज द्वारा परिभाषित किया गया है, जो संकीर्ण व लंबी प्रतीत होती हैं—और शीर्ष बनाने में काफी समय लेती हैं; क्योंकि यह 'दीर्घकालिक क्लासिकल चार्ट पैटर्न' है।

वैध डबल बॉटम के रूप में अर्हता प्राप्त करने के लिए प्राइस दो शीर्षों के बीच सबसे निचले स्तर से नीचे बंद होने चाहिए। इस प्राइस को 'ब्रेकडाउन' या 'कन्फर्मेशन प्राइस' के रूप में जाना जाता है।

ऊपर की ओर ट्रेंड के दौरान इस पैटर्न का निरीक्षण करें। यह ट्रेंड के पलटने का संकेत दे रहा है तथा आगे और मंदी की आशंका है। ट्विन टॉप डिजाइन के कारण दो चोटियाँ देखी जा सकती हैं। पहले ईव में उलटा U आकार है, जबकि दूसरे ईव में पतला A आकार का शीर्ष है।

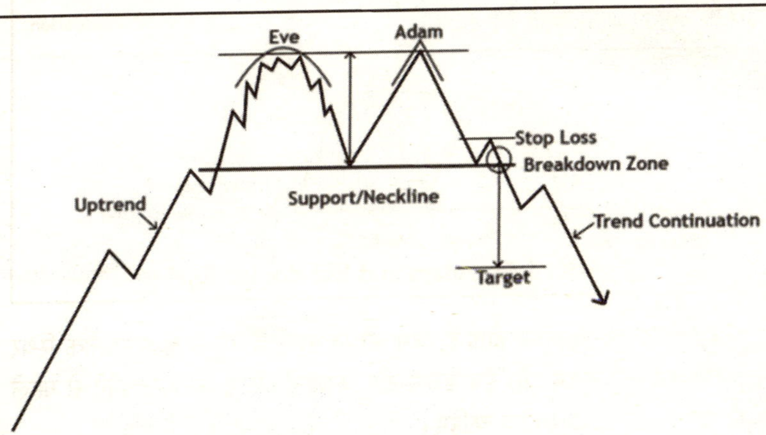

चित्र **5.49: Eve and Adam double top**

ट्रेंड : पैटर्न तब विकसित होता है, जब प्राइस बढ़ती है और लंबे समय तक स्थिर रहती है, जिससे एक ईव और एडम डबल टॉप बनता है। प्रचलित ट्रेंड पैटर्न के घटित होने से पहले ऊपर की ओर होना चाहिए।

एंट्री : पैटर्न की नेकलाइन टूटी होने पर शॉर्ट पोजीशन में एंट्री करें। नेकलाइन के नीचे कैंडल क्लोजेज देखें।

स्टॉप-लॉस : ईव और एडम डबल पैटर्न पर ट्रेड करते समय स्टॉप-लॉस को हाल के स्विंग हाई पर नेकलाइन के ठीक ऊपर रखा जाता है।

प्रोफिट टार्गेट : प्रोफिट का टार्गेट नेकलाइन के तले से डबल टॉप के शीर्ष तक वास्तविक पैटर्न की ऊँचाई को मापकर और नेकलाइन ब्रेकडाउन से नीचे की ओर उस दूरी को बढ़ाकर निर्धारित किया जाता है।

वॉल्यूम : जब सपोर्ट या नेकलाइन का प्राइस अंततः टूट जाता है तो वॉल्यूम में उल्लेखनीय वृद्धि होनी चाहिए।

ईव और ईव डबल टॉप

'ईव' और 'ईव डबल टॉप' को 'जुड़वाँ माइनर हाईज' द्वारा परिभाषित किया गया है, जो संकीर्ण व लंबी लगती हैं और शीर्ष बनाने में काफी समय लेती हैं; क्योंकि यह एक दीर्घकालिक क्लासिकल चार्ट पैटर्न है।

वैध डबल बॉटम के रूप में अर्हता प्राप्त करने के लिए प्राइस दो शीर्षों के बीच सबसे निचले स्तर से नीचे बंद होना चाहिए। इस प्राइस को ब्रेकडाउन या कन्फर्मेशन प्राइस के रूप में जाना जाता है।

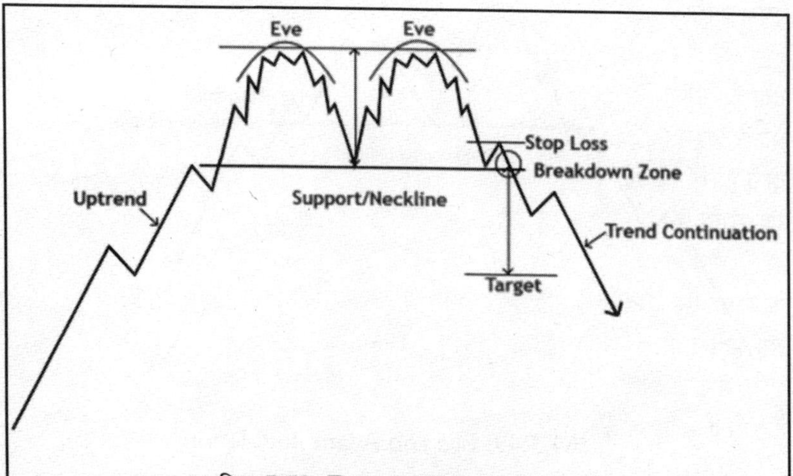

चित्र 5.50: Eve and Eve double top

ऊपर की ओर ट्रेंड के दौरान इस पैटर्न का निरीक्षण करें। यह ट्रेंड के पलटने का संकेत देता है, और आगे एक मंदी की आशंका है। ट्विन टॉप डिजाइन के कारण दो

चोटियाँ देखी जा सकती हैं। पहली ईव का शीर्ष पतला A आकार का है, जबकि दूसरी ईव का आकार पहले शीर्ष के समान ही है।

ट्रेंड : पैटर्न तब विकसित होता है, जब प्राइस बढ़ता है और लंबे समय तक स्थिर रहता है, जिससे एक ईव और ईव डबल टॉप बनता है। प्रचलित ट्रेंड पैटर्न के घटित होने से पहले ऊपर की ओर होना चाहिए।

एंट्री : पैटर्न की नेकलाइन टूटी होने पर शॉर्ट पोजीशन में एंट्री करें। नेकलाइन के नीचे कैंडल क्लोजेज देखें।

स्टॉप-लॉस : ईव और ईव डबल टॉप पैटर्न पर ट्रेड करते समय स्टॉप-लॉस को हाल के स्विंग हाई पर नेकलाइन के ठीक ऊपर रखा जाता है।

प्रोफिट टार्गेट : प्रोफिट टार्गेट नेकलाइन के तले से डबल टॉप के शीर्ष तक वास्तविक पैटर्न की ऊँचाई को मापकर और नेकलाइन ब्रेकडाउन से नीचे की ओर उस दूरी को बढ़ाकर निर्धारित किया जाता है।

वॉल्यूम : जब सपोर्ट या नेकलाइन का प्राइस अंततः टूट जाता है तो वॉल्यूम में उल्लेखनीय वृद्धि होनी चाहिए।

ट्रिपल बॉटम

WV के आकार का ट्रिपल ट्रफ या ट्रिपल बॉटम एक बुलिश चार्ट पैटर्न है। तीन ट्रफ्स का क्रम ठोस समर्थन का संकेत देता है। यह संभावित उलट-फेर का एक संकेत है।

चित्र 5.51 में ट्रिपल बॉटम के लिए सपोर्ट जोन तीन प्राइस रिकवरीज की अनुमति देता है। पैटर्न की नेकलाइन दो तेजी वाले शिखरों में से उच्चतम द्वारा बनाई गई है। इस प्रकार प्राइस पहले वापसी करता है और फिर सपोर्ट लाइन पर लौट आता है। आमतौर पर दोनों ट्रफ्स का आकार समान होता है (जैसा कि चित्र 5.51 में देखा गया है)। हालाँकि, यह संभव है कि पहला ट्रफ अगले दो ट्रफ्स से छोटा हो!

सीधे शब्दों में कहें तो तीन निम्न स्तर या लोज हैं, जो समान हैं और फिर प्रतिरोध के ऊपर एक ब्रेक है। अधिकांश समय इन प्रमुख रिवर्सल पैटर्न्स को बनने में तीन से छह महीने लगते हैं।

ट्रेंड : किसी भी रिवर्सल पैटर्न के काम करने के लिए पहले से एक बदलाव का ट्रेंड होना चाहिए। ट्रिपल बॉटम रिवर्सल होने के लिए एक स्पष्ट डाउनट्रेंड होना चाहिए।

एंट्री : जब प्राइस एक्शन बुलिश रिवर्सल ट्रिपल टॉप पैटर्न के प्रतिरोध को तोड़ देता है, तब बाजार में एंट्री करें।

स्टॉप-लॉस : स्टॉप-लॉस को आमतौर पर अंतिम स्विंग लो से कुछ रुपए नीचे रखा जा सकता है, जो ब्रेकआउट से ठीक पहले हुआ था (हालिया स्विंग लो)।

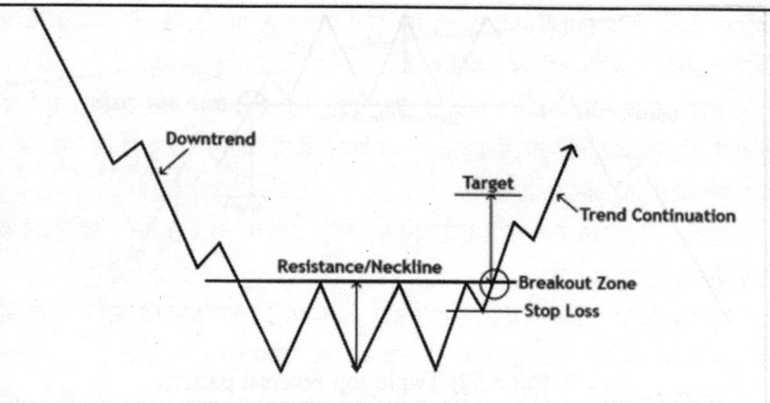

चित्र 5.51: Triple bottom reversal pattern

प्रोफिट टार्गेट : एक प्राइस टार्गेट की गणना करने के लिए रेजिस्टेंस (प्रतिरोध) ब्रेक एवं लोज के बीच की दूरी को मापा जा सकता है और रेजिस्टेंस ब्रेक में जोड़ा जा सकता है। एक पैटर्न जितने लंबे समय तक बना रहता है, उसके अंतिम ब्रेकआउट का महत्त्व उतना ही अधिक होता है।

वॉल्यूम : आमतौर पर, जैसे-जैसे ट्रिपल बॉटम रिवर्सल विकसित होता है, वॉल्यूम का स्तर कम हो जाता है। कभी-कभी वॉल्यूम निचले स्तर या लोज के आसपास बढ़ जाता है। तीसरे निचले स्तर के बाद एडवांस और रेजिस्टेंस ब्रेकआउट पर वॉल्यूम में वृद्धि से पैटर्न की वैधता काफी मजबूत हो जाती है।

ट्रिपल टॉप

MA आकार का ट्रिपल पीक या ट्रिपल टॉप एक बेयरिश या मंदी का चार्ट पैटर्न है। तीन चोटियों का क्रम सॉलिड रेजिस्टेंस को इंगित करता है। यह गिरावट की ओर एक संभावित उलट-फेर का संकेत है।

ट्रिपल टॉप (चित्र 5.52) के लिए रेजिस्टेंस जोन तीन प्राइस रिकवरीज की अनुमति देता है। पैटर्न की नेकलाइन दो मंदी वाले गर्तों के निचले भाग द्वारा बनाई गई है। इस प्रकार, प्राइस पहले वापसी करता है और फिर रेजिस्टेंस लाइन पर लौट आता है।

आमतौर पर, दोनों शिखरों का आकार समान है (जैसा कि चित्र 5.52 में देखा गया है); हालाँकि, पहले शिखर का बाद के दो शिखरों से छोटा होना संभव है।

सीधे शब्दों में कहें तो तीन हाईज हैं, जो समान हैं और फिर सपोर्ट के नीचे एक ब्रेक है। अधिकांश समय इन प्रमुख रिवर्सल पैटर्न्स को बनने में तीन से छह महीने लगते हैं।

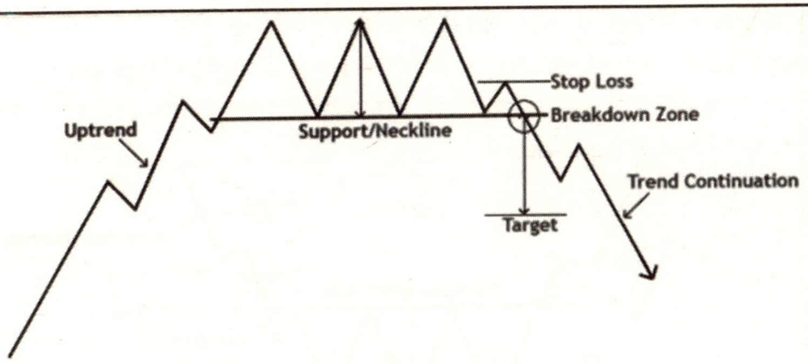

चित्र **5.52: Triple top reversal pattern**

ट्रेंड : किसी भी रिवर्सल पैटर्न के काम करने के लिए एक बदलाव का ट्रेंड पहले से होना चाहिए। ट्रिपल बॉटम रिवर्सल होने के लिए एक स्पष्ट अपट्रेंड होना चाहिए।

एंट्री : एंट्री तब ली जाएगी, जब प्राइस एक्शन बेयरिश रिवर्सल ट्रिपल टॉप पैटर्न के समर्थन को तोड़ देगा।

स्टॉप-लॉस : स्टॉप-लॉस को आमतौर पर अंतिम स्विंग हाई से कुछ रुपए ऊपर रखा जा सकता है, जो ब्रेकडाउन से ठीक पहले हुआ था (हालिया स्विंग हाई)।

प्रोफिट टार्गेट : एक प्रोफिट टार्गेट की गणना करने के लिए रेजिस्टेंस ब्रेक एवं लोज के बीच की दूरी को मापा जा सकता है और रेजिस्टेंस ब्रेक में जोड़ा जा सकता है। एक पैटर्न जितने लंबे समय तक बना रहेगा, उसके अंतिम ब्रेकआउट का महत्त्व उतना ही अधिक होगा।

वॉल्यूम : आमतौर पर, जैसे-जैसे ट्रिपल टॉप रिवर्सल विकसित होता है, वॉल्यूम का स्तर कम हो जाता है। कभी-कभी वॉल्यूम निचले स्तर के आसपास बढ़ जाता है। तीसरे निचले स्तर के बाद एडवांस और सपोर्ट ब्रेकडाउन टूटने पर वॉल्यूम में वृद्धि से पैटर्न की वैधता काफी मजबूत हो जाती है।

आइलैंड बॉटम रिवर्सल

एक 'आइलैंड रिवर्सल' दो अंतरालों और अंतरालों के बीच मूल्य परिवर्तन से बना एक 'रिवर्सल पैटर्न' होता है। ये अंतराल इंगित करते हैं कि आइलैंड रिवर्सल में त्वरित और त्वरित परिवर्तन का प्रतिनिधित्व करता है। उनकी दुर्लभता के बावजूद आइलैंड रिवर्सल्स महत्त्वपूर्ण पैटर्न हैं, जिन पर हमें ध्यान देने की आवश्यकता है। रहस्य अंतरालों के संरेखण में छिपा है। ध्यान दें कि एक बुलिश आइलैंड रिवर्सल में एक गैप डाउन और उसके बाद एक गैप अप शामिल होता है। इसलिए, 'आइलैंड रिवर्सल' वाक्यांश इन

प्राइस एक्शन अंतरालों के ओवरलैप से प्राप्त होता है। जो आइलैंड अंतरालों या गैप्स के ऊपर स्थित है, उसे 'बुलिश आइलैंड रिवर्सल' के रूप में संदर्भित किया जाएगा।

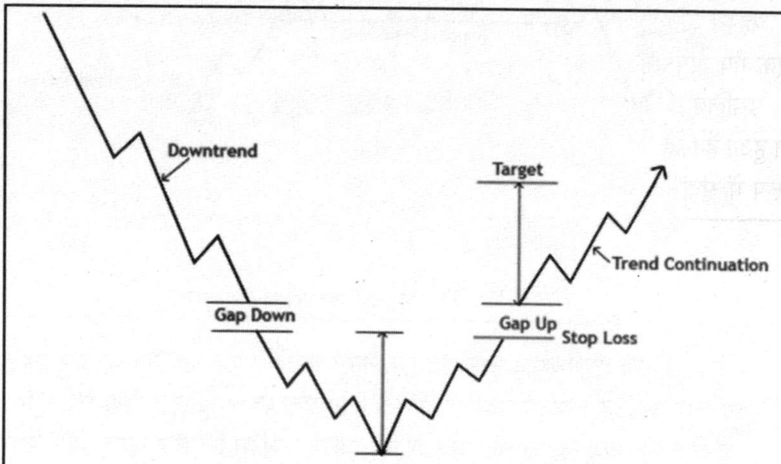

चित्र **5.53: Island bottom reversal pattern**

ट्रेंड : एक बुलिश रिवर्सल पैटर्न माना जाने के लिए एक पूर्व डाउनट्रेंड का प्रमाण होना चाहिए।

एंट्री : जैसे ही प्राइस एक्शन में गैप डाउन आता है और नीचे की ओर अंतराल या गैप उत्पन्न होता है, बाजार में प्रवेश करें।

स्टॉप-लॉस : गैप डाउन बनने से पहले अपने स्टॉप-लॉस को अंतिम प्राइस के रूप में सेट करें (चित्र 5.53 देखें)।

प्रोफिट टार्गेट : आप आइलैंड बॉटम रिवर्सल की ऊँचाई को मापकर और गैप डाउन बनने के बाद उस संख्या को ओपेन प्राइस पर लागू करके अनुमानित चाल का पता लगा सकते हैं।

वॉल्यूम : आइलैंड बॉटम रिवर्सल में वॉल्यूम के पैटर्न मानक पैटर्न का पालन करते हैं। जैसे-जैसे एक पैटर्न विकसित होता है, वॉल्यूम बढ़ता है।

आइलैंड टॉप रिवर्सल

एक आइलैंड टॉप रिवर्सल दो अंतरालों या गैप्स और गैप्स के बीच मूल्य-परिवर्तन से बना एक रिवर्सल पैटर्न है। ये अंतराल इंगित करते हैं कि आइलैंड रिवर्सल दिशा में एक त्वरित बदलाव को दरशाता है।

उनकी दुर्लभता के बावजूद आइलैंड रिवर्सल्स महत्त्वपूर्ण पैटर्न हैं, जिन पर हमें ध्यान देने की आवश्यकता है।

रहस्य अंतरालों के संरेखण में छिपा है। ध्यान दें कि एक बुलिश आइलैंड रिवर्सल में एक गैप अप और उसके बाद एक गैप डाउन होता है।

इसलिए, 'आइलैंड रिवर्सल' शब्द इन प्राइस एक्शन अंतरालों के ओवरलैप से प्राप्त हुआ है। जो आइलैंड अंतराल के नीचे स्थित है, उसे एक बेयरिश आइलैंड रिवर्सल के रूप में संदर्भित किया जाएगा।

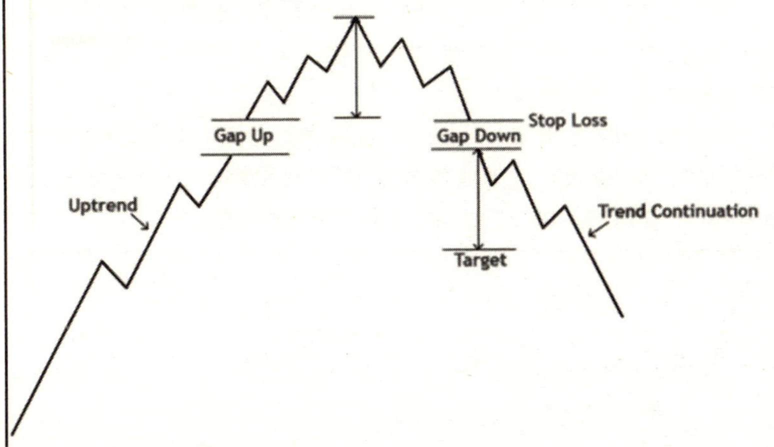

चित्र **5.54: Island top reversal pattern**

ट्रेंड : एक बेयरिश रिवर्सल पैटर्न माना जाने के लिए एक पूर्व अपट्रेंड का प्रमाण होना चाहिए।

एंट्री : जब प्राइस एक्शन में गैप डाउन होता है और नीचे की ओर एक गैप पैदा होता है, तब बाजार में प्रवेश करें।

स्टॉप-लॉस : गैप डाउन बनने से पहले अपने स्टॉप-लॉस को अंतिम प्राइस के रूप में सेट करें (चित्र 5.54 देखें)।

प्रोफिट टार्गेट : आप आइलैंड टॉप रिवर्सल की ऊँचाई को मापकर और गैप उत्पन्न होने के बाद उस संख्या को ओपेन प्राइस पर लागू करके अनुमानित चाल का पता लगा सकते हैं।

वॉल्यूम : आइलैंड टॉप रिवर्सल में वॉल्यूम के पैटर्न मानक पैटर्न का पालन करते हैं। जैसे-जैसे एक पैटर्न विकसित होगा, वॉल्यूम बढ़ेगा।

फॉलिंग वेज रिवर्सल

'फॉलिंग वेज' एक रिवर्सल पैटर्न के रूप में भी हो सकता है, जो बड़े पैमाने पर शुरू होता है और प्राइस कम होने तथा ट्रेडिंग रेंज छोटी होने के साथ छोटा होता जाता है। राइजिंग वेजेज का एक स्पष्ट डाउनसाइड होता है और ये एक बुलिश रिवर्सल पैटर्न बनाते हैं।

सीधे शब्दों में कहें तो फॉलिंग वेज रिवर्सल एक बुलिश ट्रेंड रिवर्सल चार्ट पैटर्न है, जो ऊपर की ओर संभावित ब्रेकआउट का संकेत देता है।

यदि दो मंदी की रेखाएँ अच्छे तरीके से आगे व पीछे चलती हैं तो फॉलिंग वेज सही होता है। शीर्ष पर रेखा गिरती हुई 'प्रतिरोध रेखा' है और नीचे की रेखा गिरती हुई 'समर्थन रेखा' है।

पैटर्न को साबित करने के लिए इनमें से प्रत्येक रेखा का कम-से-कम दो बार स्पर्श होना चाहिए। यदि प्रतिरोध रेखा टूटी हुई है तो पैटर्न की निश्चित रूप से पुष्टि हो जाती है। अधिकांश समय यह ब्रेक आउट उच्च मात्रा के साथ होता है।

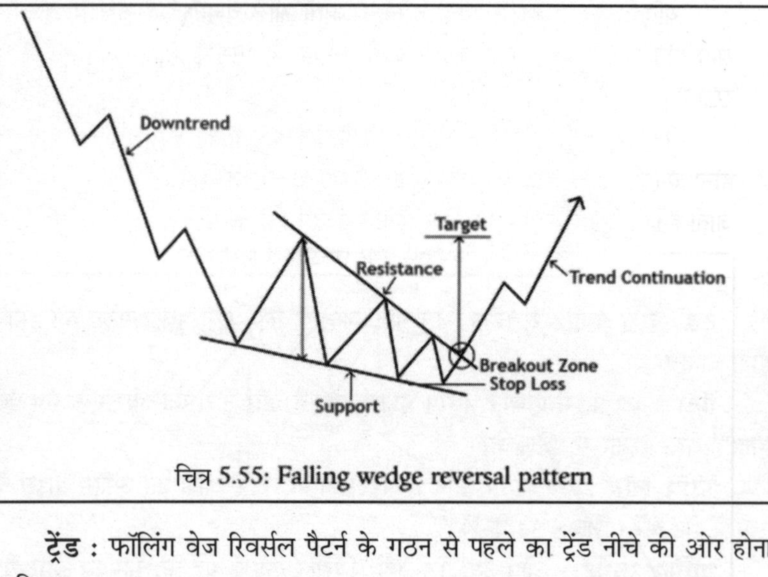

चित्र 5.55: Falling wedge reversal pattern

ट्रेंड : फॉलिंग वेज रिवर्सल पैटर्न के गठन से पहले का ट्रेंड नीचे की ओर होना चाहिए।

एंट्री : ट्रेडर को लॉन्ग पोजीशन में तब एंट्री करनी चाहिए, जब स्टॉक संकुचन चरण के ऊपरी गिरते बैंड को पार कर जाता है और उसके ऊपर बंद होता है।

स्टॉप-लॉस : स्टॉप-लॉस को आमतौर पर ब्रेकआउट से पहले होने वाले अंतिम स्विंग लो से कुछ रुपए नीचे रखा जा सकता है।

प्रोफिट टार्गेट : जब फॉलिंग वेज रिवर्सल फॉर्मेशन की नेकलाइन टूट जाती है तो संभावित गिरावट का निर्धारण करने के लिए ट्रेडर को पैटर्न के गठन में उच्चतम एवं निम्नतम बिंदुओं के बीच की दूरी की गणना करनी चाहिए और उसे ब्रेकआउट पॉइंट में जोड़ना चाहिए।

वॉल्यूम : जब प्राइस अंततः गिरते प्रतिरोध या नेकलाइन से बाहर निकलता है तो वॉल्यूम में महत्त्वपूर्ण वृद्धि होनी चाहिए।

राइजिंग वेज रिवर्सल

राइजिंग वेज पैटर्न एक बेयरिश ट्रेंड रिवर्सल पैटर्न है, जो बड़ी शुरुआत करता है। इसमें जैसे-जैसे प्राइस बढ़ता है, ट्रेडिंग रेंज छोटी होती जाती है। फॉलिंग वेजेज का एक स्पष्ट अपसाइड होता है और ये एक बेयरिश रिवर्सल पैटर्न बनाते हैं।

सीधे शब्दों में कहें तो एक राइजिंग वेज रिवर्सल एक बेयरिश ट्रेंड रिवर्सल चार्ट पैटर्न है, जो डाउनसाइड में एक संभावित ब्रेकडाउन का संकेत देता है।

यदि दो बुलिश लाइंस अच्छे तरीके से आगे-पीछे चलती हैं तो राइजिंग वेज रिवर्सल सही होता है। शीर्ष पर रेखा बढ़ती प्रतिरोध रेखा है और नीचे की रेखा बढ़ती समर्थन रेखा है।

पैटर्न को साबित करने के लिए इनमें से प्रत्येक रेखा का कम-से-कम दो बार स्पर्श होना चाहिए। यदि बढ़ती समर्थन रेखा टूट गई है तो पैटर्न की निश्चित रूप से पुष्टि हो जाती है। अधिकांश समय यह ब्रेक आउट उच्च मात्रा के साथ होता है।

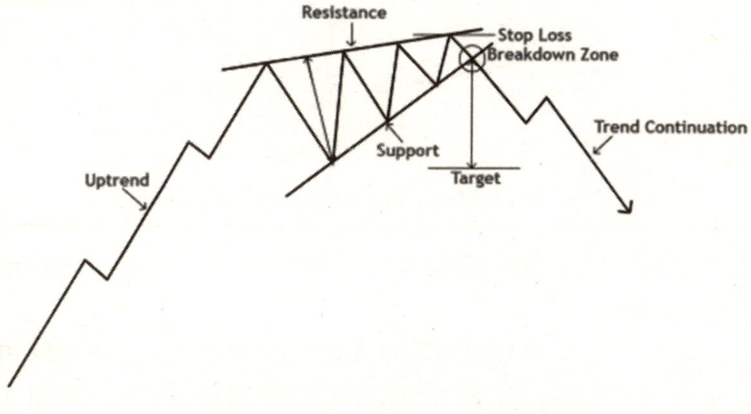

चित्र 5.56: Rising wedge reversal pattern

ट्रेंड : राइजिंग वेज रिवर्सल पैटर्न के गठन से पहले का रुझान ऊपर की ओर होना चाहिए।

एंट्री : ट्रेडर्स को शॉर्ट पोजीशन में तब एंट्री लेनी चाहिए, जब स्टॉक संकुचन चरण के निचले बढ़ते बैंड को पार कर गया हो और उसके नीचे बंद हो गया हो!

स्टॉप-लॉस : स्टॉप-लॉस को आमतौर पर ब्रेकडाउन से पहले होने वाले अंतिम स्विंग हाई से कुछ रुपए ऊपर रखा जा सकता है।

प्रोफिट टार्गेट : जब राइजिंग वेज रिवर्सल फॉर्मेशन की नेकलाइन टूट जाती है तो ट्रेडर को राइजिंग वेज रिवर्सल के गठन में उच्चतम एवं निम्नतम बिंदुओं के बीच की दूरी की गणना करनी चाहिए और संभावित डाउन मूव को निर्धारित करने के लिए इसे ब्रेकडाउन पॉइंट में जोड़ना चाहिए।

वॉल्यूम : जब बढ़ते समर्थन या नेकलाइन की कीमत अंततः टूट जाती है तो वॉल्यूम में महत्त्वपूर्ण वृद्धि होनी चाहिए।

□

6
ब्रेकआउट ट्रेडिंग रणनीतियाँ

ब्रेकआउट ट्रेडिंग एक ऐसी रणनीति है, जो उन क्षेत्रों या स्तरों की तलाश करती है, जिनसे ऊपर या आगे कोई स्टॉक नहीं बढ़ पाया है।

जो ट्रेडर इस रणनीति का उपयोग करते हैं, वे 'ब्रेकआउट ट्रेडर' कहलाते हैं। वे इन शेयरों की कीमतें बढ़ने की प्रतीक्षा करते हैं। जब किसी शेयर की कीमत उस बिंदु से ऊपर चली जाती है, जहाँ वह कुछ समय से रुका हुआ है तो यह एक 'ब्रेकआउट' कहलाता है।

जब एक स्टॉक की कीमत लंबे समय तक वही बनी रहती है तो कई ट्रेडर अधिक सक्रिय मूल्य-परिवर्तन के साथ अन्य प्रतिभूतियों पर अपना ध्यान केंद्रित करते हैं। वे ऐसा इसलिए करते हैं, क्योंकि वे चाहते हैं कि उनका ट्रेड तेजी से लाभदायक बने।

एक ब्रेकआउट रणनीति के काम करने के लिए ट्रेडर्स को धैर्य रखना होगा और प्रतिभूति के उस स्तर से कुछ ऊपर जाने की प्रतीक्षा करनी होगी, जिस पर वह कुछ समय से है और जो 'नेकलाइन' कहलाती है। 'नेकलाइन' किसी भी चार्ट पैटर्न पर पाए जाने वाले समर्थन या प्रतिरोध का एक स्तर है, जिसका उपयोग ट्रेडर्स द्वारा ऑर्डर देने के लिए रणनीतिक क्षेत्रों को निर्धारित करने के उद्देश्य से किया जाता है।

ब्रेकआउट ट्रेडिंग में कई विशेषज्ञ कीमतों में पैटर्न और रुझान खोजने के लिए तकनीकी विश्लेषण का उपयोग करते हैं। उदाहरण के लिए, एक ब्रेकआउट ट्रेडर ऐसे समय की तलाश करता है, जब एक प्रतिभूति की कीमत एक निश्चित मूल्य-सीमा से ऊपर या नीचे नहीं गई हो। उसके बाद वे यह सट्टा लगाकर कि कीमत उसी दिशा में बढ़ती रहेगी, पैसा बनाने की कोशिश में एक ब्रेकआउट की दिशा में ट्रेड करते हैं।

ट्रेडिंग के लिए मैं जिन ब्रेकआउट ट्रेडिंग रणनीतियों का उपयोग करता हूँ, उनका उल्लेख नीचे किया गया है—

ए.टी.एच. ब्रेकआउट

ए.टी.एच. का अर्थ 'ऑल-टाइम हाई' है और यह एक स्टॉक की किसी निश्चित एक्सचेंज पर अब तक की उच्चतम कीमत को संदर्भित करता है। उदाहरण के लिए, यदि कोई स्टॉक 100 रुपए प्रति शेयर पर सार्वजनिक (आई.पी.ओ.) होता है, बढ़कर 200 रुपए प्रति शेयर हो जाता है और फिर समय के साथ 150 रुपए प्रति शेयर तक गिर जाता है तो XYZ फर्म के लिए सार्वकालिक उच्च शेयर कीमत 200 रुपए थी।

जैसा कि पहले उल्लेख किया गया है, सार्वकालिक उच्चतम वह उच्चतम बिंदु या मूल्य शिखर होता है, जिस पर किसी कंपनी का स्टॉक कभी पहुँचा है। जब प्रतिभूति अपने सर्वोत्तम स्तर पर होती है, तब प्रतिरोध टूट जाता है।

मान लीजिए कि एक कंपनी जल्दी और अकसर भारी मुनाफा कमाती है। यदि ऐसा है तो ट्रेडर्स द्वारा इसके स्टॉक खरीदने की अधिक संभावना है, क्योंकि उन्हें लगता है कि कंपनी भविष्य में अच्छा प्रदर्शन करती रहेगी।

आप ऑल-टाइम हाई स्तर पर स्टॉक का ट्रेड कैसे कर सकते हैं?

ब्रेकआउट प्रगति को वर्गीकृत करें : स्टॉक की तेजी या गिरावट का आकलन करने के लिए ब्रेकआउट के विकास को वर्गीकृत करें। कुछ हफ्तों तक स्टॉक को ट्रैक करें और उसकी तुलना उसकी पिछली मूल्य गतिविधि से करें। इससे पता चलेगा कि स्टॉक कितना शक्तिशाली या कमजोर है, जो आपको ट्रेड करने में मदद कर सकता है।

पैटर्न संरचना की समीक्षा करें : ब्रेकआउट पैटर्न की जाँच करें। ब्रेकआउट पैटर्न खोजने के लिए पिछले ट्रेडिंग पैटर्न की जाँच करें। स्टॉक के ट्राइएंगल, फ्लैग या डबल टॉप/बॉटम पैटर्न का विश्लेषण करके निर्धारित करें कि स्टॉक को कितने समय तक रखना है।

प्रतिरोध स्तरों की पहचान करें : नई ऊँचाई पर प्रतिरोध का पता लगाएँ। इससे आपको स्टॉप-लॉस और प्रोफिट टार्गेट निर्धारित करने में मदद मिलेगी। अपने ब्रेकआउट विश्लेषण का उपयोग करके इन प्रतिरोध स्तरों का पता लगाएँ, यह देखने के लिए कि कीमत कहाँ पलट सकती है या अपना रुझान जारी रख सकती है।

एक स्टॉप-लॉस प्राइस निर्धारित करें : अपना स्टॉप-लॉस 'सुरक्षा मूल्य' खोजें। यदि स्टॉक गिरता है तो इस स्तर पर उसे बेच दें। इससे हमें पैटर्न विफलता क्षेत्र को जानने में मदद मिलती है, जो एक लॉन्ग पोजीशन लेने पर हमारी डाउनसाइड क्षमता की रक्षा करेगा। एक शॉर्ट पोजीशन ट्रेड के लिए हम स्टॉप-लॉस को अपने समर्थन स्तर से ऊपर रखेंगे।

पोजीशन में एंट्री लें : एक बार जब सभी शर्तें आपके खरीद मानदंडों को पूरा कर लेती हैं तो स्टॉक के लिए एक पोजीशन लें।

याद रखें कि उपर्युक्त विधि और चरण सभी ब्रेकआउट ट्रेडिंग रणनीतियों पर लागू होते हैं। सभी शेयरों को उपर्युक्त नियमों या चरणों के अनुरूप होना चाहिए।

ए.टी.एच. ब्रेकआउट के उदाहरण, जो एक नए बड़े पैमाने पर उछाल की शुरुआत का संकेत दे रहे हैं—

केस स्टडी : ए.टी.एच. ब्रेकआउट का उदाहरण।

चित्र 6.1 एन.बी.सी.सी. लिमिटेड (जिसे पहले 'राष्ट्रीय भवन निर्माण निगम' के नाम से जाना जाता था) के साप्ताहिक चार्ट को एक बुलिश बेसिंग कंटिन्यूएशन पैटर्न बनाते हुए दिखाया गया है। ट्रेंड कंटिन्यूएशन पैटर्न जनवरी 2013 से अप्रैल 2014 तक बनता है। स्टॉक क्षैतिज प्रतिरोध के नीचे समेकित हुआ और बुलिश बेसिंग के रूप में विशाल गोला बनाया। फिर इसने ब्रेकआउट जोन में पैटर्न नेकलाइन या प्रतिरोध से एक मजबूत ब्रेकआउट दिया, जो स्टॉक के लिए ए.टी.एच. था।

यहाँ बहुत मजबूत पैटर्न ब्रेकआउट कैंडल पर भी ध्यान दें, जो एक बहुत अच्छा संकेत है कि यह ट्रेंड जारी रहेगा।

ट्रेंड कंटिन्यूएशन चार्ट पैटर्न से ब्रेकआउट होने के बाद हम एक खरीद ऑर्डर देंगे और स्टॉप-लॉस को पैटर्न ब्रेकआउट कैंडल के ठीक नीचे रखा जाएगा, जिसे चार्ट में स्टॉप-लॉस और एंट्री पॉइंट की टैगिंग के साथ भी दिखाया गया है। इसके अलावा, चार्ट पर स्पष्टता के लिए मैंने यह भी बताया कि ब्रेकआउट जोन कहाँ है!

ब्रेकआउट कैंडल आने के बाद स्टॉक भारी मार्जिन से ऊपर चला गया और ब्रेकआउट जोन से लगभग 16 रुपए की कीमत से बढ़कर यह 64 रुपए तक पहुँच गया।

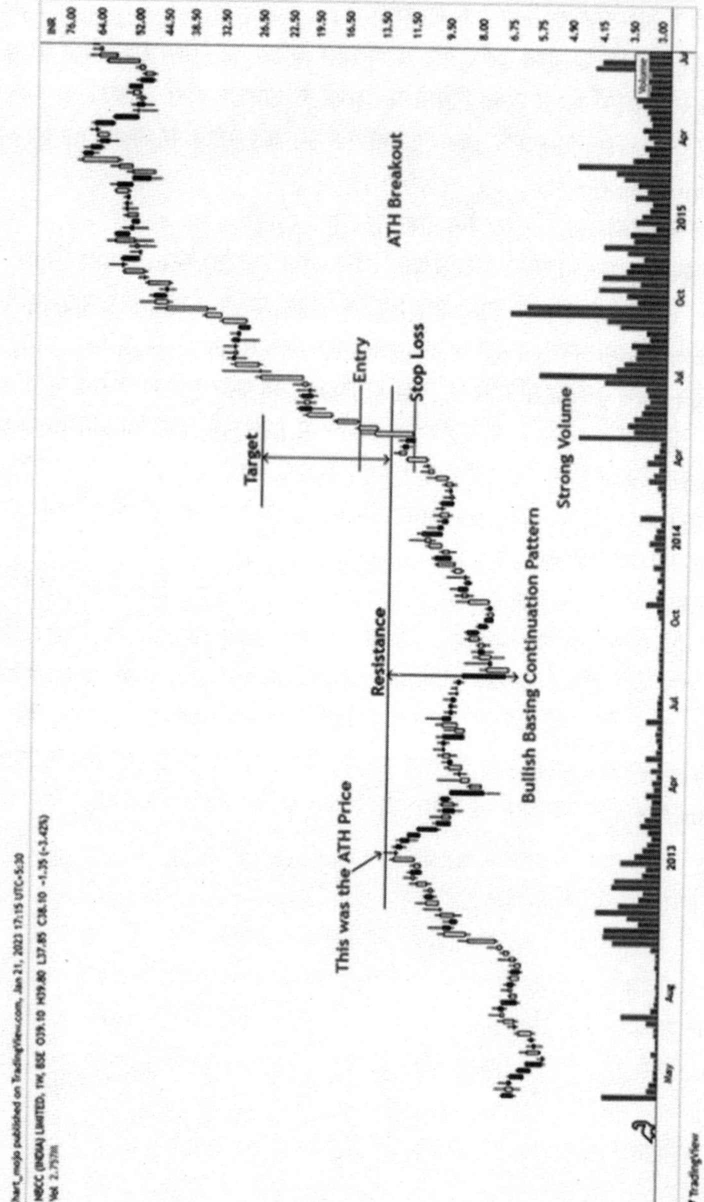

चित्र 6.1: Weekly chart of NBCC Ltd. showing an ATH Breakout.

52 सप्ताह का हाई ब्रेकआउट

"शेयर की कीमत 52 सप्ताह के नए उच्च स्तर पर पहुँच रही है। क्या इसे खरीदने का यह अच्छा समय है?" यह अकसर पूछा जाने वाला प्रश्न है, जो मुझसे बार-बार पूछा गया है।

'52 सप्ताह पद्धति' के मूल सिद्धांतों को उनकी सरलता और पहुँच के कारण किसी भी संपत्ति या बाजार पर लागू किया जा सकता है।

इसमें एक महत्त्वपूर्ण संकेत के रूप में पिछले वर्ष के दौरान उच्चतम मूल्य बिंदु का उपयोग करना शामिल है।

प्रोफिट को लॉक करने के लिए किसी पोजीशन से बाहर निकलने के संकेत के रूप में मूल्य शिखर का उपयोग करने के बजाय 52 सप्ताह की उच्च प्रक्रिया में किसी स्थिति में प्रवेश करना या उसका विस्तार करना शामिल है।

दिलचस्प बात यह है कि पिछले कुछ वर्षों में बहुत सारे शोध किए गए हैं और उनमें से अधिकांश यह संकेत देते हैं कि 52 सप्ताह के उच्चतम स्तर को प्राप्त करने वाली इक्विटी में अधिक गति होती है।

52 सप्ताह की ऊँची कीमत मोमेंटम ट्रेडिंग की पर्याप्त मात्रा में कमाई की व्याख्या करती है। हमने पाया कि 52 सप्ताह के उच्चतम स्तर की निकटता पिछले रिटर्न की तुलना में भविष्य के रिटर्न का अधिक सटीक संकेतक है।

जब बड़ा ट्रेंड फिर से शुरू होता है तो हालिया स्विंग बॉटम के नीचे या विस्तृत रेंज ब्रेकआउट कैंडल के निचले स्तर पर एक सख्त स्टॉप-लॉस के साथ एक लॉन्ग ट्रेड दर्ज करें। इनमें से अधिकांश ब्रेकआउट ट्रेडिंग के पहले घंटे के दौरान होते हैं, इसलिए उस समय-सीमा के दौरान सतर्क रहें।

एक ताजा व्यापक उछाल की शुरुआत का संकेत देने वाले '52 सप्ताह के उच्च ब्रेकआउट' के उदाहरण नीचे दिए गए हैं।

केस स्टडी : 52 सप्ताह का उच्च ब्रेकआउट।

चित्र 6.2 मझगाँव डॉक शिप बिल्डिंग लिमिटेड के साप्ताहिक चार्ट को एक बुलिश बेसिंग कंटिन्यूएशन पैटर्न बनाते हुए दिखाता है। ट्रेंड कंटिन्यूएशन पैटर्न मार्च 2022 से सितंबर 2022 तक बना। स्टॉक क्षैतिज प्रतिरोध से नीचे था और उसने बुलिश बेसिंग के रूप में बड़ा गोला बनाया। फिर इसने ब्रेकआउट जोन में पैटर्न नेकलाइन या प्रतिरोध से एक मजबूत ब्रेकआउट दिखाया, जहाँ 52 सप्ताह का उच्च ब्रेकआउट हुआ था।

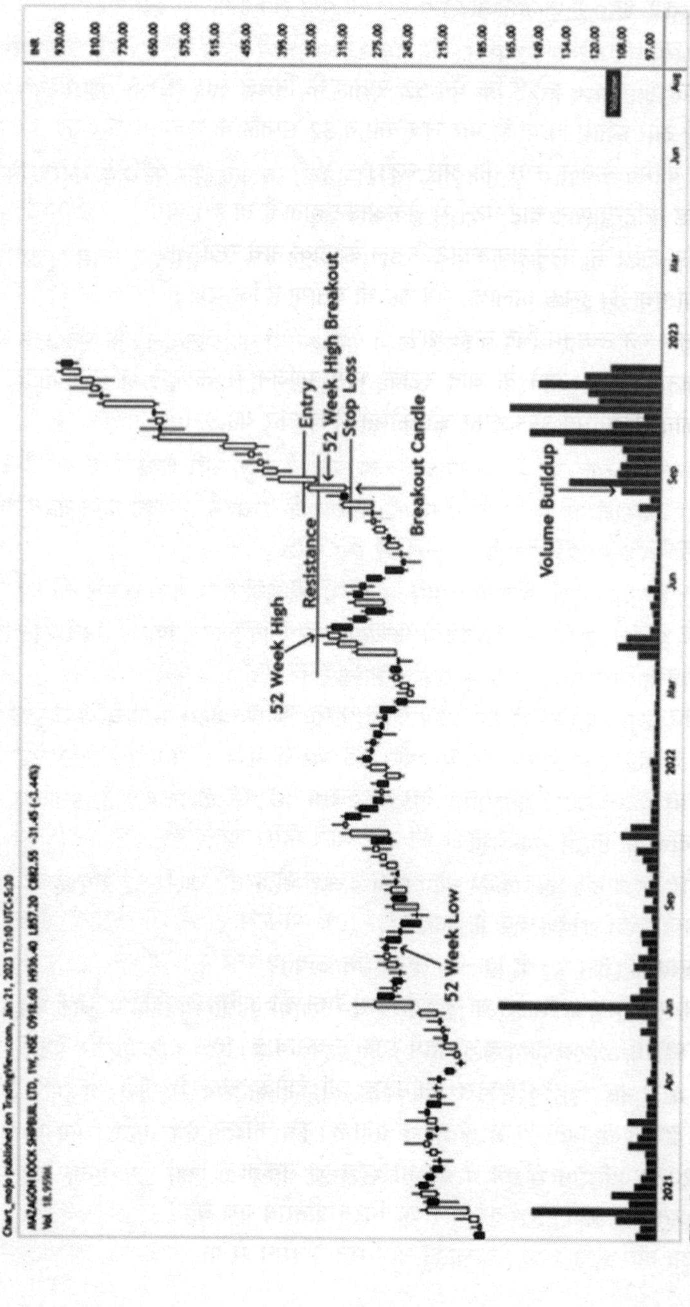

चित्र 6.2: Weekly chart of Mazagon Dock Ship Building Ltd. showing a 52-Week high breakout

हम बहुत मजबूत पैटर्न ब्रेकआउट कैंडल भी देख सकते हैं, जो ट्रेंड की निरंतरता के लिए एक बहुत अच्छा संकेत है।

आप यह भी देख सकते हैं कि मैंने 52 सप्ताह के निचले स्तर और 52 सप्ताह के उच्च स्तर की ओर इशारा किया है और जब कीमत 52 सप्ताह के उच्चतम स्तर को पार कर गई, तब कीमत केवल ऊपर की ओर बढ़ी।

जब ट्रेंड कंटिन्यूएशन चार्ट पैटर्न से ब्रेकआउट होता है तो हम खरीदारी का ऑर्डर देंगे और स्टॉप-लॉस को पैटर्न ब्रेकआउट कैंडल के ठीक नीचे रखा जाएगा, जो कि चित्र में भी दिखाया गया है। इसके अलावा, मैंने यह भी बताया है कि ब्रेकआउट जोन कहाँ है और 52 सप्ताह का उच्चतम बिंदु कहाँ था!

ब्रेकआउट कैंडल आने के बाद स्टॉक भारी मार्जिन से ऊपर चला गया और ब्रेकआउट जोन से लगभग 355 रुपए की कीमत से बढ़कर यह 930 रुपए तक पहुँचने लगा।

52 सप्ताह के उच्चतम स्तर के करीब 5-10%

52 सप्ताह के उच्चतम स्तर के करीब 5-10% पद्धति के मूल सिद्धांतों को सरलता और पहुँच के कारण किसी भी संपत्ति या बाजार पर लागू किया जा सकता है।

इसमें पिछले वर्ष के दौरान उच्चतम मूल्य बिंदु को एक महत्त्वपूर्ण संकेत के रूप में उपयोग करना और फिर उन शेयरों को स्कैन करना शामिल है, जो 5% से 10% की सीमा में 52 सप्ताह के उच्चतम स्तर के करीब ट्रेड कर रहे हैं।

जो शेयर 52 सप्ताह के उच्चतम स्तर के करीब ट्रेड कर रहे हैं, वे संकेत देते हैं कि उनके स्टॉक में गति है और वे तेजी की ओर जारी रहेंगे। यदि स्टॉक कोई चार्ट पैटर्न बनाता है और ब्रेकआउट होता है तो बहुत बड़ा उछाल होगा।

52 सप्ताह के उच्च मूल्य के करीब 5-10% मोमेंटम ट्रेडिंग की पर्याप्त मात्रा को स्पष्ट करता है। हम पाते हैं कि 52 सप्ताह के उच्चतम स्तर के करीब 5-10% की निकटता एक संभावित अपसाइड या उछाल जारी रहने की अधिक सटीक संकेतक है।

केस स्टडी : 52 सप्ताह के उच्चतम स्तर के करीब 5-10%

चित्र 6.3 भारत इलेक्ट्रॉनिक्स लिमिटेड का दैनिक चार्ट है, जो एक 'लंबा सिमेट्रिकल ट्राइएंगल कंटिन्यूएशन पैटर्न' बनाता है। ट्रेंड कंटिन्यूएशन पैटर्न मई 2014 से अगस्त 2022 तक बना। चित्र में यह भी देखा जा सकता है कि स्टॉक 52 सप्ताह के उच्चतम स्तर से केवल 9% दूर था। यह गिरते प्रतिरोध एवं बढ़ते समर्थन के बीच समेकित हुआ और फिर पैटर्न नेकलाइन या गिरते प्रतिरोध से एक मजबूत ब्रेकआउट दिखा।

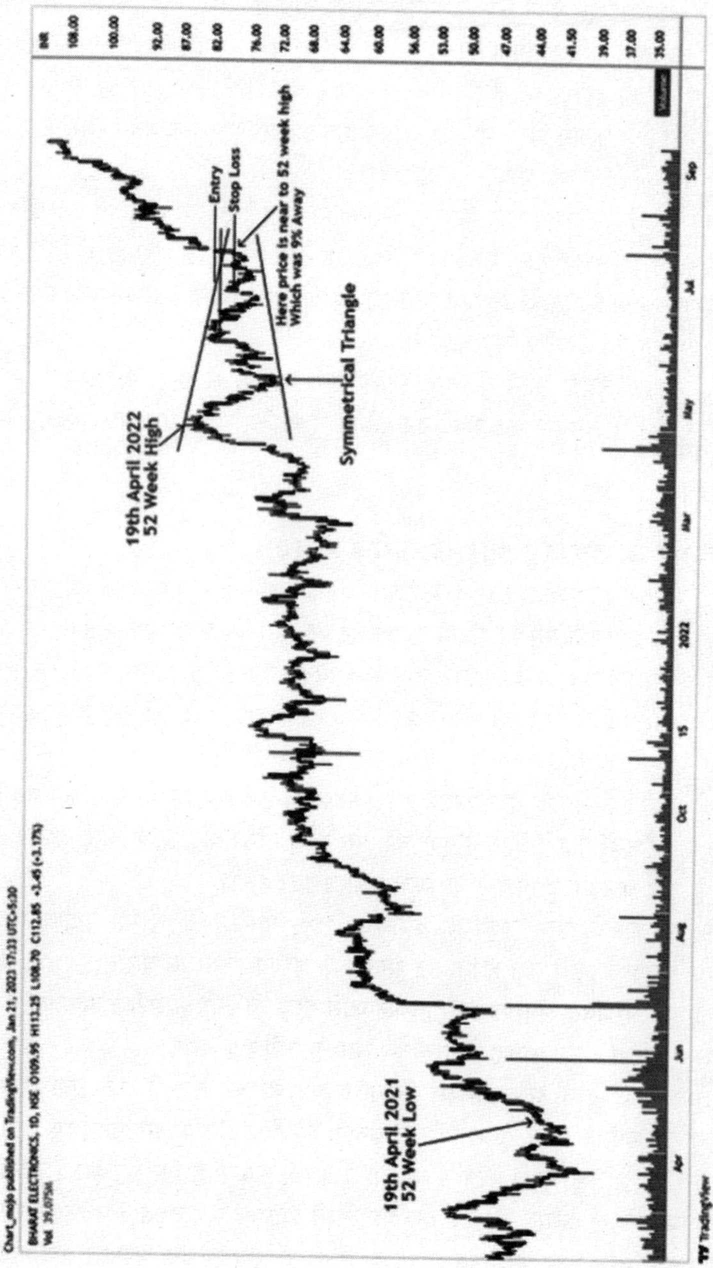

चित्र 6.3: Daily chart of Bharat Electronics Ltd. showing 5-10% near 52-week high.

ध्यान दें कि ब्रेकआउट जोन में बहुत मजबूत ब्रेकआउट कैंडल होती है, जो ट्रेंड की निरंतरता के लिए एक बहुत अच्छा संकेत है।

ट्रेंड कंटीन्यूएशन चार्ट पैटर्न से ब्रेकआउट होने के बाद एक खरीद ऑर्डर दें और स्टॉप-लॉस को पैटर्न ब्रेकआउट कैंडल के ठीक नीचे रखें, जिसे चार्ट में स्टॉप-लॉस और एंट्री पॉइंट के साथ भी दिखाया गया है।

ब्रेकआउट कैंडल आने के बाद स्टॉक भारी मार्जिन से ऊपर चला गया और यह बहुत ही कम समय में लगभग 82 रुपए की कीमत से बढ़कर 108 रुपए से अधिक हो गया।

बहुवर्षीय प्रतिरोध ब्रेकआउट ट्रेडिंग

ट्रेडर्स के बीच एक प्रतिरोध स्तर का ब्रेकआउट खरीदना एक सामान्य तकनीक है। कभी-कभी प्रतिरोध स्तर बहुवर्षीय ट्रेडिंग रेंज के शीर्ष पर होता है। एक स्टॉक, जो बहुवर्षीय प्रतिरोध स्तर को तोड़ता है, उसमें पर्याप्त उछाल देखने को मिल सकता है।

यह और भी बेहतर होगा, अगर स्टॉक का प्रतिरोध स्तर अपने ऑल-टाइम हाई लेवल पर हो, क्योंकि कोई ओवरहेड प्रतिरोध नहीं है। उस प्रत्येक व्यक्ति को, जिसके पास स्टॉक है, अनिवार्य रूप से लाभ होगा। एक सफलता के बाद अगली चाल बड़ी हो सकती है।

ये संभावित बड़ी चालें अल्पकालिक ट्रेडर्स की तुलना में धैर्यवान् ट्रेडर्स के लिए अधिक अनुकूल हैं। लंबी अवधि के चार्ट पर ट्रेडिंग तकनीकों को लागू करके एक ट्रेडर लाभदायक ट्रेड की संभावना को बढ़ा सकता है।

आमतौर पर, लंबी अवधि के चार्ट की जाँच करने की सलाह दी जाती है, ताकि ट्रेडर यह निर्धारित कर सके कि स्टॉक का प्रदर्शन अतीत में कैसा रहा है!

ट्रेडिंग कारणों से इनीशियल स्टॉप और ट्रेलिंग स्टॉप दोनों अपेक्षाकृत उदार होने चाहिए। यदि स्टॉप वर्तमान मूल्य चाल के बहुत करीब हैं तो ट्रेडर जल्दी बाहर निकल सकता है। हम इनीशियल स्टॉप-लॉस और ट्रेलिंग स्टॉप-लॉस पर आगामी अध्याय में चर्चा करेंगे।

केस स्टडी : बहुवर्षीय प्रतिरोध ब्रेकआउट ट्रेडिंग।

चित्र 6.4 अमारा राजा बैटरी लिमिटेड के मासिक चार्ट को एक लंबा निरंतरता पैटर्न बनाते हुए दिखाती है। ट्रेंड निरंतरता पैटर्न वर्ष 2009 से 2012 तक बना। स्टॉक क्षैतिज प्रतिरोध के नीचे समेकित हुआ और फिर बहुवर्षीय प्रतिरोध नेकलाइन या प्रतिरोध से एक मजबूत ब्रेकआउट दिखाया।

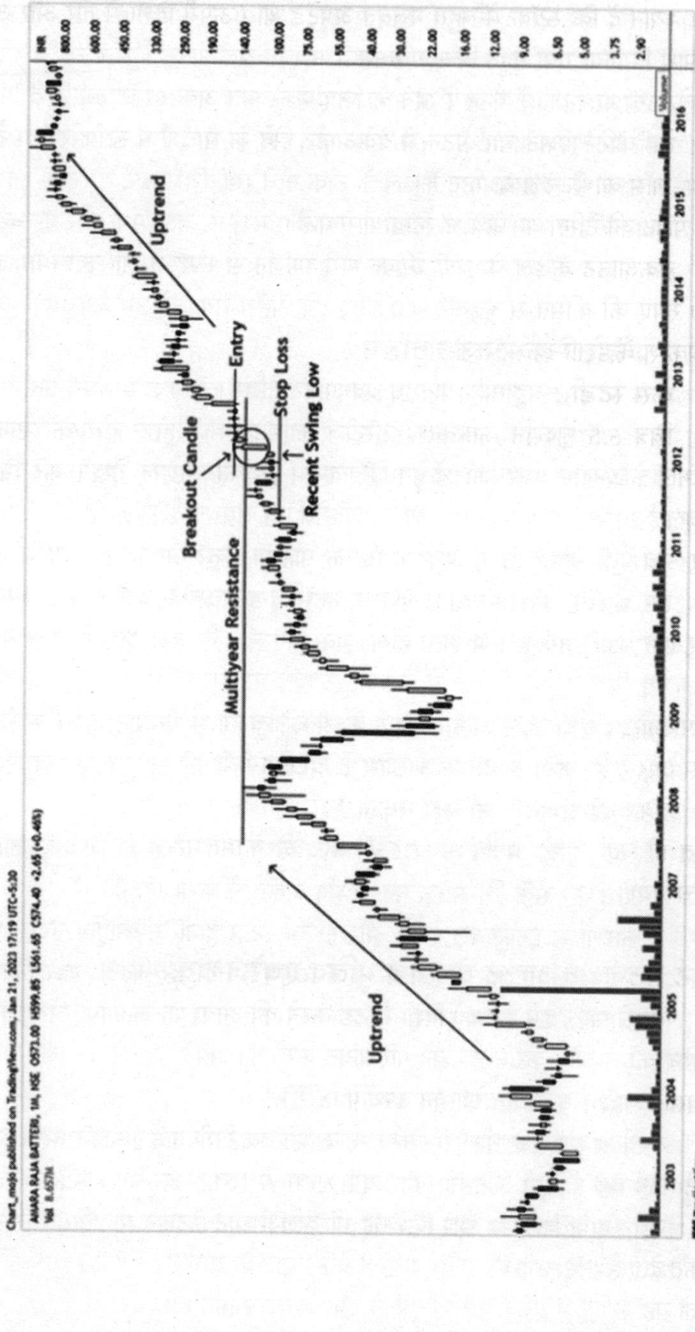

चित्र 6.4: Amara Raja Battery Ltd. showing multiyear resistance breakout trading.

ध्यान दें कि स्टॉक में बहुत मजबूत अपट्रेंड था (ऊपरी दिशा में तीर और अपट्रेंड के साथ दिखाया गया है)। फिर, एक बहुत मजबूत ब्रेकआउट कैंडल घटित हुआ, जो ट्रेंड के उच्च स्तर की ओर जारी रहने के लिए एक बहुत अच्छा संकेत है।

ट्रेंड कंटिन्यूएशन चार्ट पैटर्न से ब्रेकआउट होने के बाद एक खरीद ऑर्डर दें और स्टॉप-लॉस को पैटर्न ब्रेकआउट कैंडल के ठीक नीचे रखें, जिसे चार्ट में स्टॉप-लॉस और एंट्री पॉइंट की टैगिंग के साथ भी दिखाया गया है।

ब्रेकआउट कैंडल के बाद स्टॉक भारी मार्जिन से ऊपर चला गया और लगभग 150 रुपए की कीमत से बढ़कर 800 रुपए तक पहुँच गया, जिसमें ब्रेकआउट के बाद अधिकांश कैंडलस्टिक में तेजी थी।

केस स्टडी : बहुवर्षीय प्रतिरोध ब्रेकआउट ट्रेडिंग।

चित्र 6.5 सुदर्शन केमिकल इंडस्ट्रीज लिमिटेड के दैनिक चार्ट को एक लंबा रेक्टैंगल कंटिन्यूएशन पैटर्न बनाते हुए दिखाता है। ट्रेंड कंटिन्यूएशन पैटर्न अक्तूबर 2014 से जुलाई 2016 तक बना। स्टॉक क्षैतिज प्रतिरोध एवं समर्थन के बीच समेकित हुआ और फिर उच्च पैटर्न नेकलाइन या प्रतिरोध से एक मजबूत ब्रेकआउट दिखाया।

हम बहुत मजबूत ब्रेकआउट कैंडल को भी देख सकते हैं, जो ट्रेंड की निरंतरता के लिए एक बहुत अच्छा संकेत है।

ट्रेंड निरंतरता चार्ट पैटर्न से ब्रेकआउट होने पर हम एक खरीद ऑर्डर देंगे और स्टॉप-लॉस को पैटर्न ब्रेकआउट कैंडल के ठीक नीचे रखा जाएगा, जिसे चार्ट में स्टॉप-लॉस और एंट्री पॉइंट की टैगिंग के साथ भी दिखाया गया है।

ब्रेकआउट कैंडल के बाद स्टॉक भारी मार्जिन से ऊपर चला गया और यह बहुत ही कम समय में लगभग 165 रुपए की कीमत से बढ़कर 475 रुपए तक पहुँच गया।

चार्ट पैटर्न ब्रेकआउट के साथ मूविंग एवरेज ब्रेकआउट

सबसे पहले हमें ट्रेंड की दिशा में ट्रेड करने की आवश्यकता है। हम सिंगल मूविंग एवरेज का उपयोग करके ट्रेंड को परिभाषित करते हैं। अपने उद्देश्य के लिए हम 200 दिवसीय घातीय मूविंग एवरेज का उपयोग करेंगे।

उपर्युक्त ट्रेडिंग रणनीति में किसी स्टॉक को तब खरीदना शामिल है, जब वह एक चार्ट पैटर्न बना रहा हो और साथ ही प्रमुख मूविंग एवरेज से ब्रेकआउट दिखाता हो।

जब स्टॉक बन रहा होता है, कोई भी बुलिश चार्ट पैटर्न ऊपर की ओर संभावित संकेत देता है और यदि वह मूविंग एवरेज ब्रेकआउट के साथ पैटर्न के प्रतिरोध को तोड़ता है तो यह स्टॉक में प्रवेश करने के लिए एक अच्छा संकेत होगा।

इस रणनीति का लाभ दोगुना है, क्योंकि पुष्टीकरण मूविंग एवरेज ब्रेकआउट के साथ चार्ट पैटर्न ब्रेकआउट से लिया जाता है, जो सुरक्षा को ऊपर की ओर गति देता है।

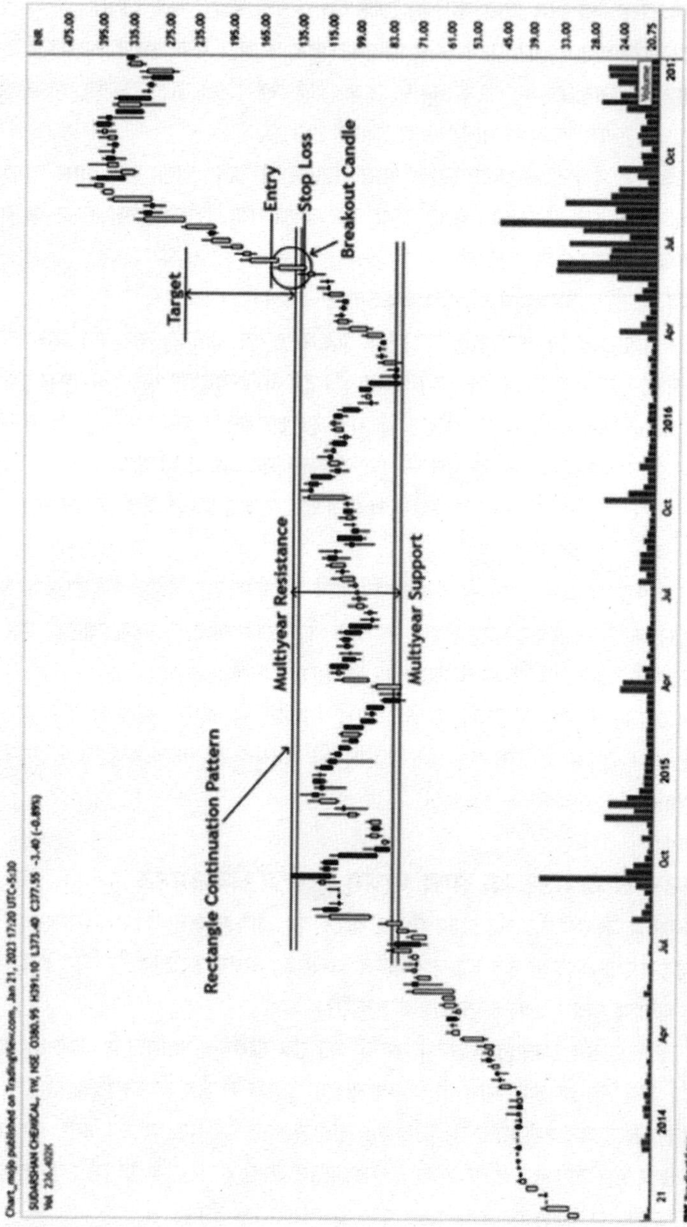

चित्र 6.5: Sudarshan Chemical Industries Ltd. showing multiyear resistance breakout trading.

केस स्टडी : चार्ट पैटर्न ब्रेकआउट के साथ मूविंग एवरेज ब्रेकआउट।

चित्र 6.6 एल एंड टी (L&T) फाइनेंस होल्डिंग्स लिमिटेड का दैनिक चार्ट दिखाता है। चार्ट डाउनट्रेंड की समाप्ति के बाद एक साइडवेज चार्ट पैटर्न (समेकन चरण) दिखाता है। स्टॉक 200 ई.एम.ए. से नीचे समेकित हुआ और कीमत को कई बार प्रतिरोध का सामना करना पड़ा।

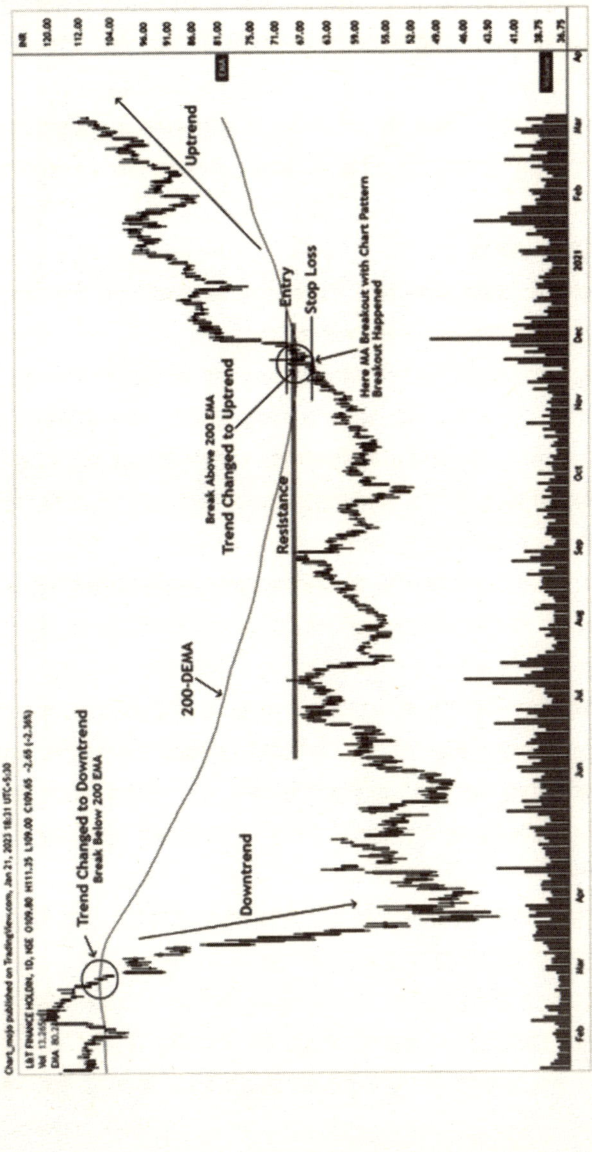

चित्र 6.6: Daily chart of L&T Finance Holdings Ltd. showing moving average breakout with chart pattern breakout

दो बार प्रतिरोध-क्षेत्र से आपूर्ति का सामना करने के बाद स्टॉक ने एक साथ चलते हुए प्रतिरोध को तोड़ दिया और तेजी का मजबूत संकेत दिया।

आप चार्ट में यह भी देख सकते हैं कि मैंने उल्लेख किया है कि कहाँ ट्रेंड एक डाउनट्रेंड में बदला और जब प्राइस एक्शन लॉन्ग टर्म (ट्रेंड आइडेंटिफिकेशन मूविंग एवरेज 200-ई.एम.ए.) को पार कर गया तो अपट्रेंड में बदल गया।

प्रतिरोध और लॉन्ग टर्म मूविंग एवरेज (200-ई.एम.ए.) से ब्रेकआउट होने पर खरीदारी का ऑर्डर दें और प्रतिरोध ब्रेकआउट कैंडल के ठीक नीचे स्टॉप-लॉस लगाएँ, जो चार्ट में भी दिखाया गया है।

ब्रेकआउट कैंडल के बाद यह स्टॉक काफी ऊपर चला गया और बहुत ही कम समय में यह लगभग 71 रुपए की कीमत से बढ़कर 112 रुपए से अधिक हो गया।

डरवास बॉक्स थ्योरी

'डरवास बॉक्स थ्योरी' निकोलस डरवास द्वारा विकसित एक ट्रेडिंग पद्धति है, जो हाईज और वॉल्यूम के आधार पर कंपनियों को चुनती है।

'डरवास ट्रेडिंग पद्धति' में ऐसे स्टॉक खरीदना, जो नई ऊँचाई पर कारोबार कर रहे हैं और एंट्री पॉइंट और स्टॉप-लॉस ऑर्डर प्लेसमेंट निर्धारित करने के लिए पिछले ऊँचे और निचले स्तर के आसपास एक बॉक्स बनाना शामिल है। एक स्टॉक को 'डरवास बॉक्स' में तब माना जाता है, जब प्राइस एक्शन पूर्व उच्च से ऊपर उठती है, लेकिन फिर उस कीमत पर वापस आ जाती है, जो पिछले उच्च के करीब होती है।

'डरवास बॉक्स' का विचार किसी निश्चित समय अवधि से बँधा नहीं है; बॉक्सेज ट्रेडर द्वारा उपयोग की जा रही समयावधि के हाल के उतार-चढ़ाव के बीच एक रेखा खींचकर तैयार किए जाते हैं।

'डरवास बॉक्स' न्यूनतम और अधिकतम मूल्यों के बीच एक रेखा खींचकर बनाया गया एक बहुत ही सरल संकेत है। जैसे-जैसे समय के साथ उतार-चढ़ाव अपडेट होते जाएँगे, आपको बॉक्स बढ़ते या घटते हुए दिखाई देंगे। 'डरवास बॉक्स परिकल्पना' केवल बढ़ते हुए बॉक्सेज का ट्रेड करने और टूटे हुए बॉक्सेज की ऊँचाई का उपयोग करके स्टॉप-लॉस ऑर्डर को अपडेट करने की वकालत करती है।

ऐसा प्रतीत होता है कि अपट्रेंड को मजबूत वॉल्यूम का समर्थन प्राप्त है, जो दरशाता है कि बड़े खिलाड़ी भी इस प्रतिभूति को जमा कर रहे हैं।

इस ब्रेकआउट ट्रेडिंग तकनीक में जब कीमत रेक्टैंगल (डरवास बॉक्स) पैटर्न के प्रतिरोध को तोड़ देती है तो हम तेजी की स्थिति लेते हैं। ध्यान रखें कि जैसे-जैसे कीमत बढ़ती रहती है तथा अपट्रेंड में एक और आयताकार गठन बनता है, हमें स्टॉप-लॉस

को नवनिर्मित आयताकार गठन के हालिया स्विंग लो में बदलने की आवश्यकता होती है (चित्र 6.7 देखें)।

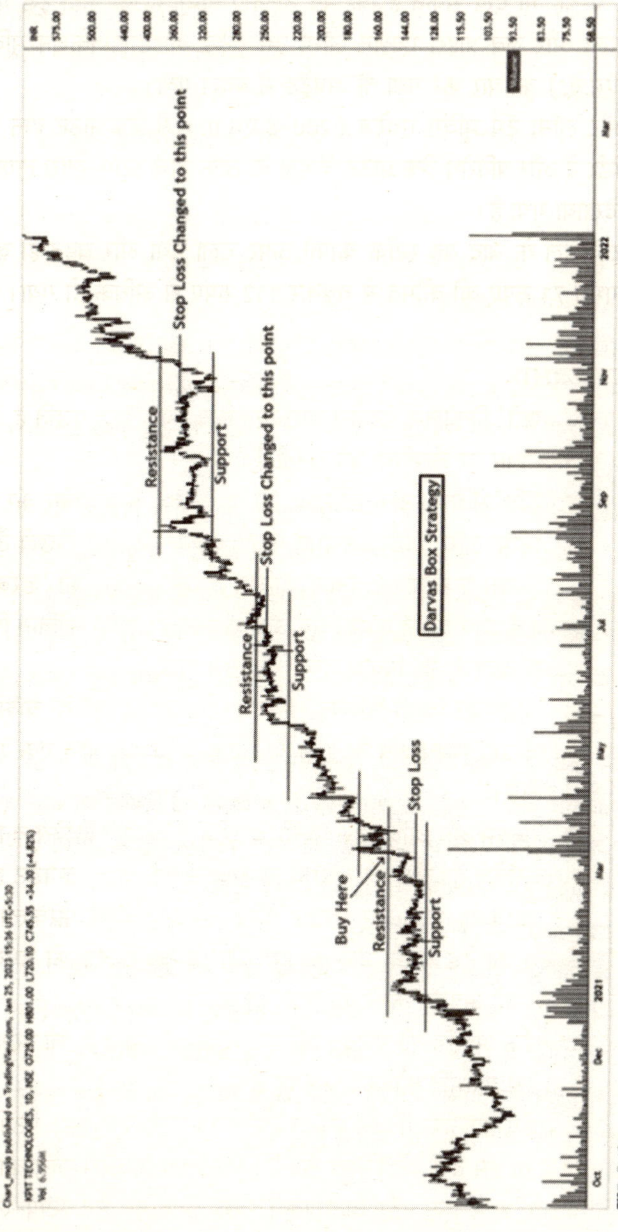

चित्र 6.7: KPIT Technologies Ltd. chart showing Darvas box. It shows the higher highs and higher lows price action which indicates a strong momentum in the prevailing trend.

हाई कंप्रेशन स्क्वीज

'बोलिंगर बैंड संकेतक' किसी ट्रेडिंग परिसंपत्ति की अस्थिरता निर्धारित करने के लिए एक उत्कृष्ट तरीका है। सेंटर मूविंग एवरेज (आमतौर पर 20-अवधि की मूविंग एवरेज) से मानक विचलन (अकसर 2) की संख्या से अलग किए गए ऊपरी बैंड और निचले बैंड का उपयोग करके हम यह निर्धारित कर सकते हैं कि कब कोई उपकरण एक चरम प्राइस पर ट्रेड कर रहा है और कब अस्थिरता बढ़ी है या कम हुई है!

ब्रेकआउट विधि एक अनुबंधित बाजार के ट्रेडर्स को सूचित करने के लिए बोलिंगर बैंड 'स्क्वीज' का उपयोग करेगी। हम जल्द ही संपीड़न के परिणामस्वरूप एक ब्रेकआउट ट्रेडिंग अवसर देखते हैं।

'बोलिंगर बैंड' की प्राथमिक विशेषताओं में से एक यह है कि जब कीमत में अस्थिरता कम हो जाती है तो यह संकीर्ण हो जाता है, जिसके परिणामस्वरूप एक संकीर्ण सीमा के भीतर मूल्य में उतार-चढ़ाव होता है। इसे 'बोलिंगर बैंड स्क्वीज' के नाम से जाना जाता है।

जिस तत्त्व को हम खोज रहे हैं, वह हाईलाइट किया गया निचोड़ क्षेत्र है—जब 'बोलिंगर बैंड' सिकुड़ते हैं। चूँकि हम नहीं जानते कि संकुचन कब होगा, इसलिए हमें सिस्टम के इस घटक के लिए अपने चार्ट की लगातार निगरानी करनी चाहिए।

एक बार जब 'बोलिंगर बैंड' सिकुड़ना शुरू हो जाते हैं तो हम जानते हैं कि जल्द ही ऊपर या नीचे की तरफ सफलता मिलेगी। मुद्दा यह है कि हम नहीं जानते कि यह कब घटित होगा?

इसके अलावा, हम नहीं जानते कि उल्लंघन किस दिशा में होगा?

आप 'बोलिंगर बैंड निचोड़' के परिणामस्वरूप किसी भी दिशात्मक चाल का ट्रेड करने के लिए बाजार गतिविधि देख सकते हैं, या आप प्रचलित ट्रेंड की दिशा में ट्रेड कर सकते हैं। मैं प्रचलित ट्रेंड में व्यापार करने की सलाह दूँगा।

केस स्टडी : हाई कंप्रेशन स्क्वीज।

चित्र 6.8 व्हर्लपूल इंडिया लिमिटेड के दैनिक चार्ट को बोलिंगर बैंड के साथ हाई कंप्रेशन स्क्वीज में एक सममित त्रिकोण बनाते हुए दिखाता है। गिरते प्रतिरोध एवं बढ़ते समर्थन के बीच स्टॉक में संकुचन हुआ और फिर हाई कंप्रेशन स्क्वीज से एक मजबूत ब्रेकआउट दिखा। हम ब्रेकआउट से ठीक पहले बहुत सीमित रेंज भी देख सकते हैं, जो इंगित करता है कि यह ब्रेकआउट के कारण है।

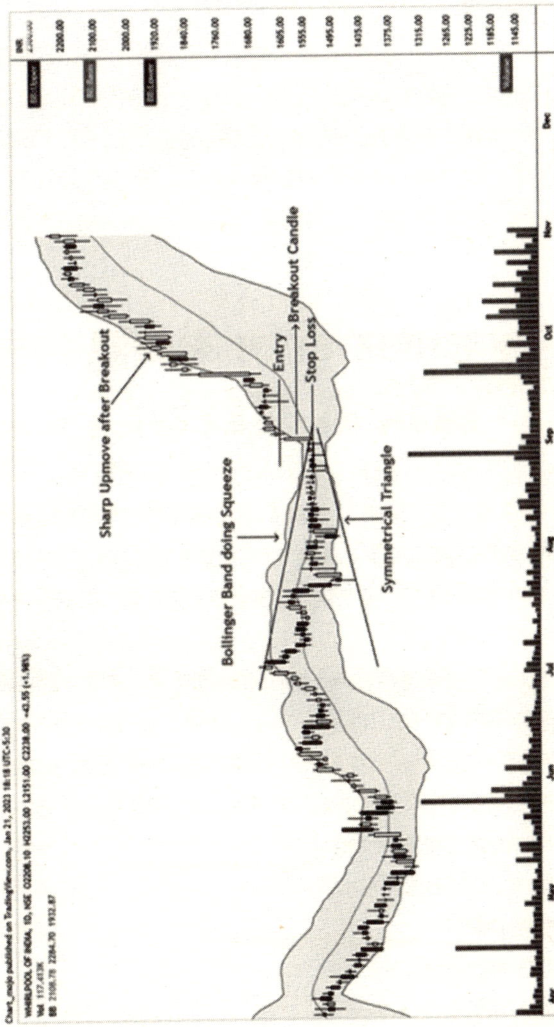

चित्र 6.8: Daily chart of Whirlpool India Ltd. showing high compression squeeze with Bollinger band

एक बार कंटिन्यूएशन पैटर्न से ब्रेकआउट हो जाने पर खरीदारी का ऑर्डर दें और स्टॉप-लॉस पैटर्न ब्रेकआउट कैंडल के ठीक नीचे रखें, जिसे चार्ट में स्टॉप-लॉस एवं एंट्री पॉइंट की टैगिंग के साथ भी दिखाया गया है।

ब्रेकआउट कैंडल के बाद स्टॉक में भारी बढ़ोतरी हुई और यह बहुत ही कम समय में लगभग 1,600 रुपए की कीमत से बढ़कर 2,200 रुपए से अधिक तक पहुँच गया। □

7
ब्रेकआउट ट्रेडिंग के लिए चार्टमोजो कैंडिडेट्स

चार्टमोजो कैंडिडेट्स वे स्टॉक्स हैं, जिनका मैं व्यक्तिगत रूप से ट्रेड करता हूँ और मैंने सभी स्टॉक मूवमेंट्स को सरल बना दिया है तथा उन स्टॉक मूवमेंट्स को अपने लिए और साथ ही उन लोगों के लिए विशिष्ट नाम दिए हैं, जो उन्हीं शेयरों में ट्रेड करना चाहते हैं।

मैंने हर प्रकार के स्टॉक मूवमेंट को एक नाम दिया है। अगर कोई स्टॉक अपने प्रतिरोध के बिल्कुल करीब ट्रेड कर रहा है तो मैं उस स्टॉक को 'ब्रेकआउट सून' कहूँगा, क्योंकि मुझे वह स्टॉक पसंद है और हो सकता है कि आने वाले दिनों में वह ब्रेकआउट दिखा दे! इसी प्रकार, मेरे पास ये पाँच प्रकार के चार्टमोजो कैंडिडेट्स हैं, जिनका मैं ट्रेड कर रहा हूँ और बाजार से पैसा कमा रहा हूँ।

चार्टमोजो कैंडिडेट्स निम्नलिखित हैं—

- ब्रेकआउट स्टॉक,
- ब्रेकआउट सून स्टॉक,
- ब्रेकआउट रीटेस्ट,
- स्क्वीज स्टॉक्स,
- रिवर्सल स्टॉक्स।

ब्रेकआउट कैंडिडेट

ब्रेकआउट कैंडिडेट में वे स्टॉक्स शामिल हैं, जिन्होंने किसी चार्ट पैटर्न के प्रतिरोध से स्पष्ट ब्रेकआउट दिखाया है और संभावित तेजी के लिए एक मजबूत गति का संकेत दिया है।

जो ट्रेडर ब्रेकआउट ट्रेडिंग करते हैं, वे ब्रेकआउट कैंडिडेट्स को पसंद करेंगे, क्योंकि स्टॉक पहले ही एक मजबूत ब्रेकआउट दिखा चुका है (जो मजबूत वॉल्यूम के साथ होना चाहिए और ट्रेडर्स को सबसे अधिक लाभ देगा)।

आपको इस तथ्य के प्रति हमेशा जागरूक रहना चाहिए कि यदि तेजी के या बुलिश पैटर्न पर ट्रेड किया जा रहा है तो ब्रेकआउट की संरचना ऊपर की ओर होनी चाहिए और यदि संरचना नीचे की ओर है तो ट्रेडर्स को मंदी के या बेयरिश पैटर्न पर ट्रेड करना चाहिए।

जब भी आप एक ब्रेकआउट कैंडिडेट का ट्रेड करते हैं, तब यदि आप अपने स्टॉप-लॉस का ध्यान रखते हैं तो चार्टमोजो ब्रेकआउट कैंडिडेट्स सर्वोत्तम लाभ प्रदान करेंगे। पोजीशन में तभी एंट्री करें, जब कन्फर्मेशन कैंडल्स ब्रेकआउट कैंडिडेट के ऊपर दिखाई दें।

केस स्टडी : हाई ब्रेकआउट कैंडिडेट।

चित्र 7.1 पेज इंडस्ट्रीज लिमिटेड का दैनिक चार्ट दिखाता है। सबसे पहले स्टॉक एक अपट्रेंड में था और उसने एक कप एवं हैंडल कंटिन्यूएशन पैटर्न बनाया। पैटर्न पूरा होने के बाद स्टॉक ने ऊपर की ओर ब्रेकआउट दिखाया और ऊपर की ओर चाल दिखाई।

आप देखेंगे कि ब्रेकआउट जोन से ठीक पहले स्टॉक में टाइट क्लोजिंग बिल्डअप (टाइट रेंज) था, जो दरशाता है कि कमजोर हाथ ब्रेकआउट जोन में स्टॉक से बाहर निकल गए हैं और स्टॉक में संभावित तेजी आने वाली है। जहाँ स्टॉक एक सीमित दायरे से गुजरा, ब्रेकआउट जोन में वॉल्यूम भी बढ़ना शुरू हो गया, जिसने संकेत दिया कि स्टॉक के खरीदार बहुत मजबूत हैं। स्टॉक ने ब्रेकआउट जोन में एक बुलिश कैंडलस्टिक पैटर्न बनाया, जो एक संभावित तेजी का संकेत देता है।

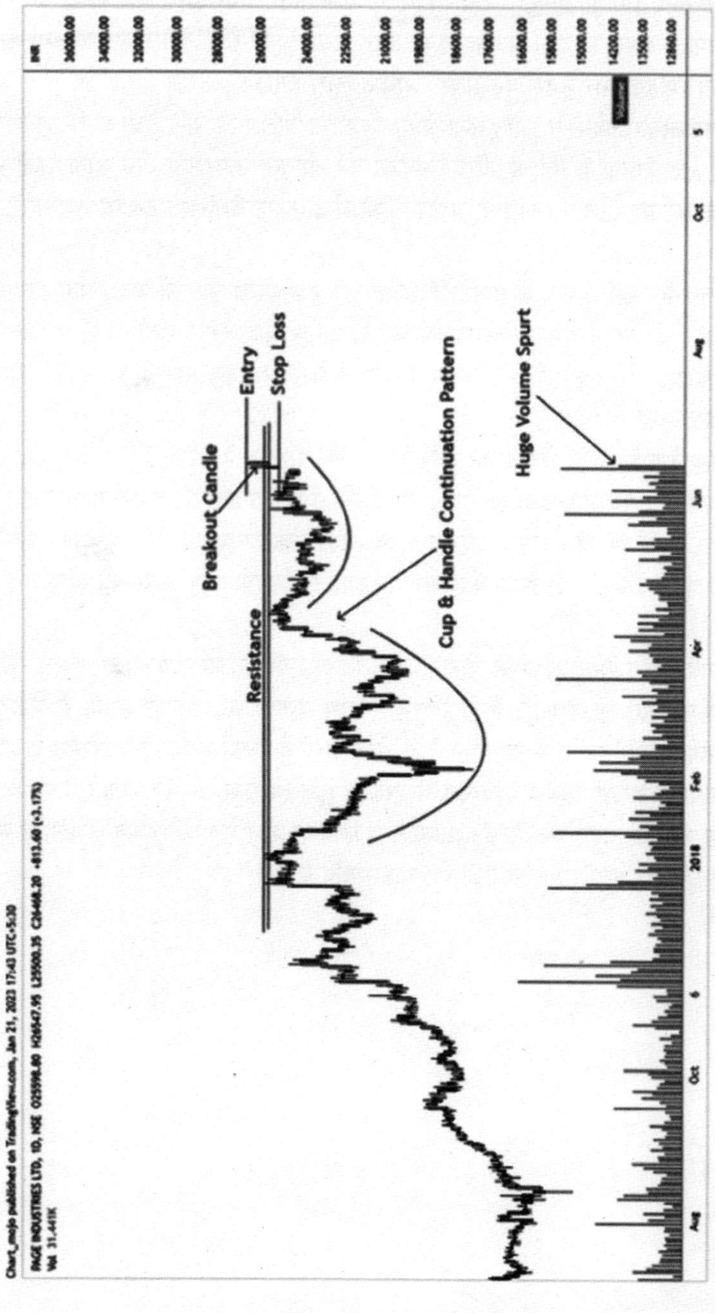

चित्र 7.1: Daily chart of Page Industries Ltd. showing a high breakout candidate.

खरीद एंट्री तब ली जाएगी, जब ब्रेकआउट कैंडलस्टिक के ऊपर ब्रेक होगा और स्टॉप ब्रेकआउट जोन के पिछले कैंडल के निचले स्तर पर रखा जाएगा (चित्र 7.1 देखें)। यह केस स्टडी का पहला चार्ट है। अब आइए, ब्रेकआउट कैंडिडेट के फॉलो-अप चार्ट पर नजर डालें—

चित्र 7.2 दिखाता है कि कप एंड हैंडल पैटर्न के प्रतिरोध को तोड़ते हुए ब्रेकआउट कैंडलस्टिक के बाद स्टॉक ने कैसा प्रदर्शन किया! ब्रेकआउट कैंडल के बाद स्टॉक में स्पष्ट तेजी आई और यह काफी ऊपर चला गया। चार से पाँच महीनों की अवधि में स्टॉक लगभग 2,600 रुपए (ब्रेकआउट कैंडल से) से बढ़ते हुए 3,600 रुपए तक पहुँच गया।

ब्रेकआउट सून कैंडिडेट

वे ऐसे कैंडिडेट्स हैं, जिनके पास एक ठोस चार्ट संरचना है और प्राइस चार्ट पैटर्न प्रतिरोध के ठीक नीचे ट्रेड कर रहा है। इन शेयरों को हमेशा रडार पर रखना चाहिए, क्योंकि 'ब्रेकआउट सून कैंडिडेट' एक ब्रेकआउट दिखाने ही वाला है, जो ब्रेकआउट होने के बाद संभावित उछाल के लिए एक मजबूत गति का संकेत देता है।

जो ट्रेडर ब्रेकआउट ट्रेडिंग करते हैं, वे 'ब्रेकआउट सून कैंडिडेट्स' को पसंद करेंगे; क्योंकि स्टॉक (प्रतिभूति) मजबूत वॉल्यूम के साथ ब्रेकआउट दिखाने के कगार पर है, जिससे ट्रेडर्स को सबसे अधिक लाभ होगा।

आपको इस तथ्य से हमेशा अवगत रहना चाहिए कि तेजी के पैटर्न पर ट्रेड करते समय ब्रेकआउट की संरचना ऊपर की ओर होनी चाहिए। यदि संरचना गिरावट की ओर है तो ट्रेडर्स को मंदी के पैटर्न पर ट्रेडिंग करना चाहिए।

यदि आप अपने स्टॉप-लॉस का ध्यान रखते हैं तो 'चार्टमोजो ब्रेकआउट सून कैंडिडेट्स' सर्वोत्तम लाभ देंगे, जब भी आप एक ब्रेकआउट सून कैंडिडेट का ट्रेड करेंगे। पोजीशन में केवल तभी एंट्री करें, जब सिग्नल कैंडल (ब्रेकआउट कैंडल) एवं कन्फर्मेशन कैंडल (ब्रेकआउट कैंडल के ऊपर वाली कैंडल) प्रतिरोध के ऊपर दिखाई दें।

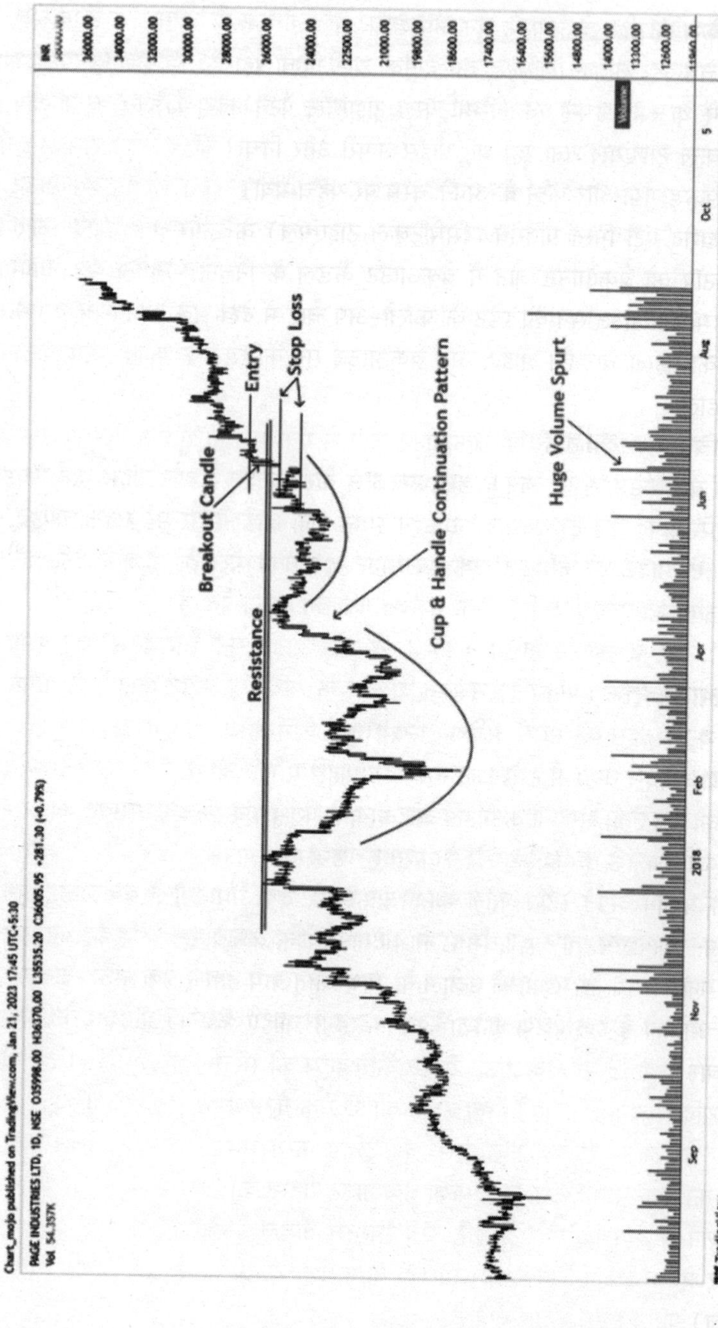

चित्र 7.2: Daily chart of Page Industries Ltd after the breakout.

केस स्टडी : ब्रेकआउट सून कैंडिडेट।

चित्र 7.3 अतुल लिमिटेड का दैनिक चार्ट दिखा रहा है। स्टॉक एक साइडवेज चरण में था और उसने एक 'सिमेट्रिकल ट्राइएंगल पैटर्न' बनाया। जब स्टॉक अपना सिमेट्रिकल ट्राइएंगल बना रहा था, प्राइस ऊपरी और निचले बैंड (बढ़ते समर्थन) के बीच सिकुड़ गया और पैटर्न के अपने चरम पर पहुँच गया।

खरीद एंट्री गिरते प्रतिरोध (सिमेट्रिकल ट्राइएंगल) के ऊपर ब्रेक पर ली जाएगी और स्टॉप को ब्रेकआउट जोन में ब्रेकआउट कैंडल के निचले भाग पर रखा जाएगा, जिसे हम ब्रेकआउट सून कैंडिडेट के फॉलो-अप चार्ट में देख सकते हैं। चित्र 7.3 केस स्टडी का पहला चार्ट है। आइए, अब ब्रेकआउट सून कैंडिडेट के फॉलो-अप चार्ट पर नजर डालें—

चित्र 7.4 दिखाता है कि ब्रेकआउट जोन में एक मजबूत बुलिश कैंडलस्टिक के रूप में ब्रेकआउट कैंडल होने के बाद स्टॉक ने कैसा प्रदर्शन किया! बुलिश ब्रेकआउट कैंडलस्टिक दिखाई देने के बाद स्टॉक में स्पष्ट तेजी आई और उसमें एक तेज उछाल आया। दो महीने की अवधि में स्टॉक लगभग 500 रुपए से बढ़ते हुए 6,600 रुपए से ऊपर तक पहुँच गया।

ब्रेकआउट रीटेस्ट कैंडिडेट

ये ऐसे स्टॉक्स होते हैं, जिन्होंने किसी चार्ट पैटर्न के प्रतिरोध से स्पष्ट ब्रेकआउट दिखाया हो और ब्रेकआउट के बाद स्टॉक के प्राइस में गति कम हो गई हो। यह कमजोर हाथों को हटा देता है और ब्रेकआउट जोन का पुनः परीक्षण करने के लिए वापस आता है।

जो व्यापारी ब्रेकआउट ट्रेडिंग करते हैं, उन्हें ब्रेकआउट रीटेस्ट कैंडिडेट्स पसंद आएँगे, क्योंकि स्टॉक (प्रतिभूति) मजबूत ब्रेकआउट देगा और उसी ब्रेकआउट जोन क्षेत्र का पुनः परीक्षण करेगा, जो सर्वश्रेष्ठ लाभ देगा; क्योंकि ब्रेकआउट रीटेस्ट कैंडिडेट्स पर स्टॉप-लॉस एक भारी संभावित उछाल के साथ बहुत कम होगा।

आपको इस तथ्य से हमेशा अवगत रहना चाहिए कि यदि तेजी के पैटर्न पर कारोबार हो रहा है तो ब्रेकआउट रीटेस्ट कैंडिडेट्स की संरचना ऊर्ध्वगामी होनी चाहिए और यदि संरचना अधोगामी है तो ट्रेडर्स को मंदी के पैटर्न पर ट्रेड करना चाहिए।

'ब्रेकआउट रीटेस्ट कैंडिडेट्स' का ट्रेडिंग करते समय यदि आप अपने स्टॉप-लॉस का ध्यान रखते हैं तो 'चार्टमोजो ब्रेकआउट रीटेस्ट कैंडिडेट्स' सर्वोत्तम लाभ देंगे। पोजीशन में केवल तभी एंट्री करें, जब सिग्नल कैंडल (रिवर्सल कैंडल) ब्रेकआउट रीटेस्ट क्षेत्र में दिखाई देती है और साथ ही कन्फर्मेशन कैंडल्स (रिवर्सल कैंडल के ऊपर कैंडल) प्रतिरोध पर दिखाई देती है।

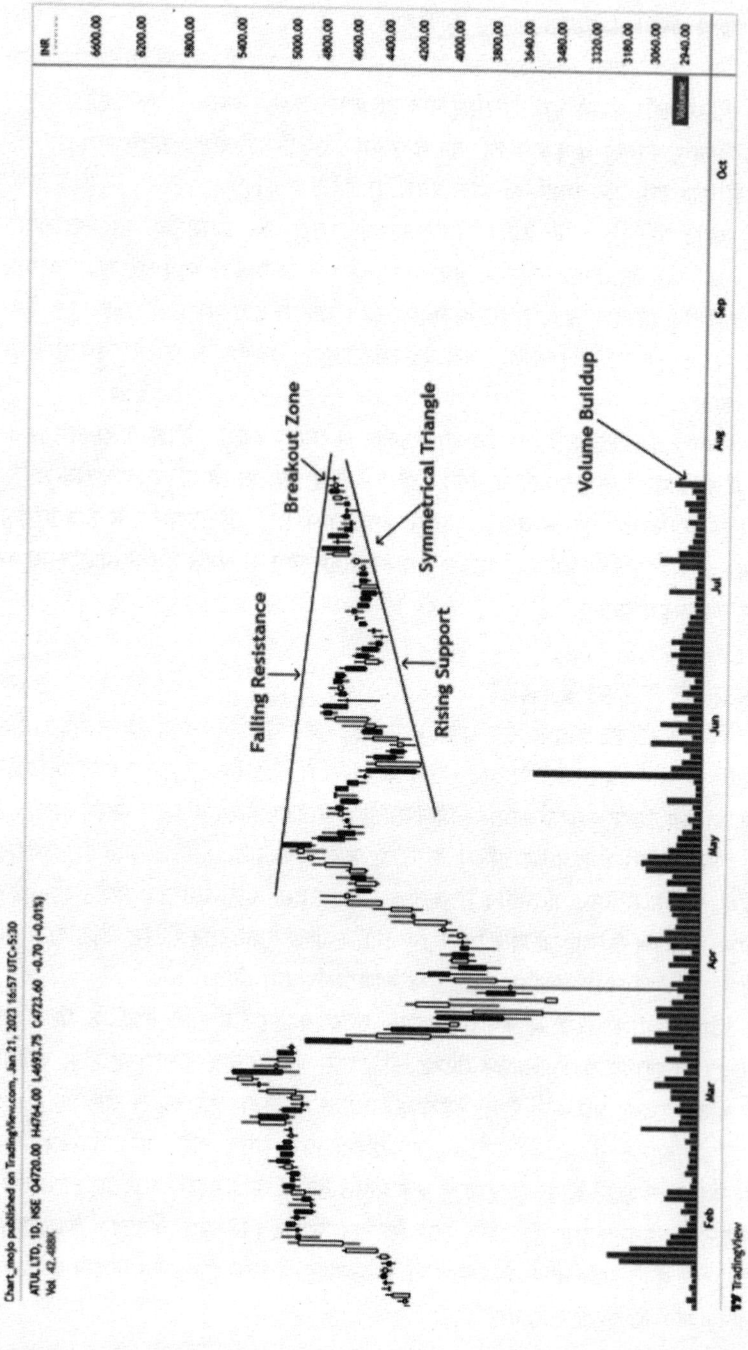

चित्र 7.3: Daily chart of Atul Ltd. showing a breakout soon candidate

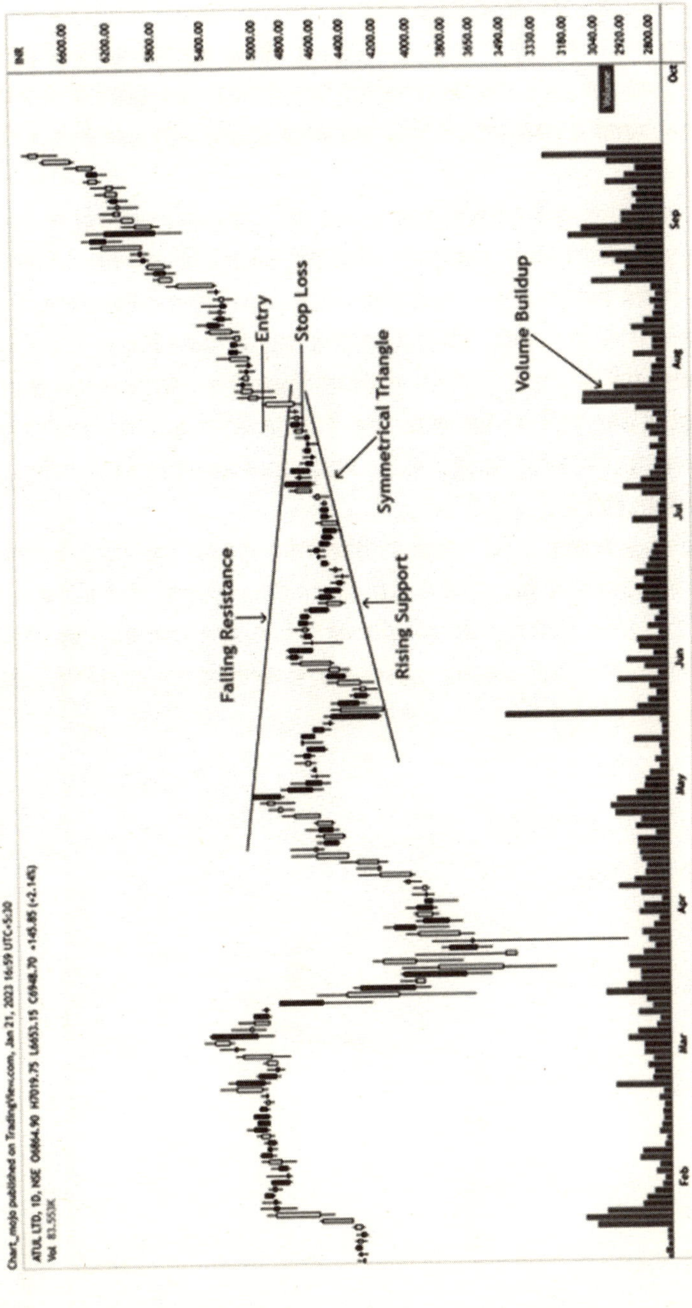

चित्र 7.4: Daily chart of Atul Ltd. after the appearance of the breakout candle.

केस स्टडी : ब्रेकआउट रीटेस्ट कैंडिडेट।

चित्र 7.5 अल्काइल एमाइंस लिमिटेड का दैनिक चार्ट है। पहले स्टॉक एक अपट्रेंड में था और उसने एक 'राउंड बेसिंग पैटर्न' बनाया। जब बेसिंग पैटर्न समाप्त हो गया तो स्टॉक ने ऊपर की ओर एक ब्रेकआउट दिखाया और उच्च स्तर की ओर बढ़ गया।

ब्रेकआउट के कुछ कारोबारी सत्रों के बाद स्टॉक नीचे आने लगा और ब्रेकआउट क्षेत्र का पुनः परीक्षण किया। जहाँ स्टॉक में गिरावट आ रही थी, वॉल्यूम भी गिरता जा रहा था, जिससे विक्रेताओं के लुप्त होने का संकेत मिला। स्टॉक ने रीटेस्ट क्षेत्र में एक हैमर कैंडलस्टिक पैटर्न बनाया और एक संभावित तेजी का संकेत दिया।

खरीद एंट्री को रीटेस्ट कैंडलस्टिक (हैमर कैंडलस्टिक) के ऊपर एक ब्रेक पर लिया जाएगा और स्टॉप को ब्रेकआउट जोन में रीटेस्ट कैंडल के निचले स्तर पर रखा जाएगा। यह केस स्टडी का पहला चार्ट है। आइए, अब रीटेस्ट कैंडिडेट के फॉलो-अप चार्ट पर नजर डालें!

चित्र 7.6 दिखाता है कि ब्रेकआउट रीटेस्ट जोन में हैमर कैंडलस्टिक के रूप में रिवर्सल कैंडलस्टिक के बाद स्टॉक ने कैसा प्रदर्शन किया! रिवर्सल कैंडलस्टिक सामने आने के बाद स्टॉक में स्पष्ट तेजी आई और यह तेजी से ऊपर चला गया। चार से पाँच महीनों की अवधि में स्टॉक लगभग 1,550 रुपए से बढ़ते हुए 2,800 रुपए से अधिक हो गया।

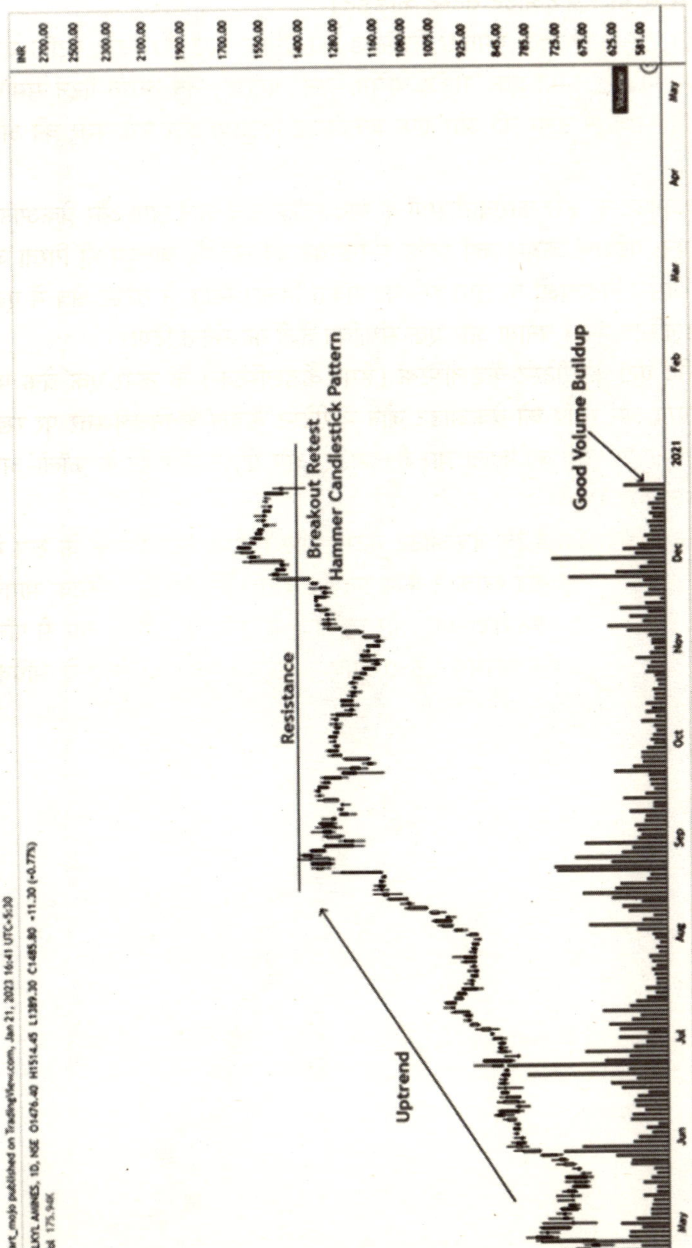

चित्र 7.5: Daily chart of Alkyl Amines Ltd. showing a high breakout candidate.

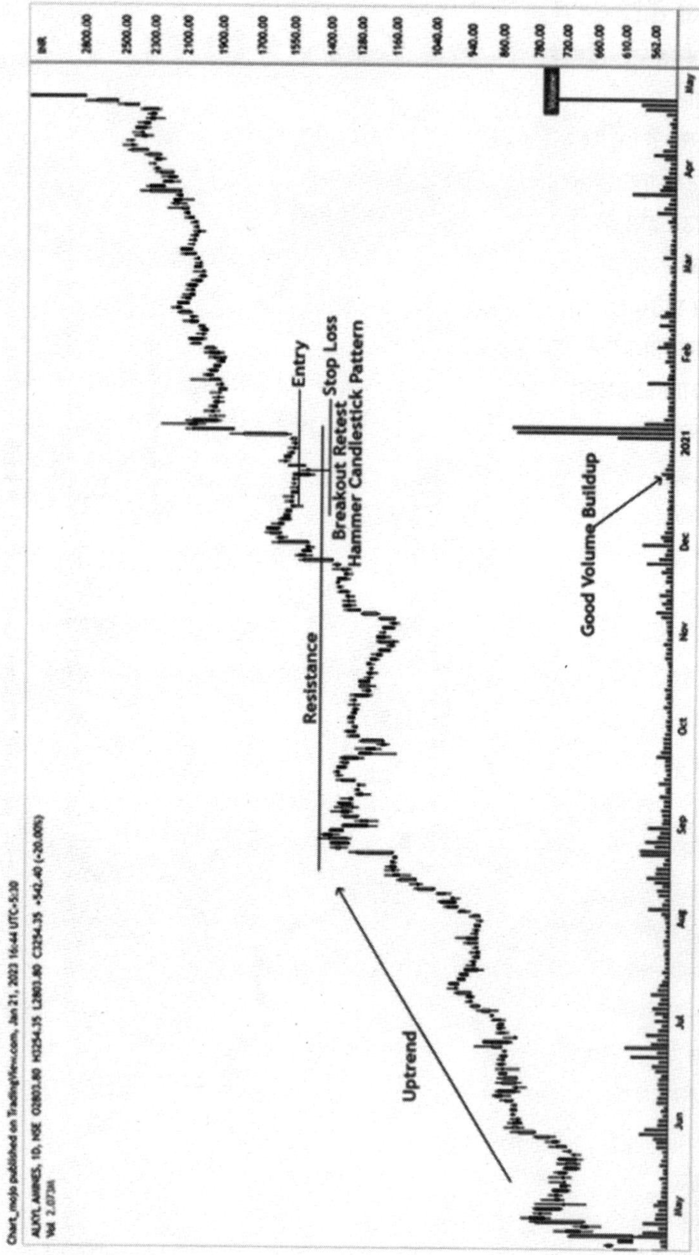

चित्र 7.6: Daily chart of Alkyl Amines Ltd. after the reversal candlestick formation.

स्क्वीज कैंडिडेट्स

'स्क्वीज कैंडिडेट्स' वे होते हैं, जिनके पास सख्त रेंज समेकन के साथ एक ठोस चार्ट संरचना होती है और प्राइस चार्ट पैटर्न प्रतिरोध (ओवरहेड प्रतिरोध) के नीचे ट्रेड करता है। ट्रेडर को इन शेयरों को हमेशा रडार पर रखना चाहिए, क्योंकि स्क्वीज कैंडिडेट्स एक ब्रेकआउट दिखाने वाले हैं और टाइट हाई कंप्रेशन स्क्वीज के ऊपर ब्रेकआउट होने के बाद संभावित उछाल के लिए एक मजबूत गति का संकेत देते हैं।

जो ट्रेडर ब्रेकआउट ट्रेडिंग करते हैं, वे स्क्वीज कैंडिडेट्स को पसंद करेंगे, क्योंकि स्टॉक (प्रतिभूति) मजबूत वॉल्यूम के साथ टाइट स्क्वीज रेंज में ब्रेकआउट के कगार पर है। ट्रेडर्स को इसका सबसे अधिक लाभ मिलेगा।

आपको इस तथ्य से हमेशा अवगत रहना चाहिए कि तेजी के पैटर्न पर ट्रेडिंग करते समय ब्रेकआउट की संरचना ऊपर की ओर होनी चाहिए और यदि संरचना नीचे की ओर है तो ट्रेडर्स को मंदी के पैटर्न पर ट्रेडिंग करनी चाहिए।

यदि आप एक स्क्वीज कैंडिडेट का व्यापार करते समय अपने स्टॉप-लॉसेज का ध्यान रखते हैं तो 'चार्टमोजो स्क्वीज कैंडिडेट्स' सर्वोत्तम लाभ प्रदान करेंगे। पोजीशन में केवल तभी एंट्री करें, जब सिग्नल कैंडल (ब्रेकआउट कैंडल) बनती है और कन्फर्मेशन कैंडल (ब्रेकआउट कैंडल के ऊपर वाली कैंडल) स्क्वीज एरिया में प्रतिरोध के ऊपर दिखाई देती है।

केस स्टडी : स्क्वीज कैंडिडेट

चित्र 7.7 पीरामल इंटरप्राइज लिमिटेड का दैनिक चार्ट दिखाता है। स्टॉक एक तेजी की ट्रेंड में था और फिर यह नीचे आया और एक टाइट स्क्वीज बनी। टाइट स्क्वीज फेज में स्टॉक स्क्वीज के अपने ऊपरी और निचले बैंड के भीतर मामूली उतार-चढ़ाव से गुजरा। उपर्युक्त स्क्वीज एरिया में स्टॉक ने वॉल्यूम संकुचन के साथ अपने 50-ई.एम.ए. को तोड़ने की कोशिश भी की।

खरीदारी की एंट्री स्क्वीज के ऊपरी बैंड के ऊपर ब्रेक पर ली जाएगी और स्टॉप-लॉस को स्क्वीज क्षेत्र से ब्रेकआउट कैंडल के निचले स्तर पर रखा जाएगा। अब आइए, स्क्वीज कैंडिडेट के फॉलो-अप चार्ट पर नजर डालें!

चित्र 7.8 दिखाता है कि ब्रेकआउट कैंडलस्टिक के बाद स्टॉक ने स्क्वीज एरिया के प्रतिरोध और 50 दिवसीय घातीय मूविंग एवरेज को तोड़ते हुए कैसा प्रदर्शन किया। ब्रेकआउट कैंडल के बाद स्टॉक में स्पष्ट तेजी आई और यह ठीक-ठाक ऊपर चला गया। तीन महीने की अवधि में यह 1,000 रुपए (ब्रेकआउट कैंडल से) से बढ़ते हुए 1,450 रुपए से अधिक हो गया।

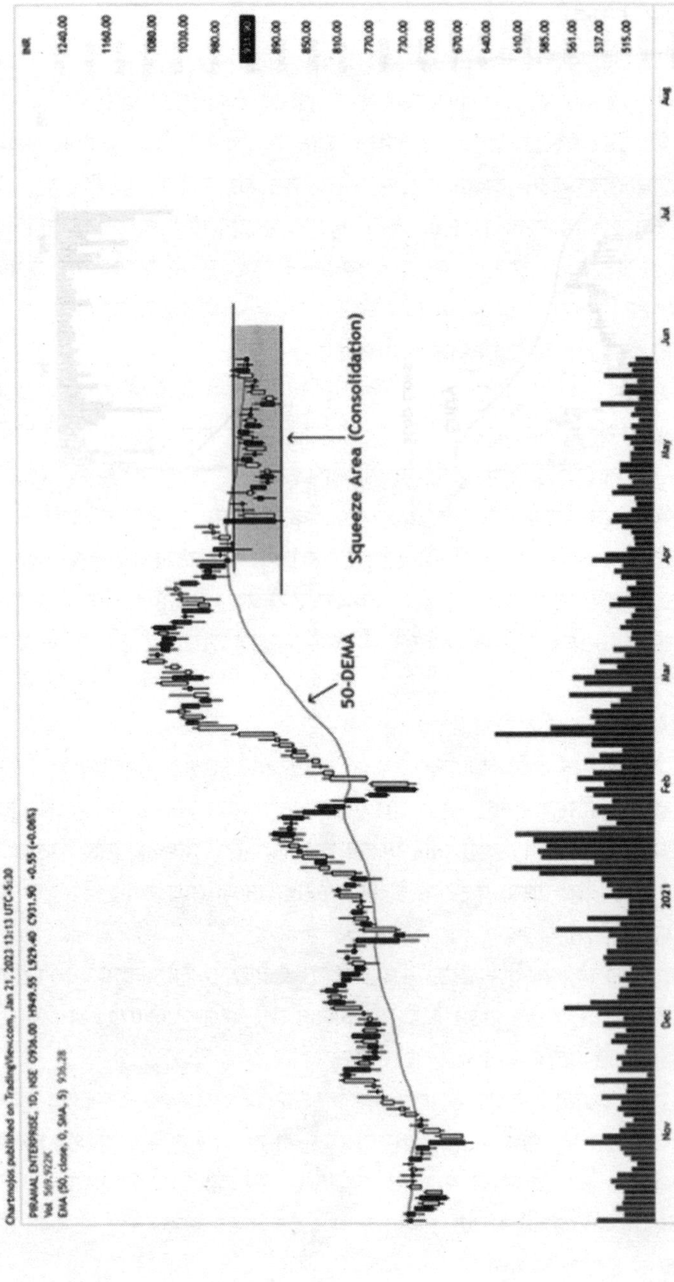

चित्र 7.7: Daily chart of Piramal Enterprise Ltd. showing a squeeze candidate.

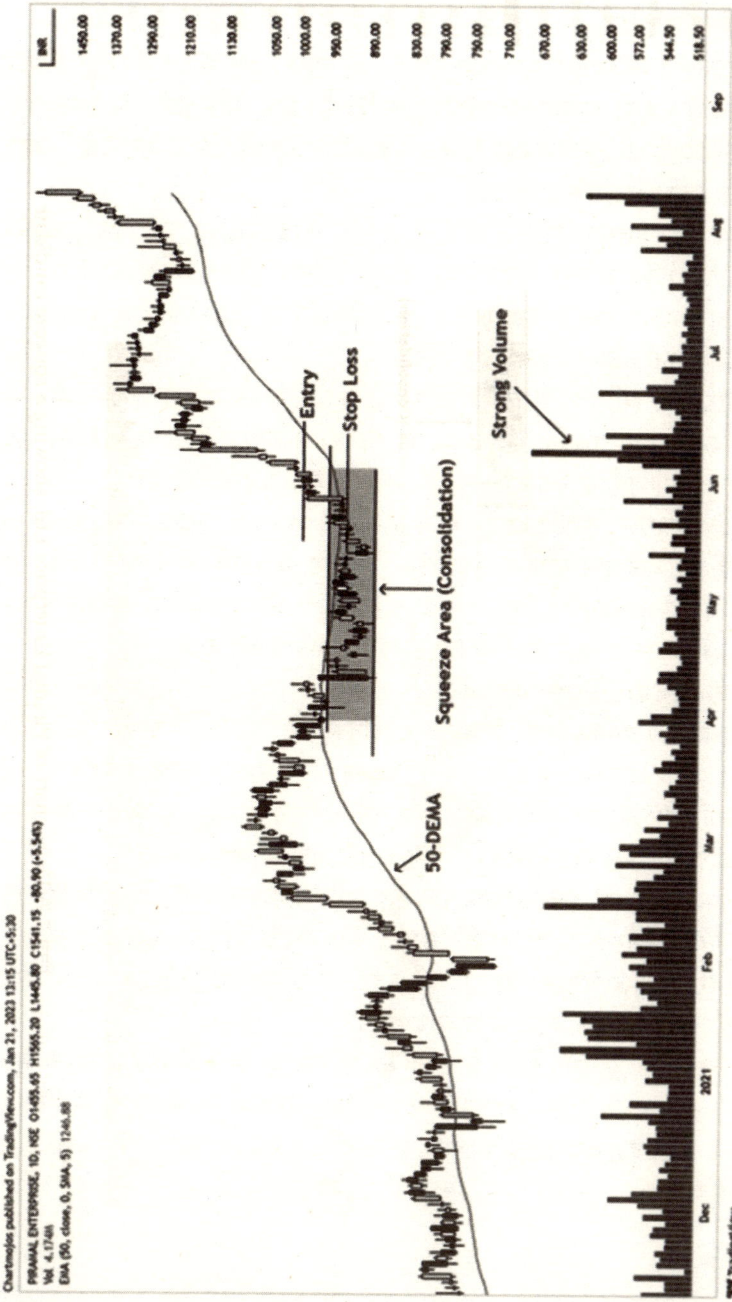

चित्र 7.8: Daily chart of Piramal Enterprise Ltd. after the appearance of the breakout candle.

रिवर्सल कैंडिडेट

'रिवर्सल कैंडिडेट्स' वे स्टॉक्स होते हैं, जो समर्थन-क्षेत्र में ट्रेड करते रहे हैं और माँग क्षेत्र से मजबूत समर्थन लेते रहे हैं। ट्रेडर रिवर्सल क्षेत्र (माँग क्षेत्र) पर केवल तभी पोजीशन लेगा, यदि कोई मजबूत बुलिश कैंडलस्टिक दिखाई देती है और एक मजबूत संभावित उछाल का संकेत देती है।

जो ट्रेडर रिवर्सल ट्रेडिंग करते हैं, वे रिवर्सल कैंडिडेट्स को पसंद करेंगे, क्योंकि स्टॉक (प्रतिभूति) समर्थन-क्षेत्र में एक मजबूत रिवर्सल बुलिश कैंडल दिखाएगा, जो सबसे अच्छा लाभ देता है, क्योंकि रिवर्सल उम्मीदवारों पर स्टॉप-लॉस बहुत कम होगा और उसमें भारी उछाल की संभावना होगी।

ट्रेडर को इस तथ्य से हमेशा अवगत रहना चाहिए कि बुलिश रिवर्सल जोन पर ट्रेडिंग करते समय रिवर्सल कैंडिडेट्स की संरचना ऊर्ध्वगामी होनी चाहिए और यदि संरचना अधोगामी है तो ट्रेडर्स को रिवर्सल जोन में बेयरिश होना चाहिए।

एक रिवर्सल कैंडिडेट का ट्रेड करते समय यदि आप अपने स्टॉप-लॉसेज का ध्यान रखते हैं तो 'चार्टमोजो रिवर्सल कैंडिडेट्स' सर्वोत्तम लाभ देंगे। पोजीशन में तभी एंट्री करें, जब सिग्नल कैंडल (रिवर्सल कैंडल) दिखाई दे और साथ ही कन्फर्मेशन कैंडल (रिवर्सल कैंडल के ऊपर वाली कैंडल) रिवर्सल जोन में बुलिश हो।

केस स्टडी : रिवर्सल कैंडिडेट।

चित्र 7.9 एस.आर.एफ. लिमिटेड का दैनिक चार्ट दिखाता है। स्टॉक एक मजबूत अपट्रेंड में था और फिर साइडवेज फेज में चला गया। समेकन चरण में स्टॉक ने कई बार अपने माँग क्षेत्र का परीक्षण किया और समर्थन लिया। उपर्युक्त समर्थन पर स्टॉक में एक बुलिश रिवर्सल कैंडलस्टिक के साथ अच्छी मात्रा भी थी।

खरीद एंट्री का उल्लेख सिग्नल कैंडल (बुलिश कैंडलस्टिक) के ऊपर ब्रेक पर किया गया है और स्टॉप को बुलिश रिवर्सल कैंडलस्टिक पैटर्न के नीचे टाइट जोन के निचले स्तर पर रखा गया है। यह चार्ट केस स्टडी का पहला चार्ट है। आइए, अब रिवर्सल कैंडिडेट के फॉलो-अप चार्ट पर नजर डालते हैं—

चित्र 7.10 दिखाता है कि रिवर्सल कैंडलस्टिक के बनने और ऊपर बढ़ना शुरू करने के बाद स्टॉक ने कैसा प्रदर्शन किया। बीच में मामूली उतार-चढ़ाव के साथ स्टॉक में स्पष्ट बढ़त है। चार महीनों के भीतर स्टॉक 1,090 रुपए से बढ़ते हुए 1,400 रुपए तक पहुँच गया।

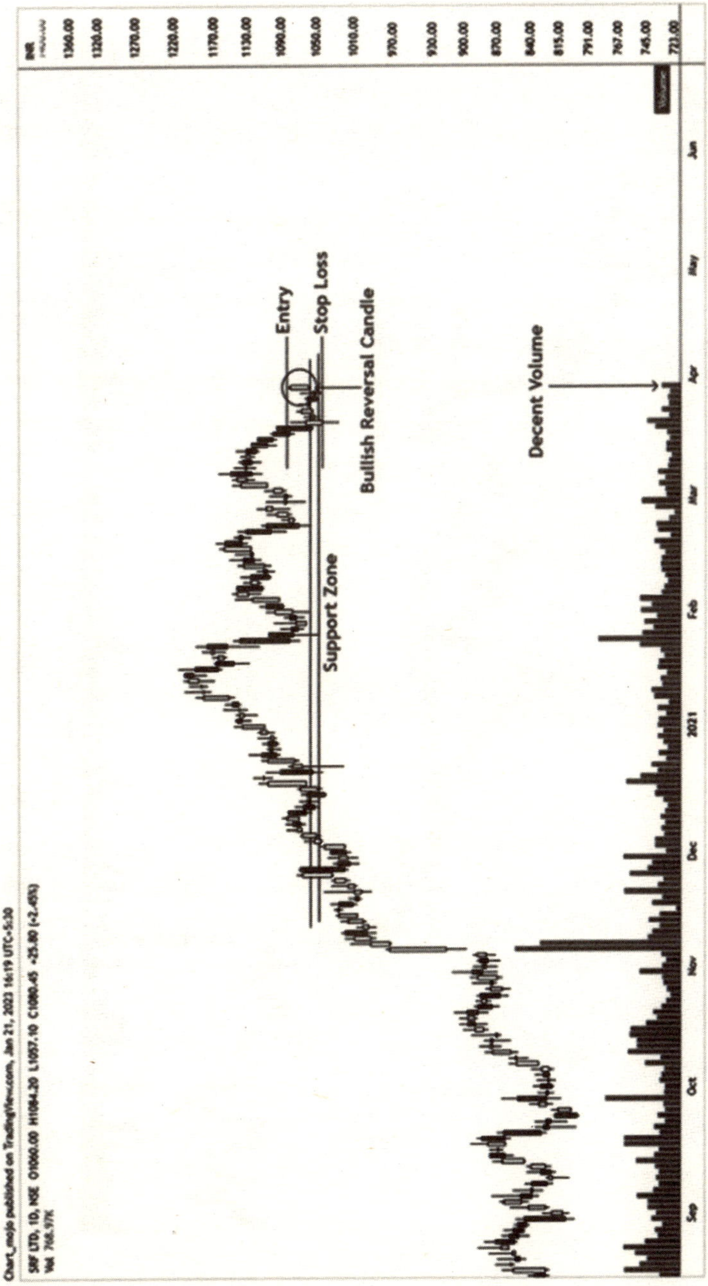

चित्र 7.9: Daily chart of SRF Ltd. showing a reversal chart pattern.

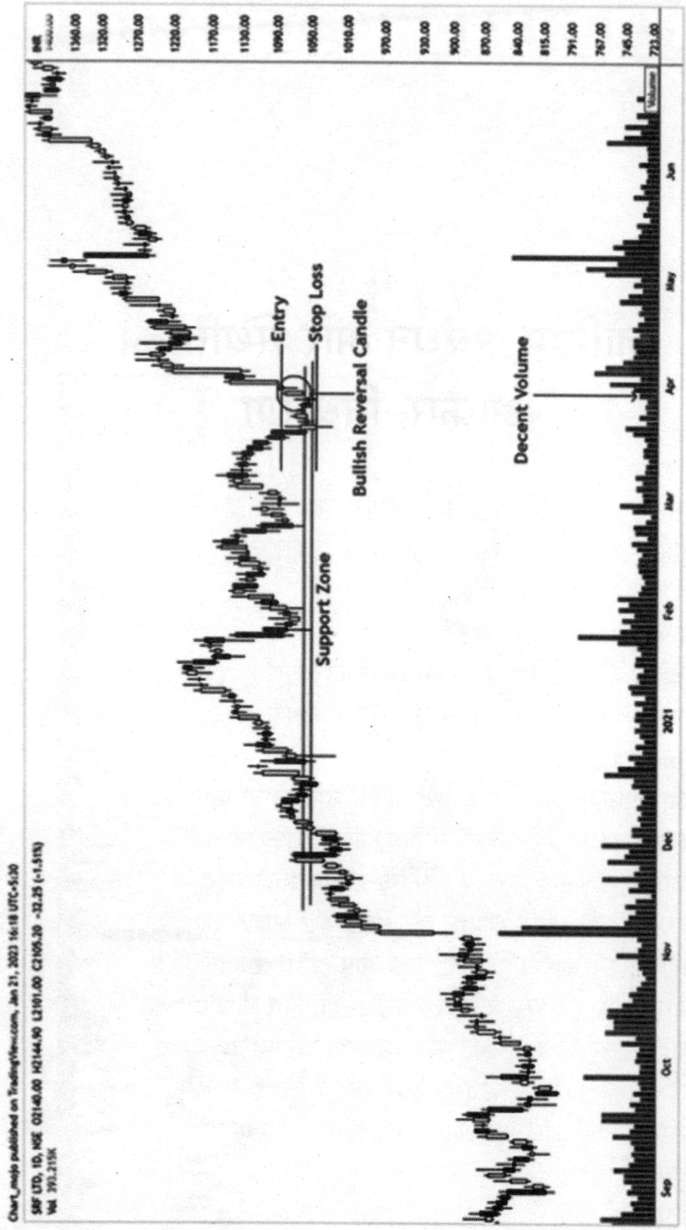

चित्र 7.10: Daily chart of SKF Ltd. showing after the reversal candlestick formed at the support zone

8

जोखिम-प्रबंधन और स्थिति का आकार-निर्धारण

जोखिम-प्रबंधन किसी भी ट्रेडिंग रणनीति का एक अभिन्न अंग होना चाहिए। जोखिम-प्रबंधन के मूल सिद्धांतों को जानें और उन्हें अपनी ट्रेडिंग रणनीति में लागू करना सीखें।

आप जानेंगे कि—

- ट्रेडिंग के लिए जोखिम-प्रबंधन क्यों महत्त्वपूर्ण है? और
- जोखिम : लाभ अनुपात क्या हैं और वे आपके दृष्टिकोण को कैसे लाभान्वित कर सकते हैं?

जोखिम-प्रबंधन ट्रेडिंग के सबसे अधिक उपेक्षित या कम आँके गए क्षेत्रों में से एक है; जबकि यह वित्तीय बाजारों में दीर्घकालिक सफलता के लिए सबसे महत्त्वपूर्ण अवधारणाओं में से एक है। यद्यपि जोखिम-प्रबंधन इतना महत्त्वपूर्ण क्यों है और आप इसे अपनी रणनीतियों में कैसे शामिल कर सकते हैं? आइए, जानते हैं।

उचित जोखिम-प्रबंधन के बिना, चाहे आप ट्रेडिंग संभावनाओं पर एक स्वाभाविक नजर के साथ दुनिया के सबसे प्रतिभाशाली ट्रेडर हों, फिर भी एक गलत निर्णय से अपना खाता बरबाद कर सकते हैं। व्यक्ति के कौशल या अनुभव के स्तर के बावजूद नुकसान अपरिहार्य हैं। विश्व के सबसे बेहतरीन ट्रेडर्स को भी अपने कारोबार में घाटा उठाना पड़ा है; यह ट्रेडिंग का एक अपरिहार्य पहलू है। इसलिए, जोखिम-प्रबंधन आपकी ट्रेडिंग के लिए महत्त्वपूर्ण है।

इस तथ्य के बावजूद कि जोखिम-प्रबंधन दिशा-निर्देश समझने में आसान हैं—नौसिखियों के लिए भी—जब वास्तविक पैसा दाँव पर हो तो उन्हें वास्तव में लागू करना मुश्किल हो सकता है।

विशेष जोखिम-प्रबंधन दृष्टिकोणों पर चर्चा करने से पहले आइए, एक सफल ट्रेडिंग योजना के लिए धन-प्रबंधन के महत्त्व की जाँच करें।

ट्रेडिंग रणनीति क्या काम करती है ?

आमतौर पर एक सफल रणनीति के तीन प्रमुख भाग होते हैं—

बढ़त के साथ एक ट्रेडिंग सिस्टम : इसके लिए रणनीति के नियमों के निरंतर कार्यान्वयन की आवश्यकता होती है, जैसे निर्दिष्ट प्रवेश और निकास बिंदु या रुझान के साथ ट्रेडिंग। आप एक नए रुझान को जल्दी पहचानने के लिए बुनियादी मूविंग एवरेजेज का उपयोग कर सकते हैं और उसकी मजबूती को प्रमाणित करने के लिए बड़ी मात्रा में अतिरिक्त प्रयोग कर सकते हैं। आपकी ट्रेडिंग तकनीक आपके लिए अद्वितीय होनी चाहिए और आपके सौदों में उपयोग की जानी चाहिए।

अपनी भावनाओं को नियंत्रण में रखना : यदि आपने अपनी रणनीति को डेमो अकाउंट और वास्तविक अकाउंट—दोनों पर आजमाया है तो आपने देखा होगा कि परिणाम अलग-अलग हैं। ऐसा इसलिए है, क्योंकि जब वास्तविक पैसा दाँव पर होता है तो मनोविज्ञान एक बड़ी भूमिका निभाता है।

भय, लालच या उत्तेजना जैसी भावनाएँ आपकी योजना का पालन करना कठिन बना सकती हैं, जिससे बुरी चीजें हो सकती हैं। एक सामान्य नियम के रूप में अपने मुनाफे को बढ़ने देना और अपने घाटे को कम करना सबसे अच्छा है।

इसे आसान बनाया जा सकता है, यदि आप अपनी भावनाओं पर नियंत्रण रखें और अपनी ट्रेडिंग योजना पर कायम रहें।

धन-प्रबंधन : यह आपकी रणनीति का एक महत्त्वपूर्ण हिस्सा है, क्योंकि यह आपको बताता है कि आपकी पोजीशन कितनी बड़ी है, आप कितने उत्तोलन का उपयोग करते हैं और आपके स्टॉप-लॉस एवं प्रोफिट लेने के स्तर कहाँ हैं!

अपने पैसे को अच्छी तरह से प्रबंधित करना लंबी अवधि में ट्रेडिंग में सफल होने का एक महत्त्वपूर्ण हिस्सा है। यह अधिक-से-अधिक पैसा कमाने और जितना संभव हो, उतना कम गँवाने में मदद करता है। इससे आपके द्वारा बहुत अधिक जोखिम लेने की संभावना भी कम हो जाती है।

याद रखें, हेज फंड मैनेजर, संरक्षणवादी और परोपकारी अमेरिकी अरबपति पॉल ट्यूडर जोन्स ने क्या कहा था—

"पैसा कमाने पर ध्यान न दें; आपके पास जो कुछ है, उसे सुरक्षित रखने पर ध्यान दें।"

जैसा कि उल्लेख किया गया है, आप इन चीजों के बारे में कितनी अच्छी तरह

सोचते हैं, इसका इस बात पर बड़ा प्रभाव पड़ेगा कि आप कितनी अच्छी तरह ट्रेडिंग कर सकते हैं? यदि आप यहाँ बताई गई तीन चीजों में से केवल दो का उपयोग करते हैं तो आप एक ऐसी समस्या में फँस सकते हैं, जिससे आप बच सकते थे। ट्रेडिंग का एक महत्त्वपूर्ण हिस्सा यह है कि जब तक संभव हो, तब तक इसे जारी रखें।

जोखिम का प्रबंधन

जैसा कि एक अमेरिकी अरबपति हेज फंड मैनेजर ब्रूस कोवनेर ने कहा था—"एंट्री करने से पहले मुझे पता होता है कि मैं कहाँ से बाहर निकलने वाला हूँ। जब भी मैं किसी पोजीशन में एंट्री करता हूँ, मेरे पास एक पूर्व निर्धारित पड़ाव होता है। यही एकमात्र तरीका है, जिससे मैं सो सकता हूँ। एक ट्रेडिंग पर पोजीशन का आकार स्टॉप द्वारा निर्धारित किया जाता है और स्टॉप एक तकनीकी आधार पर निर्धारित किया जाता है।"

इसलिए, अपने स्टॉप-लॉस का सम्मान करना बहुत महत्त्वपूर्ण है।

जैसा कि पहले कहा गया है, बड़े-से-बड़े ट्रेडर्स को भी कभी-न-कभी घाटा होता है। यह ट्रेडिंग का एक अभिन्न पहलू है। अपने घाटे को अधिक प्रबंधनीय स्तर तक सीमित करना आवश्यक है। इस प्रकार, आप अधिक समय तक बाजार में बने रहने में सक्षम होंगे और आपके अधिक लाभदायक सौदे करने की संभावना बढ़ जाएगी।

लाभ और जोखिम के बीच सही संतुलन खोजने की एक रणनीति 2:1, बल्कि 3:1 लाभ-जोखिम अनुपात का पालन करना है, जिसमें आपका लक्षित लाभ हमेशा आपके अधिकतम नुकसान से दोगुना होता है। यदि आप इस लाभ-जोखिम अनुपात का पालन करते हैं तो आपके समग्र लाभ को आपके नुकसान से अधिक करने के लिए आपको केवल दो सफल सौदों की आवश्यकता है, भले ही आपको तीन घाटे होते हैं। हालाँकि, यह कोई सामान्य नियम नहीं है। यह आपको एक विशेष जोखिम-प्रबंधन रणनीति की कल्पना करने में मदद कर सकता है।

आइए, दो ट्रेडर्स की जाँच करें, जो दोनों ही 10,000 रुपए से शुरुआत करते हैं और एक 2:1 लाभ-जोखिम अनुपात का उपयोग करते हैं; लेकिन धन-प्रबंधन के बहुत अलग-अलग स्तरों का उपयोग करते हैं। पहला ट्रेडर एक बहुत ही आक्रामक रणनीति का उपयोग करता है, प्रत्येक लेन-देन पर अपने पैसे का 60% जोखिम में डालता है और 120% प्रोफिट का टार्गेट रखता है। दूसरा ट्रेडर कहीं अधिक रूढ़िवादी है, जो 10% लाभ की तलाश में अपने खाते के पैसे का केवल 5% जोखिम में डालता है। आइए, सरलता के लिए मान लें कि प्रत्येक व्यापारी 10 समान सौदे करता है और प्रत्येक दूसरी ट्रेडिंग लाभदायक है।

Investor 1	Investor 2
Profit 120%	Profit 10%
Loss 60%	Loss 5%
Every second trade earns a profit	Every second trade earns a profit
10 trades	10 trades

चित्र 8.1: Case study for risk management of a trading position.

रणनीति प्रभावशीलता

Investor 1				Investor 2			
Period	Capital	Profit + 120%	Loss- 60%	Period	Capital	Profit + 10%	Loss- 5%
0	10,000			0	10000		
1	22,000	12000		1	11000	1000	
2	8800		-13200	2	10450		-550
3	19360	10560		3	11495	1045	
4	7744		-11616	4	10920		-575
5	17037	9293		5	12012	1092	
6	6815		-10222	6	11412		-600
7	14992	8187		7	12553	1141	
8	5997		-8995	8	11925		-628
9	13193	7196		9	13118	1193	
10	5277		-7916	10	12462		-656

चित्र 8.2: Comparison of strategy effectiveness

ये तालिकाएँ जोखिम-प्रबंधन के विभिन्न स्तरों वाले दो अलग-अलग ट्रेडर्स के ट्रेडिंग प्रदर्शन को दरशाती हैं।

इस तथ्य के बावजूद कि दोनों तरीकों में समान सफलता दर थी, समान शुरुआती पूँजी और 2:1 लाभ-जोखिम अनुपात था, उपयोग की जाने वाली काफी भिन्न धन-प्रबंधन शैलियों के कारण अंतिम परिणाम काफी भिन्न हैं। पहले ट्रेडर की आक्रामक रणनीति के परिणामस्वरूप कुल 47% का नुकसान हुआ, जबकि दूसरे ट्रेडर का 12,462 रुपए का कुल लाभ लगभग 25% है। इस प्रकार, आप देख सकते हैं कि कैसे आपकी जोखिम-प्रबंधन रणनीति में थोड़े बदलाव से बेहतर मुनाफा हो सकता है।

बॉटम लाइन

जैसा कि पहले देखा गया, जोखिम-प्रबंधन ट्रेडिंग का एक महत्त्वपूर्ण पहलू हो सकता है। एक विशेषज्ञ ट्रेडर समझता है कि वह कितना जोखिम उठा सकता है; लेकिन एक नौसिखिए के रूप में आपको भारी नुकसान से बचने के लिए अपनी शक्ति में सबकुछ करना चाहिए। नुकसान ट्रेडिंग का एक आवश्यक हिस्सा है और इसे टाला नहीं जा सकता; लेकिन यह समझना महत्त्वपूर्ण है कि उनसे कैसे निपटा जाए? लाभ-प्रबंधन एक अन्य घटक है। एक कुशल ट्रेडर को ट्रेडिंग के दो संभावित परिणामों के बीच संतुलन बनाना चाहिए—हानि को कम करते हुए लाभ को अधिकतम करना चाहिए।

□

9

ट्रेडिंग मनोविज्ञान

ट्रेडिंग मनोविज्ञान एक ट्रेडर द्वारा बाजार की गतिविधियों में भाग लेते समय उनके बारे में सोचने का उसका तरीका है। यह दिखा सकता है कि उन्होंने कितना लाभ कमाया या फिर उन्होंने क्यों बहुत सारा पैसा गँवा दिया!

ट्रेडिंग मनोविज्ञान में मानव होने के नाते आने वाली पूर्वग्रह और भावनाओं जैसी चीजें बहुत महत्त्वपूर्ण होती हैं। ट्रेडिंग मनोविज्ञान के बारे में सीखते समय मुख्य लक्ष्य यह सीखना होता है कि नकारात्मक मनोवैज्ञानिक लक्षणों के साथ आने वाली समस्याओं से कैसे बचा जाए और अधिक सकारात्मक गुणों को कैसे विकसित किया जाए!

अधिकांश समय, जो ट्रेडर ट्रेडिंग के मनोविज्ञान के बारे में जानते हैं, वे पूर्वग्रह या भावना के आधार पर कार्य नहीं करेंगे। इसलिए, उनके पास बाजार में पैसा कमाने या कम-से-कम जितना संभव हो, उतना कम पैसा खोने का बेहतर मौका होता है।

प्रत्येक ट्रेडर के लिए ट्रेडिंग मनोविज्ञान अलग होता है; क्योंकि यह इस बात पर निर्भर करता है कि वे कैसा महसूस करते हैं और पहले से क्या सोच रहे हैं! कुछ भावनाएँ, जिनका ट्रेडिंग पर प्रभाव पड़ता है, वे हैं—

- लालच,
- डर,
- आशा,
- FOMO (कुछ छूट जाने का डर),
- निराशा।

अपने ट्रेडिंग मनोविज्ञान को कैसे मजबूत करें?

अपने ट्रेडिंग मनोविज्ञान को बेहतर बनाने का सबसे अच्छा तरीका अपनी भावनाओं, प्राथमिकताओं और व्यक्तित्व के लक्षणों के प्रति जागरूक होना है। एक बार जब आप

इन चीजों से अवगत हो जाते हैं तो आप एक ट्रेडिंग योजना बना सकते हैं, जो उन्हें ध्यान में रखती है, ताकि आपके निर्णयों पर उनका उतना प्रभाव न पड़े।

यदि आप स्वाभाविक रूप से आश्वस्त हैं तो आपको पता चल सकता है कि आपका अति आत्मविश्वास और अहंकार आपके लिए निर्णय लेना कठिन बना देता है। उदाहरण के लिए, अपने ट्रेडिंग खाते पर एक छोटा सा नुकसान उठाने के बजाय आप इस उम्मीद में घाटे को चलने दे सकते हैं कि बाजार पलट जाएगा। इससे आपको अधिक धन की हानि हो सकती है या आपका ट्रेडिंग एकाउंट दिवालिया भी हो सकता है।

ऐसा होने से रोकने के लिए आप अपने घाटे को सीमित करने के लिए स्टॉप-लॉस का उपयोग कर सकते हैं और पोजीशन खोलने से पहले ही यह तय कर सकते हैं कि एक ट्रेडिंग को कब बंद करना है! ऐसा करने से आप अपने पूर्वग्रहों एवं भावनाओं से अवगत हो गए हैं और उन पर काररवाई न करने का निर्णय ले चुके हैं। इसके बजाय आपने उनसे लड़ने के लिए कदम उठाए हैं।

पूर्वग्रह ट्रेडिंग शैली को कैसे प्रभावित करता है?

पूर्वग्रहों का ट्रेडिंग पर प्रभाव पड़ता है, क्योंकि परिभाषा के अनुसार, पूर्वग्रह एक चीज के लिए किसी अन्य चीज की तुलना में व्यक्तिगत प्राथमिकता है, जो पहले से निर्धारित है। इसलिए, वे आपके लिए बाजारों पर अच्छे निर्णय लेना कठिन बना सकते हैं, क्योंकि वे आपके निर्णय को धूमिल कर सकते हैं और आपको तकनीकी विश्लेषण के बजाय आपकी भावनाओं के आधार पर कार्य करने के लिए बाध्य कर सकते हैं।

पूर्वग्रह को पाँच प्रकारों में वर्गीकृत किया जा सकता है

कन्फर्मेशन या पुष्टीकरण पूर्वग्रह : यह आपकी विश्वास प्रणालियों का समर्थन करने वाली जानकारी और विश्लेषण की तलाश करने या उसे अधिक महत्त्व देने की प्रवृत्ति है। यह भी संभव है कि आप उन तथ्यों की तलाश ही न करें या उन्हें नजरअंदाज कर दें, जो आपकी मान्यताओं से टकराते हों।

जुआरी की भ्रांति : यह मानना कि संपत्ति बढ़ती रहेगी, क्योंकि वह बढ़ती रही है। जिस प्रकार यह मानने का कोई कारण नहीं है कि एक सिक्का लगातार कई बार चित गिरने के बाद पट ही गिरना चाहिए, उसी तरह यह मानने का भी कोई कारण नहीं है कि ऐसा होना चाहिए!

प्रतिनिधि पूर्वग्रह : यह अतीत में किए गए सफल सौदों को दोहराने की प्रवृत्ति है। आप इस प्रकार के प्रत्येक लेन-देन का विश्लेषण किए बिना ऐसा कर सकते हैं, क्योंकि यह अतीत में लाभदायक रहा है। हालाँकि, भले ही दो सौदे समान लगते हों, प्रत्येक

लेन-देन का मूल्यांकन उसकी अपनी खूबियों के आधार पर करना आवश्यक है, न कि पिछले प्रदर्शन के आधार पर।

यथास्थिति पूर्वग्रह : यह पूर्वग्रह बताता है कि आप नए प्रयोग करने के बजाय पुरानी रणनीतियों या ट्रेडिंग्स का उपयोग करना जारी रखेंगे; आप यथास्थिति बनाए रखेंगे। जोखिम तब उत्पन्न होता है, जब आप इस बात का मूल्यांकन करना नजरअंदाज कर देते हैं कि ये पुरानी रणनीतियाँ अभी भी वर्तमान बाजार में लागू हैं या नहीं?

नकारात्मकता पूर्वग्रह : यह पूर्वग्रह आपके द्वारा एक सौदे के सकारात्मक पहलुओं के बजाय बुरे पहलुओं पर ध्यान केंद्रित किए जाने की अधिक संभावना उत्पन्न करता है। इससे आपको संपूर्ण दृष्टिकोण को अस्वीकार करना पड़ सकता है; जबकि वास्तव में, इसे लाभदायक होने के लिए केवल मामूली समायोजन की आवश्यकता हो सकती है।

□

10

ट्रेडिंग जर्नल

एक ट्रेडिंग जर्नल क्या होता है?

एक ट्रेडिंग जर्नल, अपने सरलतम रूप में, सूची के रूप में प्रस्तुत किए गए रिकॉर्ड का एक संग्रह होता है, जहाँ प्रत्येक प्रविष्टि ट्रेडर द्वारा निष्पादित ट्रेडिंग का प्रतिनिधित्व करती है।

प्रत्येक ट्रेडिंग रिकॉर्ड में ट्रेडिंग के विषय में जानकारी होती है, जैसे प्रवेश एवं निकास टाइम स्टैंप्स, प्रवेश एवं निकास मूल्य, पोजीशन का आकार, दिशा और कोई अन्य डाटा बिंदु, जिसे ट्रेडर रिकॉर्ड करने के लिए प्रासंगिक मान सकता है।

रिकॉर्ड्स में ट्रेडिंग के परिणाम के बारे में जानकारी, जैसे कि वह लाभदायक था या नहीं, साथ ही नकद राशि और लाभ या हानि का प्रतिशत भी शामिल होना चाहिए। यह जानकारी एक सफल ट्रेडिंग या त्रुटि के प्रभावों का विश्लेषण और मात्रा निर्धारित करने के लिए आवश्यक है।

वास्तविक डाटा और परिणामों के अलावा एक ट्रेडिंग नोटबुक में व्यक्तिगत टिप्पणियाँ भी शामिल हो सकती हैं, जो तरीकों, रुझानों, सेटअप्स या केवल भावनात्मक एवं मानसिक स्थिति के अवलोकन से संबंधित हो सकती हैं।

आपका ट्रेड जर्नल आपकी संपूर्ण ट्रेडिंग गतिविधियों का रिकॉर्ड होता है। एक ट्रेडिंग लॉग हर उस ट्रेडर को, जो पैसे कमाने को लेकर गंभीर है, ईमानदार आत्म-मूल्यांकन के लिए एक उपकरण देता है।

जैसा कि किसी ने कहा था, "ट्रेडिंग अनुशासन रखना शुरुआत है; अनुशासन बनाए रखना प्रगति है; अनुशासित बने रहना सफलता है।"

इसलिए, अपने सभी ट्रेडों के दस्तावेजीकरण में अनुशासित रहना और सभी ट्रेडिंग गतिविधियों को रिकॉर्ड करना न भूलें।

ट्रेडिंग सफलता के लिए तीन क्षेत्र आवश्यक हैं—

1. एक कुशल ट्रेडिंग योजना का विकास और कार्यान्वयन।
2. इस योजना में एक ठोस ट्रेडिंग रणनीति लागू करना।
3. अपने ट्रेडिंग प्रदर्शन एवं तकनीकों की जाँच करना और उन्हें बढ़ाना।

सीधे शब्दों में कहें, तो मेरी ट्रेडिंग नोटबुक में निम्नलिखित शामिल हैं—

- तिथि और समय,
- स्टॉक का नाम,
- लॉन्ग/शॉर्ट पोजीशन,
- पोजीशन का आकार-निर्धारण,
- स्टॉप-लॉस,
- प्राप्त हुए और खोए गए अंक,
- चार्ट का स्क्रीन शॉट,
- टिप्पणियाँ।

मेरी डायरी का मुख्य लक्ष्य त्रुटियों को पहचानना और सुधारना है।

मेरी ट्रेडिंग नोटबुक सरल व व्यावहारिक है।

उपयोगी ट्रेडिंग जर्नल बनाए रखने के लिए यहाँ कुछ सुझाव दिए गए हैं—

1. हमेशा ट्रेड से पहले और बाद में जर्नल शुरू व बंद करें।
2. हर चीज का दस्तावेजीकरण करें। कोई भी विवरण न चूकें। ईमानदार रहें। यदि आप ट्रेड के दौरान फ्री फायर (गेम) खेलने का चयन करते हैं और ट्रेड से बाहर निकलना भूल गए हैं तो आपको इसे लिखना होगा और स्पष्टीकरण देना होगा।
3. अपनी भावनाओं पर ध्यान दें। फिर, सुनिश्चित करें कि आप उन्हें रिकॉर्ड कर रहे हैं।
4. सुनिश्चित करें कि जर्नल में आप पर, आपके ट्रेड और वित्तीय बाजार पर टिप्पणियाँ शामिल हैं।
5. प्रत्येक दिन के प्रदर्शन को दरशाने वाले इंट्राडे चाट्र्स का एक स्नैपशॉट लें और उन्हें हाइलाइट करें। दोहराए जाने वाले रुझानों को देखें और रिकॉर्ड करें।
6. कुछ महीनों के बाद पैटर्न वास्तविक समय में उभरने लगेंगे।
7. ट्रेडिंग लॉग एक सीखने का उपकरण है और ट्रेड सेटअप को पहचानने के लिए आपकी दृष्टि को प्रशिक्षित करने का एक उत्कृष्ट तरीका है।
8. आपके जर्नल में दस्तावेजीकरण के लिए कोई भी चीज छोटी नहीं है। उन्हें कागज पर उतार लें।

चित्र 10.1 एक्सेल टेंपलेट है, जो वह सभी जानकारी दिखाता है, जिसे आपको ट्रेड करते समय रिकॉर्ड करना चाहिए।

आप अपनी ट्रेडिंग शैली के अनुसार ट्रेडिंग जर्नल का प्रारूप भी बदल सकते हैं।

Trading Journal								
Date	Security Name	Chart Setup	Long/Short	Position Size	Stop Loss	Points Gained	Point Lost	Comments

चित्र **10.1: Trading journal format.**

बॉटम लाइन

एक संपूर्ण ट्रेडिंग डायरी टेंपलेट जैसा कुछ नहीं होता। अपनी स्वयं की ट्रेडिंग डायरी में लेन-देन जोड़ते समय प्रत्येक ट्रेडर को उन महत्त्वपूर्ण मैट्रिक्स का आकलन करना चाहिए, जिनकी उन्हें आवश्यकता होती है या जिनका उपयोग करने से उन्हें बचना चाहिए। इसके प्रकाश में एक ट्रेड मैगजीन को संशोधित किया जाना चाहिए।

इसके अतिरिक्त दैनिक आधार पर अपनी ट्रेड लॉग स्प्रेडशीट की समीक्षा करना आपके वर्तमान एक्सपोजर स्तर और आपके ट्रेडिंग पोर्टफोलियो को बढ़ाने के किसी भी अवसर की गणना करने के लिए एक उपयोगी अभ्यास है।

□

11
ट्रेलिंग स्टॉप-लॉस

ट्रेलिंग स्टॉप कैसे काम करता है ?

एक स्टॉप-लॉस ऑर्डर एक प्रकार का आदेश होता है, जो आपको एक ऐसा बिंदु चुनने की सुविधा देकर जोखिम-प्रबंधन में मदद करता है, जिस पर कीमत आपके विपरीत चलने की स्थिति में आपका ट्रेड बंद हो जाना चाहिए। स्टॉप-लॉस का उपयोग करने का मुख्य कारण यह सुनिश्चित करना है कि आपका नुकसान न्यूनतम रहे। स्टॉप-लॉस ऑर्डर्स तब तक बने रहते हैं, जब तक कि आपकी पोजीशन बिक नहीं जाती या आप ऑर्डर रद्द नहीं कर देते।

एक ट्रेलिंग स्टॉप, जिसे 'ट्रेलिंग स्टॉप-लॉस' भी कहा जाता है, एक प्रकार का मार्केट ऑर्डर है, जो एकल मूल्य के बजाय एक परिसंपत्ति के बाजार-मूल्य के नीचे एक निश्चित प्रतिशत पर स्टॉप-लॉस निर्धारित करता है। फिर स्टॉप-लॉस स्टॉक की कीमत के साथ-साथ चलता रहता है।

एक ट्रेलिंग स्टॉप का उद्देश्य क्या है ?

ट्रेलिंग स्टॉप्स के साथ आप अपने मुनाफे को लॉक कर सकते हैं और अपने व्यापार को तब तक खुला रख सकते हैं, जब तक कि परिसंपत्ति की कीमत आपके ट्रेलिंग स्टॉप स्तर तक नहीं पहुँच जाती। आपका ट्रेलिंग स्टॉप-लॉस ऑर्डर अंकों की एक निश्चित संख्या में या मूल कीमत और वर्तमान कीमत के बीच अंतर के प्रतिशत पर सेट किया जा सकता है। जब बाजार-मूल्य आपके ट्रेलिंग स्टॉप पर पहुँच जाता है तो स्टॉप-लॉस ऑर्डर चालू हो जाएगा और आपका ट्रेड बंद हो जाएगा।

यदि बाजार-मूल्य आपके पक्ष में बढ़ता है, लेकिन फिर दूसरी दिशा में वापस चला जाता है तो एक ट्रेलिंग स्टॉप नियमित स्टॉप-लॉस से बेहतर हो सकता है। ऐसा इसलिए

है, क्योंकि आपका स्टॉप-लॉस बाजार-मूल्य वाली दिशा में चला गया होगा, लेकिन दूसरी दिशा में नहीं। एक नियमित स्टॉप-लॉस की तरह, जब उपकरण की कीमत आपके पिछले स्टॉप-लॉस स्तर पर पहुँच जाती है तो आपका ट्रेड अगले उपलब्ध मूल्य पर बंद हो जाएगा। यह आपको घाटे में चल रहे ट्रेड को बरकरार रखने और अधिक पैसा खोने के जोखिम से बचाता है।

लॉन्ग पोजीशन के लिए एक ट्रेलिंग स्टॉप-लॉस का ग्राफिकल उदाहरण

आइए, एक कंपनी का उदाहरण लें, जो 100 रुपए पर ट्रेडिंग कर रही थी। आपने उस कंपनी को 100 रुपए पर और 93 रुपए के शुरुआती स्टॉप-लॉस के साथ खरीदा था।

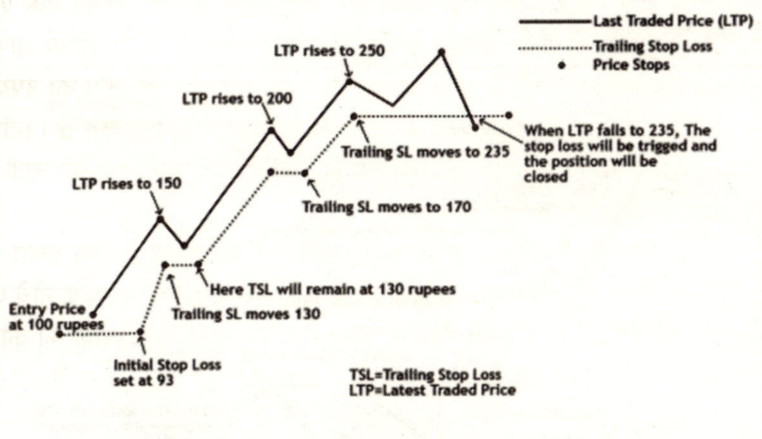

चित्र **11.1: Trailing stop-loss for long position**

इसके बाद स्टॉक ऊँचे स्तर पर पहुँचने लगा और 150 रुपए तक पहुँच गया, जहाँ कुछ देर के लिए इसमें रुकावट आई और थोड़ी गिरावट देखी गई। अब हमारा प्रारंभिक स्टॉप बदल जाएगा, क्योंकि हम ट्रेलिंग स्टॉप-लॉस अवधारणा का प्रयोग कर रहे हैं, जो अब 130 रुपए आँकी गई है।

एक बार जब पुलबैक खत्म हो गया तो स्टॉक फिर से बढ़ना शुरू हो गया और 200 रुपए के अगले शिखर पर पहुँच गया। आपने देखा होगा कि हमारा पिछला स्टॉप-लॉस भी कीमत के साथ-साथ ऊपर बढ़ रहा है और 170 रुपए की कीमत पर पहुँच गया है।

जैसा कि आप इस उदाहरण में देख सकते हैं कि कुछ ट्रेडिंग सेशंस के बाद स्टॉक की कीमत 250 रुपए तक पहुँच गई और थोड़ी ऊपर की चाल दिखाई। फिर अंत में, नीचे आई और 235 रुपए पर हमारे ट्रेलिंग स्टॉप-लॉस पर पहुँच गई। यहीं पर हम अपनी ट्रेडिंग पोजीशन से बाहर निकलेंगे और लॉन्ग पोजीशन को बंद करेंगे।

शॉर्ट पोजीशन के लिए ट्रेलिंग स्टॉप-लॉस का ग्राफिकल उदाहरण

आइए, एक ट्रेलिंग स्टॉप-लॉस के साथ एक शॉर्ट पोजीशन का उदाहरण लेते हैं। उदाहरण के लिए, एक कंपनी 200 रुपए पर ट्रेडिंग कर रही थी और आपने 215 रुपए के आरंभिक स्टॉप-लॉस के साथ कंपनी में 200 रुपए पर शॉर्ट पोजीशन ली। इसके बाद स्टॉक निचले स्तर की ओर बढ़ने लगा और 170 रुपए तक पहुँच गया, जहाँ इसने कुछ देर के लिए विराम लिया और एक छोटा सा अपसाइड रिट्रेसमेंट दिखाया। हमारा प्रारंभिक स्टॉप बदल जाएगा, क्योंकि हम एक ट्रेलिंग स्टॉप-लॉस अवधारणा का प्रयोग कर रहे हैं, जो अब 185 रुपए आँकी गई है।

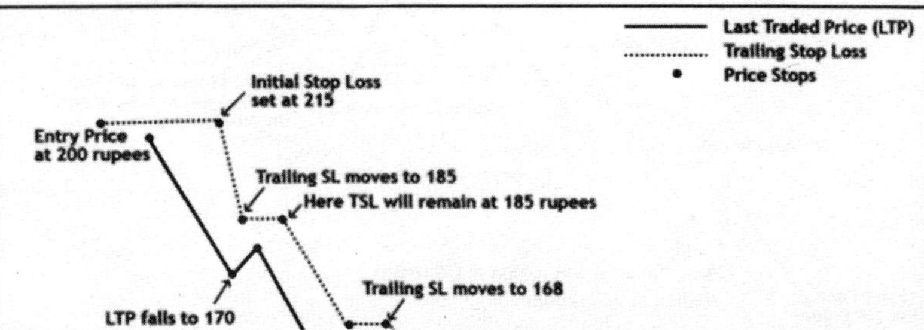

चित्र **11.2: Trailing stop-loss for short position**

एक बार जब अपसाइड रिट्रेसमेंट खत्म हो गया तो स्टॉक फिर से नीचे की ओर बढ़ने लगा और 150 रुपए के अगले निचले स्तर पर पहुँच गया।

अब, आपने देखा होगा कि हमारा ट्रेलिंग स्टॉप-लॉस भी कीमत के साथ कम हो रहा है और यह 168 रुपए की कीमत पर पहुँच गया है।

जैसा कि आप इस उदाहरण में देख सकते हैं, कुछ ट्रेडिंग सेशंस के बाद स्टॉक की कीमत 150 रुपए तक पहुँच गई और इसमें थोड़ी गिरावट देखी गई। फिर अंत में, ऊपर गई और 135 रुपए पर हमारे ट्रेलिंग स्टॉप-लॉस पर पहुँच गई। यहीं पर हम अपनी ट्रेडिंग पोजीशन से बाहर निकलेंगे और शॉर्ट पोजीशन को बंद कर देंगे।

□

12
केस स्टडीज

कंटिन्यूएशन पैटर्न्स की केस स्टडीज

मैंने अनुसरण करने के लिए चार्ट पैटर्न्स की सभी केस स्टडीज लिखी हैं और आपको ट्रेड लेने से लेकर उससे बाहर निकलने तक के विभिन्न परिदृश्य दिखाने की पूरी कोशिश की है।

मैंने कंटिन्यूएशन चार्ट पैटर्न और रिवर्सल चार्ट पैटर्न की 50 से अधिक केस स्टडीज दिखाई हैं, जिनका उपयोग ब्रेकआउट ट्रेडिंग के दौरान किया जा सकता है। याद रखें, हमें ब्रेकआउट ट्रेडिंग के लिए केवल एक चार्ट पैटर्न का उपयोग करना चाहिए, न कि कैंडलस्टिक पैटर्न का, जो रिवर्सल ट्रेडिंग के लिए उपयोग किया जाता है।

वास्तविक जीवन के उदाहरणों को विस्तृत विवरण के साथ दिखाया गया है, जिससे आपके लिए इसे सर्वोत्तम संभव तरीके से समझना और ग्रहण करना आसान हो जाएगा।

याद रखें, मैंने ट्रेलिंग स्टॉप-लॉस के रूप में 9-ई.एम.ए. का काफी उपयोग किया है, क्योंकि यह हमें संबंधित प्रवृत्ति पर सवारी करने और पैटर्न आधारित लक्ष्य के विपरीत अधिकतम प्रोफिट बुक करने की सुविधा देता है, जिसे आप नीचे दी गई केस स्टडीज में देखेंगे।

असेंडिंग ट्राइएंगल

मई 2020 से अगस्त 2020 तक एथेरियम के दैनिक चार्ट पर एक बुलिश असेंडिंग पैटर्न बना, जैसा कि चित्र 12.1 में दिखाया गया है।

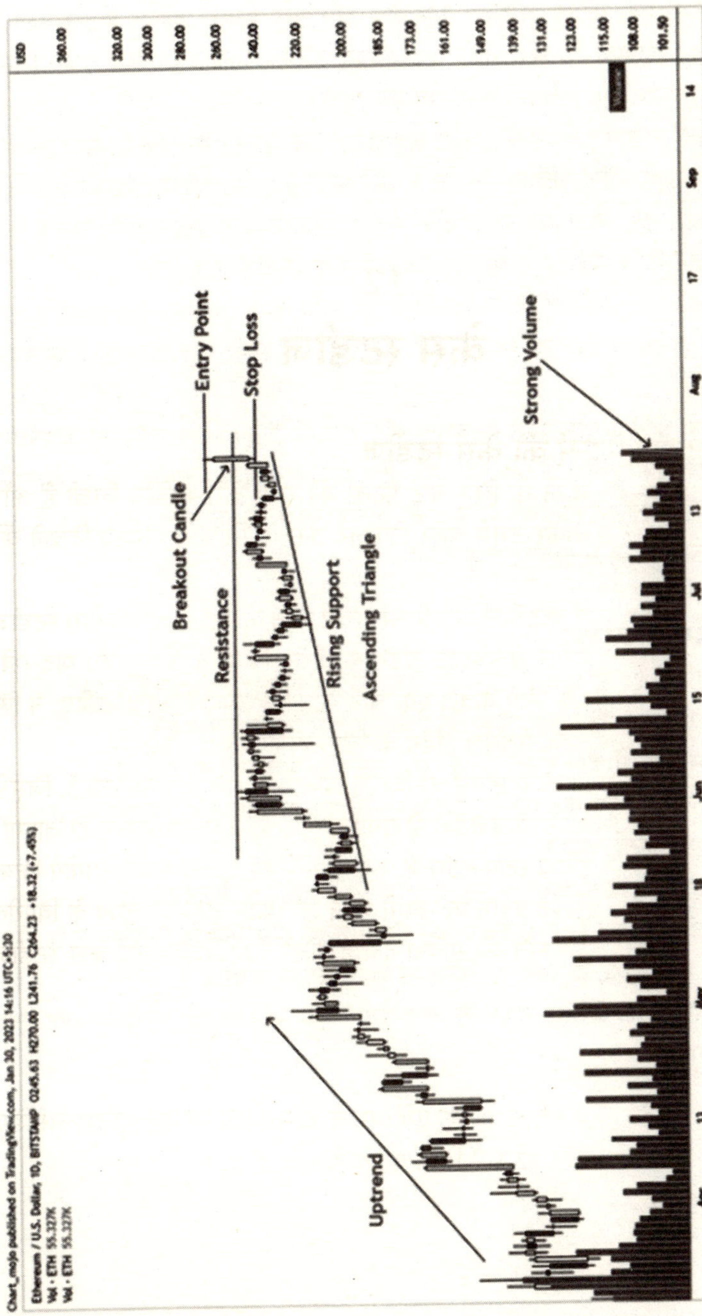

चित्र 12.1: Daily chart of Ethereum (bullish ascending pattern).

इसमें एक बुलिश असेंडिंग पैटर्न बना और एक मजबूत बुलिश कैंडल के साथ ब्रेकआउट दिखाया है। ब्रेकआउट एक अच्छी वॉल्यूम उछाल के साथ हुआ, जिसने ब्रेकआउट को और अधिक विश्वसनीय बना दिया।

यहाँ लगभग 339 डॉलर (प्रवेश क्षेत्र से 52 अंक ऊपर) के लक्ष्य के साथ 269.38 डॉलर से ऊपर लॉन्ग पोजीशन ली गई है और स्टॉप 241.86 डॉलर (ब्रेकआउट कैंडल का निचला स्तर, जो ब्रेकआउट के ठीक नीचे है) के आसपास रखा गया है। चार्ट में आप देख सकते हैं कि ब्रेकआउट के बाद ट्रेंड कंटिन्यूएशन कैसे होता है!

चित्र 12.2 में देखें कि स्टॉक टार्गेट को प्राप्त करते हुए 269.38 डॉलर के स्तर से 339.48 डॉलर तक बढ़ गया है और 10 दिनों की अवधि में लगभग 26% का रिटर्न दे रहा है।

यहाँ प्रोफिट बुक करने के बजाय यदि ट्रेडर ने ट्रेलिंग स्टॉप-लॉस की अवधारणा का उपयोग किया होता तो वह कुछ और लाभ कमा सकता था, क्योंकि वह पोजीशन के ट्रेलिंग स्टॉप-लॉस पर पहुँचने के बाद पोजीशन से बाहर निकल जाता। हम आगामी चार्ट पैटर्न केस स्टडीज में इस पर चर्चा करेंगे।

डिसेंडिंग ट्राइएंगल

मार्च 2021 से मार्च 2022 तक फ्यूचर रिटेल लिमिटेड के साप्ताहिक चार्ट पर एक बेयरिश असेंडिंग पैटर्न बना, जैसा कि चित्र 12.3 में दिखाया गया है।

हम चार्ट में देख सकते हैं कि चार्ट बनने से पहले स्टॉक डाउनट्रेंड में था और इसने अच्छे वॉल्यूम एवं मजबूत ब्रेकडाउन कैंडल के साथ एक 'क्लासिक डाउनट्रेंड कंटिन्यूएशन पैटर्न' बनाया।

यहाँ बिना किसी लक्ष्य के 38.35 रुपए से नीचे शॉर्ट पोजीशन ली गई है। हम ट्रेलिंग स्टॉप-लॉस के रूप में 9-ई.एम.ए. का प्रयोग करेंगे और एक बार ट्रेलिंग स्टॉप-लॉस (टी.एस.एल.) हिट हो जाने पर स्थिति से बाहर निकल जाएँगे।

ध्यान दें कि ब्रेकडाउन होने के बाद कीमत एक मुक्त गिरावट में केवल एक दिशा में नीचे गई।

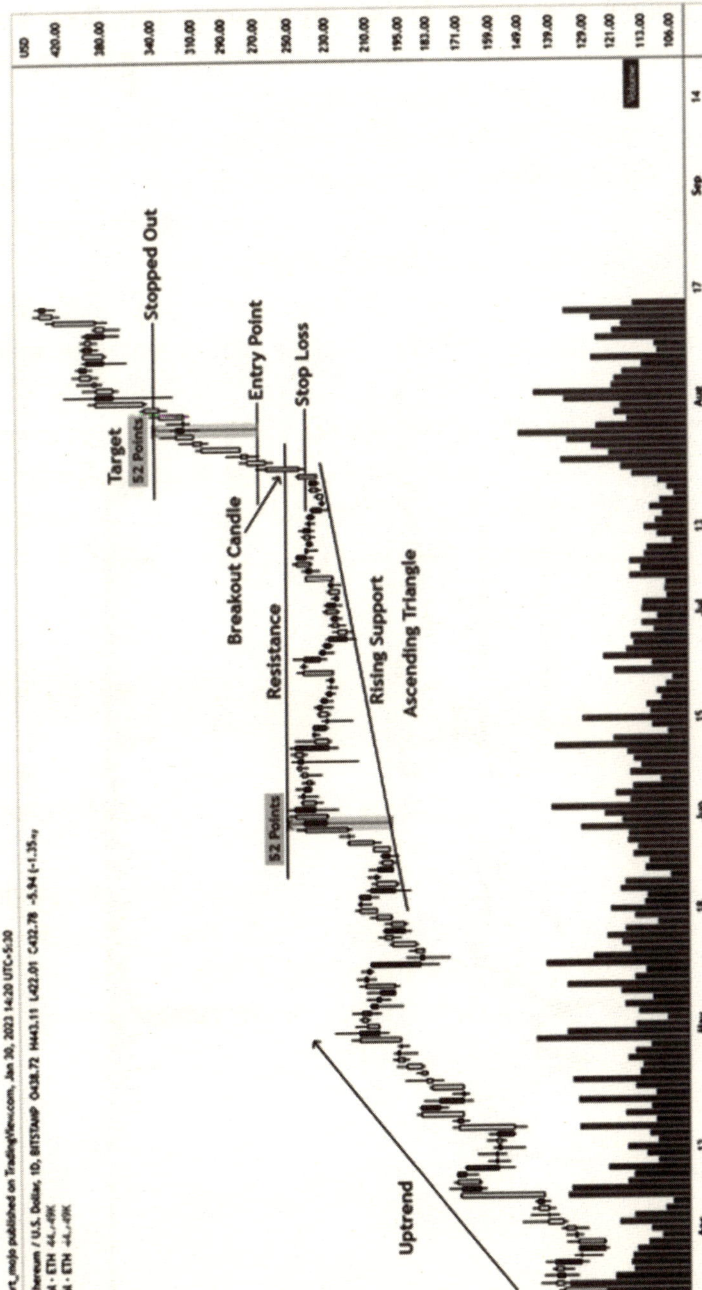

चित्र 12.2: Trend continuation takes place after the breakout on the Etherum chart.

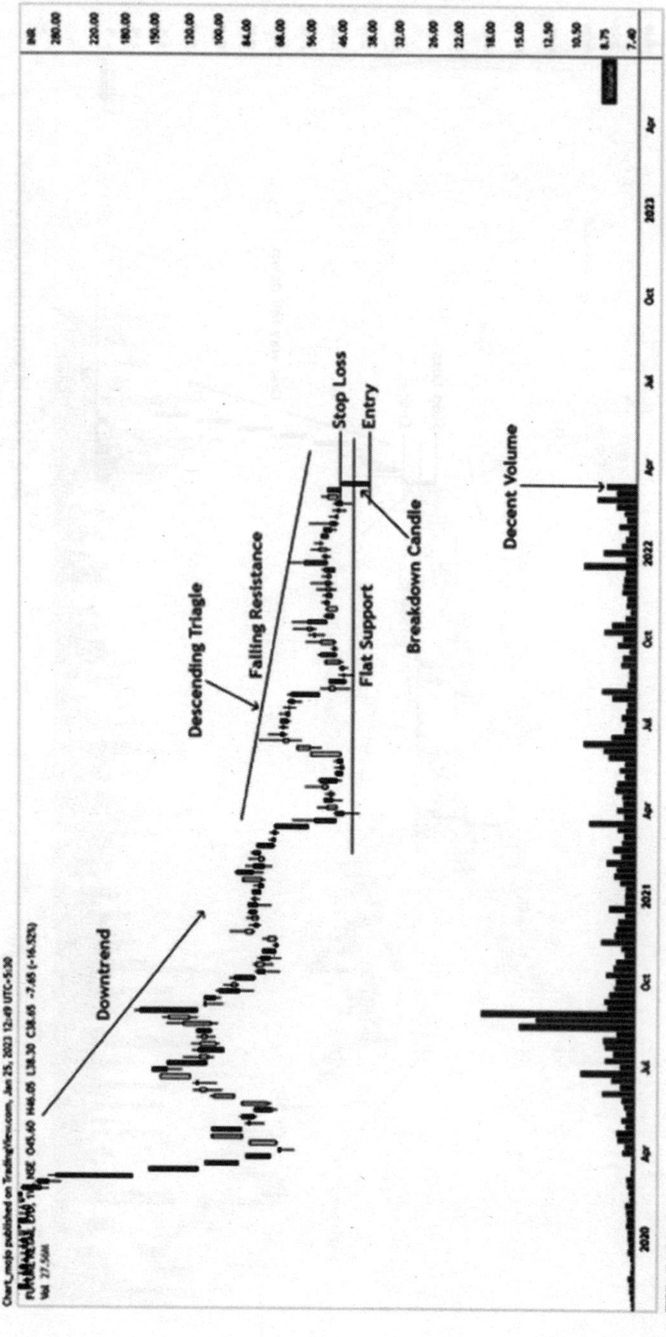

चित्र 12.3: Weekly chart of Future Retail Ltd. (bearish ascending pattern).

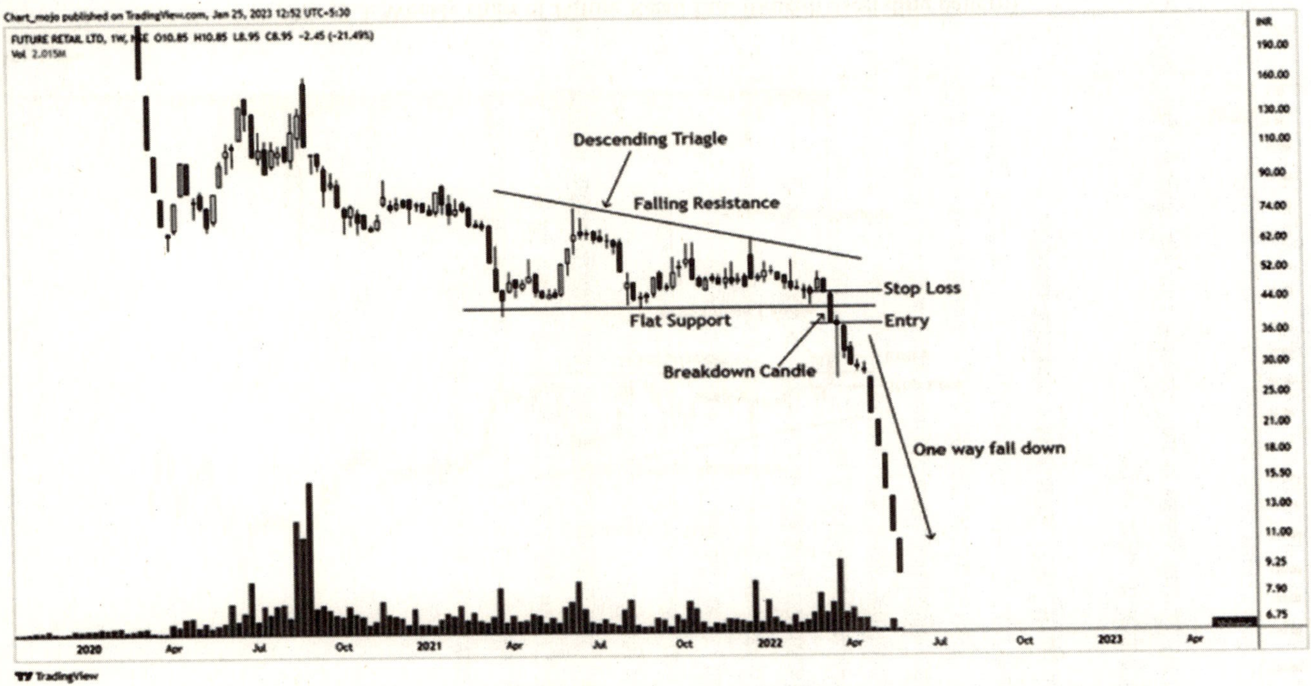

चित्र 12.4: Daily chart of Future Retail Ltd. showing a descending triangle continuation pattern.

एक बार फिर, चित्र 12.4 में आप देख सकते हैं कि ब्रेकडाउन के बाद प्राइस एक्शन ने कैसा आकार लिया और हमें एक अच्छा नकारात्मक पक्ष या डाउनसाइड दिया।

प्राइस पूरी तरह गिरकर 9 रुपए पर पहुँच गया और कुछ ही ट्रेडिंग सेशंस में 38 रुपए से 9 रुपए पर पहुँच गया।

बुलिश सिमेट्रिकल ट्राइएंगल (सममित त्रिकोण)

मार्च 2022 से अगस्त 2022 तक सोलर इंडस्ट्रीज इंडिया लिमिटेड के दैनिक चार्ट पर एक 'बुलिश सिमेट्रिकल ट्राइएंगल पैटर्न' बना, जैसा कि चित्र 12.5 में दिखाया गया है।

एक 'बुलिश सिमेट्रिकल ट्राइएंगल' के गठन से पहले स्टॉक एक मजबूत अपट्रेंड में था। उसने एक डबल बॉटम ब्रेकआउट दिया और एक अच्छा अपसाइड दिखाया (यदि आप सममित त्रिकोण के गठन से ठीक पहले देख सकते हैं)।

ब्रेकआउट एक कैंडल के साथ हुआ, जो बहुत मजबूत थी (यह बुलिश मारुबोजू के रूप में थी) और साथ ही यह एक मजबूत वॉल्यूम बिल्ड-अप के साथ भी हुई।

यहाँ, लॉन्ग पोजीशन 2,997 रुपए से ऊपर ली गई है, जिसका लक्ष्य लगभग 3,993 रुपए (प्रवेश क्षेत्र से 790 अंक ऊपर) है और स्टॉप 2,821 रुपए (ब्रेकआउट कैंडल के निचले स्तर) के आसपास रखा गया है।

चित्र 12.6 ब्रेकआउट होने के बाद सोलर इंडस्ट्रीज इंडिया लिमिटेड का फॉलो-अप चार्ट है। आप देख सकते हैं कि ब्रेकआउट के बाद ट्रेंड कंटिन्यूएशन कैसे होता है!

दो महीने की अवधि में लगभग 33% का रिटर्न देते हुए लक्ष्य हासिल करके स्टॉक 2,997 रुपए के स्तर से बढ़कर 3,993 रुपए हो गया।

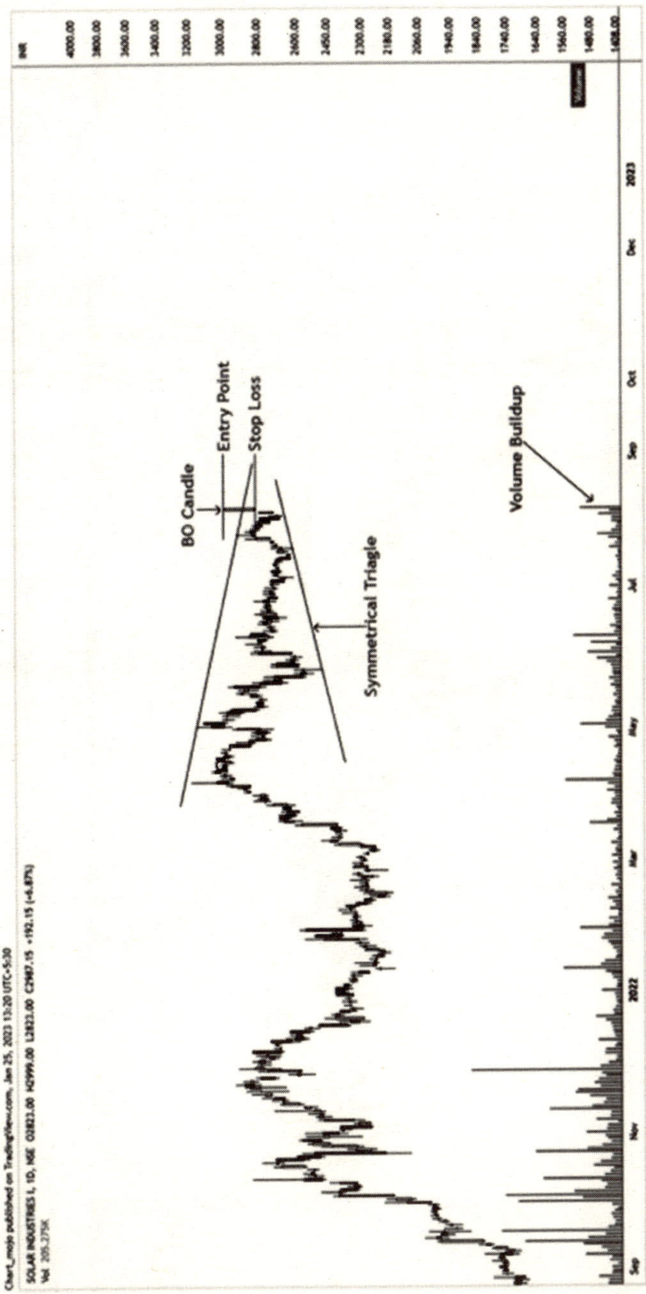

चित्र 12.5: Daily chart of Solar Industries India Ltd. (bullish symmetrical triangle pattern).

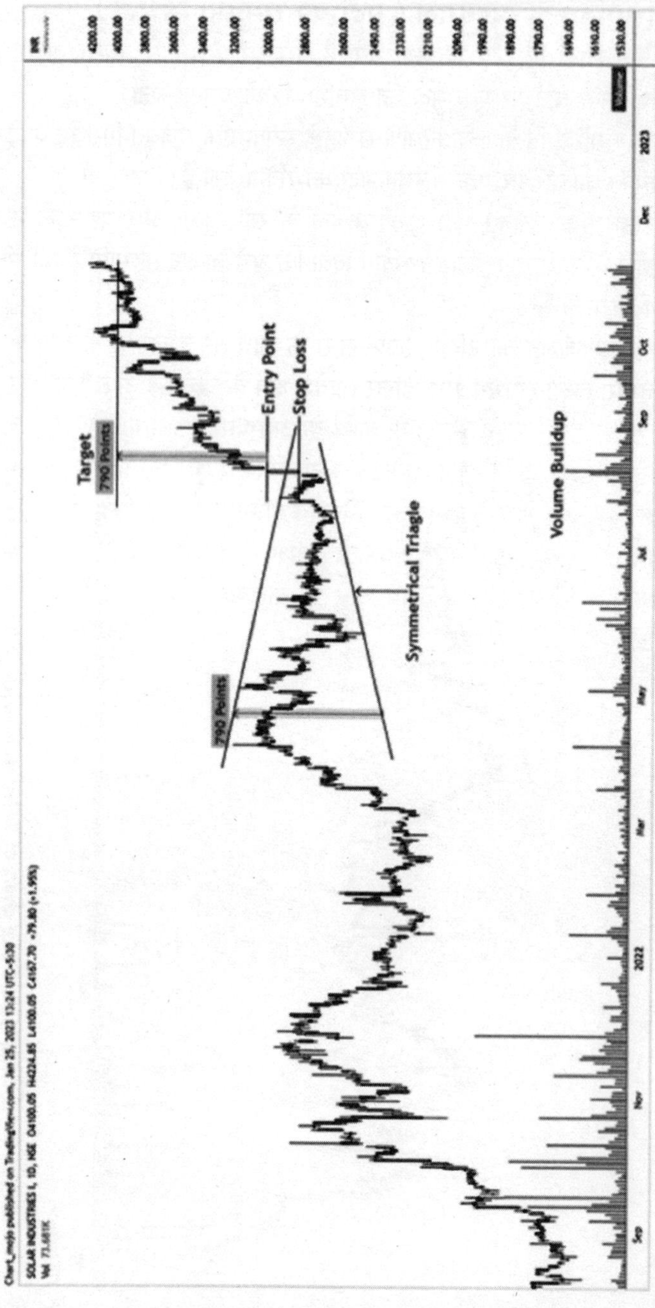

चित्र 12.6: Daily chart of Solar Industries India Ltd. signifying higher highs and higher lows, price-action formation after the breakout of symmetrical triangle pattern

बेयरिश सिमेट्रिकल ट्राइएंगल (मंदी का सममित त्रिभुज)

जैसा कि चित्र 12.7 में दिखाया गया है, सितंबर 2018 से नवंबर 2018 तक एथेरियम के दैनिक चार्ट पर एक मंदी का सममित त्रिकोण पैटर्न बना।

मंदी के सममित त्रिकोण के निर्माण से पहले स्टॉक एक मजबूत गिरावट के ट्रेंड में था, जो उपर्युक्त काउंटर पर एक मजबूत मंदी का संकेत देता है।

ब्रेकडाउन एक मजबूत मंदी वाली कैंडल के साथ हुआ और यह एक मजबूत वॉल्यूम उछाल के साथ हुआ, जिसने संकेत दिया कि बड़े बाजार सहभागियों को भी इस काउंटर में दिलचस्पी थी।

यहाँ शॉर्ट पोजीशन को ट्रेलिंग स्टॉप-लॉस के साथ 65 डॉलर से नीचे लिया गया है, जिससे हमारा लक्ष्य लगभग 101 डॉलर (प्रवेश क्षेत्र के नीचे 64 अंक) हो गया और स्टॉप 206 डॉलर (ब्रेकडाउन कैंडल के हाई) के आसपास रखा गया है।

मंदी के 'बेयरिश कंटिन्यूशन सिमेट्रिकल ट्राइएंगल' (चित्र 12.8) के फॉलो-अप चार्ट में एक बार फिर आप देख सकते हैं कि ब्रेकडाउन के बाद प्राइस एक्शन ने कैसे आकार लिया और हमें एक अच्छा नकारात्मक पक्ष या डाउनसाइड दिया! प्राइस पूरी तरह से नीचे 101 डॉलर तक चला गया और 33 कारोबारी सत्रों के भीतर 165 डॉलर से 101 डॉलर तक पहुँच गया।

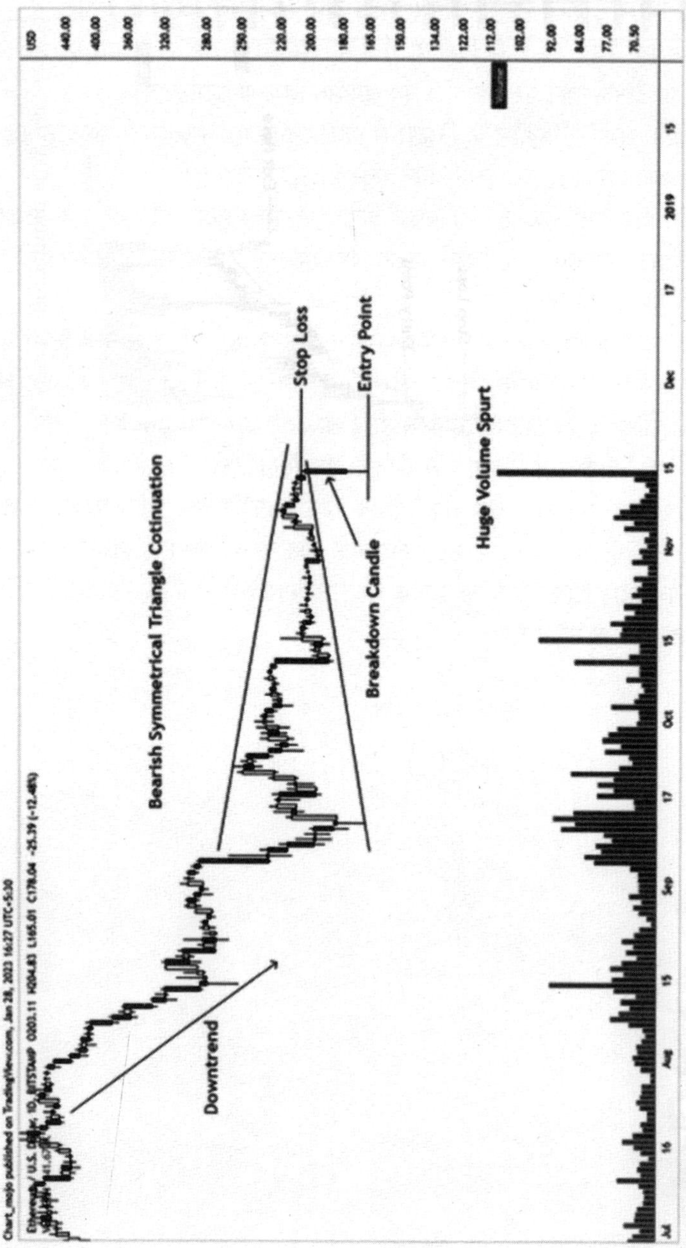

चित्र 12.7: Daily chart of Ethereum (bearish symmetrical triangle pattern).

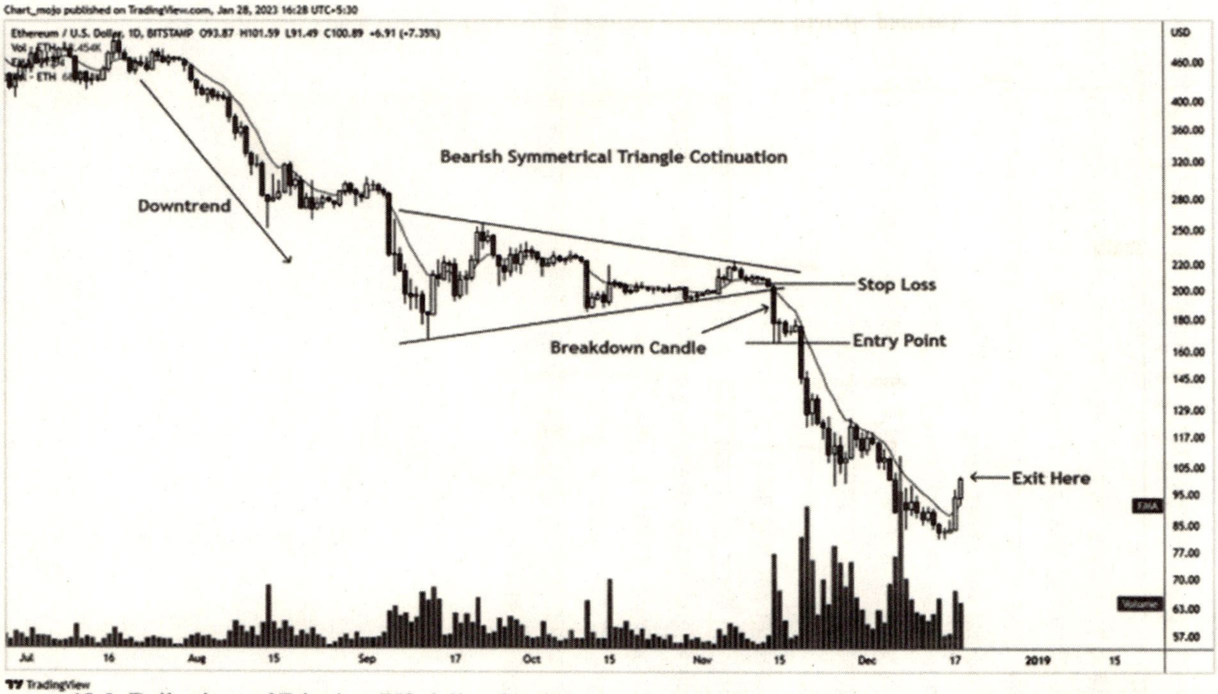

चित्र 12.8: Daily chart of Etherium/US dollar showing us a clearly visible downside momentum after the breakdown from bearish continuation symmetrical triangle.

बुलिश पेनेंट

सितंबर 2022 से अक्तूबर 2022 तक भारतीय रेलवे पर्यटन निगम लिमिटेड के दैनिक चार्ट पर एक तेजी का पैटर्न बना, जैसा कि चित्र 12.9 में दिखाया गया है।

चार्ट में हायर हाईज एवं हायर लोज की एक शृंखला के साथ अपट्रेंड बरकरार दिखता है और बुलिश पेनेंट आने से पहले एक स्पष्ट अप ट्रेंडिंग पोल देखा जाता है।

ध्यान दें कि स्टॉक पेनेंट ब्रेकआउट मजबूत ब्रेकआउट कैंडल के साथ हुआ, जिसके साथ एक भारी वॉल्यूम बिल्ड-अप भी हुआ।

लगभग 1,193 रुपए (प्रवेश क्षेत्र से 380 अंक ऊपर) के लक्ष्य के साथ 813 रुपए के ठीक ऊपर लॉन्ग पोजीशन ली गई है और स्टॉप 762 रुपए (विस्तृत रेंज ब्रेकआउट कैंडल के निचले स्तर) के आसपास रखा गया है।

लॉन्ग पोजीशन लिये जाने के बाद हम देख सकते हैं कि स्टॉक का प्राइस ब्रेकआउट जोन से ऊपर की ओर कैसे बढ़ा!

ब्रेकआउट कैंडल होने के बाद (चित्र 12.10) 'वॉल्यूम संचय' देखा गया, जिसने अंततः संकेत दिया कि बड़े खरीदार भी इस स्टॉक को खरीदने के इच्छुक हैं।

कुछ ही समय में शेयर का प्राइस 813 रुपए से गिरकर 1,193 रुपए तक पहुँच गया (टार्गेट को पोल आकार का उपयोग करके पहचाना गया था), क्योंकि देखा जा सकता है कि एंट्री से लेकर टार्गेट प्राइस तक पूरी ऊर्ध्वगामी चाल में केवल एक ब्लैक कैंडल देखी गई थी।

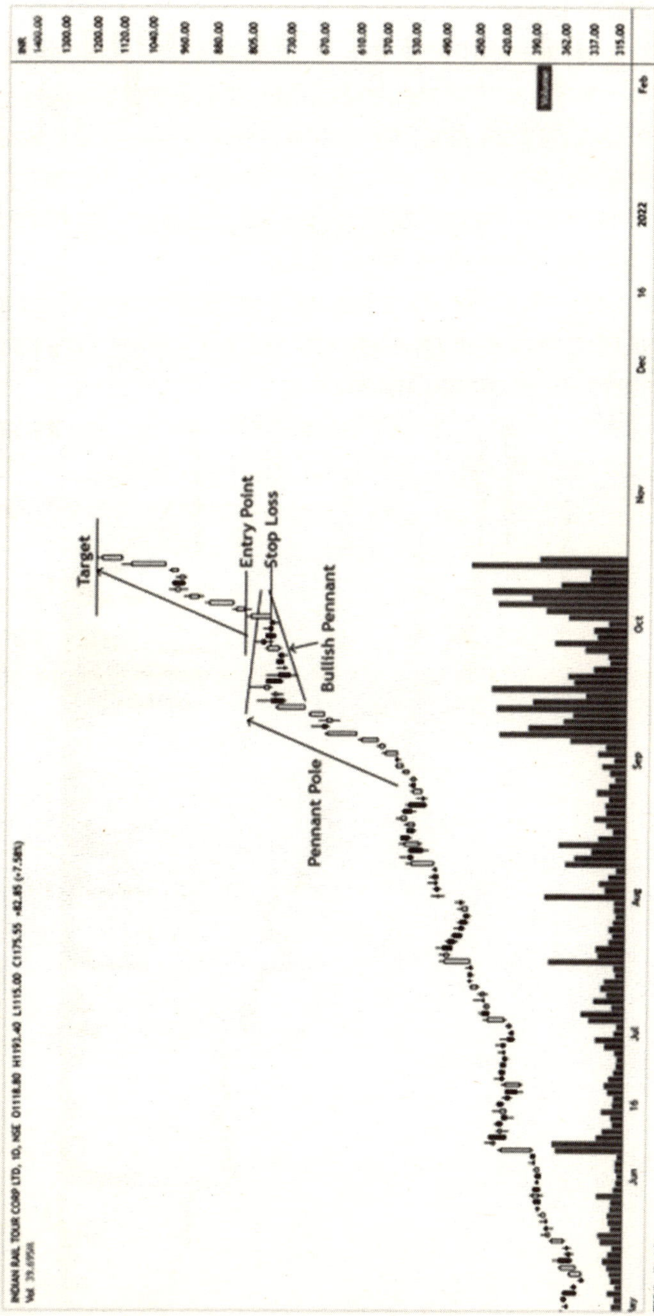

चित्र 12.9: Daily chart of Railway Tourism Corporation Ltd. (bullish pennant pattern).

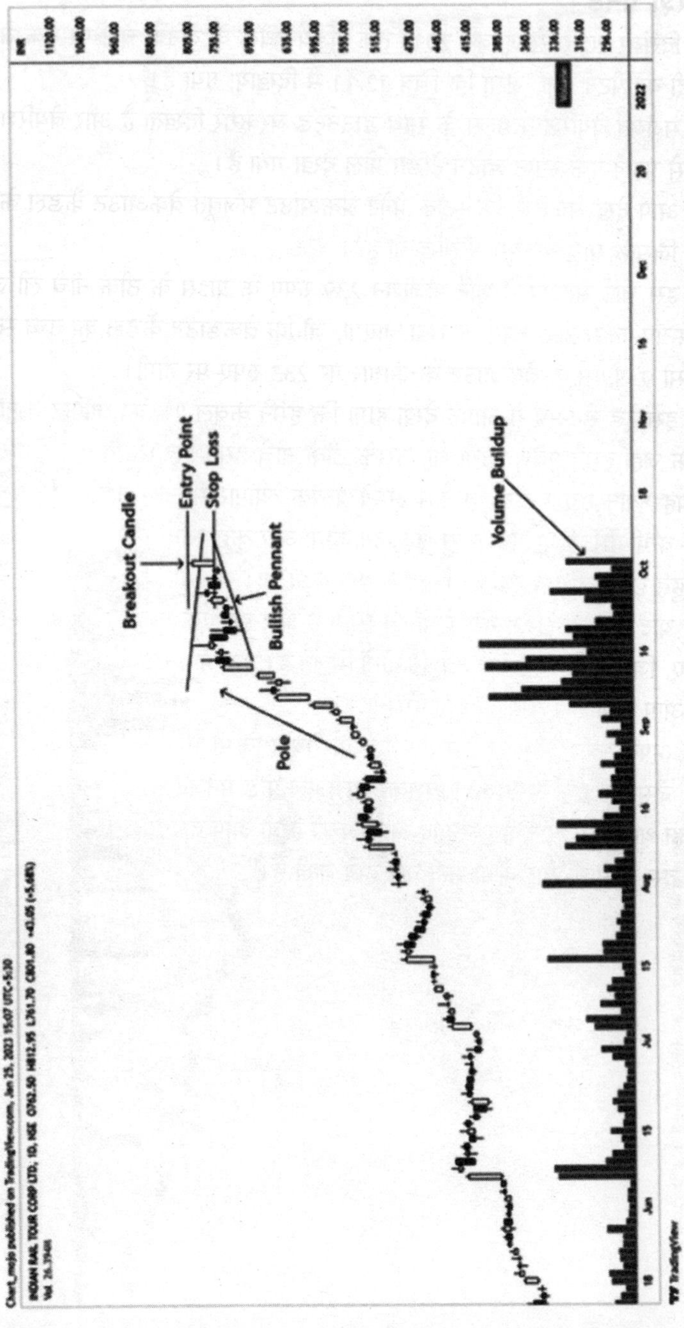

चित्र 12.10: Daily chart of Indian Railway Tourism Corporation Ltd. showing the bullish pennant pattern.

बेयरिश पेनेंट

दिसंबर 2010 से जनवरी 2011 तक इंडियन बैंक के दैनिक चार्ट पर एक बेयरिश या मंदी का पैटर्न बना, जैसा कि चित्र 12.11 में दिखाया गया है।

मजबूत बेयरिश कैंडल्स के साथ डाउनट्रेंड बरकरार दिखता है और बेयरिश पेनेंट आने से पहले एक स्पष्ट डाउन ट्रेडिंग पोल देखा गया है।

आप देख सकते हैं कि स्टॉक पेनेंट ब्रेकआउट मजबूत ब्रेकआउट कैंडल के साथ हुआ, जिसके साथ वॉल्यूम में वृद्धि भी हुई।

इस चार्ट सेटअप में शॉर्ट पोजीशन 239 रुपए के प्राइस के ठीक नीचे ली जाएगी और स्टॉप-लॉस 250 रुपए पर रखा जाएगा, जो कि ब्रेकडाउन कैंडल का उच्च स्तर है। निकासी 9-ई.एम.ए. ब्रेकआउट के आधार पर 233 रुपए पर होगी।

इस ट्रेड सेटअप में आपने देखा होगा कि हमने केवल 2% का प्रोफिट कमाया है; क्योंकि जहाँ हमने प्रवेश लिया था, उसके ठीक नीचे हमने निकास किया था। इसलिए, हमें यह ध्यान रखना होगा कि हम अपने प्रत्येक व्यापार में लाभ नहीं कमाने वाले हैं। कभी-कभी हमें एक स्टॉप-लॉस हिट लेना होगा और कुछ सौदों में हम ब्रेक-ईवन करेंगे या बहुत छोटा लाभ कमाएँगे, जैसा कि यहाँ हुआ था।

याद रखें कि ट्रेडिंग एक ऐसा व्यवसाय है और इसे एक ऐसा व्यवसाय माना जाना चाहिए, जिसमें आपको लाभ व हानि दोनों मिलते हैं। जब आप यह मानसिकता बना लेंगे, तभी आप बाजार से पैसा कमा पाएँगे।

अपने स्टॉप-लॉस का सम्मान करें और बिना किसी भावना के बाहर निकलें।

जैसा कि एक अमेरिकी निवेशक, म्यूचुअल फंड मैनेजर एवं परोपकारी पीटर लिंच ने कहा था, “इस व्यवसाय में यदि आप अच्छे हैं तो आप दस में से छह बार सही होंगे। आप दस में से नौ बार कभी सही नहीं होने वाले हैं।”

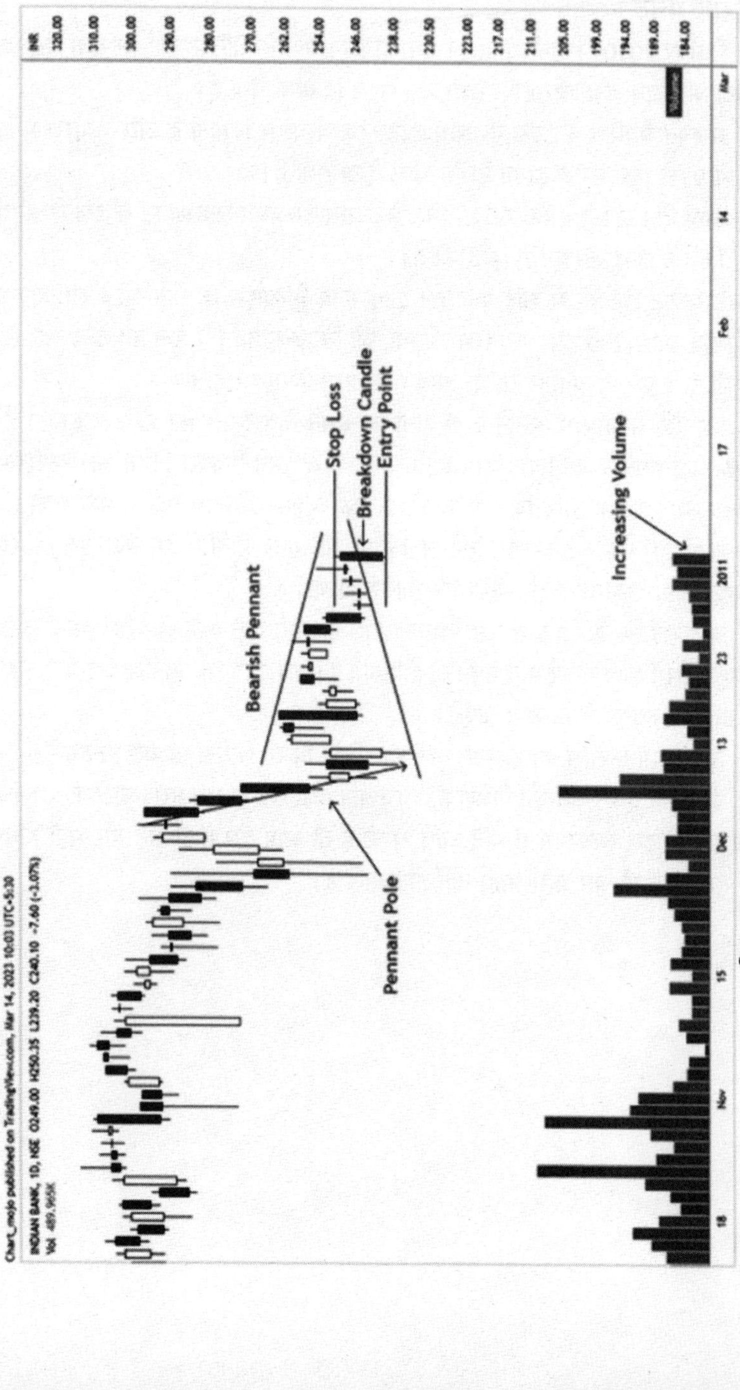

चित्र 12.11: Daily chart of Indian Bank (bearish pennant pattern).

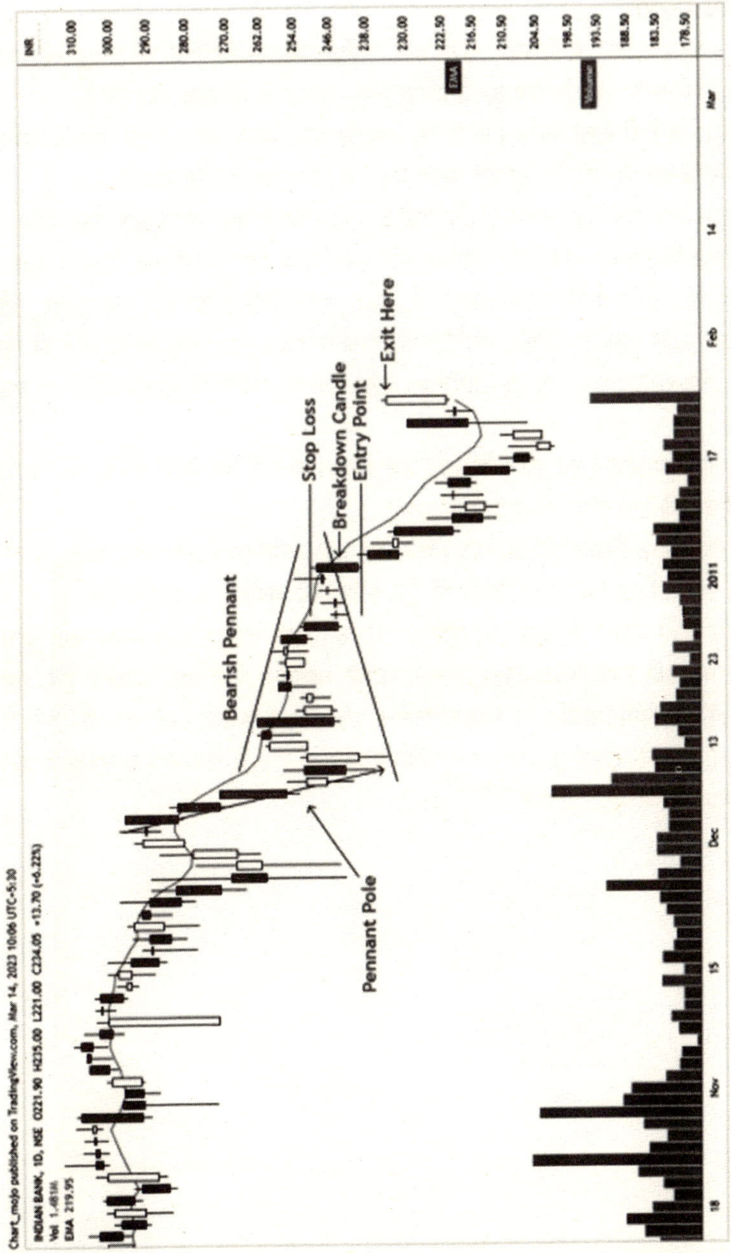

चित्र 12.12: Daily chart of Indian Bank after breakdown from bearish pennant pattern

बुलिश फ्लैग

अक्तूबर 2022 से दिसंबर 2022 तक आदित्य बिड़ला कैपिटल के दैनिक चार्ट पर एक बुलिश फ्लैग का पैटर्न बना, जैसा कि चित्र 12.13 में दिखाया गया है।

इस चार्ट में देखा जा सकता है कि अपट्रेंड एक स्पष्ट अप-ट्रेंडिंग पोल के साथ बरकरार दिखता है, जो कि बुलिश फ्लैग बनने से ठीक पहले देखा गया है।

हम यह भी देख सकते हैं कि स्टॉक फ्लैग पैटर्न का ब्रेकआउट एक मजबूत ब्रेकआउट कैंडल के साथ हुआ, जिसके साथ एक अच्छा वॉल्यूम बिल्ड-अप भी हुआ।

अब, लॉन्ग पोजीशन लगभग 158 रुपए (एंट्री एरिया से 28 अंक ऊपर, जो बिल्कुल फ्लैग पोल के आकार का है) के लक्ष्य के साथ 130 रुपए के ठीक ऊपर ली गई है और स्टॉप 125 रुपए के आसपास रखा गया है (फ्लैग पैटर्न ब्रेकआउट कैंडल का लो)।

लॉन्ग पोजीशन ली जाने के बाद हम देख सकते हैं कि कैसे स्टॉक का प्राइस ब्रेकआउट जोन से ऊपर की ओर बढ़ गया!

ब्रेकआउट कैंडल होने के बाद (चित्र 12.14) 'वॉल्यूम संचय' देखा गया, जिसने अंततः संकेत दिया कि बड़े खरीदार भी इस स्टॉक को खरीदने के इच्छुक थे।

कुछ ही समय में शेयर की कीमत 130 रुपए से गिरकर 153 रुपए तक पहुँच गई (टार्गेट को पोल आकार का उपयोग करके पहचाना गया था), क्योंकि हम देख सकते हैं कि स्पिनिंग टॉप के रूप में केवल एक ब्लैक कैंडल देखी गई थी। एंट्री से टार्गेट प्राइस तक संपूर्ण ऊर्ध्वगमन में स्पिनिंग टॉप के रूप में केवल एक ब्लैक कैंडल देखी गई थी।

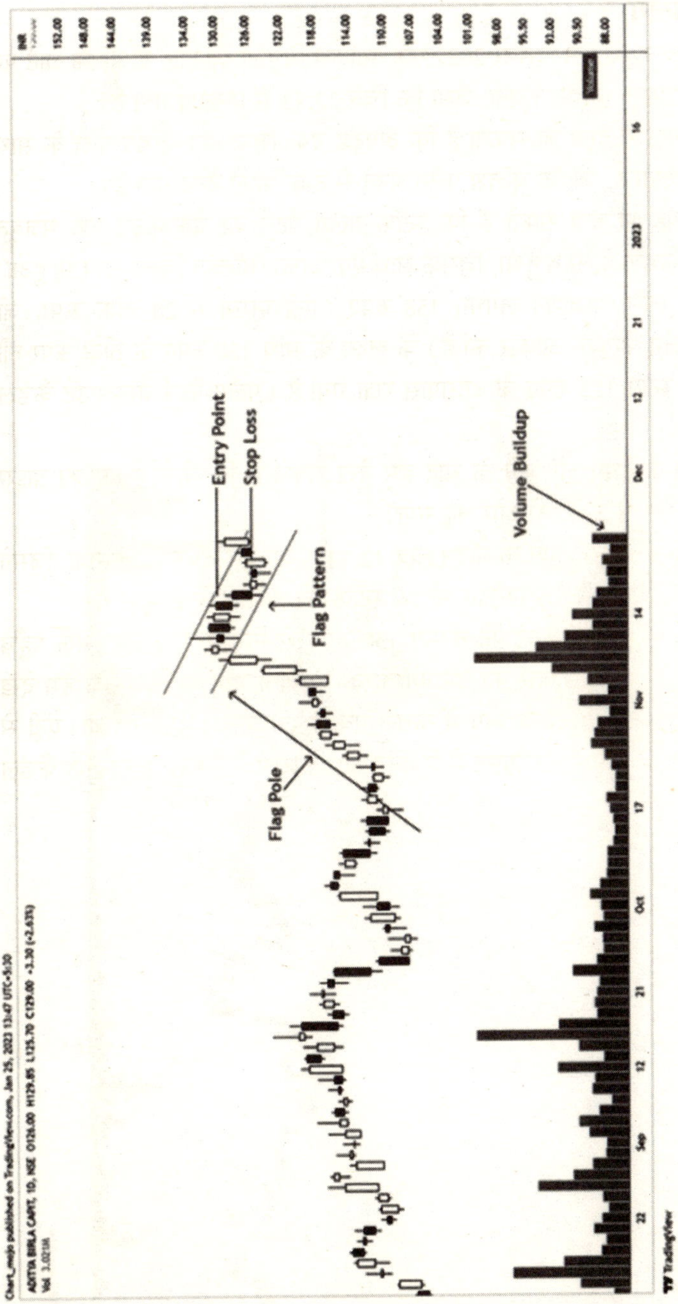

चित्र 12.13: Daily chart of Aditya Birla Capital (bullish flag pattern).

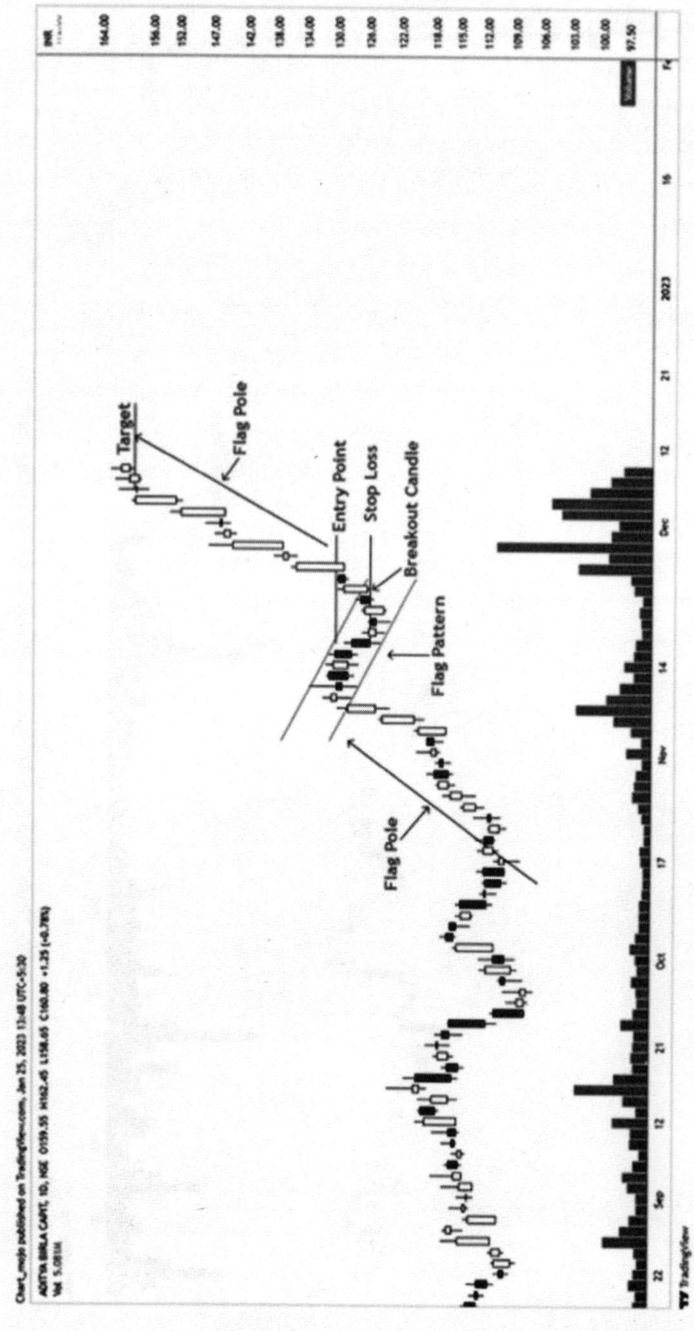

चित्र 12.14: Daily chart of Aditya Birla Capital after breakout from the flag pattern.

बेयरिश फ्लैग

नवंबर 2022 से दिसंबर 2022 तक आदित्य बिड़ला फैशन के दैनिक चार्ट पर एक बेयरिश फ्लैग पैटर्न बना, जैसा कि चित्र 12.15 में दिखाया गया है।

इस चार्ट में देखा जा सकता है कि डाउनट्रेंड एक स्पष्ट डाउन ट्रेंडिंग पोल के साथ बरकरार दिखता है, जो कि बुलिश फ्लैग बनने से ठीक पहले देखा गया है।

स्टॉक फ्लैग पैटर्न ब्रेकडाउन एक मजबूत ब्रेकडाउन कैंडल के साथ हुआ, जिसके साथ एक अच्छा वॉल्यूम बिल्ड-अप भी हुआ।

अब, शॉर्ट पोजीशन लगभग 262 रुपए के लक्ष्य के साथ 300 रुपए से नीचे ली गई है (एंट्री एरिया से 45 अंक नीचे, जो बिल्कुल फ्लैग पोल के आकार का है) और स्टॉप 318 रुपए के आसपास रखा गया है (ब्रेकडाउन कैंडल की पिछली कैंडल का हाई)।

जिस तरह से और जब शॉर्ट पोजीशन ली गई, हम यह भी देख सकते हैं कि कैसे स्टॉक का प्राइस ब्रेकडाउन जोन से गिरावट की ओर चला गया!

ब्रेकडाउन कैंडल होने के बाद हम यह भी देख सकते हैं कि स्टॉक का प्राइस 9-ई.एम.ए. से नीचे ट्रेड करता रहा। यदि हमने पैटर्न-आधारित टार्गेट का उपयोग करने के बजाय ट्रेलिंग स्टॉप-लॉस के लिए 9-ई.एम.ए. का उपयोग किया होता, तो भी हमें स्टॉक से बाहर निकलने का मौका नहीं मिलता।

कुछ ही समय में शेयर का प्राइस 300 रुपए से घटकर 262 रुपए पर आ गया (टार्गेट को पोल आकार का उपयोग करके पहचाना गया), क्योंकि हम देख सकते हैं कि एंट्री से लेकर टार्गेट प्राइस तक पूरी गिरावट में कुछ ही बुलिश कैंडल्स देखी गईं।

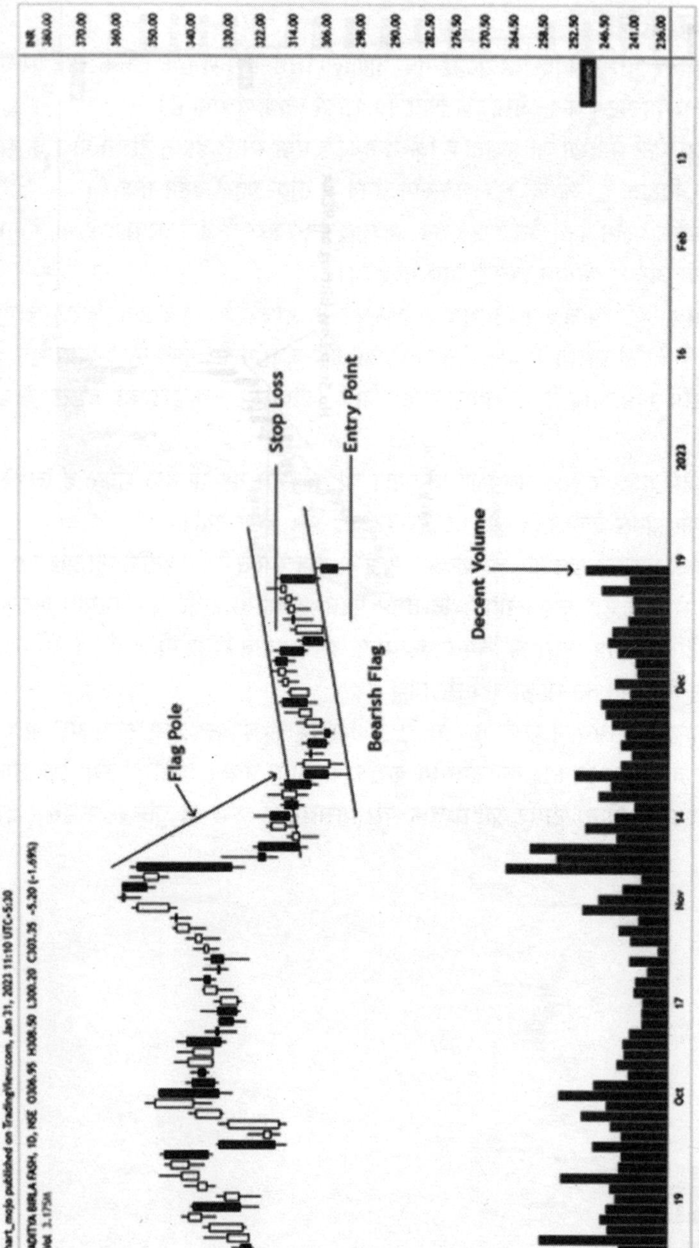

चित्र 12.15: Daily chart of Aditya Birla Fashion (bearish flag pattern).

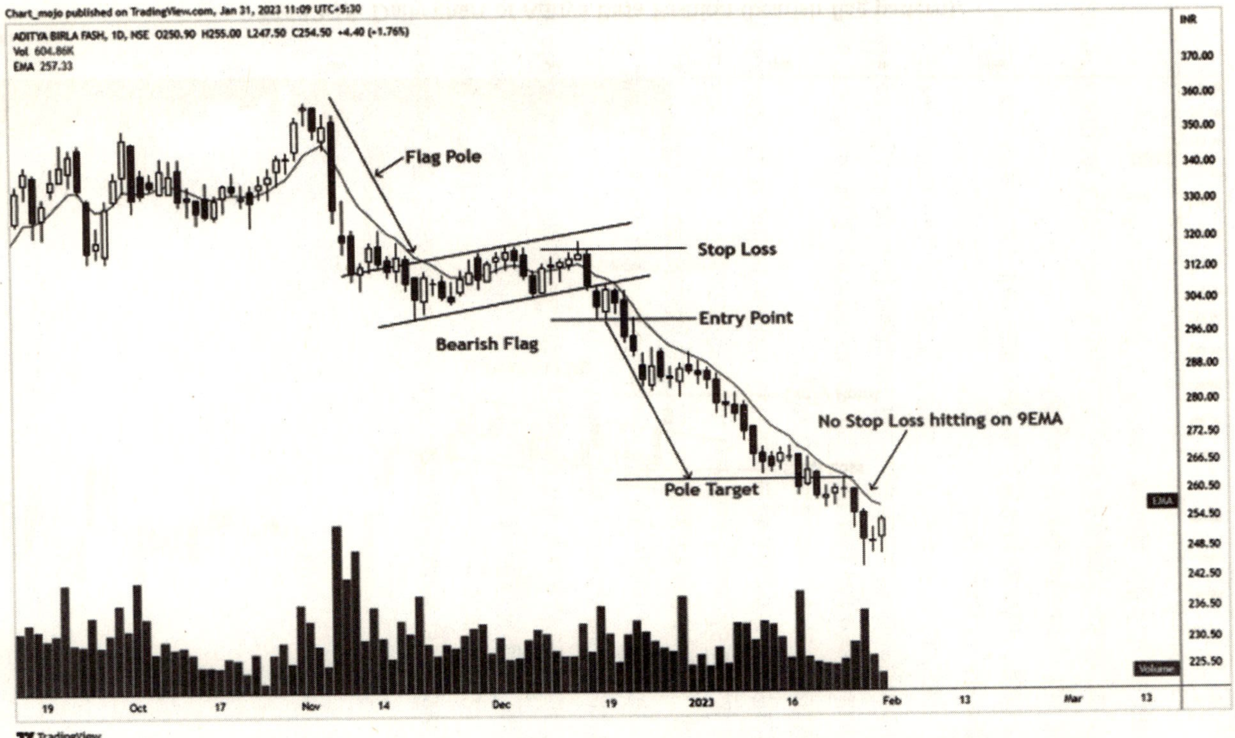

चित्र 12.16: Daily Chart of Aditya Birla Fashion after breakdown from bearish flag pattern.

फॉलिंग वेज पैटर्न

मई 2014 से दिसंबर 2016 तक अडाणी एंटरप्राइजेज के साप्ताहिक चार्ट पर एक फॉलिंग वेज पैटर्न बना, जैसा कि चित्र 12.17 में दिखाया गया है।

यह बिल्कुल स्पष्ट है कि पैटर्न के निर्माण से पहले अपट्रेंड बरकरार था— हायर हाईज और लोअर लोज देखे जा सकते हैं।

अंततः, प्राइस दो गिरते बैंडों के बीच बढ़ने लगा, जिसने अंततः एक अपट्रेंड में फॉलिंग वेज का निर्माण किया।

ब्रेकआउट के समय हम देख सकते हैं कि यह एक नैरो (संकीर्ण) रेंज कैंडल के साथ हुआ, जिसके कारण मुझे स्टॉप-लॉस को हालिया स्विंग लो पर रखना पड़ा। वॉल्यूम पूरी तरह से खत्म होता दिख रहा है, जो इस बात का संकेत है कि अब कोई भी विक्रेता सिक्योरिटी बेचने में दिलचस्पी नहीं ले रहा है।

यहाँ लॉन्ग पोजीशन को लगभग 123 रुपए (एंट्री एरिया से 72 अंक ऊपर) के टार्गेट के साथ 51 रुपए से ऊपर लिया गया है और स्टॉप को 41 रुपए के आसपास रखा गया है, जो कि ब्रेकआउट कैंडल से ठीक पहले हालिया स्विंग लो पर है।

चित्र 12.18 फॉलिंग वेज कंटिन्यूएशन पैटर्न का फॉलो-अप चार्ट है। लंबी प्रविष्टि लिये जाने के बाद प्राइस तेजी से बढ़ गया।

ब्रेकआउट हो जाने के बाद वॉल्यूम भी बढ़ना शुरू हो गया, जो स्टॉक के लिए एक तेजी का संकेत था (चित्र 12.18)।

स्टॉक के प्राइस ने एक वर्ष के भीतर टार्गेट पूरा कर लिया और 140% रिटर्न दिया, जहाँ एक वर्ष की अवधि में स्टॉक का प्राइस 51 रुपए से बढ़कर 123 रुपए हो गया।

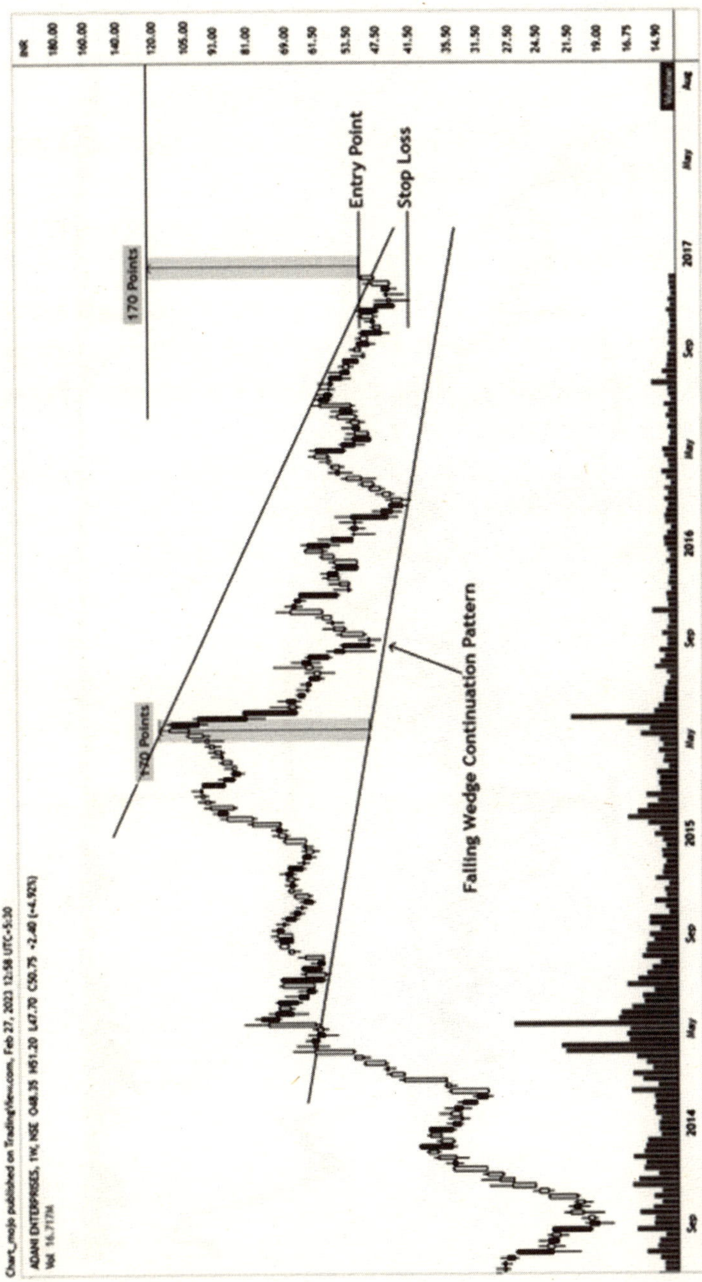

चित्र 12.17: Weekly chart of Adani Enterprises (falling wedge pattern).

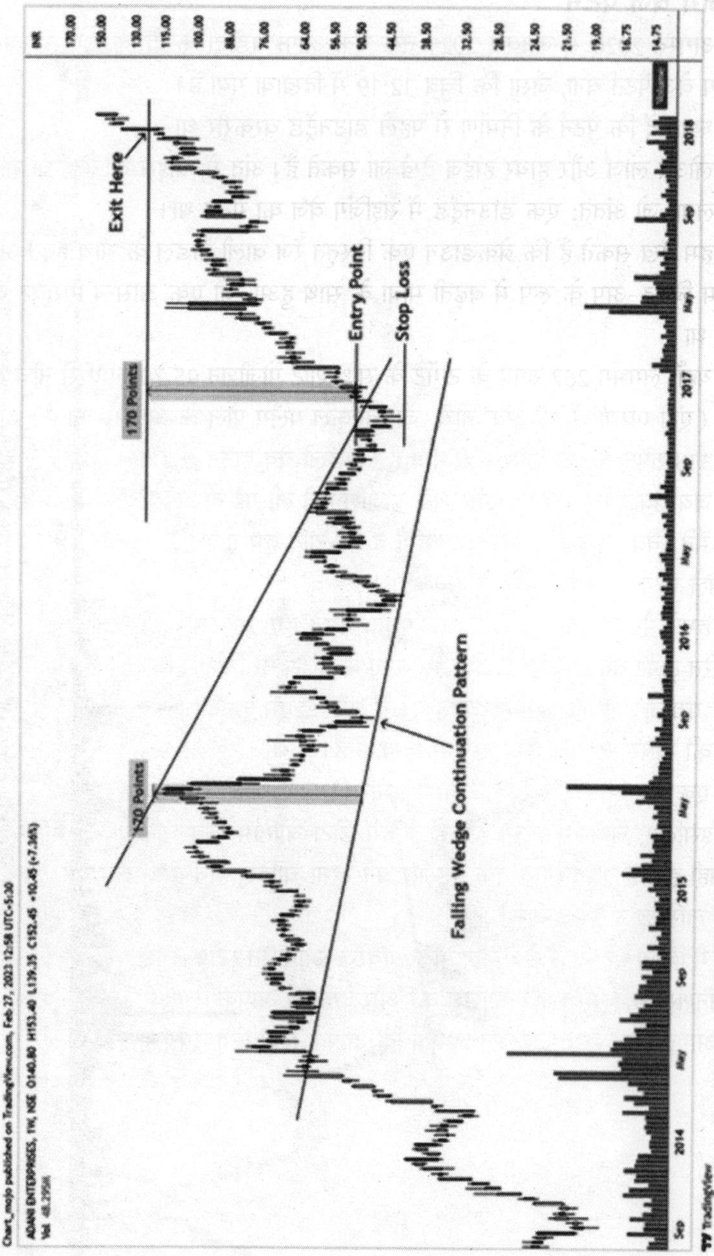

चित्र 12.18: Daily chart of Adani Enterprises showing bullish trend continuation pattern

राइजिंग वेज पैटर्न

अगस्त 2020 से जनवरी 2021 तक बैंक ऑफ बड़ौदा के दैनिक चार्ट पर एक राइजिंग वेज पैटर्न बना, जैसा कि चित्र 12.19 में दिखाया गया है।

ध्यान दें कि पैटर्न के निर्माण से पहले डाउनट्रेंड बरकरार था—

लोअर लोज और हायर हाईज देखे जा सकते हैं। अंत में, प्राइस दो बैंडों के बीच बढ़ने लगा, जो अंततः एक डाउनट्रेंड में राइजिंग वेज का गठन था।

हम देख सकते हैं कि ब्रेकडाउन एक विस्तृत रेंज वाली कैंडल के साथ हुआ और वॉल्यूम बिल्ड-अप के रूप में बढ़ती मात्रा के साथ हुआ, जो एक आसन्न गिरावट का संकेत था।

यहाँ, लगभग 262 रुपए के टार्गेट के साथ शॉर्ट पोजीशन 95.70 रुपए से नीचे ली गई है (एंट्री एरिया से 45 अंक नीचे, जो बिल्कुल फ्लैग पोल के आकार का है) और स्टॉप 318 रुपए के आसपास रखा गया है (पिछली ब्रेकडाउन कैंडल का हाई)।

जब ब्रेकडाउन हो गया और शॉर्ट पोजीशन ले ली गई तो प्राइस बहुत तेजी से गिर गया। मैंने चित्र 12.20 में उल्लेख किया है कि यदि हम ई.एम.ए. आधारित टार्गेट के मुकाबले पैटर्न-आधारित लेते तो क्या होता!

हमने पैटर्न-आधारित टार्गेट का प्रयोग करते हुए 76 रुपए और मूविंग एवरेज-आधारित टार्गेट का प्रयोग करते हुए 42 रुपए के प्राइस पर निकास किया होता। हालाँकि, मूविंग एवरेज-आधारित टार्गेट बहुत दूर है और ई.एम.ए.-आधारित टार्गेट का प्रयोग करने की खूबसूरती को स्पष्ट रूप से दिखाता है।

एक ब्रेकआउट ट्रेडर के रूप में हमारे नियंत्रण में जो है, वह जोखिम है, लक्ष्य नहीं। इसलिए, जब हम गलत होते हैं तो हमें छोटा जोखिम लेना चाहिए। हालाँकि, जब हम सही होते हैं तो हमें तब तक ट्रेंड पर बने रहना चाहिए, जब तक कि हमारा पिछला स्टॉप-लॉस छू न लिया जाए!

मैं किसी भी प्रकार से केवल मूविंग एवरेज-आधारित स्टॉप-लॉस का उपयोग करने की अनुशंसा नहीं करता हूँ। कोशिश करें और देखें कि आपके लिए क्या काम करता है? और आपको जल्द ही पता चल जाएगा कि आपके लिए क्या उपयुक्त है!

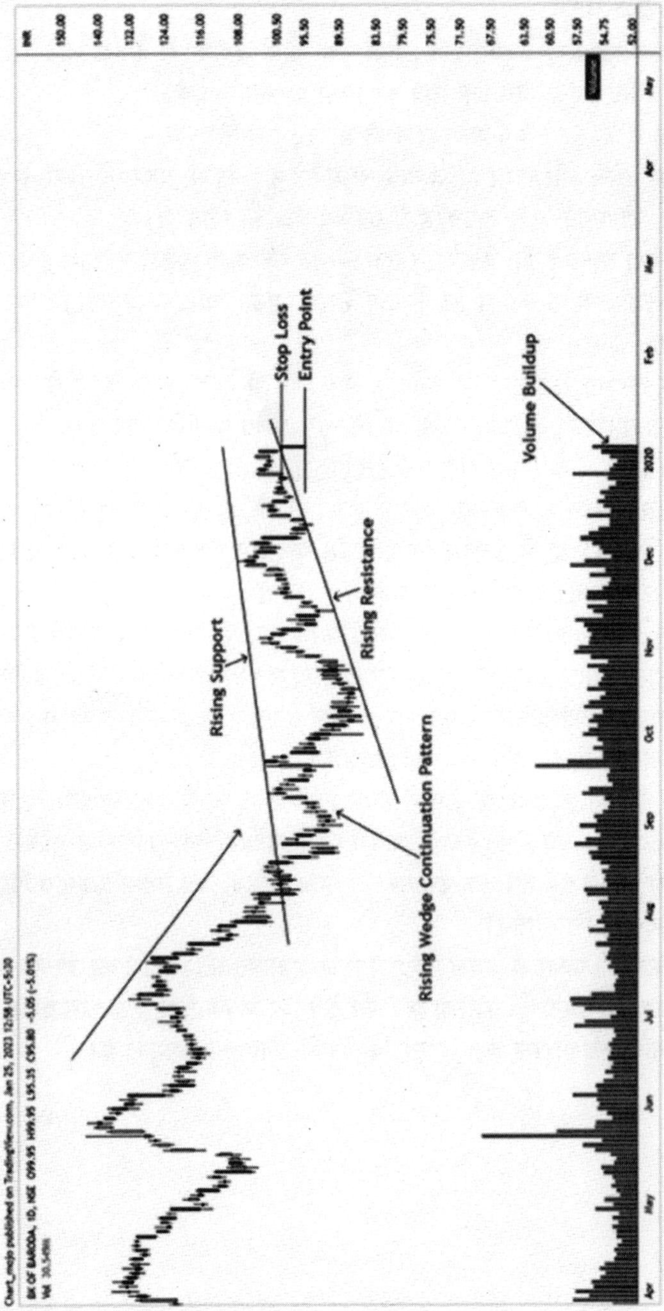

चित्र 12.19: Daily chart of Bank of Baroda (rising wedge pattern).

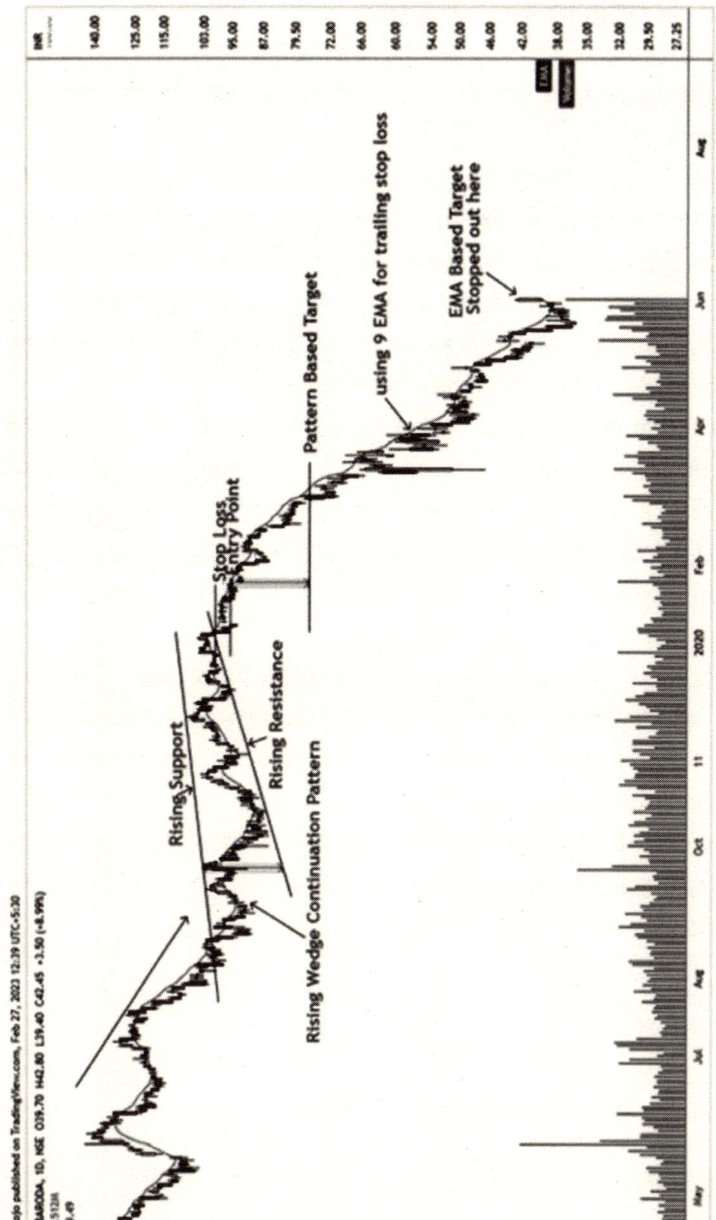

चित्र 12.20: Daily chart of Bank of Baroda showing bearish trend continuation pattern.

बुलिश कंटिन्यूएशन कप एंड हैंडल

फर्टिलाइजर्स एंड केमिकल्स लिमिटेड के दैनिक चार्ट पर सितंबर 2022 से दिसंबर 2022 तक एक बुलिश कंटिन्यूएशन कप एंड हैंडल पैटर्न बना, जैसा कि चित्र 12.21 में दिखाया गया है।

कप एंड हैंडल कंटिन्यूएशन पैटर्न एक छोटे से अपट्रेंड के बाद बना। पैटर्न निर्माण के दौरान वॉल्यूम में बढ़ोतरी देखी गई, जो एक संभावित तेजी का स्पष्ट संकेत था।

ब्रेकआउट एक विस्तृत रेंज ब्रेकआउट कैंडल के साथ हुआ और पैटर्न ब्रेकआउट की अवधि में भारी मात्रा में उछाल देखा गया। हमें यह भी याद रखना चाहिए कि यदि ब्रेकआउट कैंडल बहुत चौड़ी है तो वह हमारा स्टॉप-लॉस बढ़ा देगी। उस स्थिति में हमें उस विशेष स्टॉक में कोई पोजीशन नहीं लेनी चाहिए।

यहाँ बिना किसी लक्ष्य को ध्यान में रखे 147 रुपए से ऊपर की लॉन्ग पोजीशन ली गई है, क्योंकि हम ट्रेलिंग स्टॉप-लॉस के रूप में 9-ई.एम.ए. का उपयोग करते हैं। हालाँकि, हम 332 रुपए के आसपास स्टॉक से बाहर निकले, जहाँ हमारा पिछला स्टॉप-लॉस प्रभावित हुआ। (हमें 126% के भारी रिटर्न के साथ एंट्री एरिया से 185 अंक ऊपर मिले) और स्टॉप 127.95 रुपए (ब्रेकआउट कैंडल का लो या निचला स्तर) के आसपास रखा गया है।

चित्र 12.22 ब्रेकआउट क्षेत्र के बाद फर्टिलाइजर्स एंड केमिकल्स लिमिटेड का फॉलो-अप चार्ट है। ब्रेकआउट होने के बाद स्टॉक का प्राइस केवल एक दिशा में बढ़ा।

इस ट्रेड सेटअप में हमें लगभग 127% रिटर्न मिला और कुछ ही समय में प्राइस 147 रुपए से बढ़कर 332 रुपए हो गया।

ध्यान दें कि ब्रेकआउट कैंडल बनने के बाद वॉल्यूम भी बढ़ना शुरू हो गया, जिसने ऊर्ध्वगामी चाल को आसान कर दिया, क्योंकि इसने हमें संकेत दिया कि बहुत सारे खरीदार इस स्टॉक में रुचि रखते हैं।

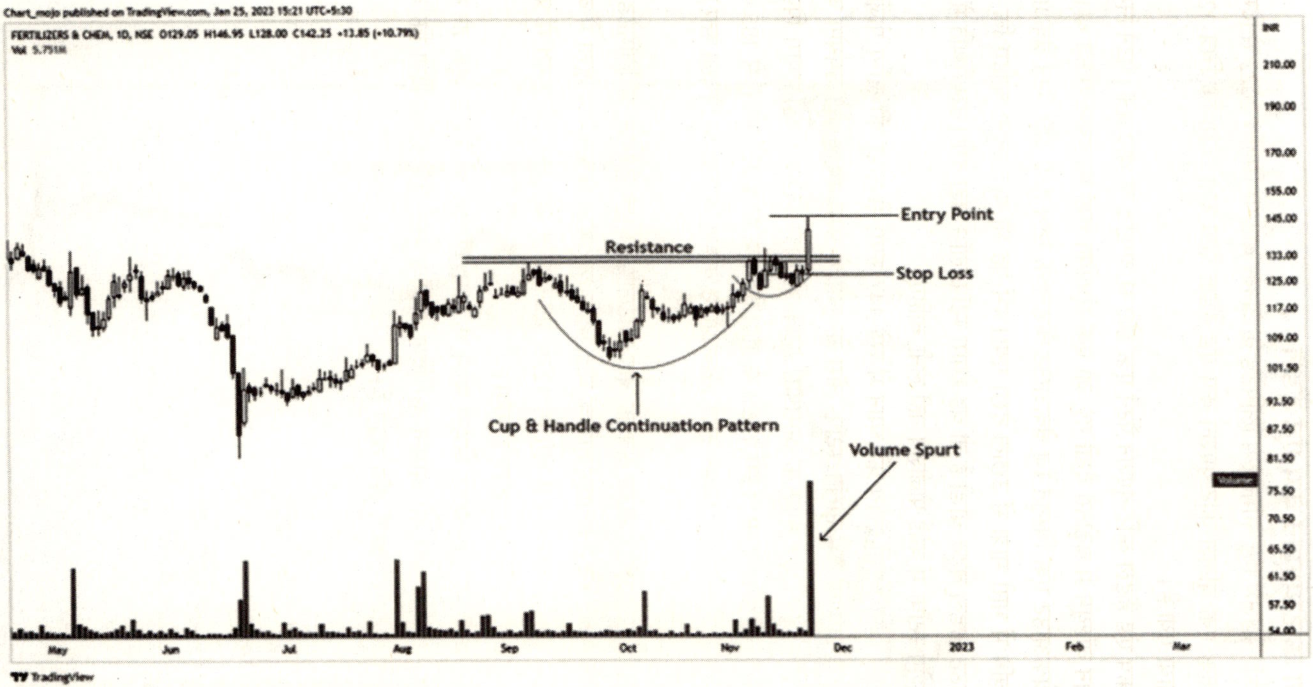

चित्र 12.21: Daily chart of Fertilizers & Chemicals Ltd. (bullish continuation cup and handle pattern).

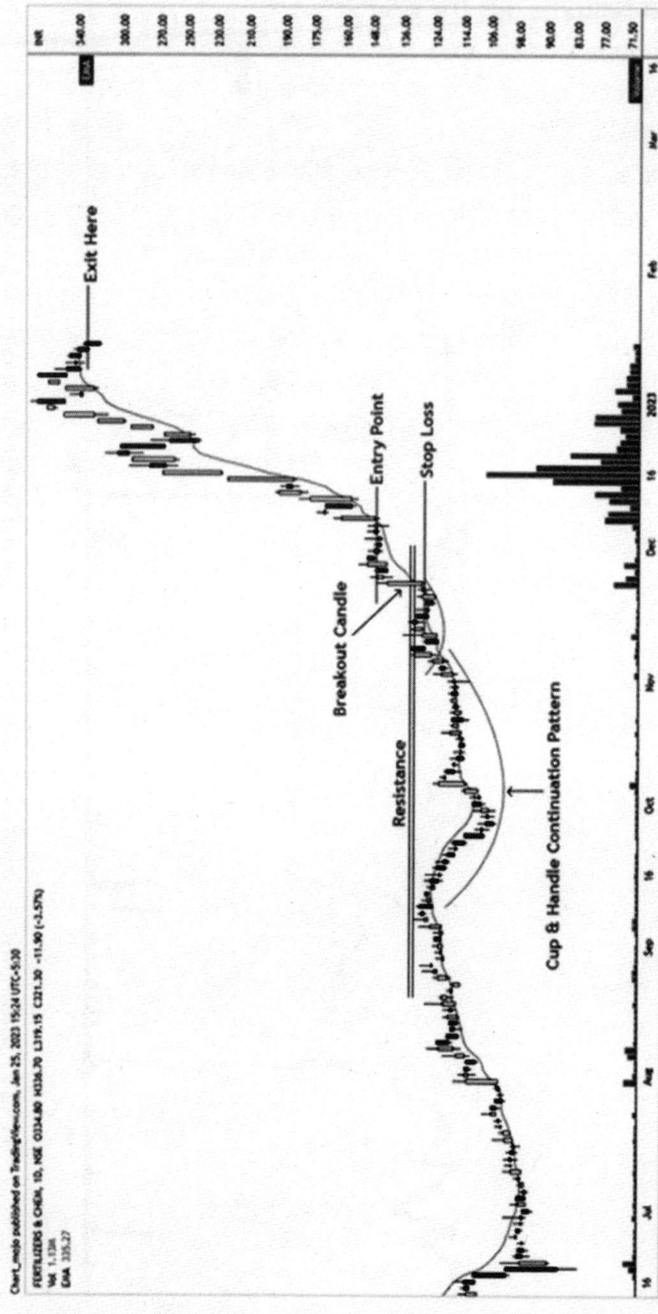

चित्र 12.22: Daily chart of Fertilizers & Chemicals Ltd. showing bullish cup and handle continuation pattern.

बेयरिश कंटिन्यूएशन कप एंड हैंडल

फरवरी 2020 से जुलाई 2020 तक नोसिल लिमिटेड के दैनिक चार्ट पर एक बेयरिश कंटिन्यूएशन कप एंड हैंडल पैटर्न का निर्माण हुआ, जैसा कि चित्र 12.23 में दिखाया गया है।

यह देखा जा सकता है कि कप एंड हैंडल कंटिन्यूएशन पैटर्न एक छोटी गिरावट या डाउनट्रेंड के बाद बना। पैटर्न निर्माण के दौरान वॉल्यूम में 'लाल वॉल्यूम बार्स' के रूप में वृद्धि देखी गई, जो संभावित गिरावट का एक स्पष्ट संकेत था।

बेयरिश पैटर्न का ब्रेकडाउन एक बहुत मजबूत ब्रेकडाउन कैंडल के साथ नहीं हुआ और यही कारण है कि हमने ब्रेकडाउन कैंडल के ठीक ऊपर हालिया स्विंग हाई पर स्टॉप-लॉस रखा है।

शॉर्ट पोजीशन को 111 रुपए के ठीक नीचे लगभग 84 रुपए (एंट्री एरिया से 27 अंक नीचे) के टार्गेट के साथ लिया गया है और स्टॉप 122 रुपए (ब्रेकडाउन कैंडल के हालिया उच्च स्तर पर) के आसपास रखा गया है।

चित्र 12.24 नोसिल लिमिटेड का फॉलो-अप चार्ट है। ब्रेकआउट क्षेत्र के बाद ब्रेकडाउन होने के पश्चात् स्टॉक का प्राइस केवल एक दिशा में नीचे चला गया।

इस ट्रेड सेटअप में हमें लगभग 24% रिटर्न मिला और कुछ ही समय में प्राइस 111 रुपए से घटकर 84 रुपए हो गया।

ब्रेकआउट कैंडल बनने के बाद 'लाल वॉल्यूम बार्स' के रूप में वॉल्यूम भी बढ़ना शुरू हो गया, जिससे अधोगामी चाल आसान हो गई; क्योंकि इसने हमें संकेत दिया कि इस स्टॉक में बहुत सारे विक्रेता रुचि रखते हैं।

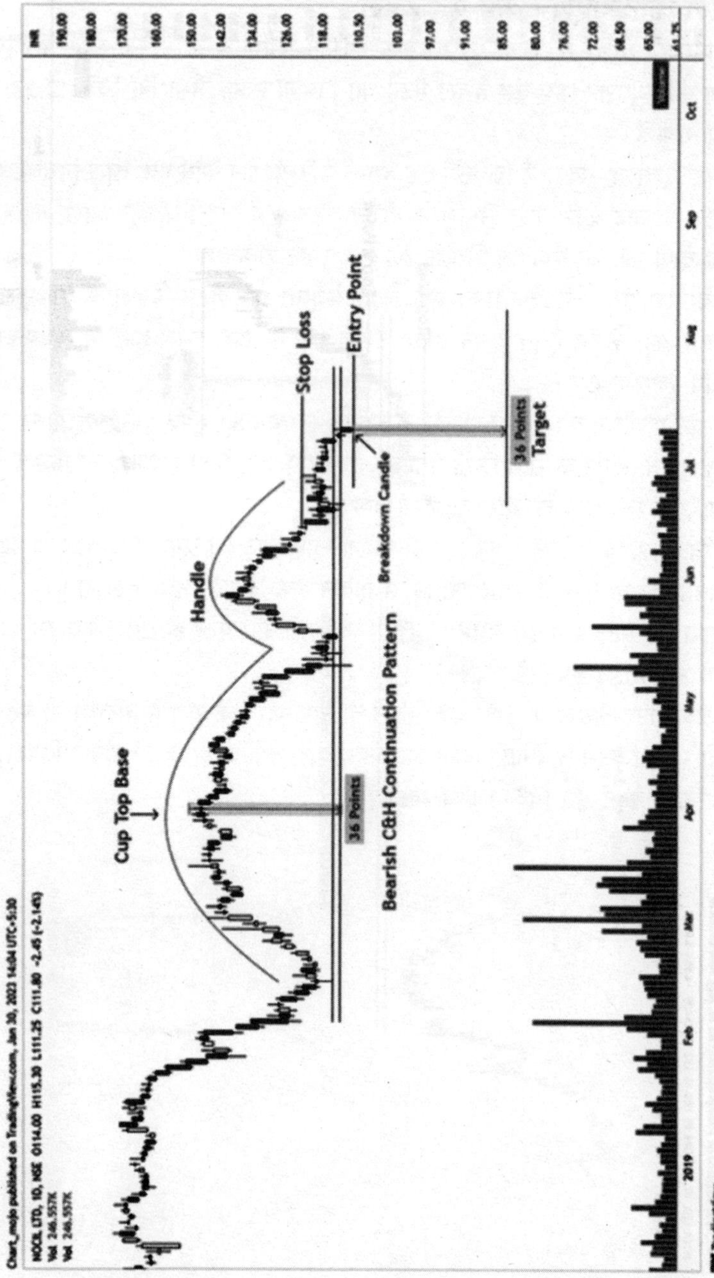

चित्र 12.23: Daily chart of Nocil Ltd. (bearish continuation cup and handle pattern).

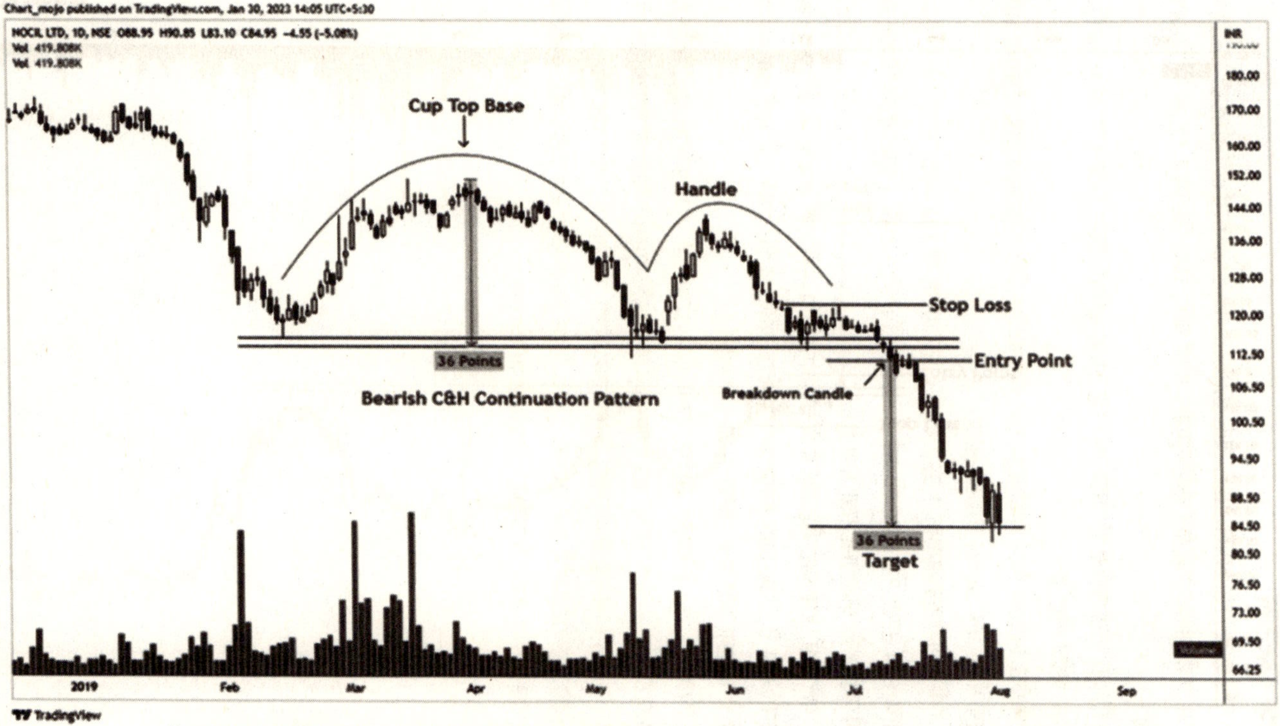

चित्र 12.24: Daily chart of Nocil Ltd. after breakdown from bearish trend continuation pattern.

बुलिश रेक्टैंगल

मार्च 2021 से अप्रैल 2021 तक हैपिएस्ट माइंड टेक्नोलॉजी लिमिटेड के दैनिक चार्ट पर एक बुलिश रेक्टैंगल कंटिन्यूएशन पैटर्न बना, जैसा कि चित्र 12.25 में दिखाया गया है।

पिछले कुछ महीनों में देखी गई एक स्पष्ट ट्रेंडिंग प्राइस एक्शन के साथ अपट्रेंड बरकरार प्रतीत होता है।

स्टॉक रेक्टैंगल पैटर्न ब्रेकआउट एक विस्तृत रेंज कैंडल के साथ हुआ, जिसके साथ वॉल्यूम में भी एक अच्छा उछाल आया।

लॉन्ग पोजीशन लगभग 1,352 रुपए (एंट्री एरिया से 738 अंक ऊपर) के निकास के साथ 614 रुपए से ऊपर ली गई है और स्टॉप 543 रुपए (ब्रेकआउट कैंडल के निचले स्तर) के आसपास रखा गया है।

याद रखें, इस चार्ट सेटअप में मैंने ट्रेलिंग स्टॉप-लॉस के रूप में 9-ई.एम.ए. का उपयोग किया है; और आप स्पष्ट रूप से देख सकते हैं कि इसने हमें कई बार नकली चालों से बचाया और एक अच्छा उछाल दिखाया।

चित्र 12.26 हैपिएस्ट माइंड टेक्नोलॉजी लिमिटेड का फॉलो-अप चार्ट है। ब्रेकआउट क्षेत्र के बाद स्टॉक का प्राइस रेक्टैंगल कंटिन्यूएशन पैटर्न से ब्रेकआउट होने के बाद कई नकली चालों के साथ केवल एक दिशा में ऊपर की ओर बढ़ गया।

इस ट्रेड सेटअप में हमें लगभग 120% रिटर्न मिला और चार महीने की अवधि के भीतर प्राइस 614 रुपए से बढ़कर 1,354 रुपए हो गया।

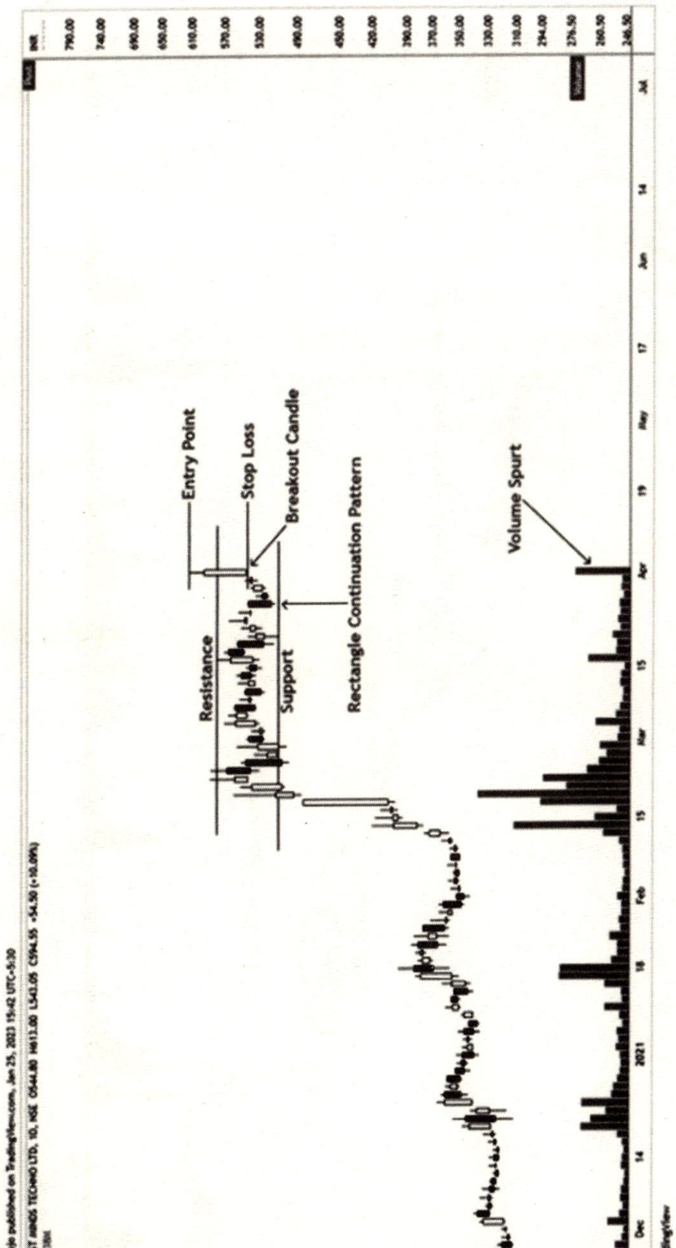

चित्र 12.25: Daily chart of Happiest Mind Technology Ltd. (bullish rectangle continuation pattern).

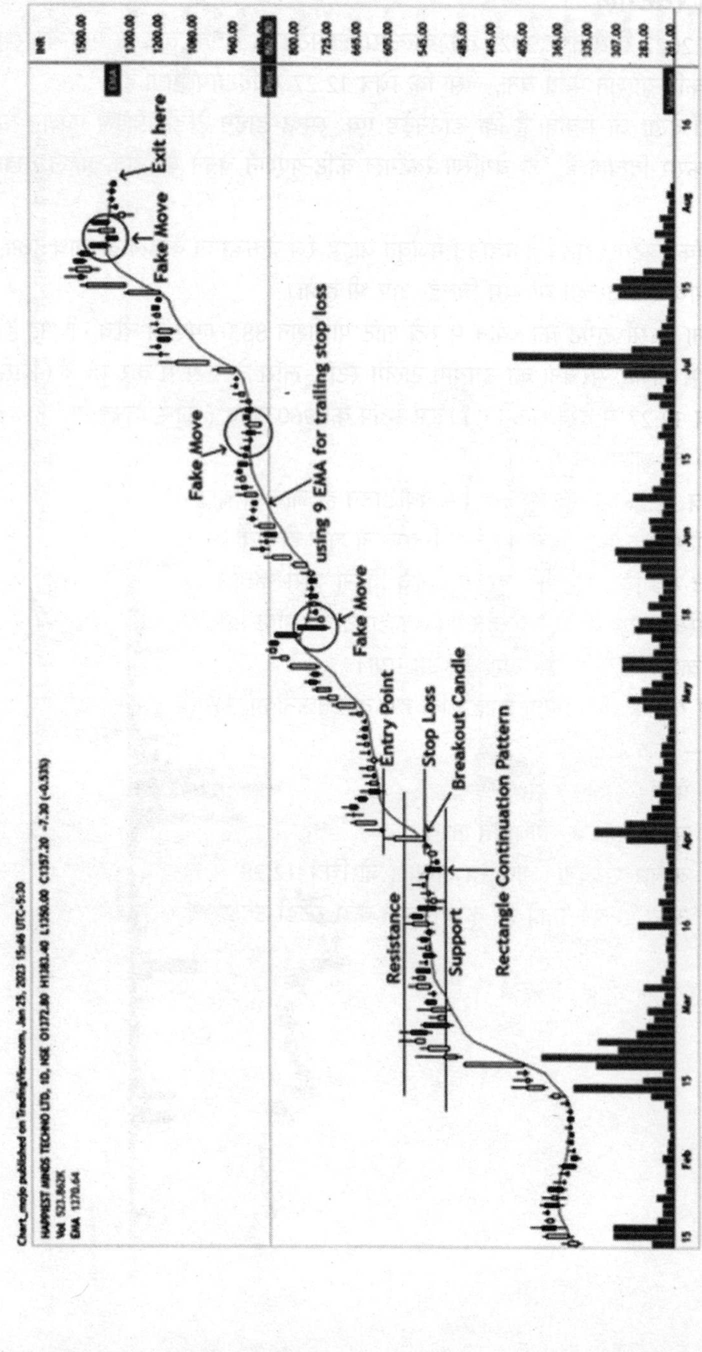

चित्र 12.26: Daily chart of Happiest Mind Technology Ltd. after the breakout from the bullish rectangle continuation pattern.

बेयरिश रेक्टैंगल

मई 2022 से सितंबर 2022 तक वोल्टास लिमिटेड के दैनिक चार्ट पर एक बेयरिश रेक्टैंगल कंटिन्यूएशन पैटर्न बना, जैसा कि चित्र 12.27 में दिखाया गया है।

यहाँ देखा जा सकता है कि डाउनट्रेंड एक स्पष्ट डाउन ट्रेडिंग प्राइस एक्शन के साथ बरकरार दिखता है, जो बेयरिश रेक्टैंगल कंटिन्यूएशन बनने के ठीक पहले देखा गया है।

स्टॉक रेक्टैंगल पैटर्न ब्रेकडाउन मजबूत वाइड रेंज ब्रेकडाउन कैंडल के साथ हुआ, जिसके साथ एक अच्छा वॉल्यूम बिल्ड-अप भी हुआ।

बिना किसी टार्गेट को ध्यान में रखे शॉर्ट पोजीशन 883 रुपए से नीचे ली गई है, क्योंकि हम बाजार संरचना का उपयोग ट्रेलिंग स्टॉप-लॉस के रूप में कर रहे हैं (जिसे आप चित्र 12.27 में देख सकते हैं)। हम स्टॉप को 960 रुपए (पैटर्न ब्रेकडाउन कैंडल का उच्च) के आसपास रखेंगे।

चित्र 12.28 में यह स्पष्ट है कि ब्रेकडाउन हो जाने के बाद यह लोअर लोज और लोअर बॉटम्स के साथ नीचे की ओर खिसकना शुरू हो गया।

याद रखें कि जब भी प्राइस का नीचे गिरना जारी रहता है, हम स्टॉप-लॉसेज को हाल के स्विंग टॉप में बदलते रहते हैं। ब्रेकडाउन की पुष्टि 883 रुपए के प्राइस पर की गई और वह गिरते हुए 738 रुपए पर आ गया।

हमें यह भी याद रखना चाहिए कि हम तीन तकनीकों का प्रयोग करके लक्ष्य रख सकते हैं—

1. पैटर्न-आधारित लक्ष्य,
2. मूविंग एवरेज-आधारित लक्ष्य,
3. बाजार संरचना-आधारित लक्ष्य (जो चित्र 12.28 में दिखाया गया है। हमने अन्य दो तकनीकों पर कुछ पिछले केस स्टडी उदाहरणों में चर्चा की है)।

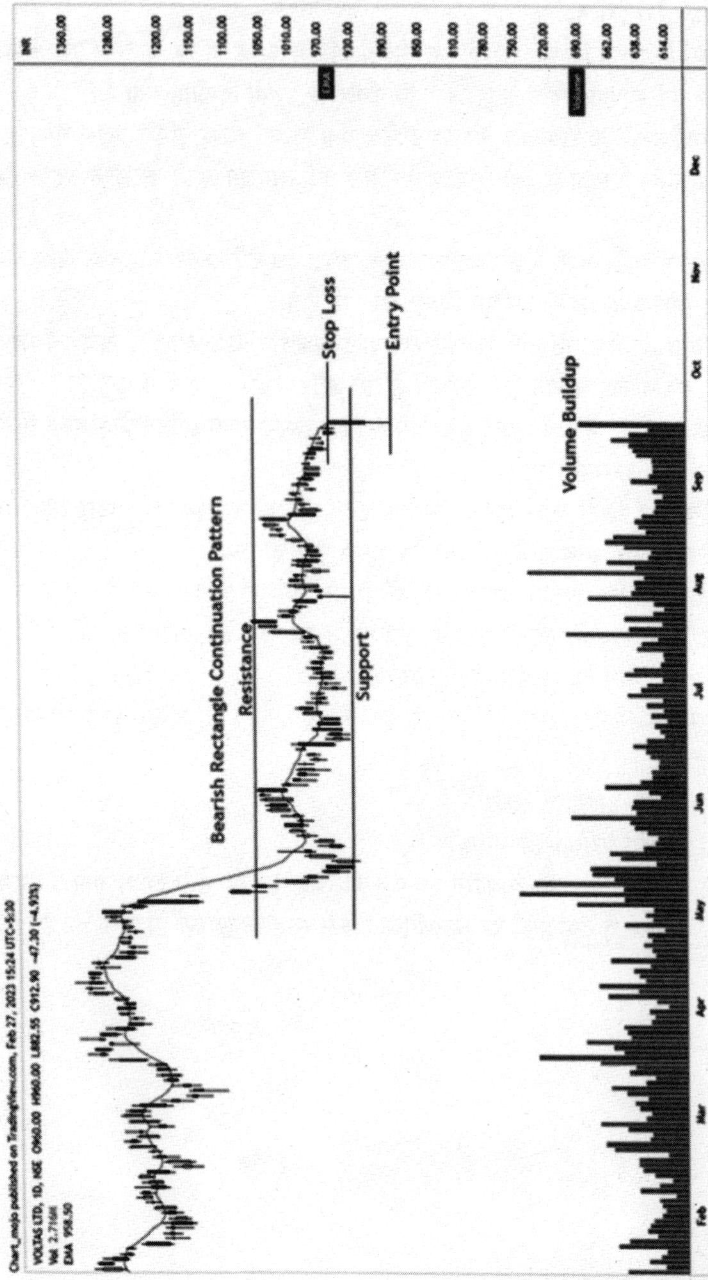

चित्र 12.27: Daily chart of Voltas Ltd. (bearish rectangle continuation pattern).

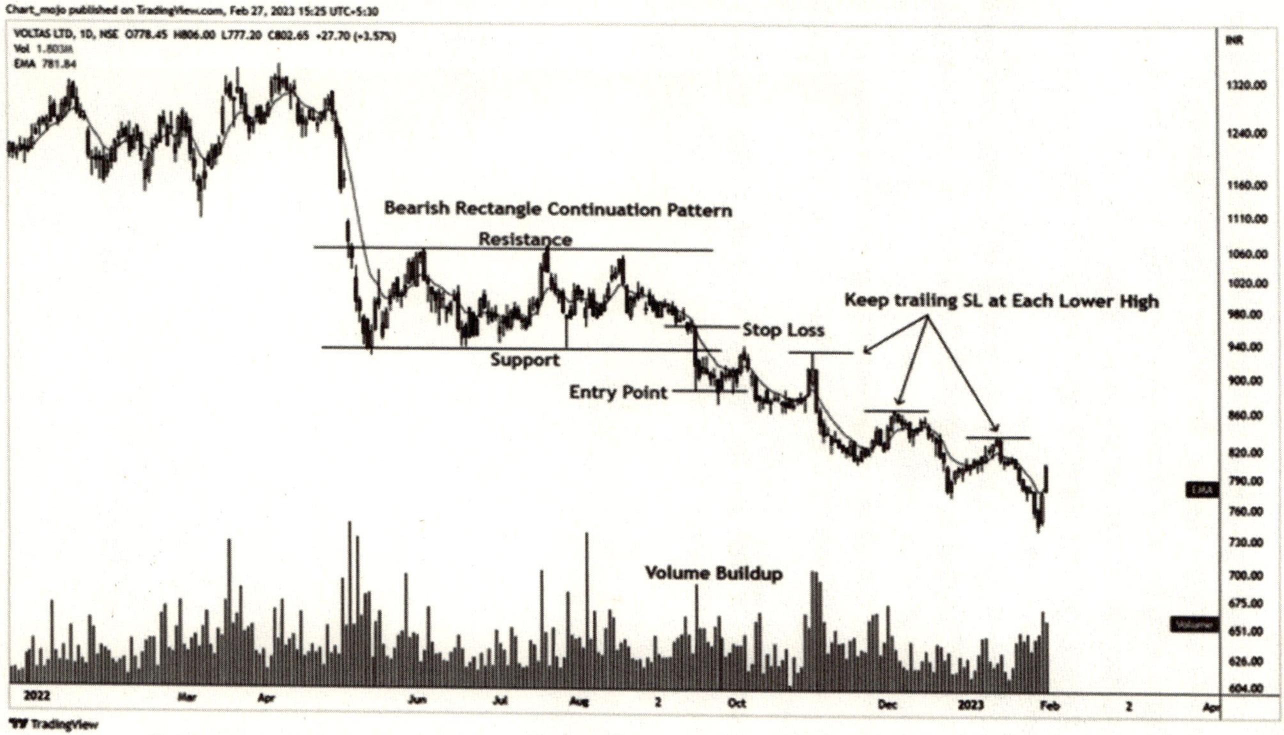

चित्र 12.28: Daily chart of Voltas Ltd. after breakdown from bearish trend continuation pattern.

बुलिश बेसिंग

जनवरी 2014 से अप्रैल 2014 तक पंजाब नेशनल बैंक के दैनिक चार्ट पर एक बुलिश बेसिंग कंटिन्यूएशन पैटर्न बना, जैसा कि चित्र 12.29 में दिखाया गया है।

बुलिश बेसिंग पैटर्न बनने से पहले स्टॉक एक मजबूत अपट्रेंड में था और हायर हाईज एवं हायर लोज की एक शृंखला के माध्यम से गुजरा था।

ब्रेकआउट एक कैंडल से हुआ, जो बहुत मजबूत नहीं थी। इसके कारण हमें स्टॉप-लॉस हालिया स्विंग लो पर ही रखना पड़ा।

यहाँ लॉन्ग पोजीशन 133 रुपए के ठीक ऊपर ली गई है, जिसका टार्गेट लगभग 170 रुपए (एंट्री एरिया से 28 अंक ऊपर) है और स्टॉप को 125 रुपए (ब्रेकआउट कैंडल के स्विंग लो पर) के आसपास रखा गया है।

चित्र 12.30 में अच्छी मात्रा के साथ ब्रेकआउट हो जाने के बाद प्राइस एक्शन ने केवल एक ही दिशा में यात्रा की और हमारे लक्ष्य तक पहुँच गई, जो कि 170 रुपए के प्राइस पर था।

प्राइस बढ़ने के दौरान कुछ साइडवेज समेकन से गुजरा। हालाँकि, दो महीने के भीतर यह 133 रुपए से बढ़कर पूरे 170 रुपए हो गया।

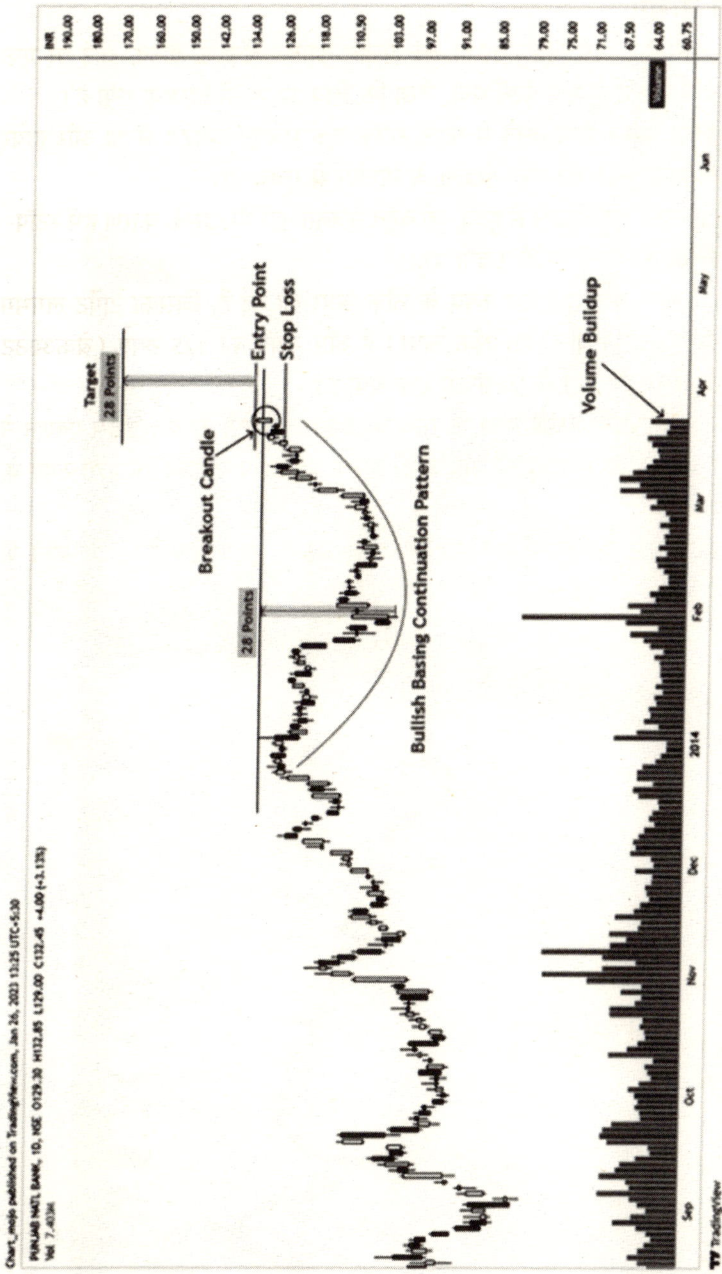

चित्र 12.29: Daily chart of Punjab National Bank (bullish basing continuation pattern).

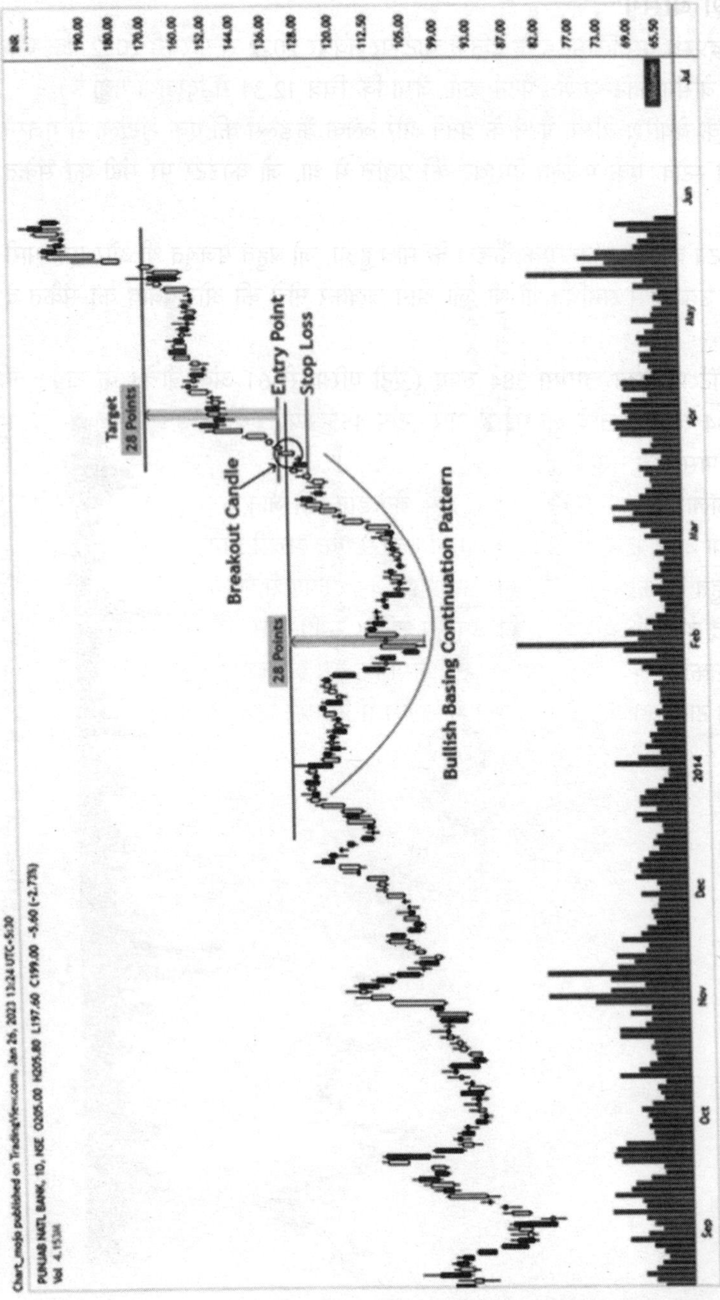

चित्र 12.30: Daily chart of Punjab National Bank showing breakout from the bullish basing continuation pattern.

बेयरिश बेसिंग

इंद्रप्रस्थ गैस लिमिटेड के दैनिक चार्ट पर नवंबर 2022 से फरवरी 2022 तक एक बेयरिश बेसिंग कंटिन्यूएशन पैटर्न बना, जैसा कि चित्र 12.31 में दिखाया गया है।

एक बेयरिश बेसिंग पैटर्न के बनने और ब्लैक कैंडल्स की एक श्रृंखला से गुजरने से पहले स्टॉक एक मजबूत गिरावट की प्रवृत्ति में था, जो काउंटर पर मंदी का संकेत देता है।

पैटर्न का ब्रेकडाउन एक कैंडल के साथ हुआ, जो बहुत मजबूत थी और एक भारी मात्रा में उछाल से समर्थित भी थी, जो आगे चलकर नीचे की ओर दबाव का संकेत दे रहा था।

शॉर्ट पोजीशन लगभग 384 रुपए (एंट्री एरिया से 61 अंक नीचे) के टार्गेट के साथ 434 रुपए से नीचे ली गई है और स्टॉप 455 रुपए (ब्रेकडाउन कैंडल के हाई) के आसपास रखा गया है।

फॉलो-अप चार्ट (चित्र 12.32) में, ब्रेकडाउन हो जाने के बाद प्राइस एक्शन नीचे चला गया और यहाँ हम पैटर्न ब्रेकडाउन क्षेत्र से एक अच्छी गिरावट देखते हैं।

बहुत ही कम समय में शेयर का प्राइस 434 रुपए से घटकर 384 रुपए हो गया। फिर यदि हम मूविंग एवरेज का उपयोग ट्रेलिंग स्टॉप-लॉस के रूप में करेंगे तो हम अधिक नकारात्मक प्रोफिट प्राप्त करेंगे, जैसा कि हम इस चार्ट में देख सकते हैं, पैटर्न-आधारित टार्गेट हासिल होने के बाद भी प्राइस में गिरावट जारी रही।

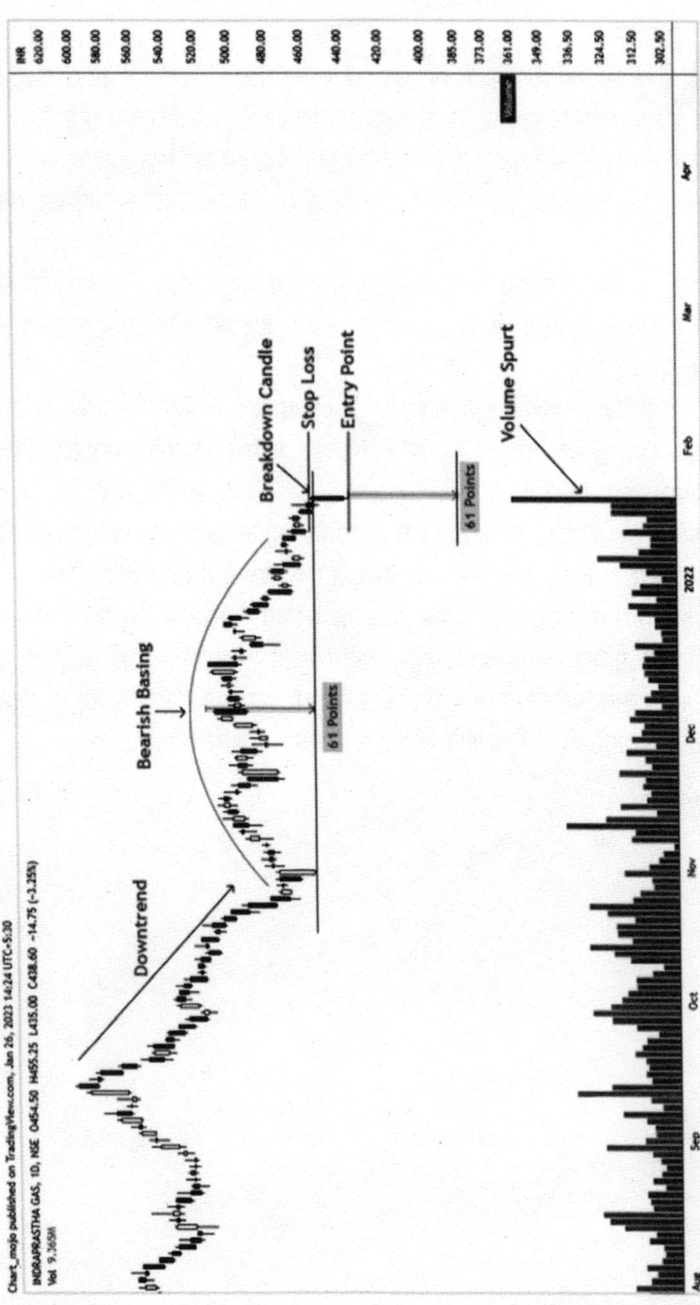

चित्र 12.31: Daily chart of Indraprastha Gas Ltd. (bearish basing continuation pattern).

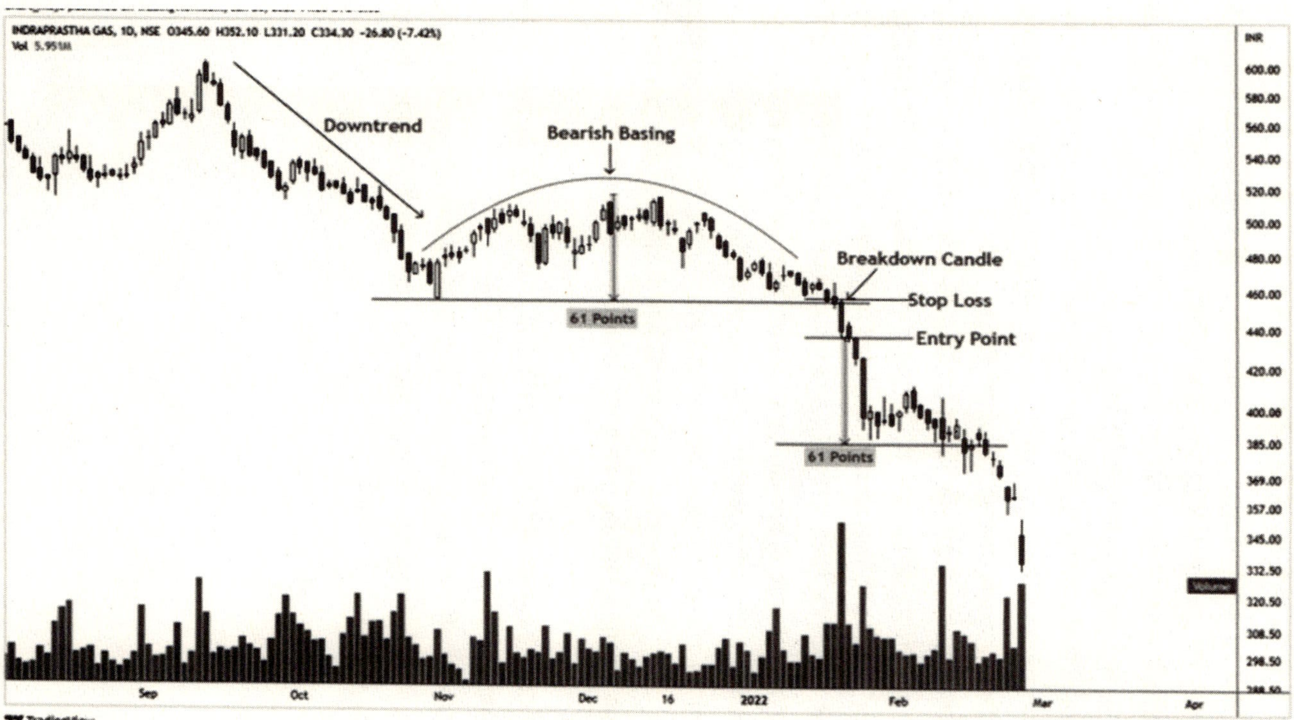

चित्र 12.32: Daily chart of Indraprastha Gas Ltd. after the breakdown from a bearish trend continuation pattern.

बुलिश हेड एंड शोल्डर कंटिन्यूएशन पैटर्न

दिसंबर 2014 से मार्च 2015 तक वोल्टास लिमिटेड के दैनिक चार्ट पर एक बुलिश कंटिन्यूएशन हेड एंड शोल्डर पैटर्न बना, जैसा कि चित्र 12.33 में दिखाया गया है।

खरीदारी की मात्रा से समर्थन के साथ हायर टॉप्स एवं हायर बॉटम्स की एक श्रृंखला के साथ अपट्रेंड स्पष्ट दिखाई दे रहा है।

लेफ्ट (बायाँ) शोल्डर बनने के बाद कंटिन्यूएशन पैटर्न बनना शुरू हो गया। फिर बाएँ शोल्डर के ठीक बाद में हेड (सिर) बन गया। अंत में राइट (दायाँ) शोल्डर बना, जिसने ट्रेंड कंटिन्यूएशन पैटर्न को पूर्ण आकार दिया।

पैटर्न ब्रेकआउट कैंडल एक विस्तृत रेंज कैंडल के साथ हुआ और इसे वॉल्यूम से अच्छा समर्थन मिला, जो कि ऊपर की ओर एक स्वस्थ ब्रेकआउट का संकेत देता है।

यहाँ, बिना किसी लक्ष्य को ध्यान में रखे, लॉन्ग पोजीशन 129 रुपए से कुछ ऊपर ली गई है, क्योंकि हम ट्रेलिंग स्टॉप-लॉस के रूप में 9-ई.एम.ए. का उपयोग कर रहे हैं। हालाँकि, हम 157 रुपए के आसपास स्टॉक से बाहर निकले, जहाँ हमारा पिछला स्टॉप-लॉस प्रभावित हुआ। (हमें एंट्री एरिया से 27 अंक ऊपर मिले, जो एंट्री एरिया से 21% का रिटर्न है) और स्टॉप 119.75 रुपए के आसपास रखा गया है (जो कि वास्तविक एटीआर-औसत वास्तविक सीमा का 2X है, जो चित्र में अंकित है। यदि आप ध्यान दें तो मानक एटीआर 5 रुपए था, इसलिए 2X के साथ यह 10 रुपए का स्टॉप-लॉस बन गया)।

चित्र 12.34 में यह स्पष्ट है कि पैटर्न ब्रेकआउट के बाद स्टॉक का प्राइस अधिक बढ़ने लगा और उसने एक अच्छी संभावना प्रदान की।

आप यह भी देख सकते हैं कि हमने ट्रेलिंग स्टॉप-लॉस के लिए 9-ई.एम.ए. का उपयोग किया है, जिसमें जब भी प्राइस ऊपर की ओर बढ़ता है तो हमारा अपसाइड लॉक हो जाता है।

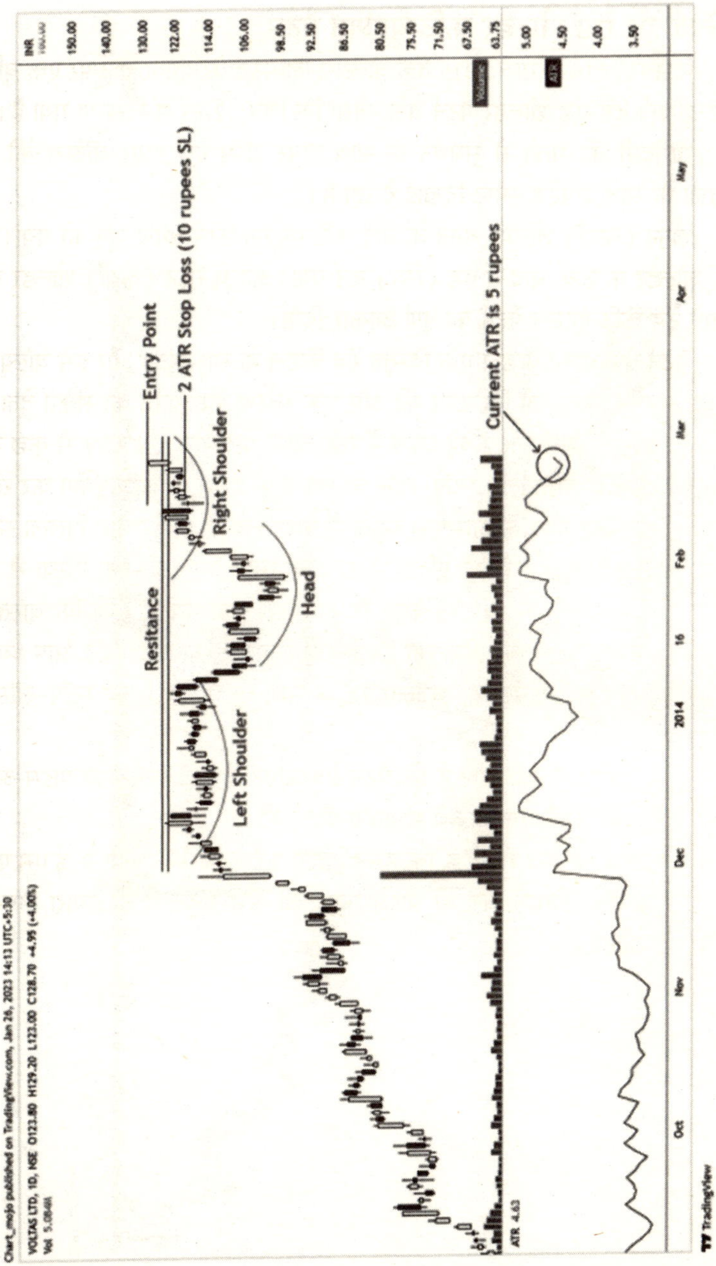

चित्र 12.33: Daily chart of Voltas Ltd. (bullish continuation head and shoulder pattern).

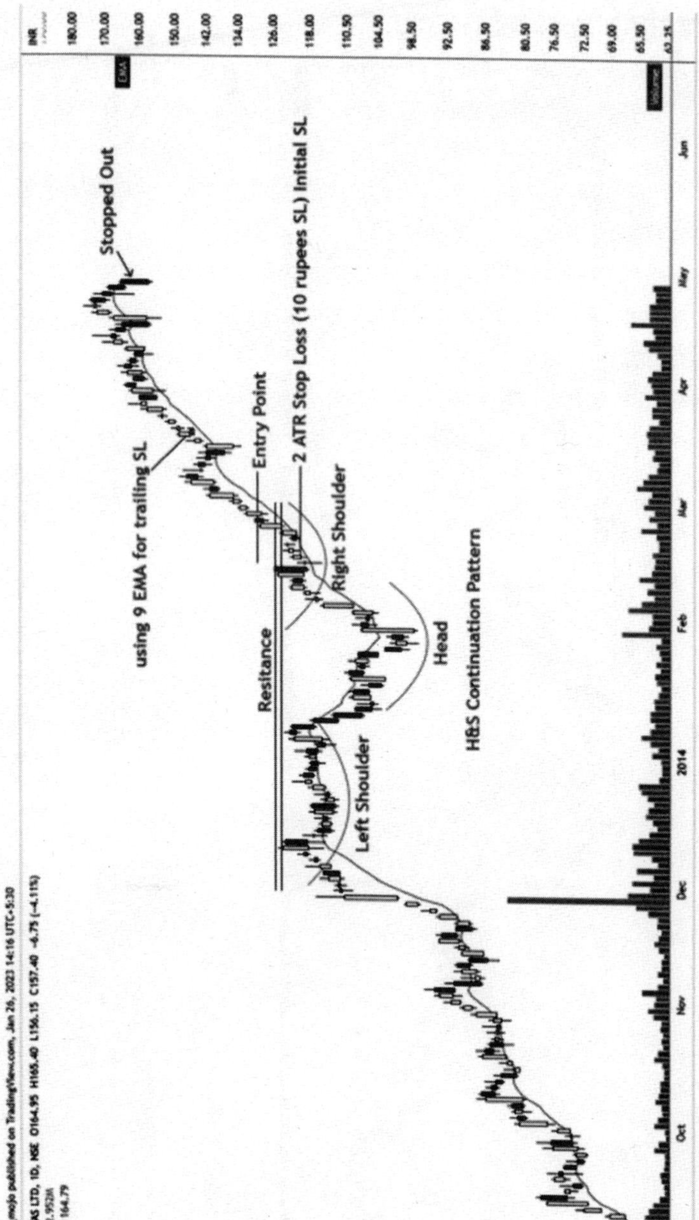

चित्र 12.34: Daily chart of Voltas Ltd. after breakout from head and shoulder continuation pattern.

बेयरिश हेड एंड शोल्डर कंटिन्यूएशन पैटर्न

जनवरी 2010 से मार्च 2015 तक डिश नेटवर्क कॉरपोरेशन के साप्ताहिक चार्ट पर एक बेयरिश कंटिन्यूएशन हेड एंड शोल्डर पैटर्न बना, जैसा कि चित्र 12.35 में दिखाया गया है।

चार्ट बिक्री की मात्रा से समर्थन के साथ लोअर टॉप्स और लोअर बॉटम्स की एक शृंखला के साथ एक स्पष्ट डाउनट्रेंड दिखाता है।

इस कंटिन्यूएशन पैटर्न का निर्माण लेफ्ट शोल्डर बनने के बाद शुरू हुआ और फिर लेफ्ट शोल्डर के ठीक बाद हेड बना। अंत में, राइट शोल्डर के गठन ने एक बेयरिश ट्रेंड कंटिन्यूएशन पैटर्न को पूर्ण आकार दिया।

पैटर्न ब्रेकडाउन कैंडल एक विस्तृत रेंज वाली कैंडल के साथ बनी और उसे वॉल्यूम से अच्छा समर्थन मिला, जो नीचे की ओर एक स्वस्थ ब्रेकडाउन का संकेत देता है।

अंततः, शॉर्ट पोजीशन 24 डॉलर के प्राइस से नीचे ली जाएगी और स्टॉप-लॉस 28 डॉलर पर रखा जाएगा, जो कि एक ब्रेकडाउन कैंडल का हाई या उच्च स्तर है। निकास 13 डॉलर पर 9-ई.एम.ए. ब्रेकआउट के आधार पर होगा।

चित्र 12.36 में जब हमने शॉर्ट पोजीशन ले ली तो शेयर का प्राइस एक सहज गति से नीचे की ओर बढ़ने लगा।

यहाँ यह भी देखा जा सकता है कि बिक्री की मात्रा में भी वृद्धि होने लगी, जिससे नीचे की ओर दबाव को समर्थन मिला।

इस ट्रेड सेटअप में 21-सप्ताह के ट्रेडिंग सेशंस में स्टॉक का प्राइस 24 डॉलर से गिरकर 13 डॉलर हो गया।

हमें 16% जोखिम पर 45% प्रोफिट बुक करना पड़ा।

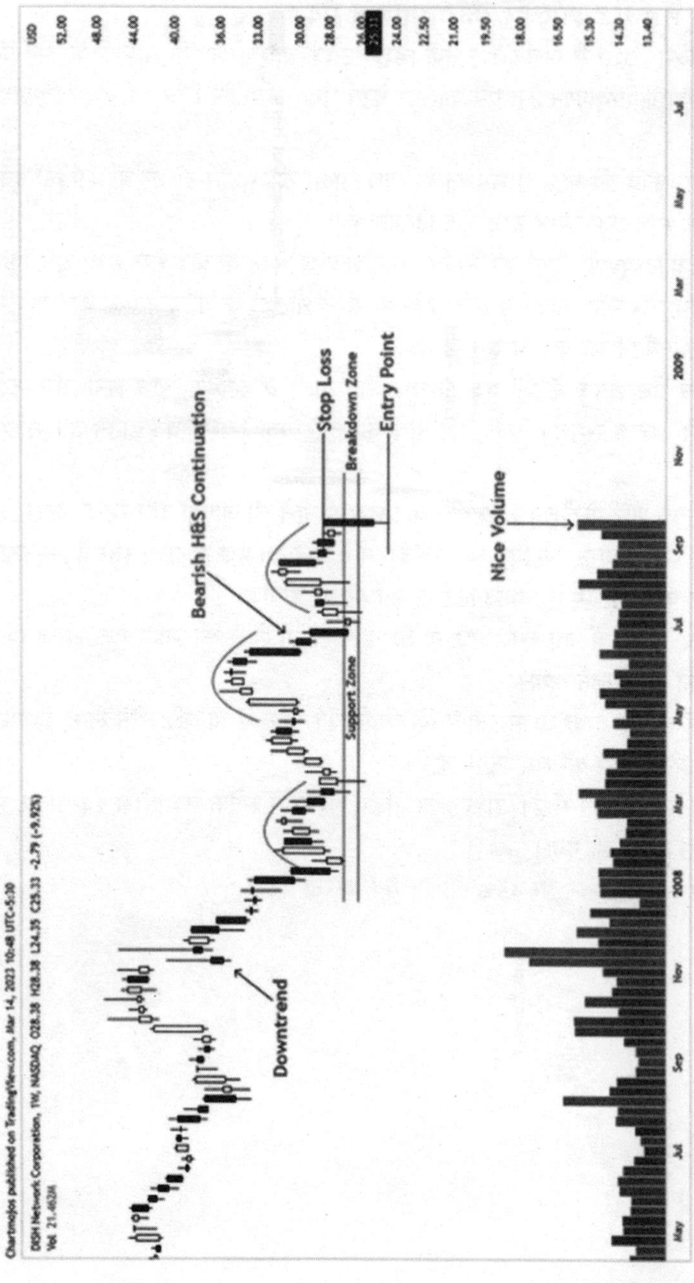

चित्र 12.35: Weekly chart of Dish Network Corporation (bearish continuation head and shoulder pattern).

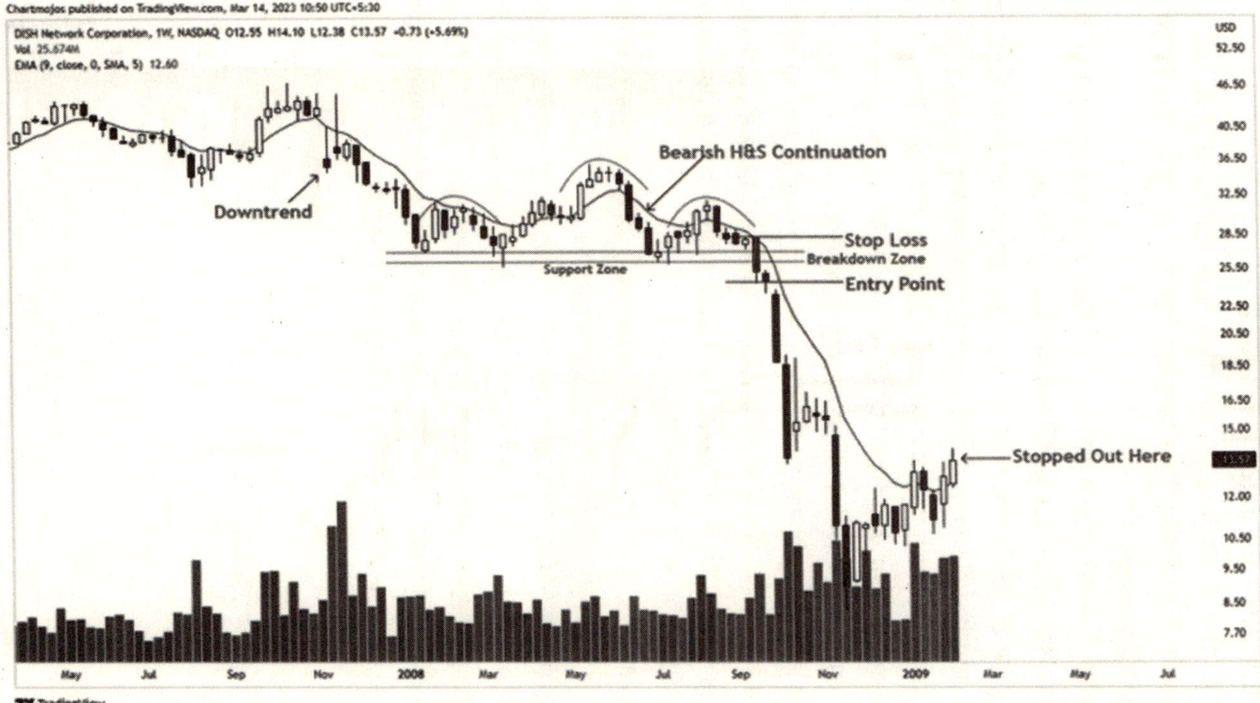

चित्र 12.36: Daily chart for Dish Network Corporation after the breakdown from bearish head and shoulder continuation pattern.

डिसेंडिंग ब्रॉडनिंग वेज कंटिन्यूएशन पैटर्न

जुलाई 2020 से अक्तूबर 2020 तक अंबुजा सीमेंट लिमिटेड के दैनिक चार्ट पर एक बुलिश डिसेंडिंग ब्रॉडनिंग वेज कंटिन्यूएशन पैटर्न का गठन हुआ, जैसा कि चित्र 12.38 में दिखाया गया है।

इस चार्ट में, जुलाई 2020 में पैटर्न के बनने से पहले स्टॉक एक अपट्रेंड में था और प्राइस बुलिश कंटिन्यूएशन पैटर्न के दोनों फॉलिंग बैंड्स के बीच रहा।

पैटर्न पूरा हो जाने के बाद स्टॉक का प्राइस एक साधारण बुलिश या वाइड रेंज कैंडल के साथ पैटर्न ब्रेकआउट जोन से ऊपर गया। इसलिए, हमें ब्रेकआउट कैंडल से पहले स्टॉप-लॉस लगाना पड़ा, जो एक 'हैमर कैंडलस्टिक पैटर्न' जैसा दिखता है।

यदि आपको 'हैमर कैंडलस्टिक' के बारे में संदेह है तो आप मेरी पुस्तक 'मेक मनी विद प्राइस एक्शन ट्रेडिंग' में अधिक जानकारी पा सकते हैं।

बिना किसी लक्ष्य को ध्यान में रखे लॉन्ग पोजीशन 222 रुपए से ऊपर ली गई है, क्योंकि हम ट्रेलिंग स्टॉप-लॉस के रूप में 9-ई.एम.ए. का उपयोग कर रहे हैं (जिसे आप चित्र 12.38 में देख सकते हैं)। हम स्टॉप 214 रुपए के आसपास लगाएँगे (ब्रेकआउट कैंडल की पिछली कैंडल के निचले स्तर पर)।

ब्रेकआउट ट्रेड पूरा हो जाने के बाद प्राइस केवल 9-ई.एम.ए. पर ट्रेड कर रहा था। एक बिंदु पर हम निकास संकेत के कारण बाहर निकल गए।

याद रखें कि निकास संकेत चित्र 12.39 में दरशाया गया है। हालाँकि, पहली कैंडल को 9-ई.एम.ए. के नीचे टूटना चाहिए और उसके ठीक बाद दूसरी कैंडल को पहली ब्रेकडाउन कैंडल के निचले स्तर के नीचे बंद होना चाहिए।

इस ट्रेड सेटअप में प्राइस ने हमें एक अच्छी बढ़त दी और दो माह की समय-सीमा के भीतर 222 रुपए के प्राइस से बढ़कर 255 रुपए तक पहुँच गया।

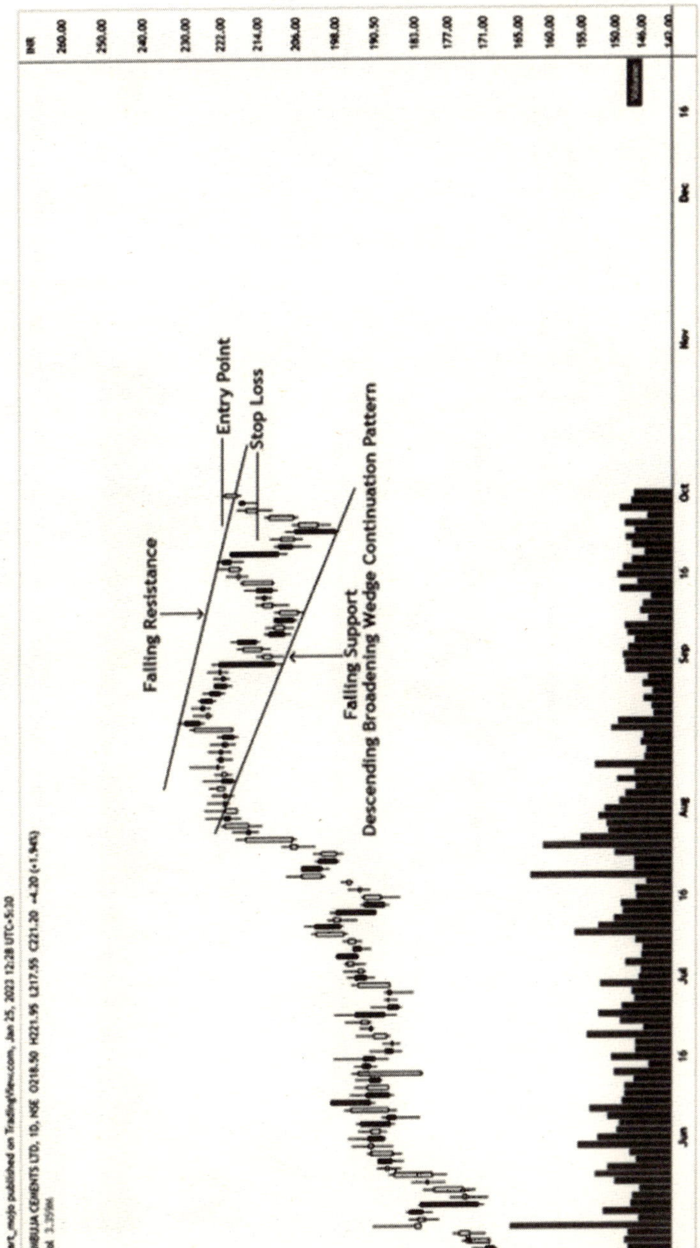

चित्र 12.38: Daily chart of Ambuja Cement Ltd. (bullish descending broadening wedge continuation pattern).

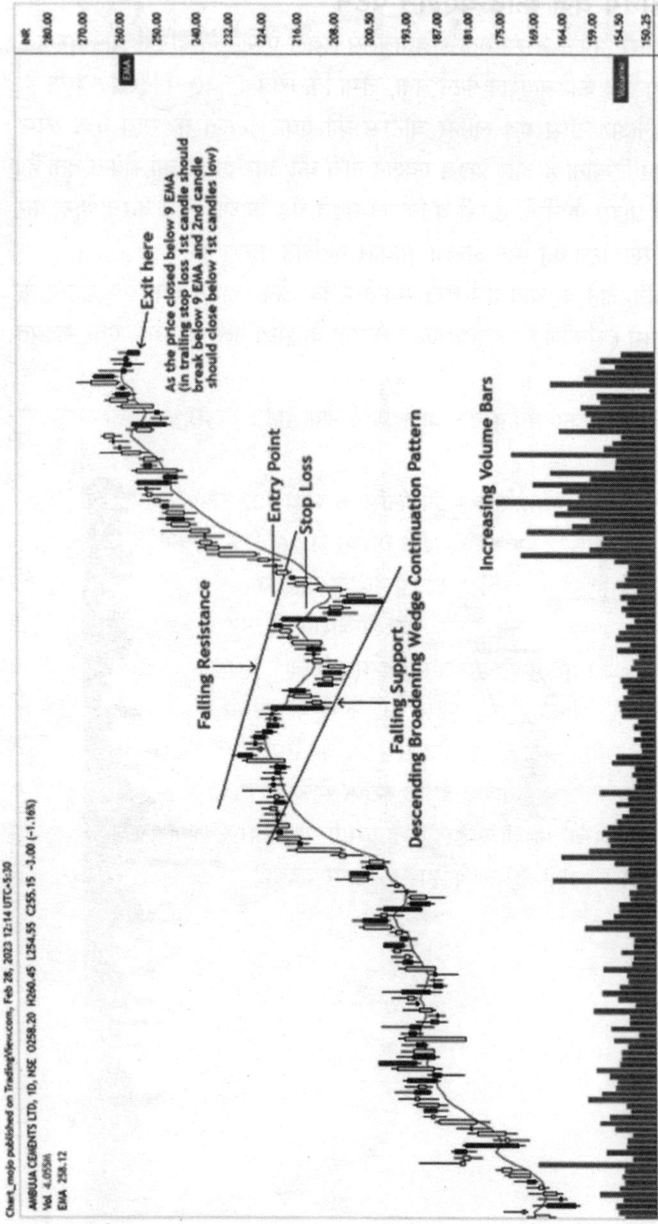

चित्र 12.39: Daily chart of Ambuja Cements Ltd. showing an uptrend after the breakout from trend continuation pattern.

असेंडिंग ब्रॉडनिंग वेज कंटिन्यूएशन पैटर्न

मार्च 2022 से अप्रैल 2022 तक इंडियाबुल्स रियल एस्टेट के दैनिक चार्ट पर एक असेंडिंग ब्रॉडनिंग वेज कंटिन्यूएशन पैटर्न बना, जैसा कि चित्र 12.40 में दिखाया गया है।

यह चित्र लोअर टॉप्स एवं लोअर बॉटम्स की एक शृंखला के साथ एक स्पष्ट गिरावट का रुझान दिखाता है और प्राइस एक्शन नीचे की ओर दबाव का संकेत देता है। मार्च के महीने में प्राइस पैटर्न के ऊपरी व निचले बढ़ते बैंड के बीच ट्रेड करना शुरू कर देता है और बेयरिश पैटर्न का एक अच्छा आकार प्रदर्शित करता है।

पैटर्न के बन जाने के बाद हम देख सकते हैं कि ब्रेक डाउन एक गैप डाउन के साथ हुआ। यह नैरो (संकीर्ण) रेंज ब्रेकडाउन कैंडल के साथ नीचे की ओर एक मजबूत मंदी का संकेत है।

संभावित गिरावट का संकेत देने वाले पैटर्न ब्रेकडाउन के साथ बढ़ती मात्रा पर ध्यान दें।

यहाँ शॉर्ट पोजीशन एक ट्रेलिंग स्टॉप-लॉस के साथ 102 रुपए से नीचे ली गई है, जिससे हमारा टार्गेट लगभग 75 रुपए (एंट्री एरिया से 26 अंक नीचे) हो गया है और स्टॉप डाउन प्रतिरोध स्तर के अंतर पर 107 रुपए के आसपास रखा गया है।

चित्र 12.41 से पता चलता है कि शॉर्ट पोजीशन ले लेने के बाद प्राइस में भारी गिरावट आई और हमें एक अच्छा डाउनसाइड मूव मिला।

हम यह भी देख सकते हैं कि प्राइस 102 रुपए से घटकर 75 रुपए हो गया, जो 46 ट्रेडिंग सेशंस के भीतर ब्रेकडाउन जोन से 25% की गिरावट है।

यह स्पष्ट रूप से दिखाई दे रहा है कि स्टॉक से बाहर निकलने से पहले हमें कुछ नकली चालें मिलीं, जिसमें पहली कैंडल 9-ई.एम.ए. के ऊपर टूट गई। हालाँकि, दूसरी कैंडल घटित हुई और पहली कैंडल के हाई के ऊपर बंद हुई।

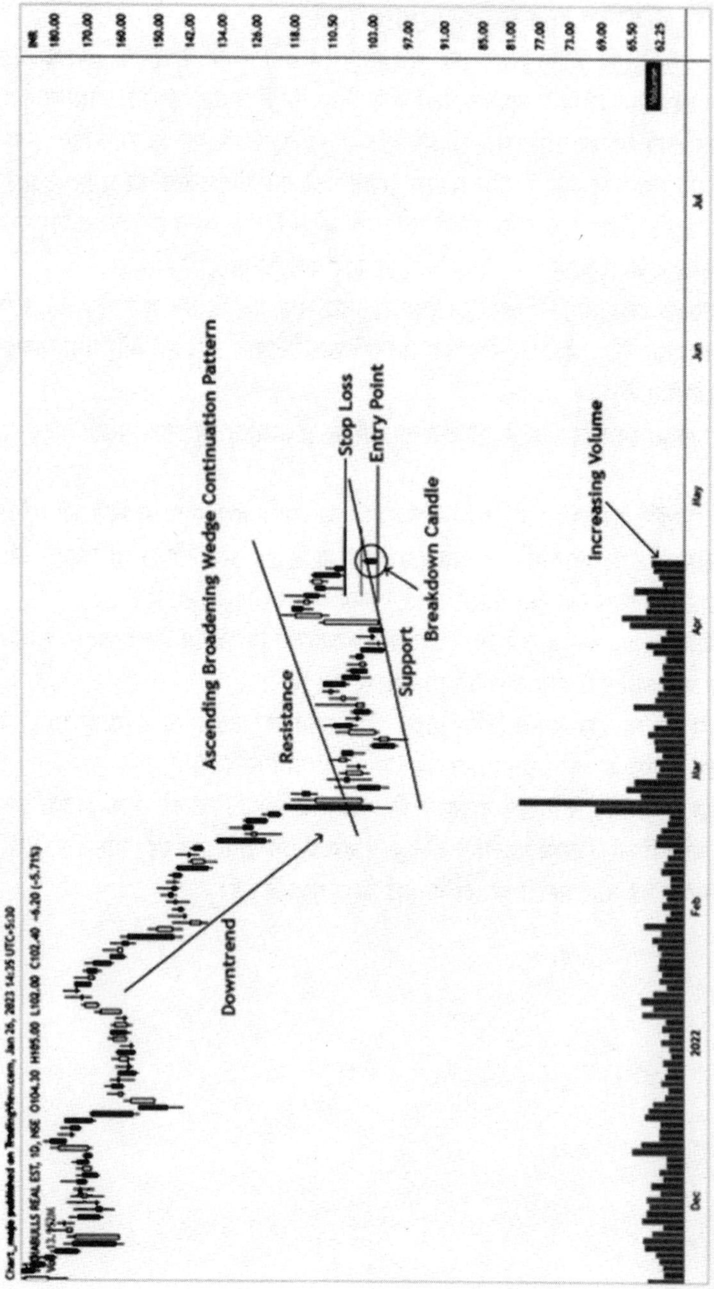

चित्र 12.40: Daily chart of Indiabulls Real Estate (bearish ascending broadening wedge continuation pattern).

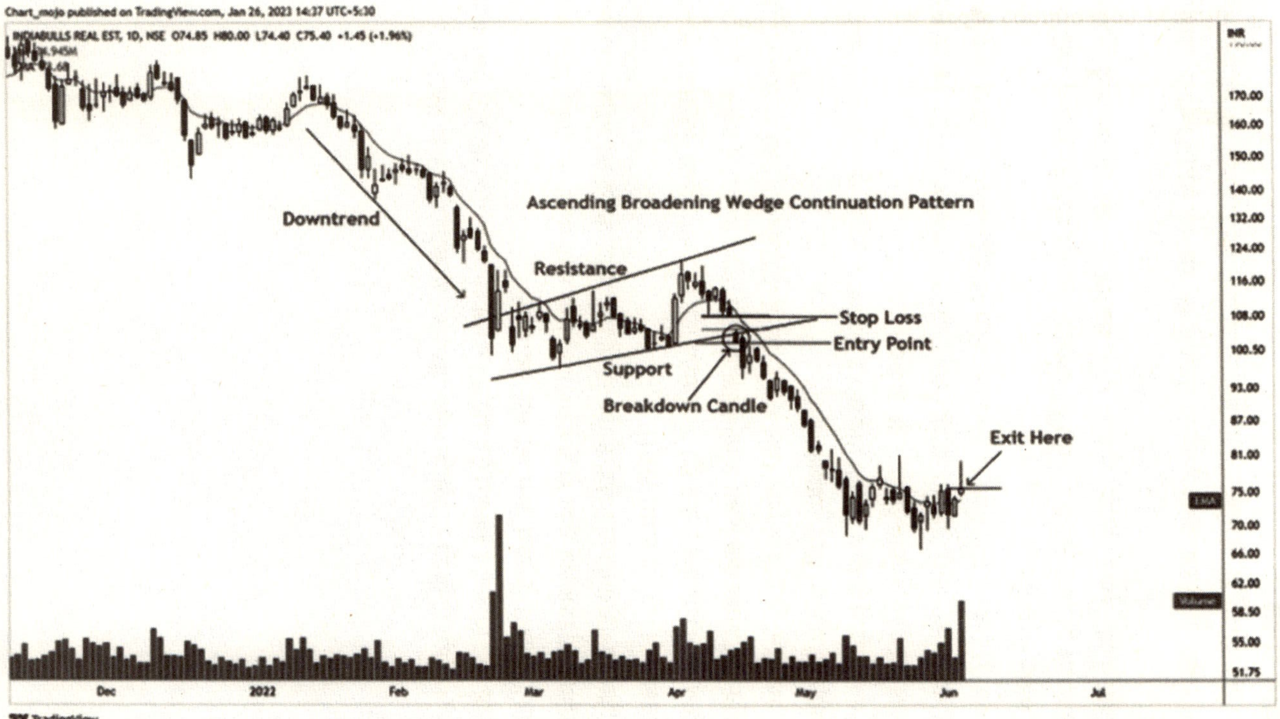

चित्र 12.41: Daily chart of IndiaBulls Real Estate after the breakdown from bearish trend continuation pattern.

डिसेंडिंग चैनल

जुलाई 2010 से अक्तूबर 2013 तक टी.वी.एस. मोटर कंपनी के मासिक चार्ट पर एक बुलिश डिसेंडिंग चैनल पैटर्न का गठन हुआ, जैसा कि चित्र 12.42 में दिखाया गया है।

यह पूर्णतः स्पष्ट है कि अपट्रेंड बहुत मजबूत है और बुलिश कैंडलस्टिक्स विक्रेताओं पर नियंत्रण ले रहे हैं। मजबूत खरीदारी वॉल्यूम बार के साथ भी तेजी का रुझान सामने आया है।

जब पैटर्न बनना शुरू हुआ तो शेयर का प्राइस डिसेंडिंग चैनल के ऊपरी व निचले बैंड के बीच घूमने लगा। इस बात पर भी ध्यान दें कि जब पैटर्न बन रहा था, तब वॉल्यूम में भी प्राइस एक्शन के साथ-साथ उतार-चढ़ाव हो रहा था।

अंततः, पैटर्न ब्रेकआउट एक विस्तृत रेंज ब्रेकआउट कैंडल के साथ हुआ, जो एक बड़े पैमाने पर वॉल्यूम द्वारा समर्थित था।

अब, बिना किसी लक्ष्य को ध्यान में रखे, लॉन्ग पोजीशन 53 रुपए से ऊपर ली गई है, क्योंकि हम मूविंग एवरेज का उपयोग ट्रेलिंग स्टॉप-लॉस के रूप में कर रहे हैं (जिसे आप चित्र 12.43 में देख सकते हैं)। हम स्टॉप को 37 रुपए (पैटर्न ब्रेकआउट कैंडल का निचला स्तर) के आसपास रखेंगे।

चित्र 12.43 ब्रेकआउट क्षेत्र के बाद टी.वी.एस. मोटर कंपनी का फॉलो-अप चार्ट है। रेक्टैंगल कंटिन्यूएशन पैटर्न से ब्रेकआउट होने के बाद स्टॉक का प्राइस बहुत कम मंदी वाली कैंडल्स के साथ ऊपर की ओर बढ़ गया।

यह चार्ट दिखाता है कि इस ट्रेड सेटअप ने हमें लगभग 318% का भारी रिटर्न दिया और 671 ट्रेडिंग दिनों की अवधि के भीतर प्राइस 53 से बढ़कर 223 हो गया।

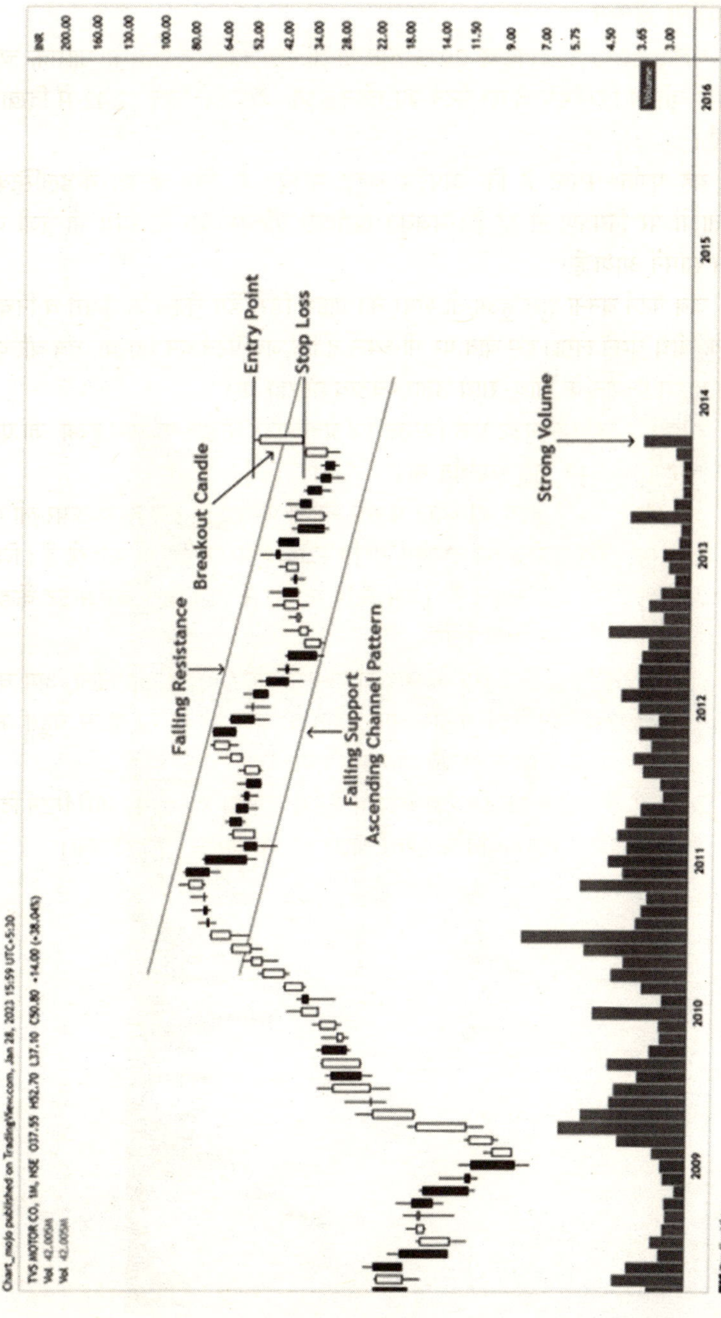

चित्र 12.42: Monthly chart of TVS Motor Company (bullish descending channel pattern).

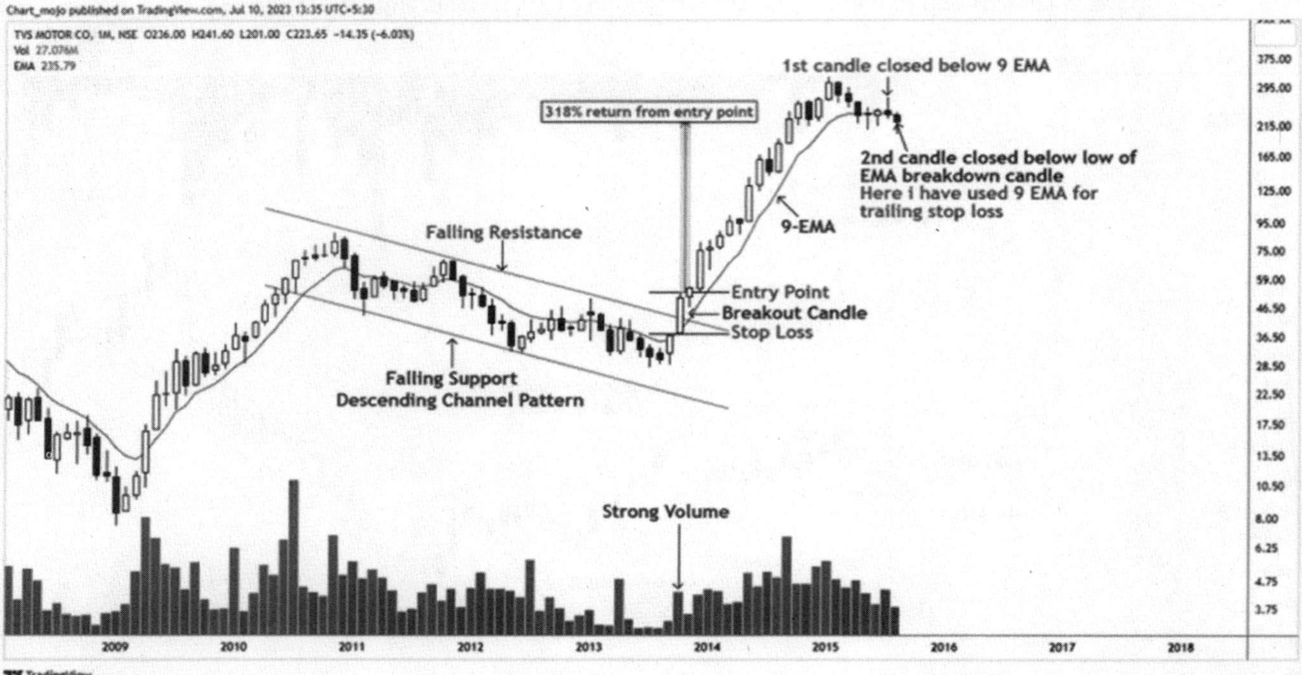

चित्र 12.43: Monthly chart of TVS Motor Company showing uptrend continuation after the breakout from descending channel pattern.

असेंडिंग चैनल

फरवरी 2019 से मई 2019 तक सिंफनी लिमिटेड के दैनिक चार्ट पर एक बेयरिश असेंडिंग चैनल पैटर्न बना, जैसा कि चित्र 12.44 में दिखाया गया है।

इस चित्र में यह पूर्णतः स्पष्ट है कि डाउनट्रेंड बहुत मजबूत है और मंदी के कैंडलस्टिक्स खरीदारों पर नियंत्रण ले रहे हैं। डाउनट्रेंड एक माह की अवधि के भीतर बहुत अच्छी तरह से सामने आया है।

असेंडिंग पैटर्न पूरा हो जाने के बाद हमें बढ़ती मात्रा के साथ एक मजबूत ब्रेकडाउन कैंडल देखने को मिली, जिसने संभावित गिरावट के लिए भ्रम को दूर कर दिया और एक मजबूत मंदी का संकेत दिया।

अंत में, बिना किसी लक्ष्य को ध्यान में रखे शॉर्ट पोजीशन 1,710 रुपए से नीचे ली गई है, क्योंकि हम मूविंग एवरेज का उपयोग ट्रेलिंग स्टॉप-लॉस के रूप में करेंगे (जिसे आप चित्र 12.45 में देख सकते हैं)। हम 1,777 रुपए के आसपास स्टॉप लगाएँगे (जो कि पैटर्न ब्रेकडाउन कैंडल का उच्च स्तर है)। एक बार फिर आप देख सकते हैं कि ब्रेकडाउन होने के बाद प्राइस एक्शन ने कैसे आकार लिया और हमें एक अच्छा डाउनसाइड दिया! 39 ट्रेडिंग सेशंस के भीतर प्राइस 1,445 रुपए तक नीचे चला गया।

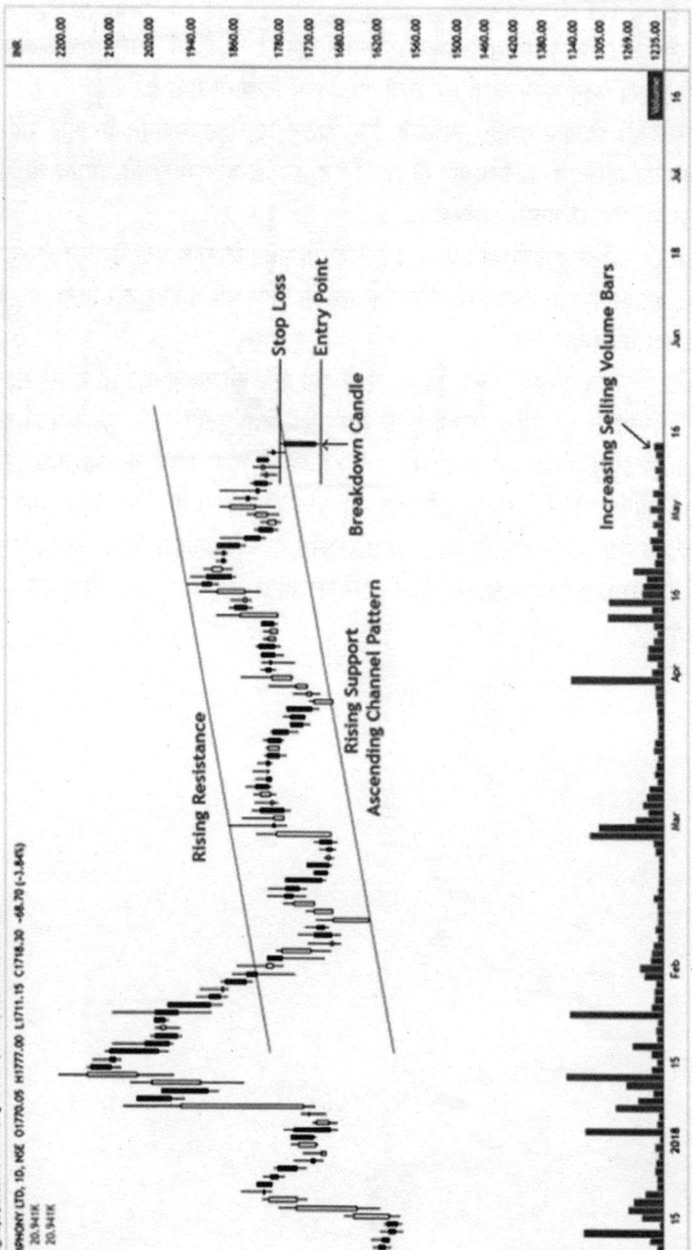

चित्र 12.44: Daily chart of Symphony Ltd. (bearish ascending channel pattern).

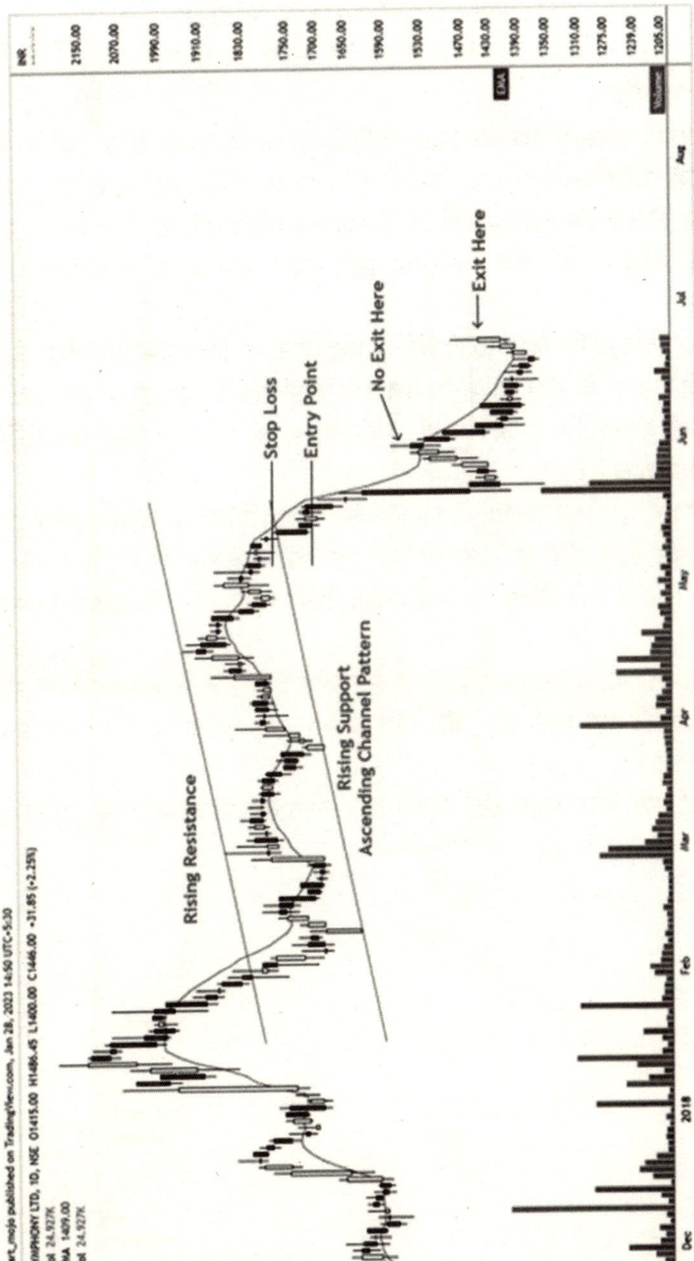

चित्र 12.45: Daily chart of Symphony Ltd. after the breakdown from ascending channel pattern.

रिवर्सल पैटर्न्स की केस स्टडीज

ब्रॉडनिंग बॉटम

सितंबर 2006 से अक्तूबर 2006 तक कॉण्टेरा एनर्जी इंक के दैनिक चार्ट पर एक बुलिश बॉटम रिवर्सल पैटर्न बना, जैसा कि चित्र 12.46 में दिखाया गया है।

इस चित्र में हम देख सकते हैं कि गिरावट का रुझान जारी रहा और अंततः स्टॉक द्वितीयक चरण में चला गया, जहाँ एक छोटी समय-सीमा के दौरान ब्रॉडनिंग बॉटम पैटर्न बना।

यह स्पष्ट था कि पैटर्न पूरा हो जाने के बाद स्टॉक का प्राइस एक ब्रेकआउट कैंडल (नैरो रेंज कैंडल) के साथ बुलिश रिवर्सल पैटर्न के प्रतिरोध के ऊपर टूटा। ब्रेकआउट को एक अच्छे वॉल्यूम बिल्ड-अप से भी समर्थन मिला, जो स्टॉक के प्राइस में अंतर्निहित तेजी को दरशाता है।

अंत में, इस चार्ट सेटअप में लॉन्ग पोजीशन 6.24 डॉलर के प्राइस के ठीक ऊपर ली गई और स्टॉप-लॉस 6 डॉलर पर रखा गया, जो कि ब्रेकआउट कैंडल का निचला स्तर है। निकास 7.74 डॉलर पर 9-ई.एम.ए. ट्रेलिंग स्टॉप-लॉस ब्रेकडाउन के आधार पर हुआ।

चित्र 12.47 में यह स्पष्ट है कि लॉन्ग पोजीशन ली जाने के बाद स्टॉक का प्राइस उच्च दिशा की ओर बढ़ने लगा और रास्ते में केवल दो नकली चालों के साथ सुचारु रूप से चला।

यह स्पष्ट है कि प्राइस हमारे पिछले स्टॉप-लॉस से ऊपर कारोबार कर रहा था और हमने 7.74 डॉलर के प्राइस पर स्टॉप लिया।

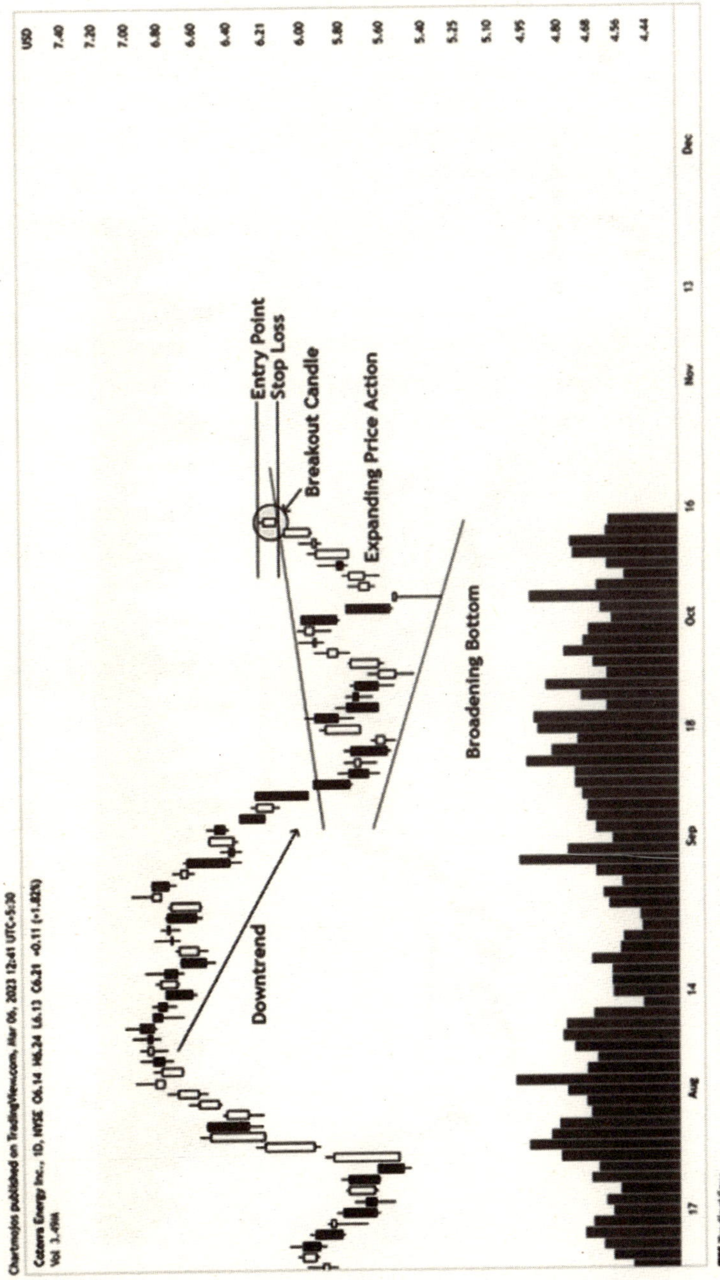

चित्र 12.46: Daily chart of Conterra Energy Inc, (bullish broadening bottom reversal pattern).

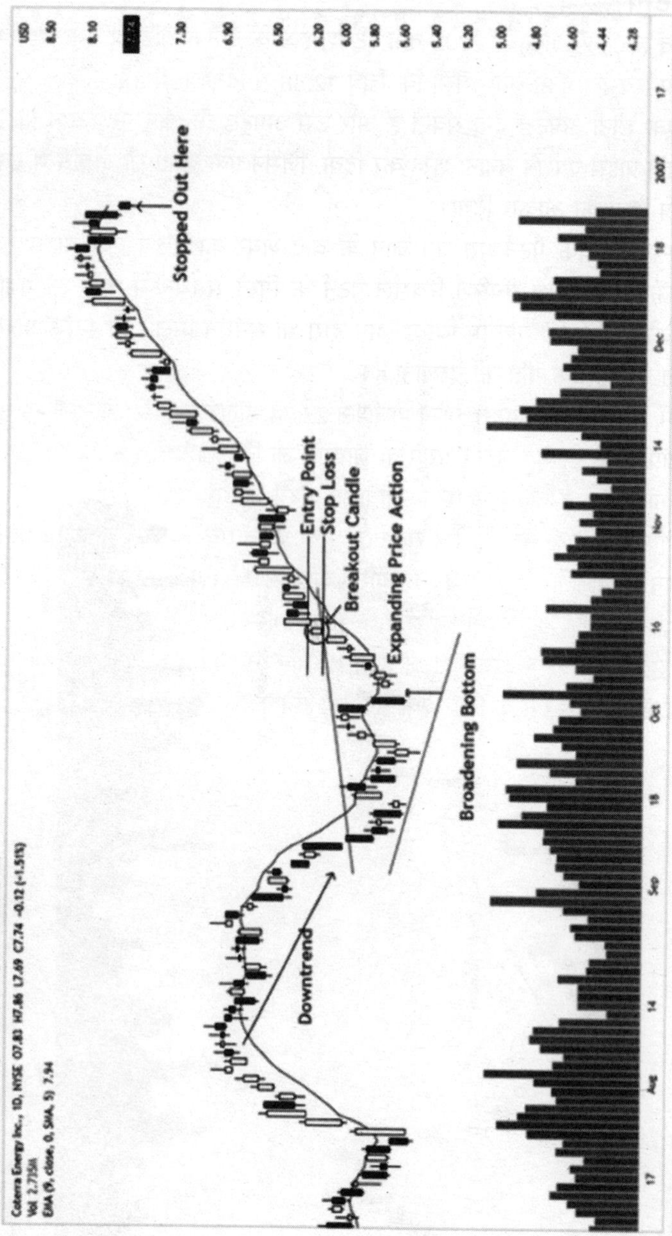

चित्र 12.47: Daily chart of Conterra Energy Inc. showing uptrend continuation after the breakout from broadening bottom.

ब्रॉडनिंग टॉप

अगस्त 2008 से अक्तूबर 2008 तक इंट्यूश इंक के दैनिक चार्ट पर एक बेयरिश ब्रॉडनिंग टॉप रिवर्सल पैटर्न बना, जैसा कि चित्र 12.48 में दिखाया गया है।

हम एक छोटा अपट्रेंड देख सकते हैं और उस अपट्रेंड के शीर्ष पर स्टॉक प्राइस ने विस्तारवादी प्राइस एक्शन बनाना शुरू कर दिया, जिसने एक छोटी सी अवधि में एक ब्रॉडनिंग टॉप पैटर्न को आकार दिया।

यह स्पष्ट था कि पैटर्न पूरा बन जाने के बाद शेयर का प्राइस एक वाइड रेंज ब्रेकआउट कैंडल के साथ बेयरिश रिवर्सल पैटर्न के गिरते समर्थन से नीचे आ गया। ब्रेकआउट को एक अच्छे वॉल्यूम बिल्ड-अप द्वारा भी समर्थन मिला, जो स्टॉक प्राइस में अंतर्निहित नकारात्मक गति को दरशाता है।

अंत में, इस चार्ट सेटअप में लॉन्ग पोजीशन 27.74 डॉलर के प्राइस से नीचे ली गई थी और स्टॉप-लॉस 29.84 डॉलर पर रखा जाएगा, जो कि ब्रेकडाउन कैंडल का उच्च स्तर है। निकास 24.81 डॉलर के पैटर्न-आधारित लक्ष्य के आधार पर होगा।

जैसा कि हम स्पष्ट रूप से देख सकते हैं, एक मजबूत ब्रेकआउट कैंडल के साथ शॉर्ट पोजीशन लिये जाने के बाद मजबूत बेयरिश कैंडल्स के साथ प्राइस आसानी से नीचे जाने लगा। पैटर्न टार्गेट भी चार ट्रेडिंग सत्रों के भीतर हासिल कर लिया गया।

याद रखें कि जब पैटर्न ब्रेकडाउन हुआ तो वॉल्यूम भी बढ़ना शुरू हो गया, जो डाउनसाइड की ओर स्टॉक के लिए एक मंदी का संकेत है (चित्र 12.49)।

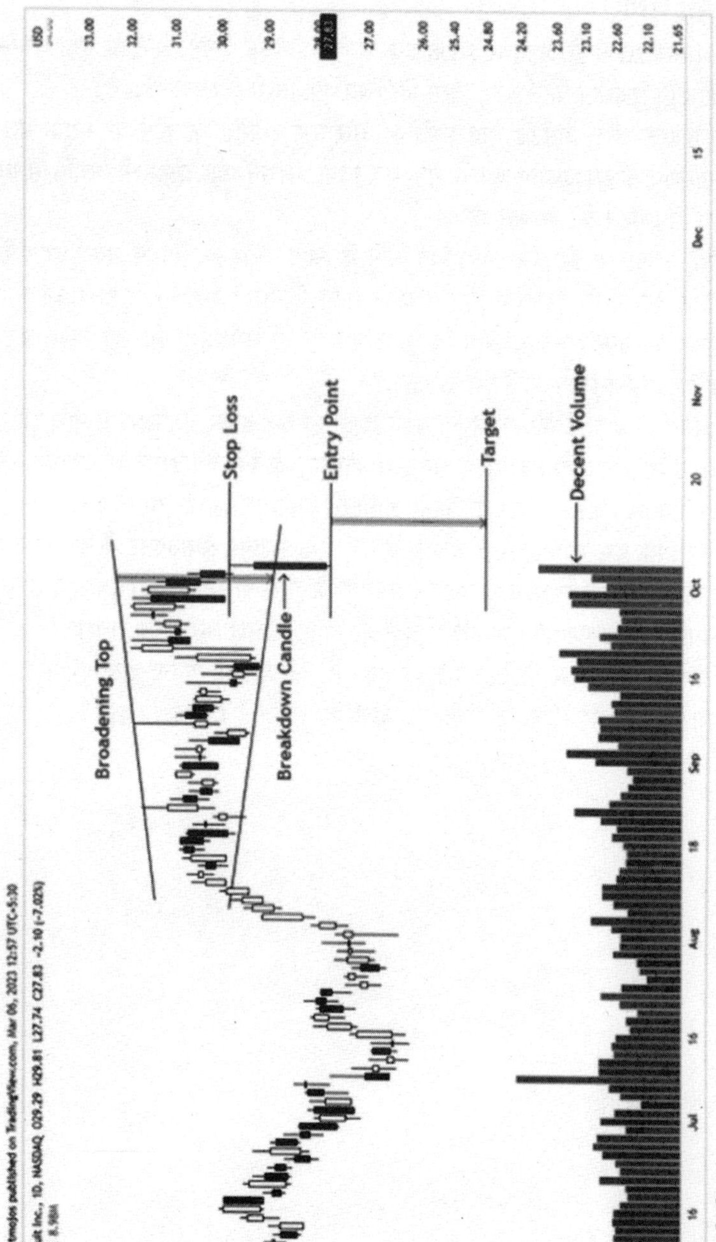

चित्र 12.48: Daily chart of Intuit Inc., (bearish broadening top reversal pattern).

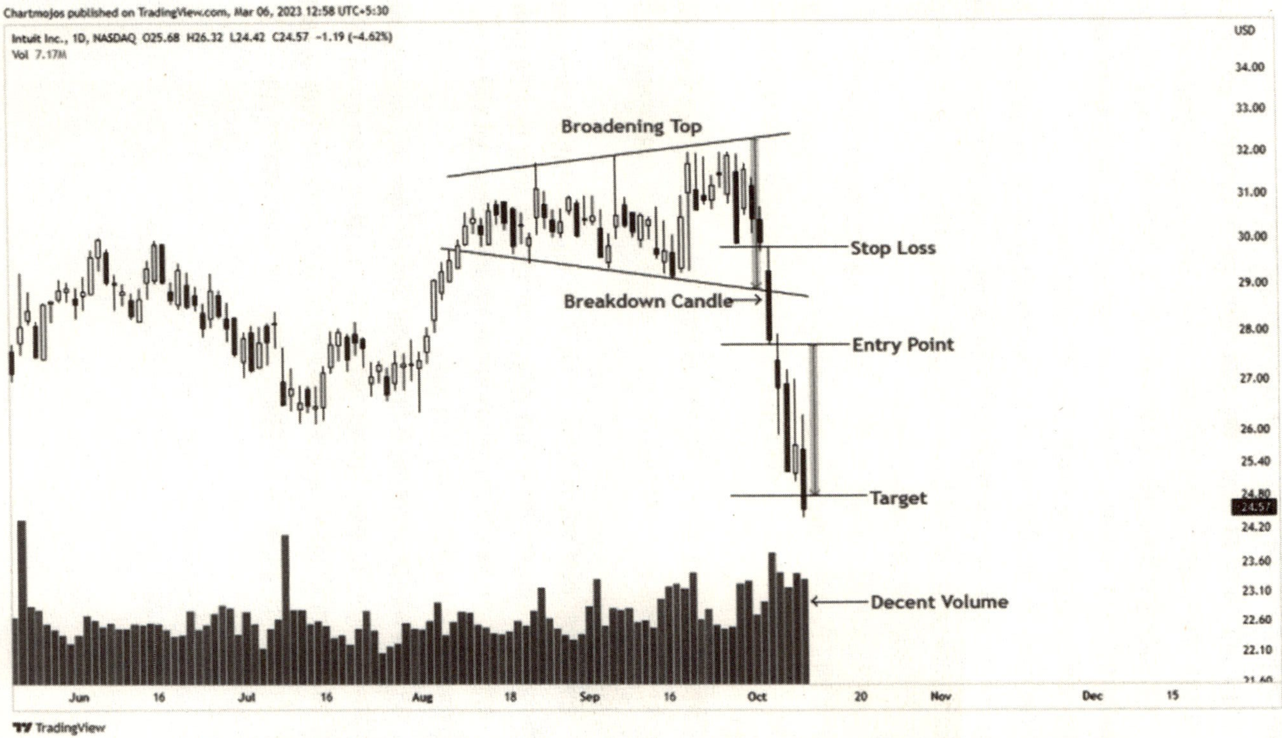

चित्र 12.49: Daily chart of Intuit Inc. after the breakdown from broadening top pattern.

राइट-एंगल्ड डिसेंडिंग ब्रॉडनिंग वेज रिवर्सल पैटर्न

मार्च 1997 से सितंबर 1997 तक ग्लोब लाइफ इंक के साप्ताहिक चार्ट पर एक बुलिश राइट-एंगल्ड वेज रिवर्सल पैटर्न बना, जैसा कि चित्र 12.50 में दिखाया गया है।

एक छोटी सी गिरावट देखी गई और अंततः ट्रेंड के निचले सिरे पर शेयर के प्राइस ने विस्तारवादी प्राइस एक्शन का निर्माण करना शुरू कर दिया, जिसने बुलिश राइट-एंगल्ड असेंडिंग ब्रॉडनिंग वेज रिवर्सल पैटर्न को आकार दिया।

यह स्पष्ट था कि पैटर्न पूरा हो जाने के बाद शेयर का प्राइस एक वाइड रेंज ब्रेकआउट कैंडल के साथ बुलिश रिवर्सल पैटर्न के क्षैतिज समर्थन से ऊपर टूट गया। ब्रेकआउट को अच्छे वॉल्यूम बिल्ड-अप से भी समर्थन मिला, जो स्टॉक प्राइस में अंतर्निहित नकारात्मक गति को दरशाता है।

अंत में, इस चार्ट सेटअप में लॉन्ग पोजीशन 8.61 डॉलर की कीमत के ठीक ऊपर ली गई और स्टॉप-लॉस 8.32 डॉलर पर रखा गया, जो कि ब्रेकआउट कैंडल का निचला स्तर है। निकास 10.19 डॉलर पर 9-ई.एम.ए. ट्रेलिंग स्टॉप-लॉस ब्रेकडाउन के आधार पर होगा।

चित्र 12.51 में यह स्पष्ट है कि लॉन्ग पोजीशन लेने के बाद शेयर का प्राइस उच्च दिशा की ओर बढ़ने लगा और रास्ते में एक भी नकली चाल के बिना सुचारु रूप से बढ़ती रही।

चार्ट पर यह स्पष्ट रूप से दिखाई दे रहा है कि प्राइस हमारे पिछले स्टॉप-लॉस से ठीक ऊपर कारोबार कर रहा था और हमने 10.19 डॉलर के प्राइस पर स्टॉप लिया।

कई ट्रेडर कहेंगे कि यदि हम निकास सिग्नल शुरू होने से पहले दाएँ शीर्ष पर बाहर निकल गए होते तो हम अच्छा पैसा कमा सकते थे!

उन ट्रेडर्स को मेरा जवाब यह है कि कोई भी शीर्ष पर बाहर नहीं निकल सकता और कोई भी बाजार का समय निर्धारित नहीं कर सकता। यह 9-ई.एम.ए. को ट्रेलिंग स्टॉप-लॉस के रूप में उपयोग करने की कीमत है। हमें कुछ प्रोफिट को टेबल पर रखना होगा और जैसे और जब भी हमें स्टॉप किया जाएगा, तब बाहर निकलना होगा।

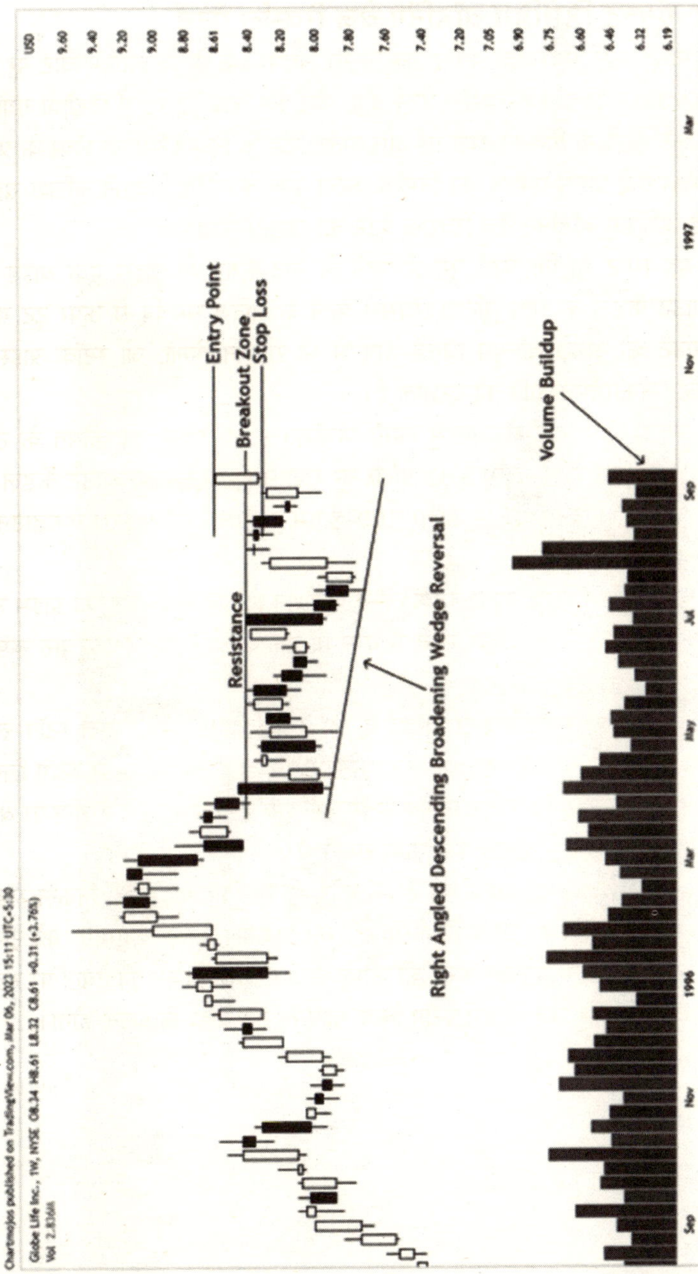

चित्र 12.50: Weekly chart of Globe Life Inc. (bullish right-angled ascending broadening wedge reversal pattern).

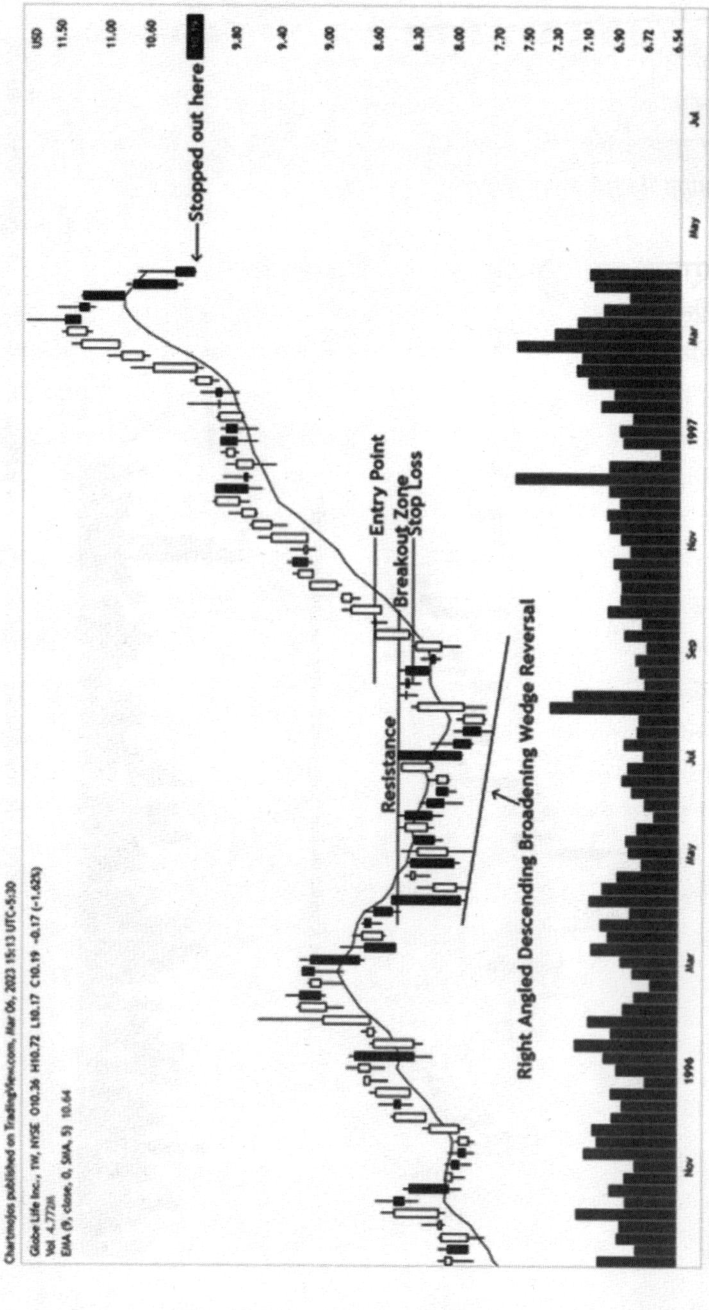

चित्र 12.51: Weekly chart of Globe Life Inc. after the breakout from bullish trend continuation pattern

प्रो टिप : ट्रेलिंग स्टॉप-लॉस के रूप में 9-ई.एम.ए. का उपयोग करने और पैटर्न-आधारित लक्ष्य का उपयोग न करने की खूबसूरती यह है कि यह आपको ट्रेंड के साथ चलने देता है। एक ऐसी स्थिति आएगी, जहाँ आपका स्टॉक दोगुना व तिगुना होता जाएगा, जिससे आपको भारी लाभ मिलेगा।

राइट-एंगल्ड असेंडिंग ब्रॉडनिंग वेज रिवर्सल पैटर्न

अप्रैल 2006 से मई 2006 तक एम.जी.एम. रिजॉर्ट इंटरनेशनल के दैनिक चार्ट पर एक बेयरिश राइट-एंगल्ड असेंडिंग ब्रॉडनिंग वेज रिवर्सल पैटर्न बना, जैसा कि चित्र 12.52 में दिखाया गया है।

पैटर्न बनने से पहले एक अपट्रेंड देखा गया और अपट्रेंड के शीर्ष पर स्टॉक प्राइस ने एक बेयरिश ट्रेंड रिवर्सल पैटर्न बनाना शुरू कर दिया।

यह स्पष्ट था कि पैटर्न पूरा बन जाने के बाद शेयर का प्राइस एक वाइड रेंज ब्रेकआउट कैंडल के साथ बेयरिश रिवर्सल पैटर्न के क्षैतिज समर्थन से नीचे टूट गया। ब्रेकआउट को अच्छे वॉल्यूम बिल्ड-अप द्वारा भी समर्थन मिला, जो स्टॉक प्राइस में अंतर्निहित नकारात्मक गति को दरशाता है।

अंत में, इस चार्ट सेटअप में शॉर्ट पोजीशन 43 डॉलर के प्राइस के ठीक नीचे ली गई और स्टॉप-लॉस 44.22 डॉलर पर रखा गया, जो कि ब्रेकडाउन कैंडल का उच्च स्तर है। निकास 40 डॉलर के पैटर्न-आधारित लक्ष्य के आधार पर होगा।

हम स्पष्ट रूप से देख सकते हैं कि एक मजबूत ब्रेकडाउन कैंडल के साथ शॉर्ट पोजीशन लिये जाने के बाद मजबूत बेयरिश कैंडल्स के साथ प्राइस आसानी से नीचे जाने लगता है। कुछ ही ट्रेडिंग सत्रों में पैटर्न टार्गेट भी हासिल कर लिया गया।

याद रखें, जब पैटर्न ब्रेकडाउन हुआ तो वॉल्यूम भी बढ़ना शुरू हो गया, जो नीचे की ओर स्टॉक के लिए एक मंदी का संकेत है।

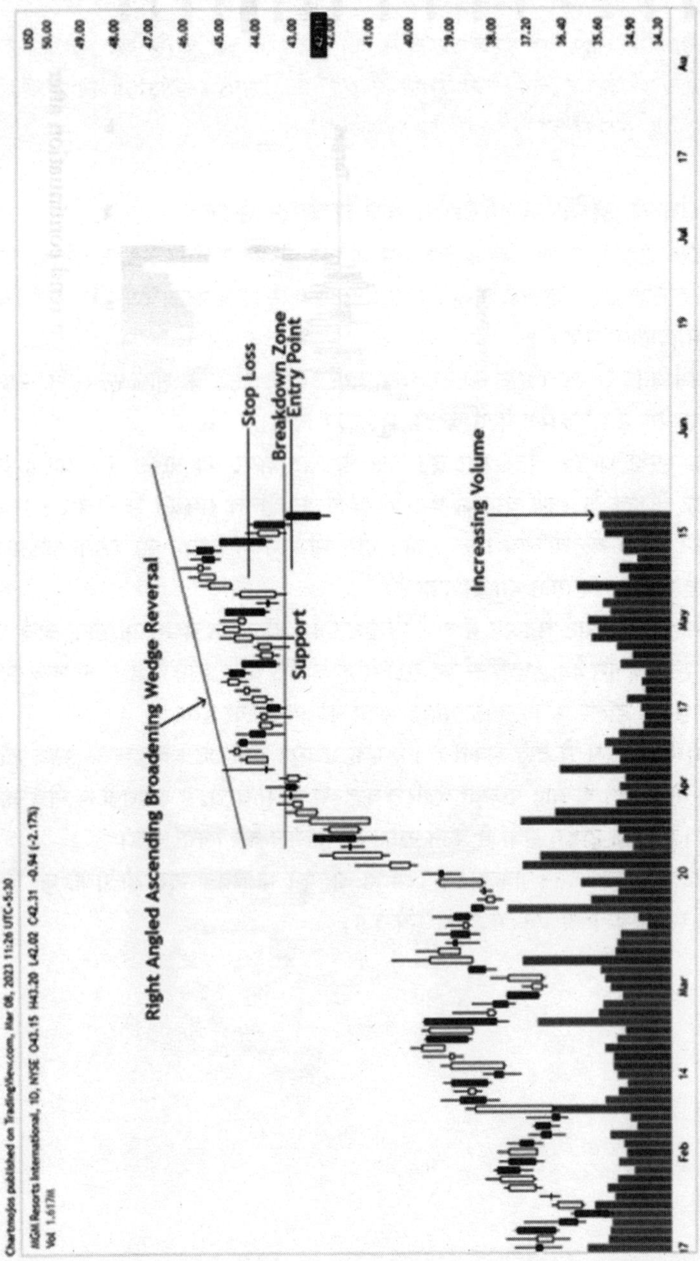

चित्र 12.52: Daily chart of MGM Resort International (bearish right angled ascending broadening wedge reversal pattern).

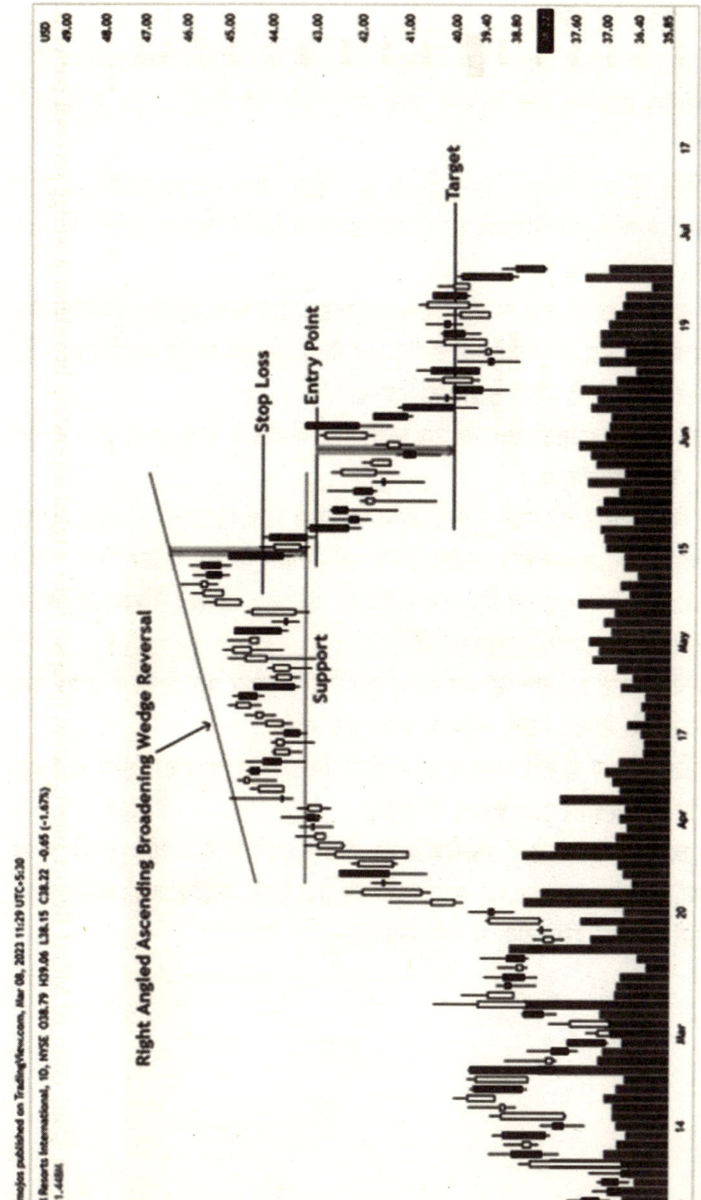

चित्र 12.53: Daily chart pattern of MGM Resorts International showing a downtrend continuation after breakdown from bearish trend reversal pattern.

डिसेंडिंग ब्रॉडनिंग वेज

मई 2022 से जुलाई 2022 तक एक्स्ट्रा स्पेस स्टोरेज इंक के दैनिक चार्ट पर एक बुलिश डिसेंडिंग ब्रॉडनिंग वेज रिवर्सल पैटर्न बना, जैसा कि चित्र 12.54 में दिखाया गया है।

इस चित्र में यह बिल्कुल स्पष्ट है कि डाउनट्रेंड बहुत मजबूत है और बेयरिश कैंडलस्टिक्स खरीदारों पर नियंत्रण ले रहे हैं। 'मजबूत बिक्री वॉल्यूम बार्स' के साथ डाउनट्रेंड भी सामने आया है।

पैटर्न बनना शुरू हो जाने के बाद स्टॉक का प्राइस डाउनवर्ड स्लोपिंग ब्रॉडनिंग वेज के ऊपरी व निचले बैंड के बीच घूमने लगा। जब पैटर्न बन रहा था तो प्राइस एक्शन के साथ-साथ वॉल्यूम में भी उतार-चढ़ाव हो रहा था।

अंततः, पैटर्न ब्रेकआउट एक नैरो रेंज ब्रेकआउट कैंडल के साथ हुआ, जो 'वॉल्यूम पॉप आउट' द्वारा समर्थित था।

बिना किसी टार्गेट को ध्यान में रखे लॉन्ग पोजीशन 175.41 डॉलर से ऊपर ली गई है, क्योंकि हम मूविंग एवरेज का उपयोग ट्रेलिंग स्टॉप-लॉस के रूप में कर रहे हैं (जिसे आप चित्र 12.55 में देख सकते हैं)। हम स्टॉप को 171.64 डॉलर (ब्रेकआउट पिछले कैंडल का निचला स्तर) के आसपास रखेंगे।

पैटर्न ब्रेकआउट हो जाने के बाद स्टॉक का प्राइस केवल एक दिशा में ऊपर बढ़ा और कई दिनों तक ट्रेलिंग स्टॉप-लॉस से ऊपर बनी रहा।

इस ट्रेड सेटअप में हमें लगभग 17% रिटर्न मिला और कुछ ही समय में प्राइस 175.41 डॉलर से बढ़कर 205 डॉलर हो गया।

हम यह भी देख सकते हैं कि ब्रेकआउट कैंडल आने के बाद वॉल्यूम भी बढ़ना शुरू हो गया, जिसने अपसाइड को काफी आसान बना दिया; क्योंकि इसने संकेत दिया कि बहुत सारे खरीदार इस स्टॉक में रुचि रखते हैं।

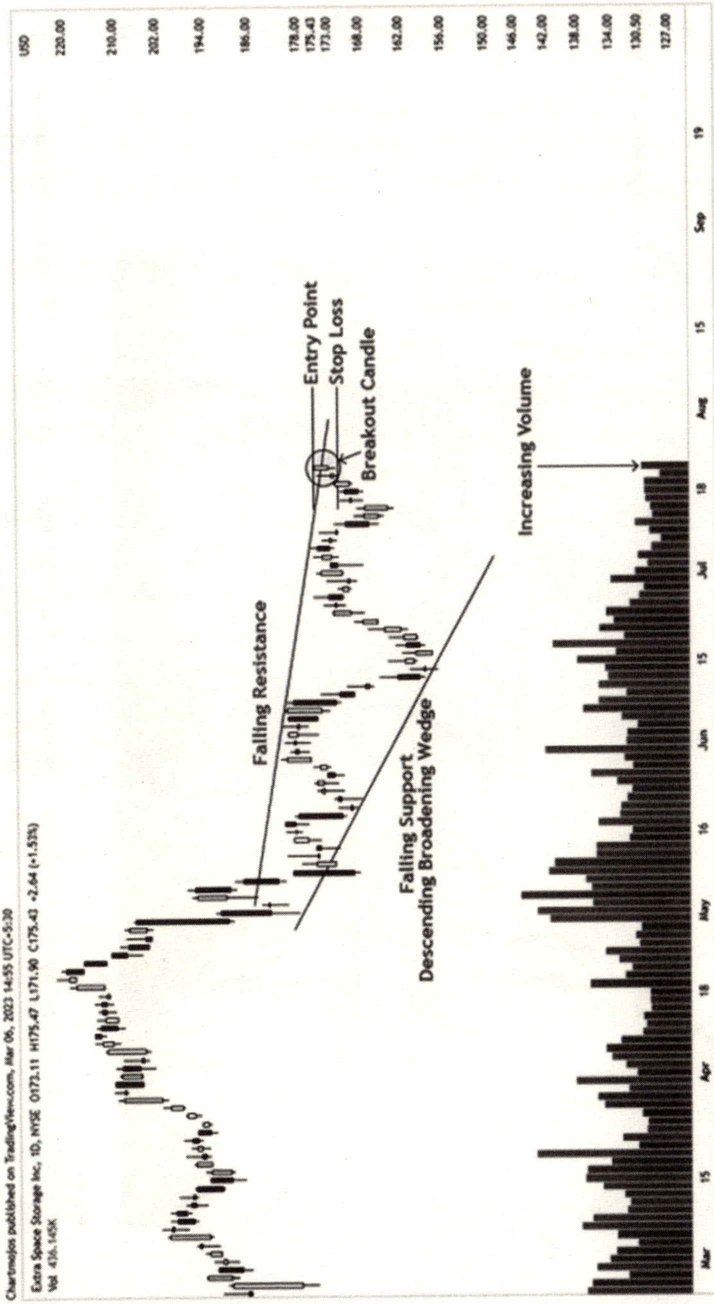

चित्र 12.54: Daily chart of Extra Space Storage Inc. (bullish descending broadening wedge reversal pattern).

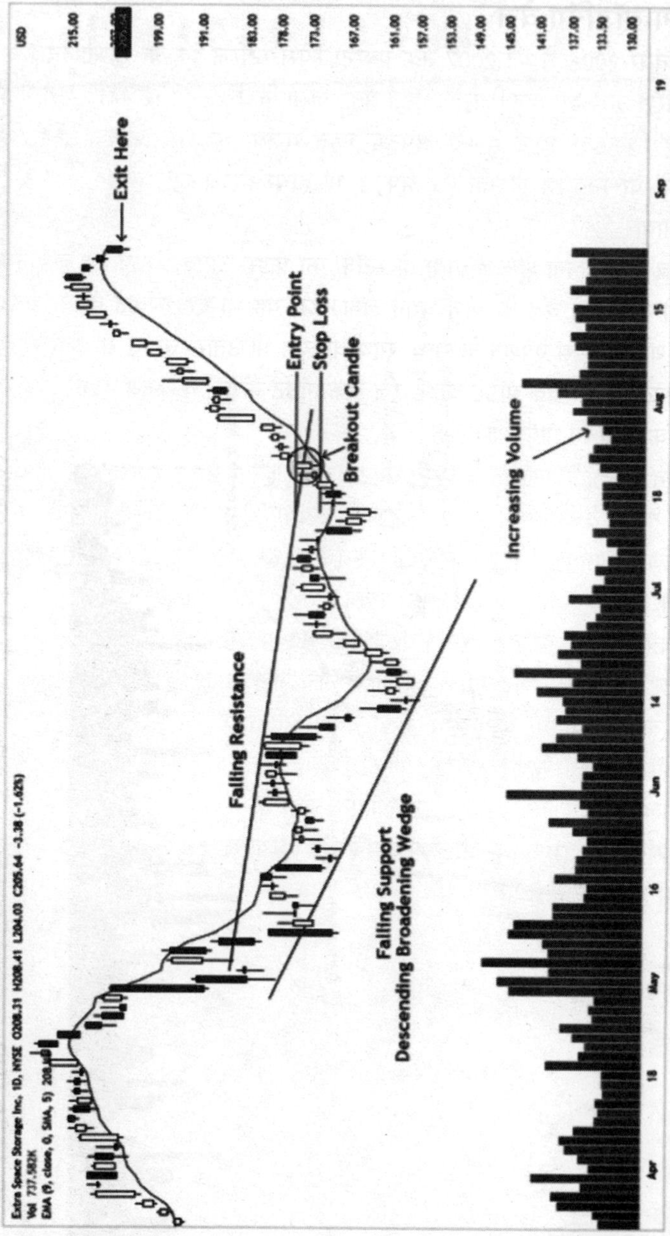

चित्र 12.55: Daily chart of Extra Space Storage Inc. showing bullish trend reversal from the breakout zone of descending broadening wedge pattern.

असेंडिंग ब्रॉडनिंग वेज

सितंबर 2006 से मई 2007 तक एक्स्ट्रा स्पेस स्टोरेज इंक के साप्ताहिक चार्ट पर एक बेयरिश असेंडिंग वेज रिवर्सल पैटर्न बना, जैसा कि चित्र 12.56 में दिखाया गया है।

यह बिल्कुल स्पष्ट है कि अपट्रेंड बहुत मजबूत है और बुलिश कैंडलस्टिक्स विक्रेताओं पर नियंत्रण ले रही है। अपट्रेंड भी हायर हाईज और हायर लोज के साथ सामने आया।

जब पैटर्न बनना शुरू हो गया तो स्टॉक का प्राइस अपवर्ड स्लोपिंग ब्रॉडनिंग वेज के ऊपरी व निचले बैंड के बीच घूमने लगा। हम यह भी देख सकते हैं कि जब पैटर्न बन रहा था तो प्राइस एक्शन के साथ-साथ वॉल्यूम भी उतार-चढ़ाव से गुजर रहा था।

अंततः, पैटर्न ब्रेकआउट वाइड रेंज ब्रेकआउट कैंडल के साथ हुआ, जिसे अच्छे वॉल्यूम का समर्थन प्राप्त था।

अंत में, शॉर्ट पोजीशन बिना किसी टार्गेट को ध्यान में रखे 18.11 डॉलर के ठीक नीचे ली गई है, क्योंकि हम मूविंग एवरेज का उपयोग ट्रेलिंग स्टॉप-लॉस के रूप में कर रहे हैं (जिसे आप चित्र 12.56 में देख सकते हैं)। हम स्टॉप को 19 डॉलर (ब्रेकडाउन कैंडल के उच्चतम स्तर) के आसपास रखेंगे।

चित्र 12.57 एक्स्ट्रा स्पेस स्टोरेज इंक का फॉलो-अप चार्ट दिखाता है। पैटर्न ब्रेकआउट हो जाने के बाद स्टॉक का प्राइस नीचे जाने लगा और ब्रेकडाउन क्षेत्र से तेज गिरावट के बाद कीमत में पुलबैक देखा गया। अंततः, यह हमारे स्टॉप-लॉस पर नहीं पहुँचा और नीचे आ गया।

हालाँकि, हमें इस ट्रेड पर बड़ा प्रोफिट बुक करने का मौका नहीं मिला, क्योंकि निकास संकेत बाद में आया और हमें अपने एंट्री एरिया से कुछ नीचे के प्राइस पर अपनी स्थिति में कटौती करनी पड़ी।

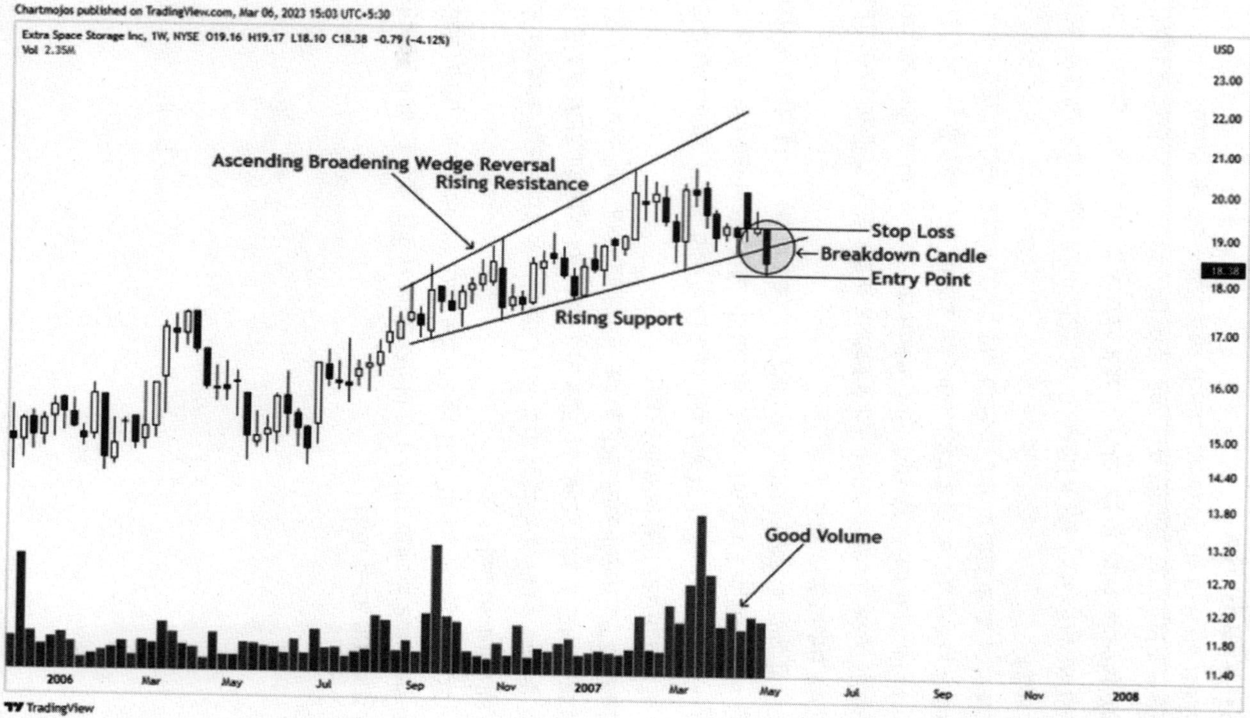

चित्र 12.56: Weekly chart of Extra Space Storage Inc. (bearish ascending wedge reversal pattern).

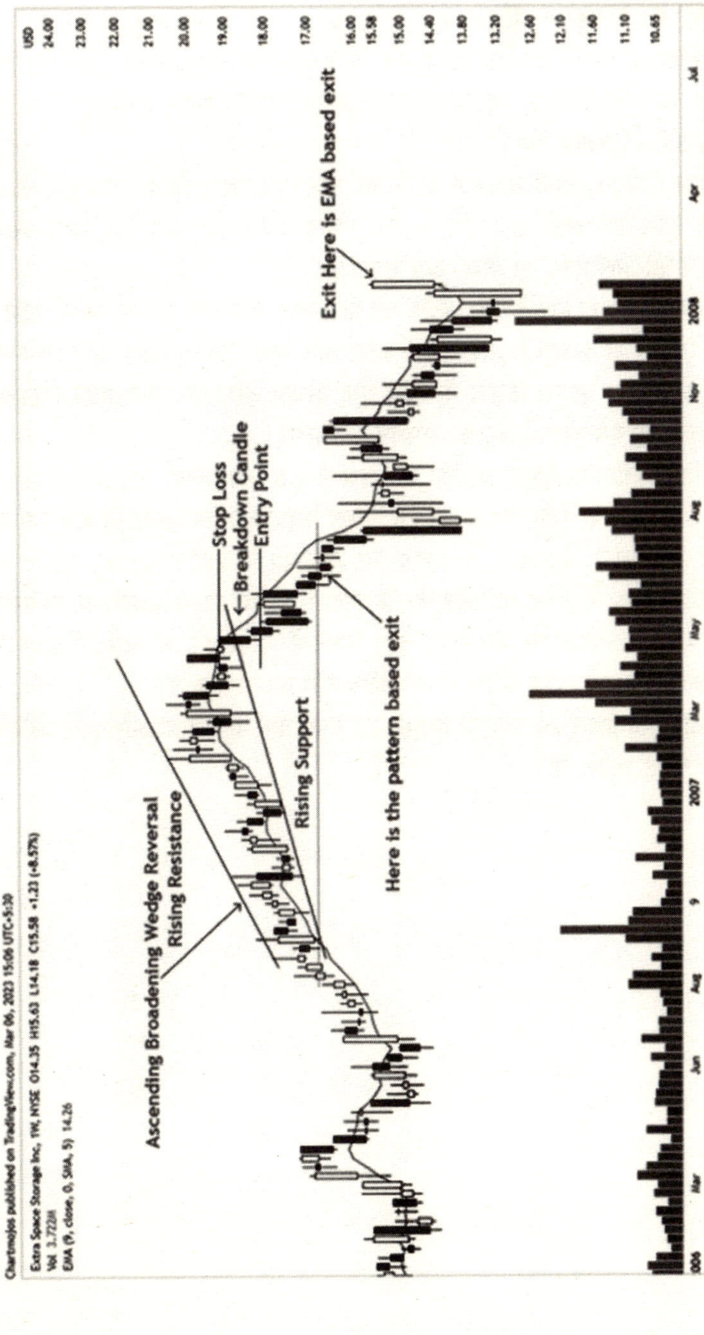

चित्र 12.57: Weekly chart of Extra Space Storage Inc. after the breakdown from bearish trend reversal pattern.

बंप एंड रन रिवर्सल बॉटम

अप्रैल 2013 से फरवरी 2014 तक नागार्जुन कंस्ट्रक्शन कंपनी (एन.सी.सी.) लिमिटेड के दैनिक चार्ट पर एक बुलिश बंप एंड रन रिवर्सल बॉटम पैटर्न बना, जैसा कि चित्र 12.58 में दिखाया गया है।

फेज में बढ़त अप्रैल 2013 में आरंभ हुई और फिर प्राइस लोअर लोज एवं लोअर हाईज के साथ नीचे आई। डाउनट्रेंड के निचले भाग में हम एक 'बंप फेज' और उसके बाद ऊपर की ओर एक 'रन फेज' देख सकते हैं।

'रन फेज' शुरू होने के बाद स्टॉक का प्राइस बढ़ गया और अंत में यह गिरती ट्रेंड लाइन को फिर से परखने के लिए नीचे आया और एक 'डब्ल्यू टाइप पैटर्न' बनाया। इसने एक मजबूत बुलिश कैंडल के साथ एक अच्छा अपसाइड ब्रेकआउट दिखाया, जिसे अच्छे वॉल्यूम बिल्ड-अप का समर्थन भी मिला।

अंततः, लॉन्ग पोजीशन 29 रुपए के प्राइस से कुछ ऊपर लिया जाएगा और स्टॉप-लॉस 25.75 रुपए पर रखा जाएगा, जो कि पिछले कैंडल का ब्रेकआउट निचला स्तर है। निकासी 9-ई.एम.ए. ब्रेकआउट के आधार पर 72 रुपए पर होगी।

चित्र 12.59 में, लॉन्ग पोजीशन लेने के बाद, स्टॉक का प्राइस केवल एक ही तरीके से बढ़ने लगा—हायर हाईज और हायर लोज फैशन में। अपसाइड को खरीदारी की मात्रा से समर्थन मिला, जो स्टॉक प्राइस में अंतर्निहित गति को दरशाता है।

स्टॉक का प्राइस 29 रुपए से बढ़कर 72 रुपए तक पहुँच गया और 11% जोखिम पर कुल बढ़त 162% थी।

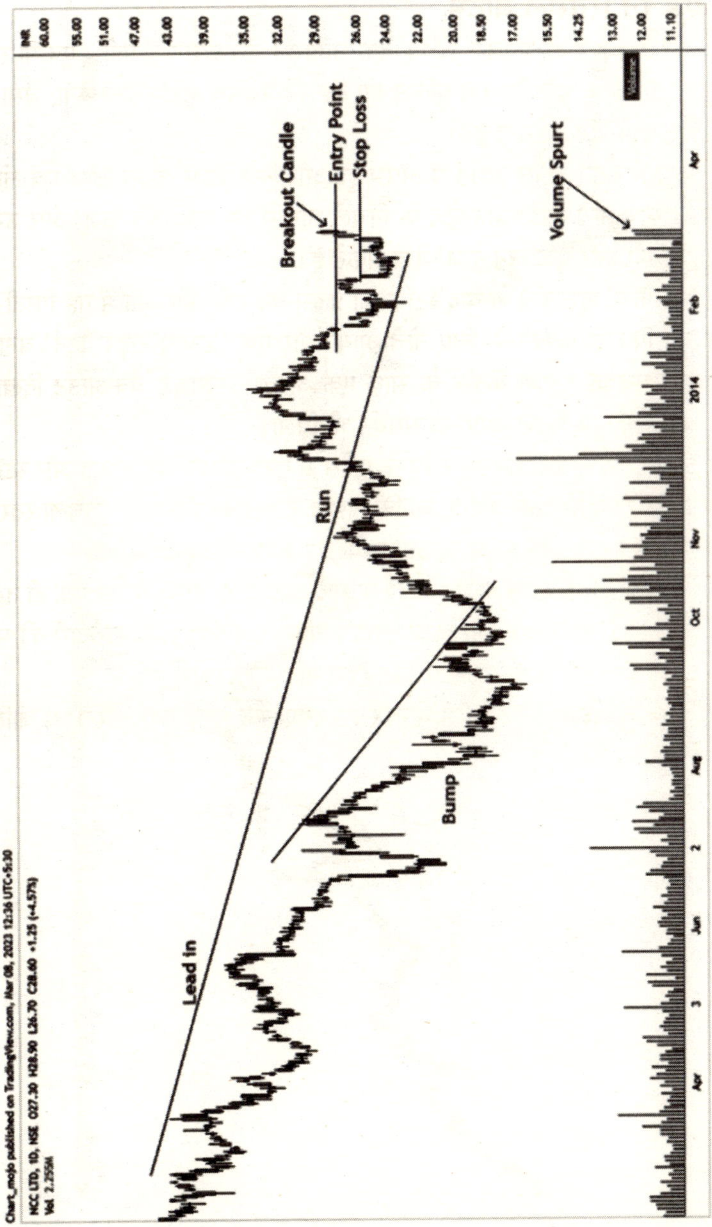

चित्र 12.58: Daily chart of NCC Ltd. (bullish bump and run reversal bottom pattern).

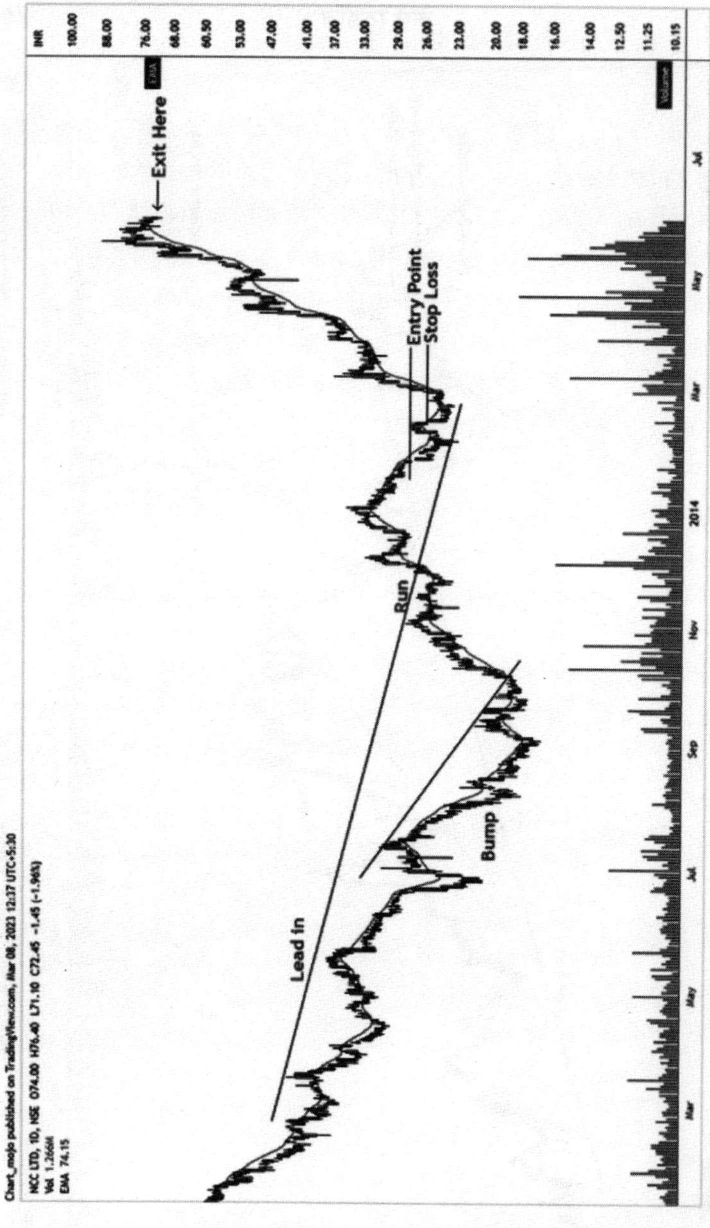

चित्र 12.59: Daily chart of NCC Ltd. after the breakout from bullish trend reversal pattern.

बंप एंड रन रिवर्सल टॉप

जुलाई 2021 से मई 2022 तक जिंदल स्टेनलेस के दैनिक चार्ट पर एक बेयरिश बंप एंड रन रिवर्सल टॉप पैटर्न बना, जैसा कि चित्र 12.60 में दिखाया गया है।

फेज में बढ़त जुलाई 2021 में शुरू हुई और फिर हम देख सकते हैं कि हायर हाईज एवं हायर लोज के साथ प्राइस कैसे बढ़ गईं! अपट्रेंड के शीर्ष पर हम एक 'बंप फेज' देख सकते हैं, जिसके बाद मध्यवर्ती राइजिंग ट्रेंड लाइन से ब्रेकडाउन देखने के बाद नीचे की ओर एक 'रन फेज' देखा जा सकता है।

ब्रेकडाउन हो जाने के बाद शेयर का प्राइस नीचे आना शुरू हो गया और 9-ई. एम.ए. पर बहुत आसानी से गिरावट आई।

अंत में, शॉर्ट पोजीशन 370 रुपए के ठीक नीचे ली जाएगी और स्टॉप-लॉस 402 रुपए पर रखा जाएगा, जो कि एंट्री प्राइस के ऊपर हालिया स्विंग हाई है। निकासी 9-ई. एम.ए. ब्रेकआउट के आधार पर 225 रुपए पर होगी।

चित्र 12.61 में, शॉर्ट पोजीशन लेने के बाद, शेयर का प्राइस लोअर लोज एवं लोअर हाईज के साथ केवल एक दिशा में गिरना शुरू हो गया।

हम यह भी देख सकते हैं कि खरीदारी की मात्रा बढ़ने से गिरावट को समर्थन मिला, जो शेयर के प्राइस में अंतर्निहित गति को दरशाता है।

स्टॉक के प्राइस 370 रुपए से गिरकर 225 रुपए तक पहुँच गए और 8% जोखिम पर कुल गिरावट 39% थी।

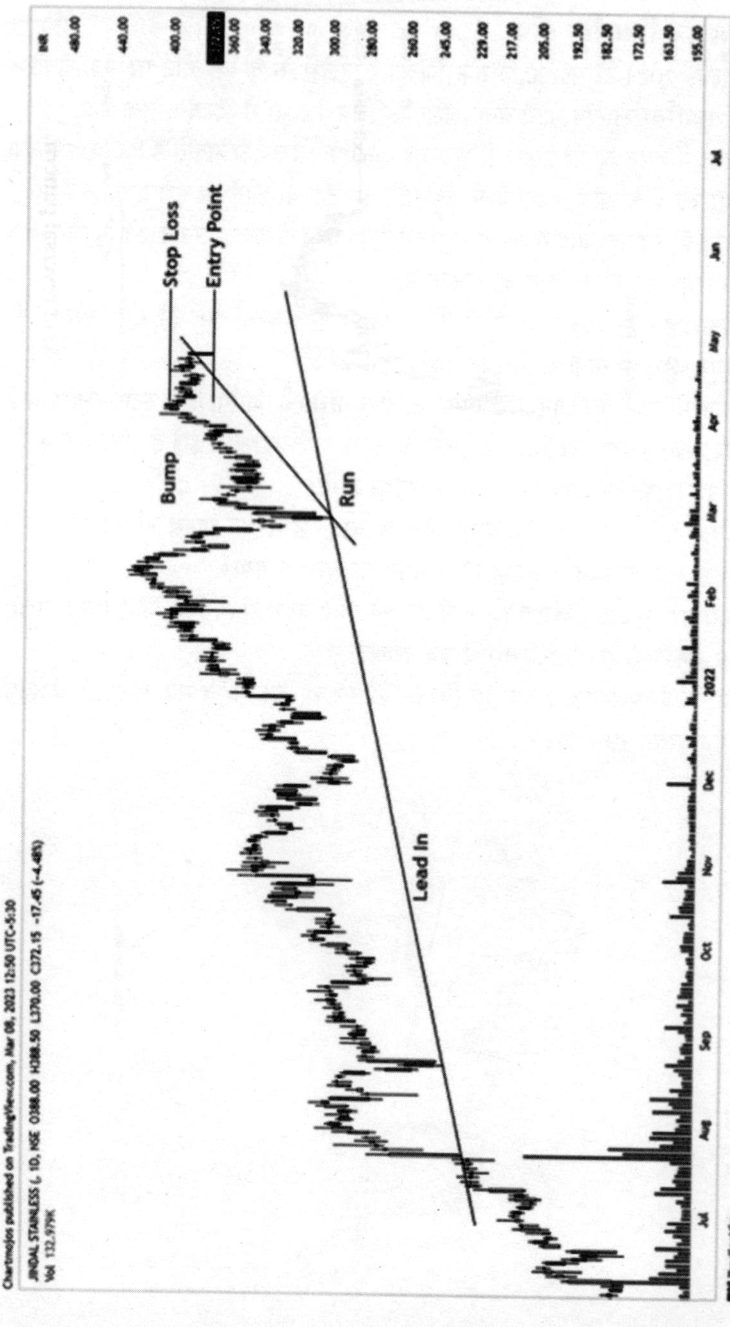

चित्र 12.60: Daily chart of Jindal Stainless (bearish bump and run reversal top pattern).

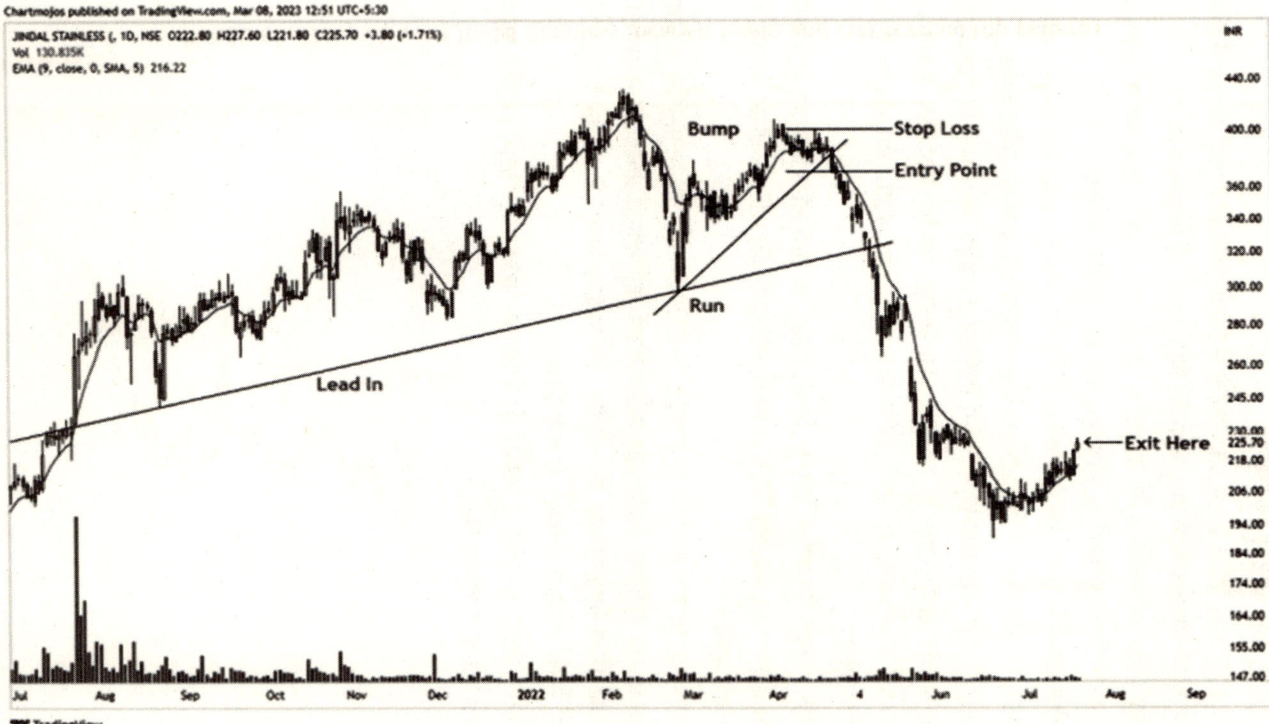

चित्र 12.61: Daily chart of Jindal Stainless after breakdown from bearish trend reversal pattern.

कप एंड हैंडल बॉटम रिवर्सल

जून 2013 से अप्रैल 2014 तक अशोक लेलैंड के साप्ताहिक चार्ट पर एक बेयरिश राउंडिंग बॉटम रिवर्सल पैटर्न बना, जैसा कि चित्र 12.62 में दिखाया गया है।

यहाँ देखा जा सकता है कि डाउनट्रेंड क्रियाशील था और अंततः प्राइस एक्शन ने 'हैंडल बॉटम रिवर्सल पैटर्न' के साथ एक कप का आकार ले लिया।

ब्रेकआउट के समय हम देख सकते हैं कि एक मजबूत ब्रेकआउट कैंडल उत्पन्न हुई। इसके साथ वॉल्यूम में भारी उछाल आया, जिससे हमें तेजी का संकेत मिला।

अंत में, इस चार्ट सेटअप में, लॉन्ग पोजीशन 24 रुपए की कीमत के ठीक ऊपर ली जाएगी और स्टॉप-लॉस 18 रुपए पर रखा जाएगा, जो कि ब्रेकआउट कैंडल का निचला स्तर है। निकास 65 रुपए पर 9-ई.एम.ए. ट्रेलिंग स्टॉप-लॉस ब्रेकडाउन के आधार पर होगा।

एक मजबूत ब्रेकआउट कैंडल (चित्र 12.63) के साथ लॉन्ग पोजीशन लिये जाने के साथ प्राइस ऊपर की ओर बढ़ने लगता है और ऊपर की चाल के दौरान वॉल्यूम में अच्छी वृद्धि होती है।

आप यह भी देख सकते हैं कि अपट्रेंड के दौरान हमने ट्रेलिंग स्टॉप-लॉस के लिए 9-ई.एम.ए. का इस्तेमाल किया और स्टॉक ने हमें कई नकली ब्रेकडाउन मूव्स दिए, जिन्हें चार्ट में भी दिखाया गया है। हालाँकि, इन 'नकली मूव्स' ने हमें बहुत शुरुआती चरण में स्टॉक से बाहर निकलने से बचा लिया।

स्टॉक प्राइस 24 रुपए से बढ़कर 65 रुपए तक पहुँच गया, जिससे हमें एंट्री प्राइस से 167% का कुल प्रोफिट मिला।

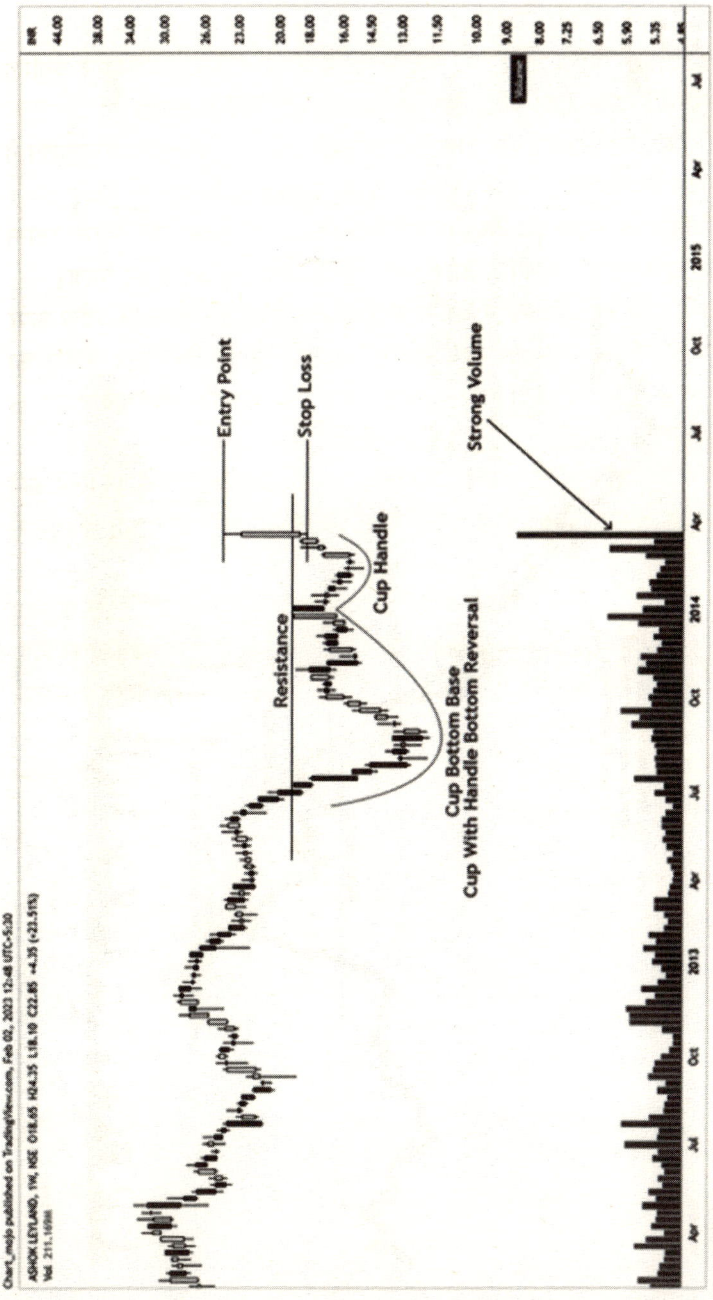

चित्र 12.62: Weekly chart of Ashok Leyland (bearish rounding bottom reversal pattern).

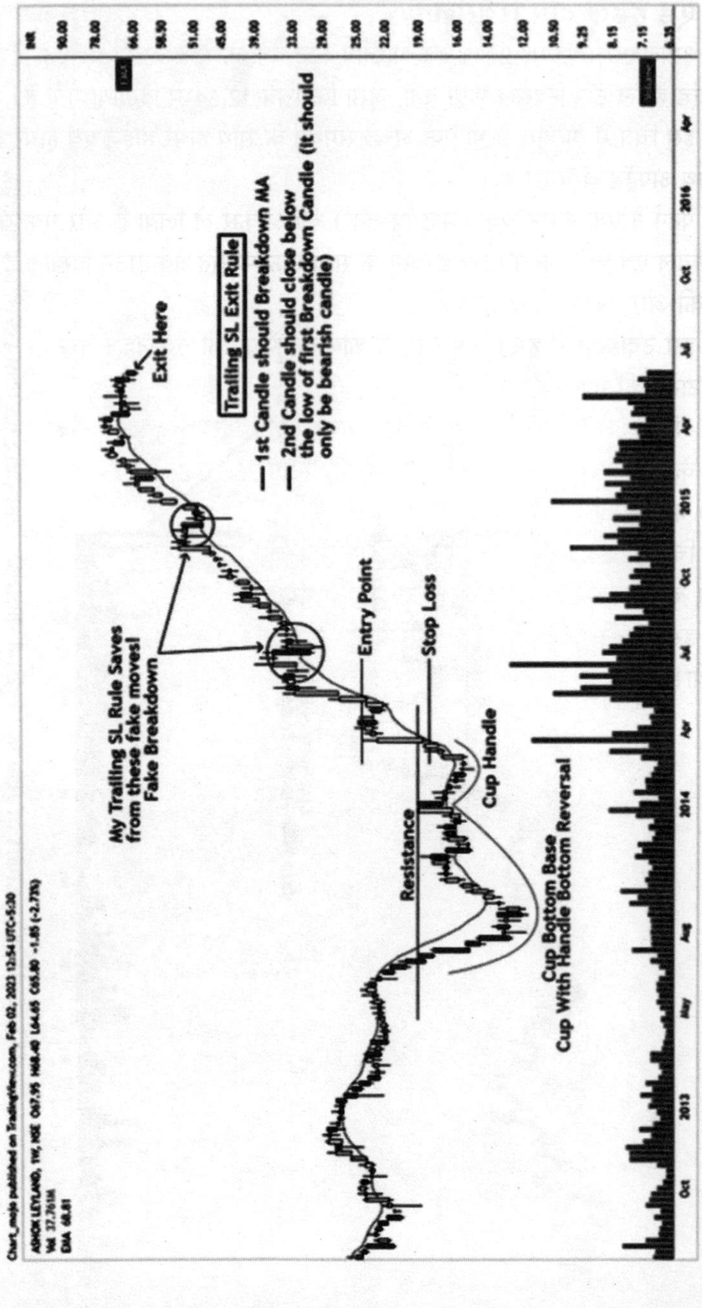

चित्र 12.63: Weekly chart of Ashok Leyland after the breakout from cup and handle reversal pattern.

कप एंड हैंडल टॉप रिवर्सल

अप्रैल 2010 से मई 2011 तक भारतीय स्टेट बैंक के दैनिक चार्ट पर एक बेयरिश कप एंड हैंडल टॉप रिवर्सल पैटर्न बना, जैसा कि चित्र 12.64 में दिखाया गया है।

इस चित्र में वॉल्यूम से भी एक अच्छे समर्थन के साथ हायर हाईज एवं हायर लोज के साथ अपट्रेंड बरकरार था।

पैटर्न ने एक टेक्स्ट बुक (पाठ्यपुस्तक) का आकार ले लिया है और एक वाइड रेंज कैंडल एवं भारी वॉल्यूम बिल्ड-अप के साथ एक मजबूत ब्रेकडाउन दिखाता है, जो नीचे की ओर दबाव को दरशाता है।

इस उदाहरण में हमने कप बेस के शीर्ष को पैटर्न की नेकलाइन तक ले जाकर पैटर्न टार्गेट की गणना की है।

अंत में, शॉर्ट पोजीशन लगभग 162 रुपए (एंट्री एरिया से 104 अंक नीचे) के टार्गेट के साथ 231 रुपए से नीचे ली गई है और स्टॉप 266 रुपए (ब्रेकडाउन कैंडल के उच्च) के आसपास रखा गया है।

चित्र 12.65 में जैसे ही हमने शॉर्ट पोजीशन ली, स्टॉक प्राइस लोअर टॉप्स और लोअर बॉटम्स क्रम के साथ नीचे आना शुरू हो गया।

इस ट्रेड सेटअप में बहुत ही कम समय में प्राइस 231 रुपए से घटकर 162 रुपए हो गया।

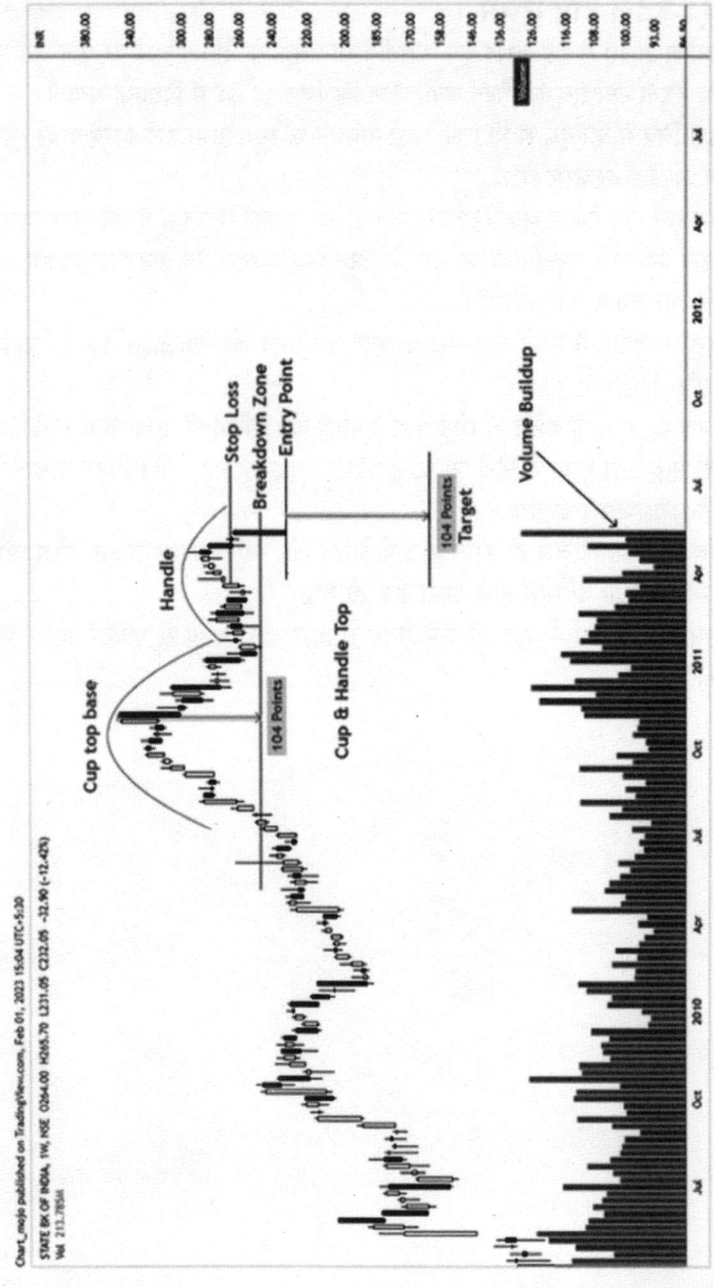

चित्र 12.64: Daily chart of State Bank of India (bearish cup and handle top reversal pattern).

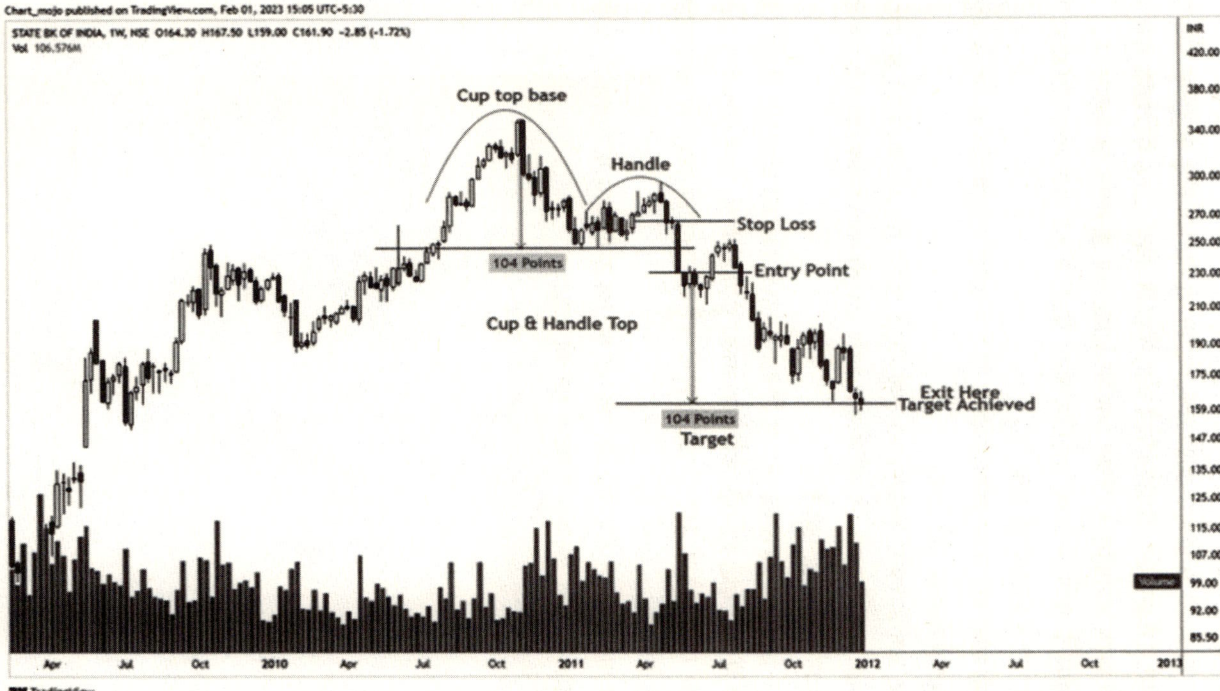

चित्र 12.65: Weekly chart of State Bank of India showing bearish trend reversal after the breakdown from cup and handle top pattern.

राउंडिंग बॉटम पैटर्न

सितंबर 2020 से दिसंबर 2022 तक ओ.एन.जी.सी. लिमिटेड के दैनिक चार्ट पर एक बेयरिश राउंडिंग बॉटम रिवर्सल पैटर्न बना, जैसा कि चित्र 12.66 में दिखाया गया है।

जब प्राइस डाउनट्रेंड के निचले स्तर पर आया, तब डाउनट्रेंड क्रियाशील था।

सितंबर के महीने में प्राइस 'राउंडिंग बॉटम पैटर्न' में ट्रेड करने लगा और जल्द ही यह स्पष्ट रूप से दिखाई देने लगा।

इसके ठीक बाद, हमने बॉटम रिवर्सल पैटर्न से अच्छे वॉल्यूम बिल्ड-अप के साथ एक मजबूत ब्रेकआउट होते देखा।

अब, लगभग लॉन्ग पोजीशन 90 रुपए (एंट्री एरिया से 10 अंक नीचे) के टार्गेट के साथ 80 रुपए से ऊपर ली गई है और स्टॉप 71.80 रुपए (ब्रेकआउट कैंडल के नीचे) के आसपास रखा गया है।

चित्र 12.67 में यह स्पष्ट रूप से दिखाई दे रहा है कि जब लंबी एंट्री ले ली गई, तब प्राइस में भारी वृद्धि हुई और हमें एक अच्छा प्रोफिट मिला। पैटर्न-आधारित लक्ष्य हासिल कर लिये जाने के बाद भी प्राइस बढ़ता रहा और लगातार ऊपर की ओर रुझान का संकेत देता रहा।

जब प्राइस एक्शन ऊपर की ओर जा रहा था, तब उसी समय भारी मात्रा में 'खरीद वॉल्यूम बार' के साथ वॉल्यूम भी बढ़ना शुरू हो गया।

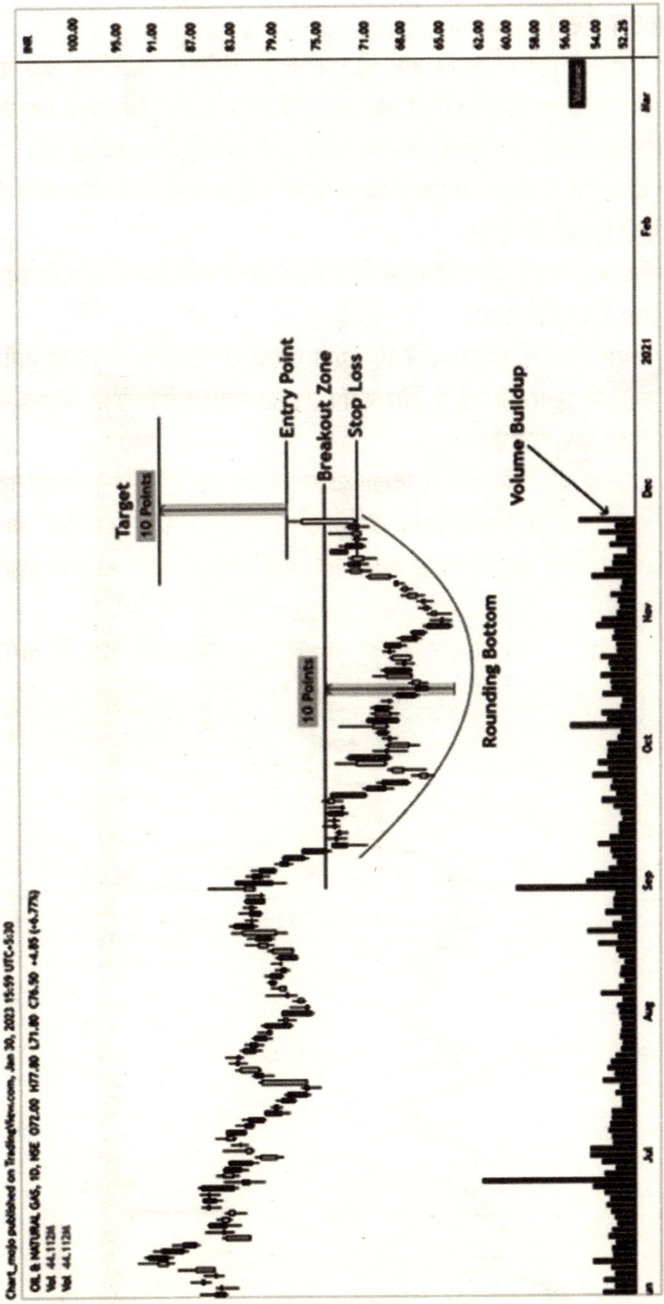

चित्र 12.66: Daily chart of ONGC Ltd. (bearish rounding bottom reversal pattern).

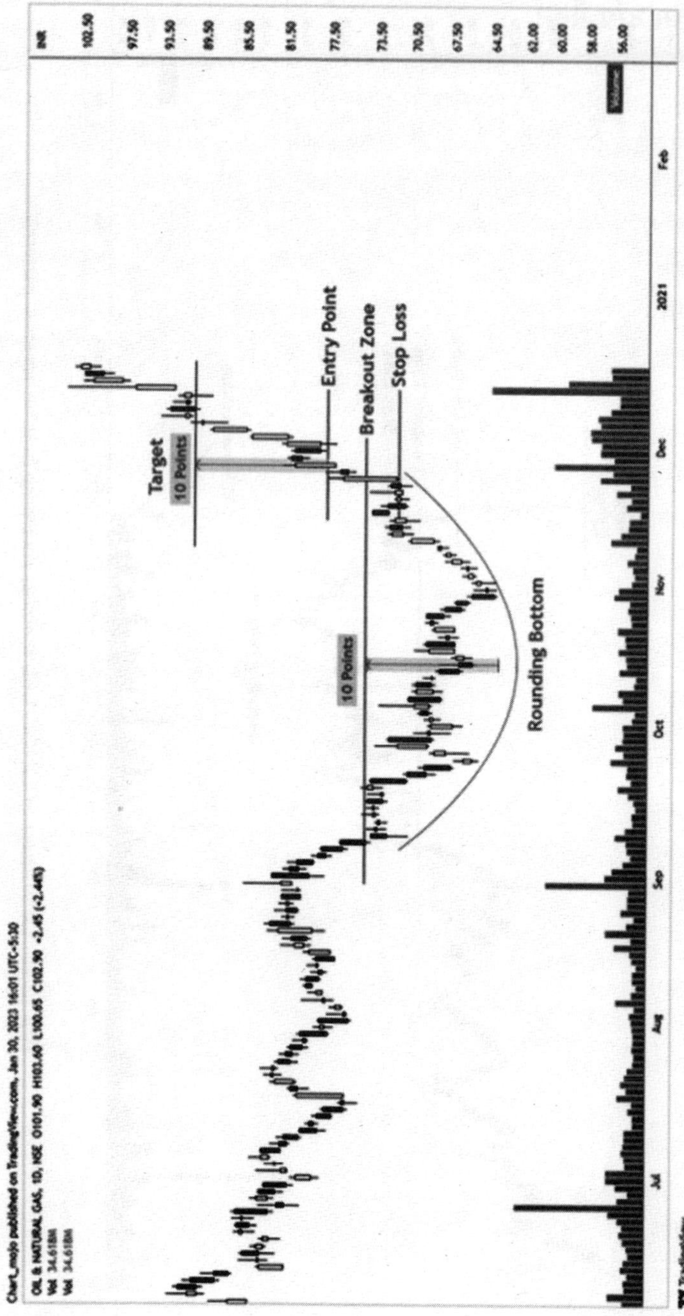

चित्र 12.67: Daily chart of ONGC Ltd. after breakout from bullish trend reversal pattern.

राउंडिंग टॉप पैटर्न

फरवरी 2012 से अप्रैल 2012 तक बी.ई.एम.एल. लिमिटेड के दैनिक चार्ट पर एक बेयरिश राउंडिंग टॉप रिवर्सल पैटर्न बना, जैसा कि चित्र 12.68 में दिखाया गया है।

ब्रेकडाउन होने और शॉर्ट पोजीशन लिये जाने के बाद प्राइस में भारी गिरावट आई। चित्र 12.69 में मैंने चिह्नित किया है कि क्या होता, यदि हम ई.एम.ए.-आधारित लक्ष्य के मुकाबले पैटर्न-आधारित लक्ष्य लेते।

हम पैटर्न-आधारित लक्ष्य का उपयोग करके 389 रुपए और मूविंग एवरेज-आधारित लक्ष्य का उपयोग करके 325 रुपए की कीमत पर बाहर निकल जाते। इस प्रकार, मूविंग एवरेज-आधारित लक्ष्य बहुत दूर है और ई.एम.ए.-आधारित लक्ष्य का उपयोग करने की खूबसूरती को स्पष्ट रूप से दिखा रहा है।

शॉर्ट पोजीशन लगभग 390 रुपए (एंट्री एरिया से 88 अंक नीचे) के लक्ष्य के साथ 462 रुपए से नीचे ली गई है और स्टॉप 484 रुपए (ब्रेकडाउन कैंडल के उच्च) के आसपास रखा गया है।

एक ब्रेकआउट ट्रेडर के रूप में, जो आपके नियंत्रण में है, वह जोखिम है, न कि लक्ष्य। इसलिए, जब हम गलत होते हैं तो हमें एक छोटा जोखिम लेना चाहिए। हालाँकि, जब हम सही होते हैं, तब हमें ट्रेंड पर बने रहना चाहिए, जब तक कि हमारा ट्रेलिंग स्टॉप-लॉस नहीं छुआ जाता।

चित्र 12.69 में प्राइस एक्शन लंबे समय तक 9-ई.एम.ए. से नीचे ट्रेड करता रहा और हमें एक महत्त्वपूर्ण गिरावट दी।

चार महीने की समय-सीमा में कीमत 462 रुपए से घटकर 390 रुपए हो गई। इस संपूर्ण गिरावट में यदि हम गिरावट के प्रतिशत को देखें तो हमने 9-ई.एम.ए.-आधारित ट्रेलिंग स्टॉप-लॉस पर 29% अर्जित किया।

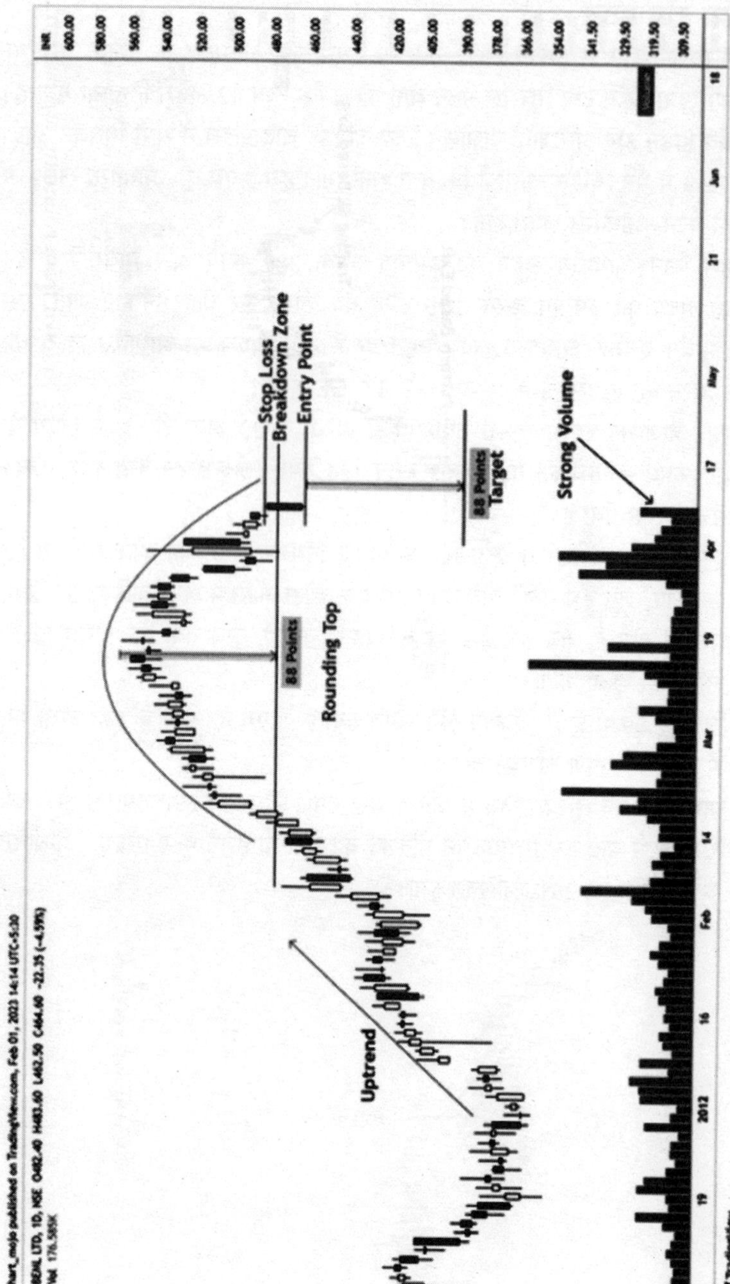

चित्र 12.68: Daily chart of BEML Ltd. (bearish rounding top reversal pattern).

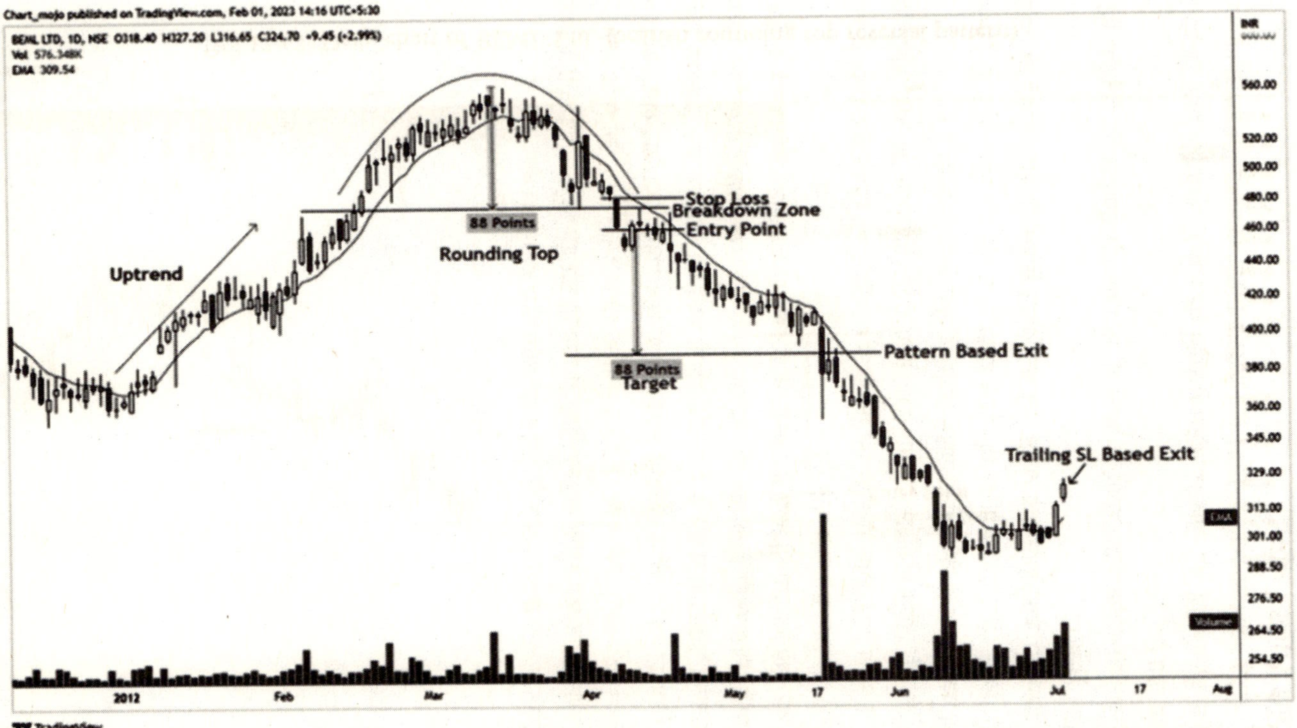

चित्र 12.69: Daily chart of BEML Ltd. showing downtrend reversal after the breakdown from rounding top pattern.

हेड एंड शोल्डर बॉटम

जुलाई 2021 से अक्तूबर 2021 तक हिंदुस्तान पेट्रोलियम लिमिटेड के दैनिक चार्ट पर एक बुलिश हेड एंड शोल्डर बॉटम रिवर्सल पैटर्न बना, जैसा कि चित्र 12.70 में दिखाया गया है।

चार्ट पर स्टॉक प्राइस सुधार के चरण में आ गया और उपर्युक्त ट्रेंड रिवर्सल पैटर्न का गठन किया।

पैटर्न का ब्रेकआउट एक वाइड रेंज ब्रेकआउट कैंडल के साथ हुआ, जो अच्छे वॉल्यूम बिल्ड-अप द्वारा समर्थित था। पैटर्न थोड़ा ऊपर की ओर झुका हुआ है, जिससे यह भी पता चलता है कि खरीदार प्राइस ऊपर ले जाने के लिए अधीर हैं।

अंत में, लॉन्ग पोजीशन लगभग 338 रुपए (एंट्री एरिया से 38 अंक नीचे) के लक्ष्य के साथ 293 रुपए से ऊपर ली गई है और स्टॉप 276 रुपए (ब्रेकडाउन कैंडल के नीचे) के आसपास रखा गया है।

याद रखें कि जब भी आप ब्रेकआउट कैंडल लो या ब्रेकआउट कैंडल हाई या कहीं और स्टॉप-लॉस रखते हैं तो खुद को नकली चालों और उस विशिष्ट कैंडल लो प्राइस पर अचानक उछाल से बचाने के लिए एक या दो रुपए का छोटा सा बफर अवश्य रखें।

चित्र 12.71 में लॉन्ग पोजीशन लिये जाने के बाद प्राइस ऊपर जाने लगा, जो फिर कभी नीचे नहीं आया और कुछ ही ट्रेडिंग सत्रों के भीतर हमारे लक्ष्य तक पहुँच गया।

ध्यान दें कि जब हमारा लक्ष्य हासिल हो गया तो वॉल्यूम भी कम होने लगा, जिससे हमें संकेत मिलता है कि स्टॉक में ट्रेडिंग गतिविधि कम हो गई है।

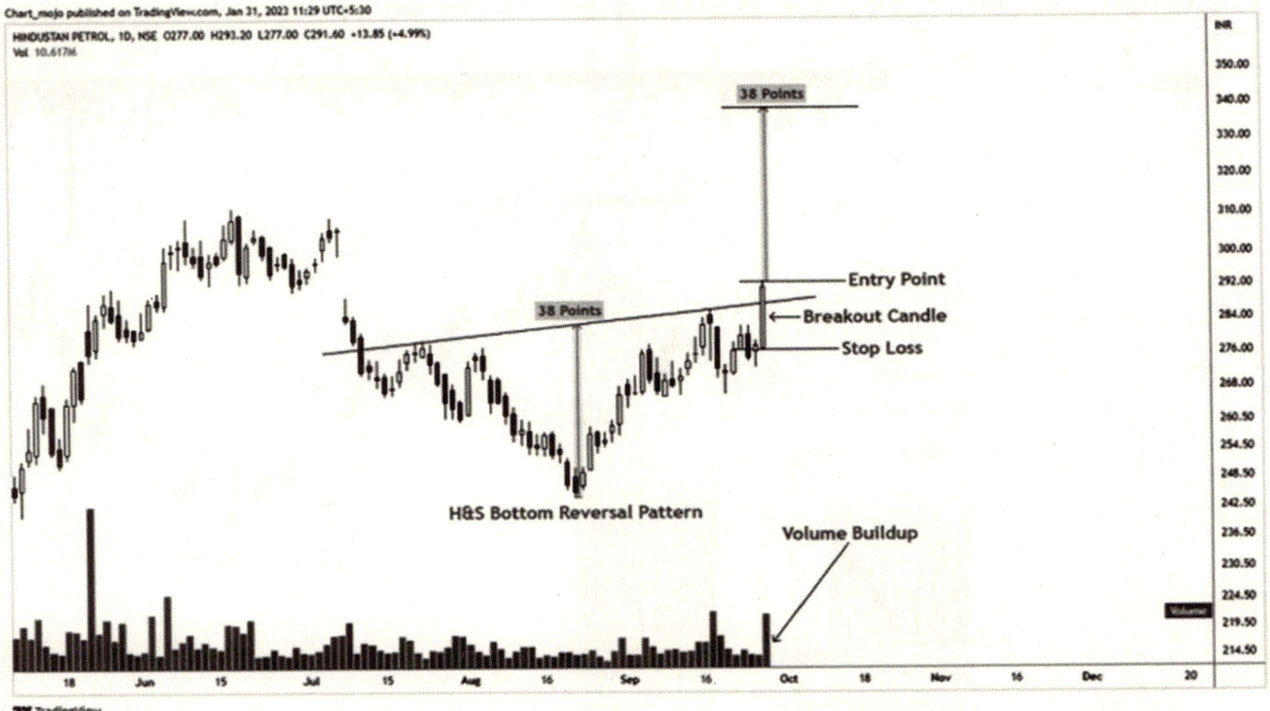

चित्र 12.70: Daily chart of Hindustan Petroleum Ltd. (bullish head and shoulder bottom reversal pattern).

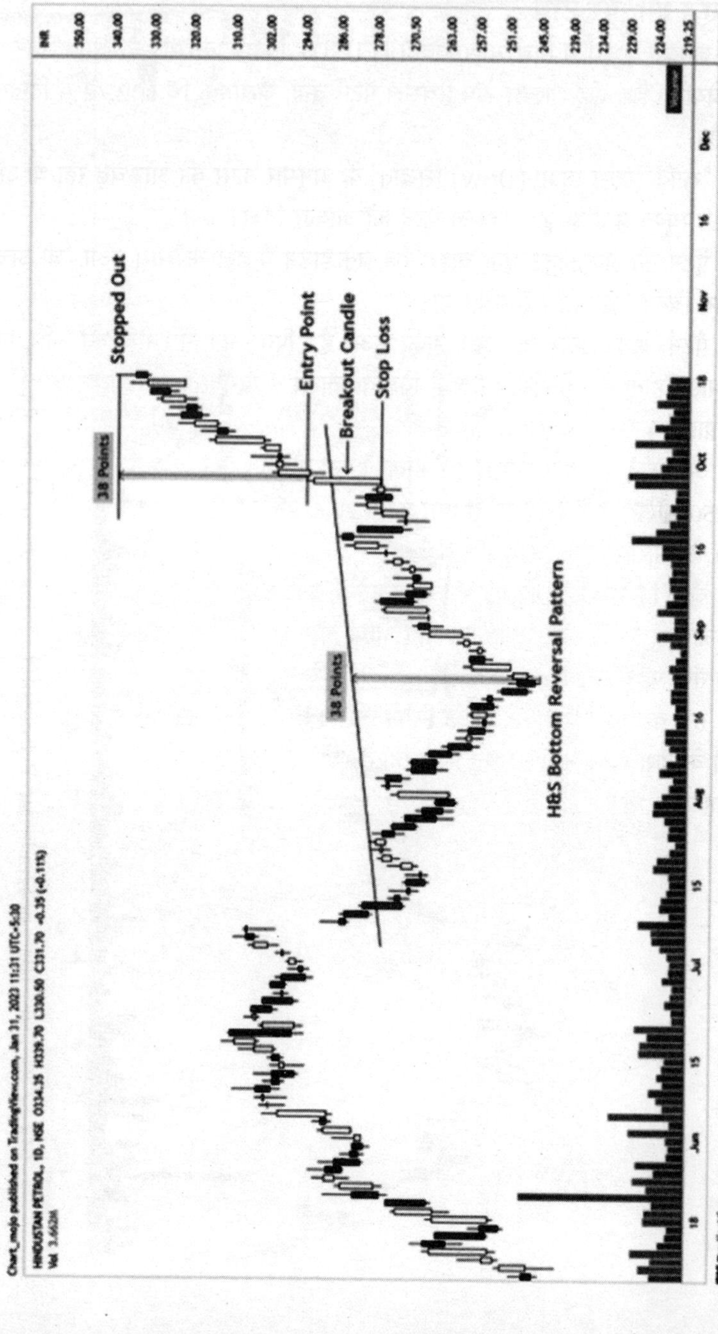

चित्र 12.71: Daily chart of Hindustan Petroleum Ltd. after the breakout from head and shoulder bottom reversal pattern.

हेड एंड शोल्डर टॉप

जनवरी 2020 से मार्च 2020 तक LTCUSDT (क्रिप्टोकरेंसी) के दैनिक चार्ट पर एक बेयरिश हेड एंड शोल्डर टॉप रिवर्सल पैटर्न बना, जैसा कि चित्र 12.72 में दिखाया गया है।

'स्टॉक प्राइस डाओ (Dow) सिद्धांत' के अनुसार ऊपर की ओर बढ़ रहा था और उसने उपर्युक्त बेयरिश ट्रेंड रिवर्सल पैटर्न को आकार दिया।

पैटर्न का ब्रेकआउट एक वाइड रेंज ब्रेकडाउन कैंडल के साथ हुआ, जो अच्छे वॉल्यूम बिल्ड-अप द्वारा समर्थित था।

पैटर्न थोड़ा ऊपर की ओर झुका हुआ है। फिर अंत में, नीचे की ओर एक ब्रेकआउट होता है, जो सुझाव देता है कि विक्रेताओं ने खरीदारों पर नियंत्रण कर लिया और प्राइस कम कर दिया।

अब शॉर्ट पोजीशन लगभग 32 डॉलर (एंट्री एरिया से 38 अंक नीचे) के लक्ष्य के साथ 50 डॉलर से नीचे ली गई है और स्टॉप 27.6 डॉलर (ब्रेकडाउन कैंडल के निचले स्तर) के आसपास रखा गया है।

जैसा कि हम चित्र 12.73 में देख सकते हैं, शॉर्ट पोजीशन लिये जाने के बाद प्राइस नीचे जाने लगा, जो फिर कभी नीचे नहीं आया और कुछ ही ट्रेडिंग सत्रों के भीतर अपने लक्ष्य तक पहुँच गया।

हम यह भी देख सकते हैं कि बिक्री की मात्रा नई ऊँचाइयों पर पहुँच रही है और बिक्री के दबाव को भारी समर्थन मिल रहा है, जो कि नकारात्मक पक्ष के लिए सोने पर सुहागा जैसा था।

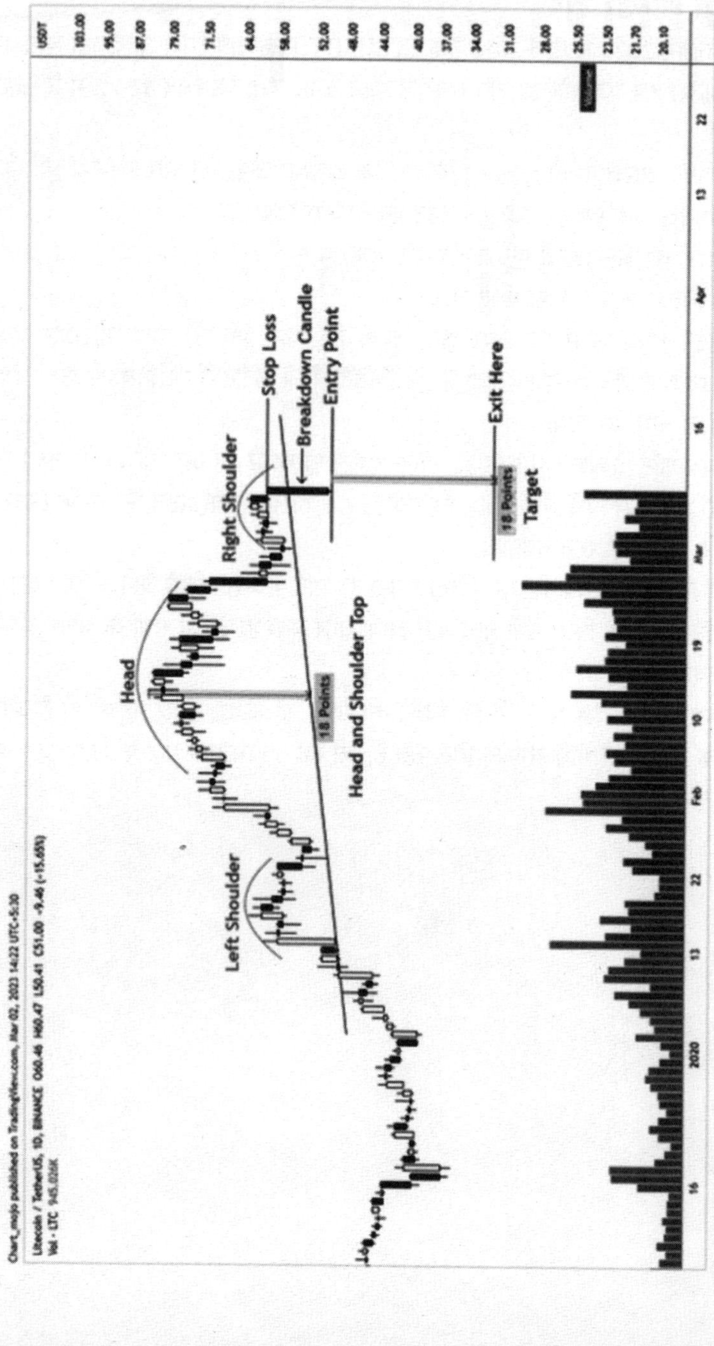

चित्र 12.72: Daily chart of Litecoin/Tether US (bearish head and shoulder top reversal pattern).

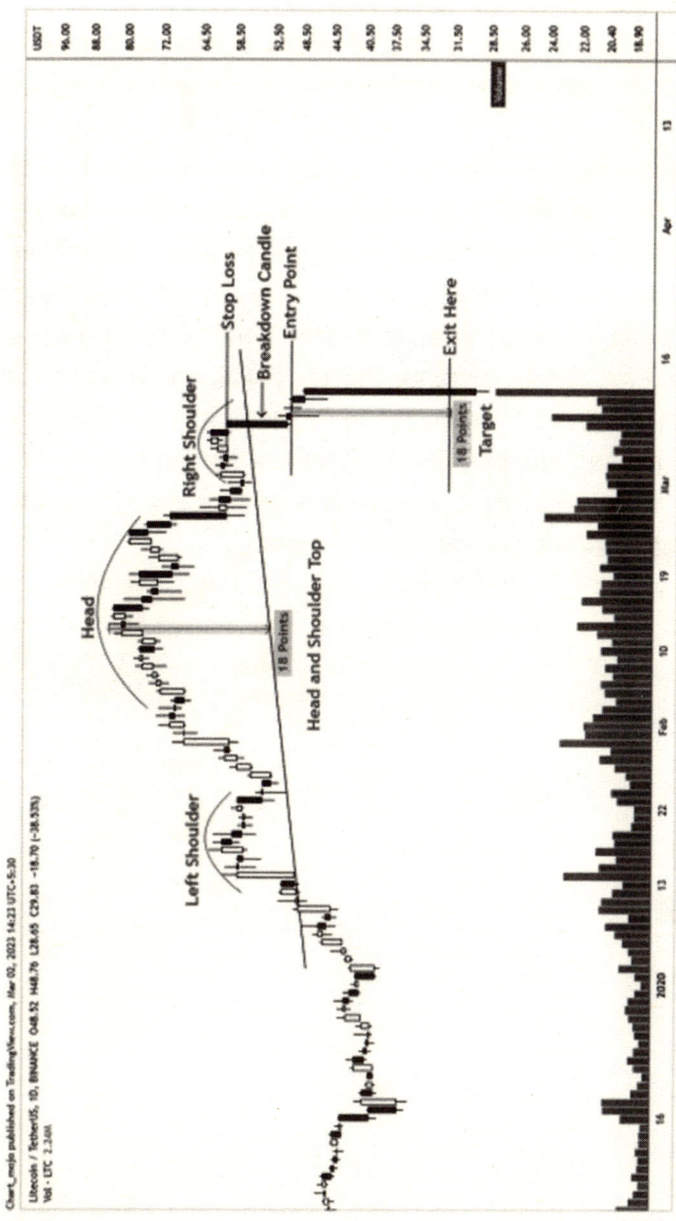

चित्र 12.73: Daily chart of Litecoin/Tether US showing a bearish trend reversal from the breakdown of head and shoulder top pattern.

कॉम्प्लेक्स हेड एंड शोल्डर बॉटम पैटर्न

नवंबर 2008 से मई 2009 तक जिंदल सॉ लिमिटेड के दैनिक चार्ट पर एक बुलिश कॉम्प्लेक्स हेड एंड शोल्डर बॉटम रिवर्सल पैटर्न बना, जैसा कि चित्र 12.74 में दिखाया गया है।

इस चार्ट में हम दो लेफ्ट शोल्डर्स और एक राइट शोल्डर देख सकते हैं, जो पैटर्न को एक लेफ्ट या राइट शोल्डर वाली स्थिति की तुलना में अधिक जटिल बनाता है।

राइट शोल्डर के पूरी तरह से बन जाने के बाद हम ऊपर की ओर फॉलिंग रेजिस्टेंस नेकलाइन (ब्रेकआउट जोन) से वाइड रेंज ब्रेकआउट के साथ एक अच्छा ब्रेकआउट देख सकते हैं। जब राइट शोल्डर बन रहा था तो वॉल्यूम में भारी उछाल और संचय हुआ।

उपर्युक्त सभी स्थितियों के बाद हम चित्र 12.75 में 46 रुपए से ऊपर की शॉर्ट पोजीशन लेते हैं, जिसका टार्गेट लगभग 85 रुपए (एंट्री एरिया से 21 अंक ऊपर) है और स्टॉप 40 रुपए (ब्रेकआउट कैंडल के नीचे) के आसपास रखा गया है।

लॉन्ग पोजीशन लिये जाने के बाद प्राइस हायर हाईज एवं हायर लोज के क्रम में आने लगा और उसमें भारी वृद्धि देखी गई।

ब्रेकआउट भी भारी मात्रा में उछाल के साथ हुआ, जिससे तेजी का रास्ता आसान हो गया। अंततः, एक महीने की अवधि में प्राइस 46 रुपए से बढ़कर 85 रुपए हो गया।

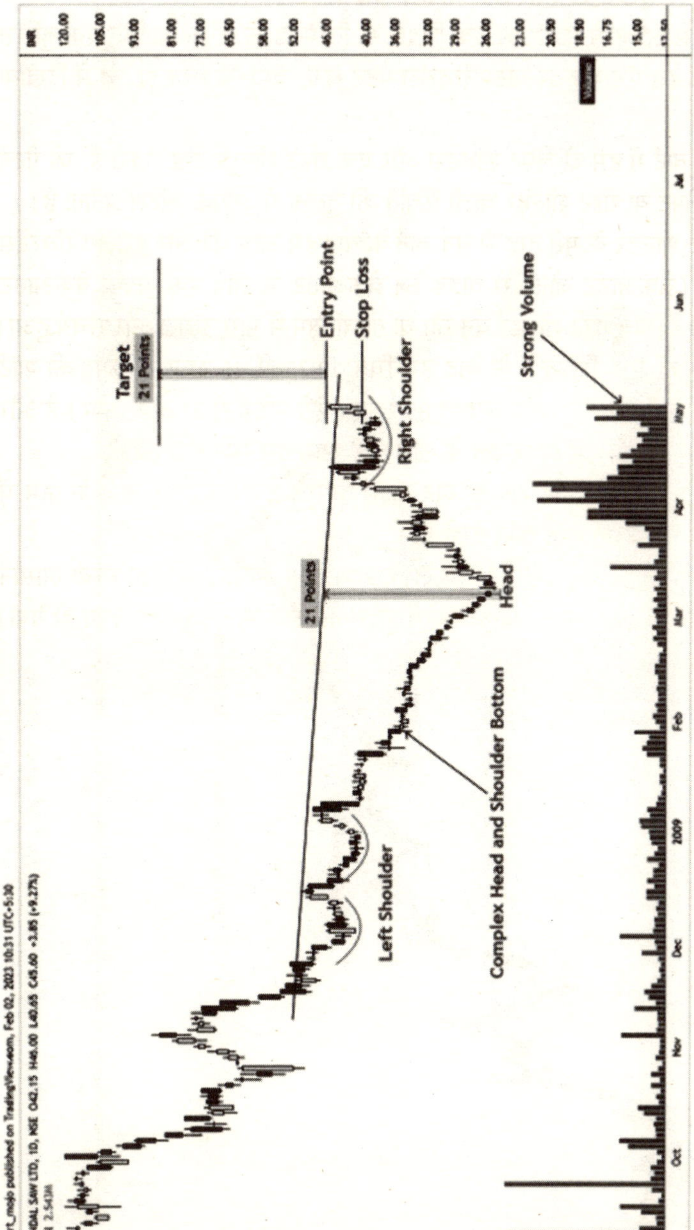

चित्र 12.74: Daily chart of Jindal Saw Ltd. (bullish complex head and shoulder bottom reversal pattern).

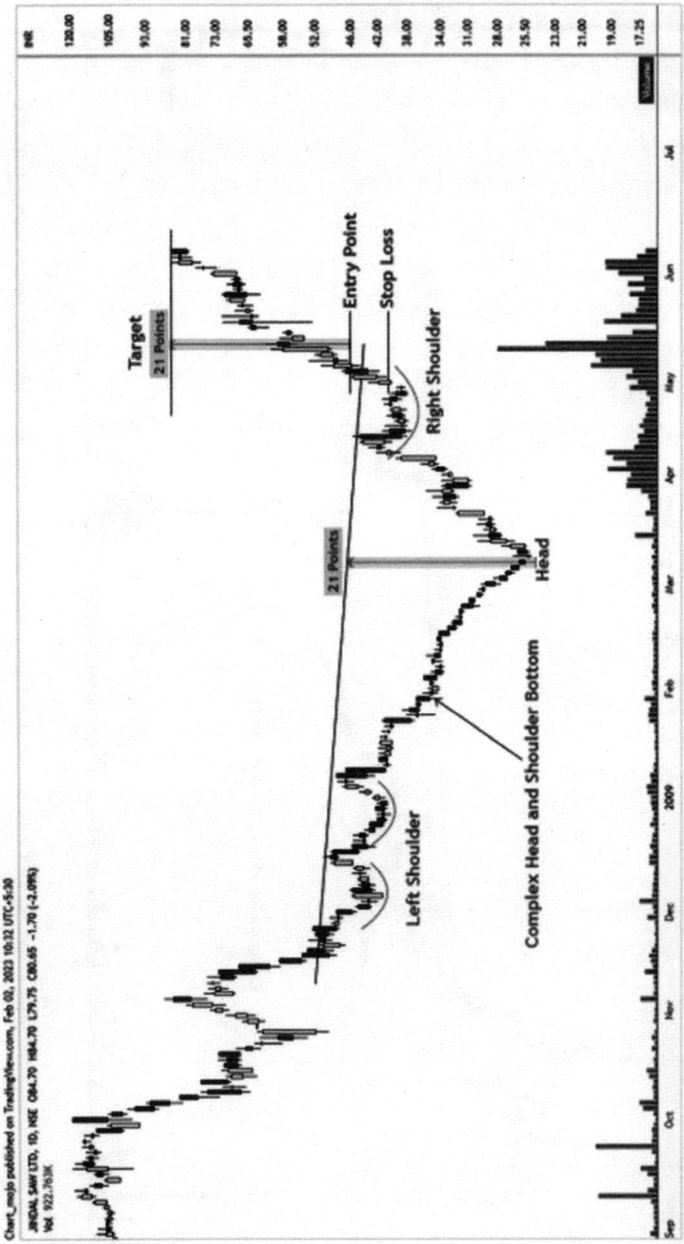

चित्र 12.75: Daily chart of Jindal Saw Ltd. showing us a bullish trend reversal from the breakout of complex head and shoulder continuation pattern.

कॉम्प्लेक्स हेड एंड शोल्डर टॉप पैटर्न

सितंबर 2018 से मई 2019 तक जिंदल सॉ लिमिटेड के दैनिक चार्ट पर एक बेयरिश कॉम्प्लेक्स हेड एंड शोल्डर टॉप रिवर्सल पैटर्न बना, जैसा कि चित्र 12.76 में दिखाया गया है।

हम कई लेफ्ट शोल्डर्स और राइट शोल्डर्स देख सकते हैं, जो पैटर्न को जटिल बना देते हैं।

राइट शोल्डर पूरी तरह से बन जाने के बाद हम नीचे की ओर चार्ट पैटर्न से वाइड रेंज ब्रेकडाउन के साथ एक अच्छा ब्रेकडाउन देख सकते थे। इस बात पर भी ध्यान दें कि वॉल्यूम संकुचन इंगित करता है कि अब कोई विक्रेता स्टॉक बेचने में रुचि नहीं रखते हैं।

अंत में, चित्र 12.77 में शॉर्ट पोजीशन को 113 रुपए से नीचे 70 रुपए (एंट्री एरिया के नीचे 70 अंक) के लक्ष्य के साथ लिया गया है और स्टॉप 119 रुपए (ब्रेकडाउन कैंडल के उच्च) के आसपास रखा गया है।

शॉर्ट पोजीशन लिये जाने के बाद प्राइस लोअर लोज एवं लोअर हाईज क्रम में नीचे आने लगी और एक भारी गिरावट देखी गई।

ब्रेकडाउन भी जोरदार वॉल्यूम उछाल के साथ हुआ, जिससे नीचे की ओर दबाव कम हो गया। अंततः, तीन महीने की अवधि में कीमत 113 रुपए से घटकर 70 रुपए पर आ गई।

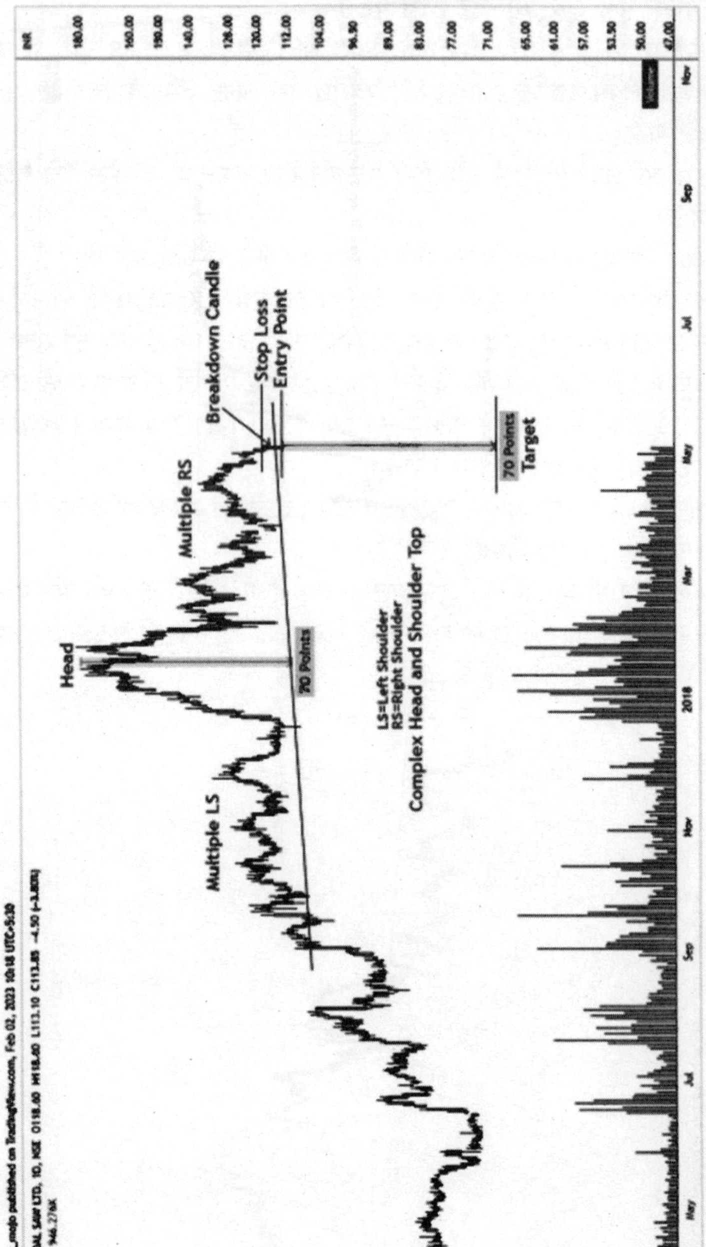

चित्र 12.76: Daily chart of Jindal Saw Ltd. (bearish complex head and shoulder top reversal pattern).

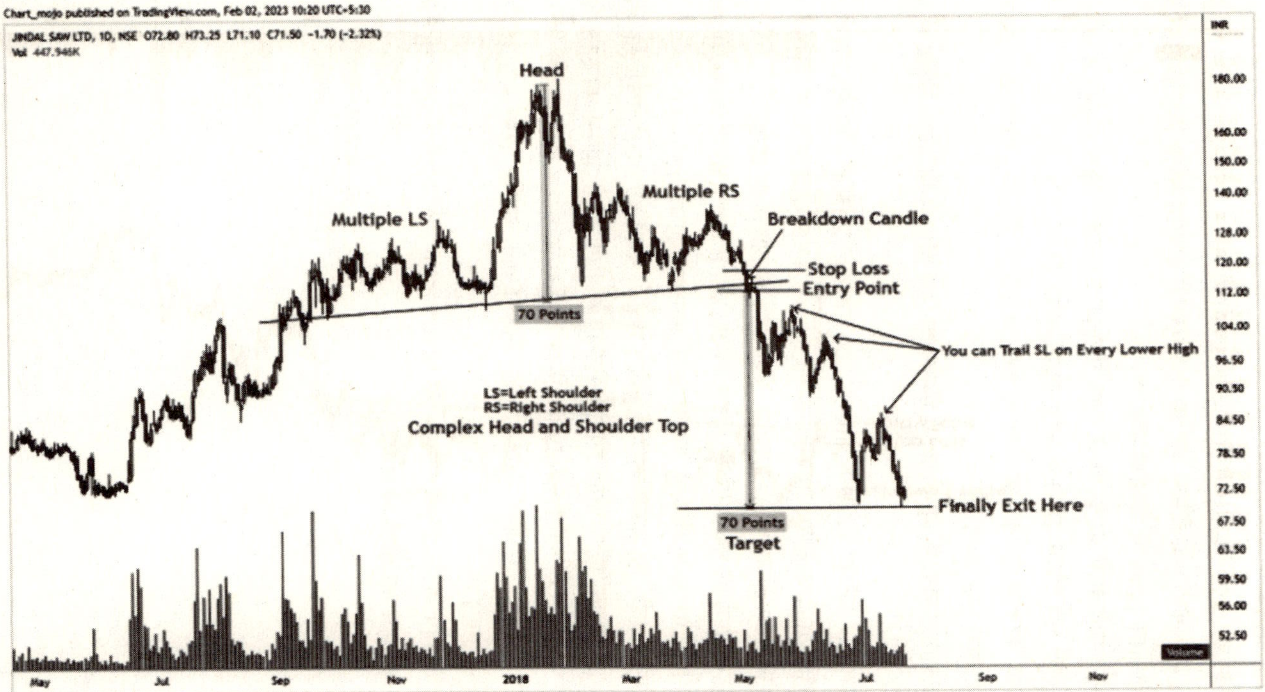

चित्र 12.77: Daily chart of Jindal Saw Ltd. after the breakdown from bearish trend continuation pattern.

डायमंड बॉटम

दिसंबर 2020 से फरवरी 2021 तक अमेरिकी डॉलर और जापानी येन (USD/JPY) (मुद्रा जोड़ी) के दैनिक चार्ट पर एक बेयरिश डायमंड बॉटम रिवर्सल पैटर्न बना, जैसा कि चित्र 12.78 में दिखाया गया है।

भारी बिकवाली के दबाव के साथ गिरावट का रुझान बहुत मजबूत है और वह लोअर लोज एवं लोअर हाईज के साथ सामने आया है।

जब पैटर्न बनना शुरू हो गया तो शेयर का प्राइस विस्तार-चरण और संकुचन-चरण के बीच घूमने लगा।

जब पैटर्न बन रहा था तो प्राइस एक्शन के साथ वॉल्यूम भी उतार-चढ़ाव से गुजर रहा था।

इस चार्ट सेटअप में, लॉन्ग पोजीशन 104 डॉलर के प्राइस से ऊपर ली जाएगी और स्टॉप-लॉस 103.56 डॉलर पर रखा जाएगा, जो कि ब्रेकआउट कैंडल का निचला स्तर है। निकास 109 डॉलर पर 9-ई.एम.ए. ब्रेकडाउन के आधार पर होगा।

लॉन्ग पोजीशन लिये जाने के बाद हम स्पष्ट रूप से देख सकते हैं कि प्राइस एक्शन हायर हाईज और हायर लोज के रूप में ऊपर जाने लगा (चित्र 12.79)।

'मुद्रा जोड़ी' का प्राइस कुछ ही ट्रेडिंग सत्रों में बढ़ते हुए 104 डॉलर की कीमत से 109 डॉलर तक पहुँच गया। इस ट्रेड सेटअप में हमने ऊपरी प्रोफिट को लॉक करने के लिए ट्रेलिंग स्टॉप-लॉस का उपयोग किया है, जिसके कारण हम इस ट्रेंड के साथ चल पाए। अन्यथा हम बहुत पहले ही बाहर निकल जाते, क्योंकि पैटर्न-आधारित लक्ष्य बहुत छोटा होता।

यदि आप पैटर्न-आधारित लक्ष्य की पहचान करना नहीं जानते तो आप चार्ट पैटर्न पर दिए अध्याय का संदर्भ ले सकते हैं।

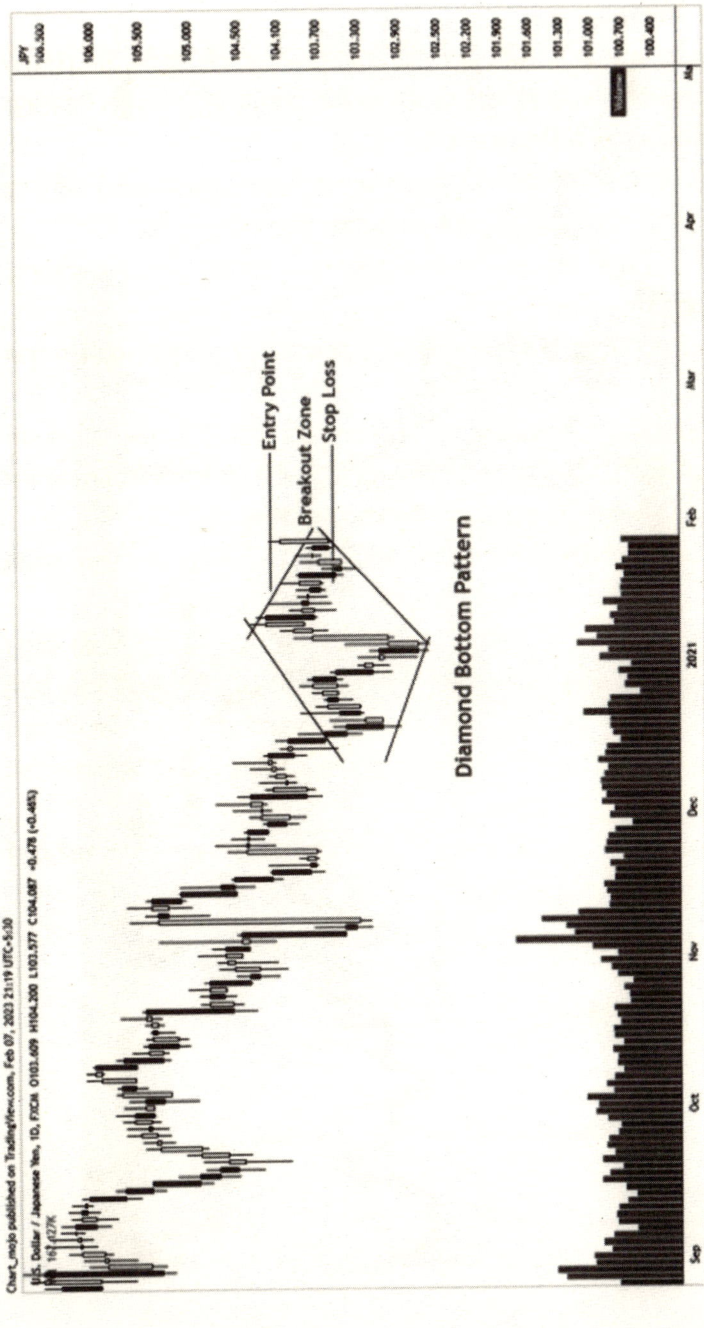

चित्र 12.78: Daily chart of USD/JPY (bearish diamond bottom reversal pattern formed).

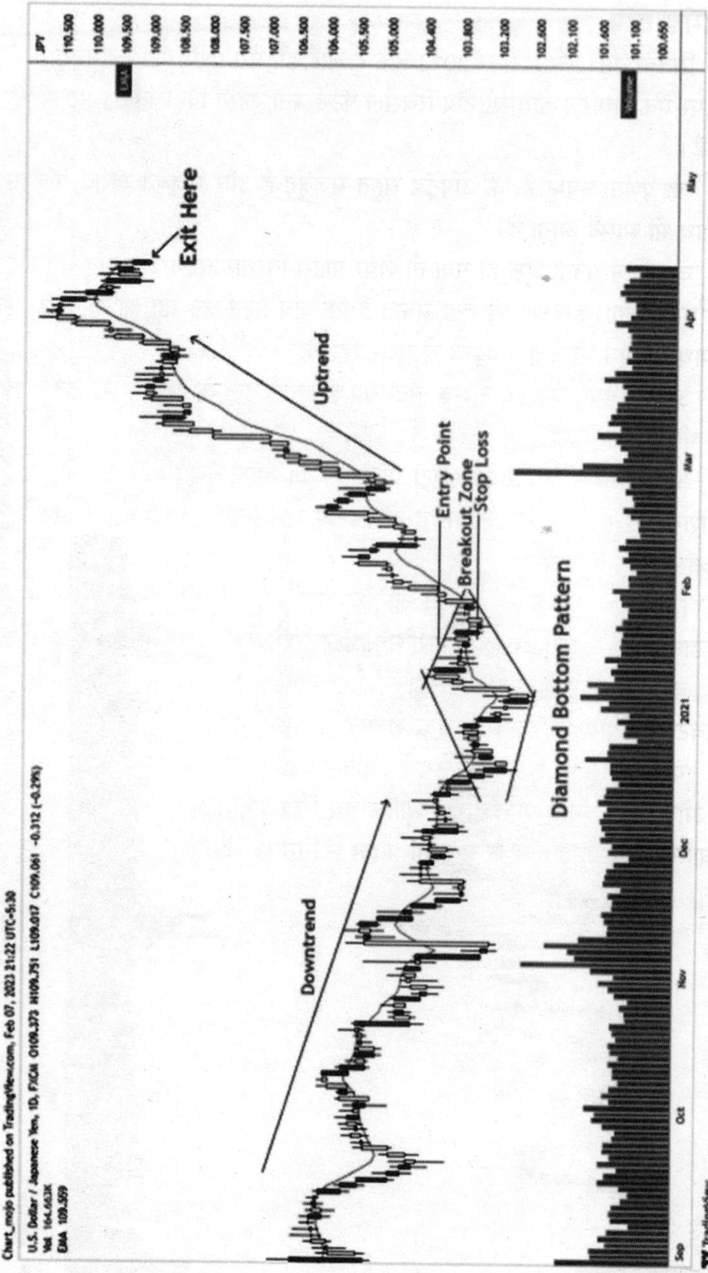

चित्र 12.79: Daily chart for US dollar/Japanese yen showing bullish trend reversal from diamond bottom pattern.

डायमंड टॉप

सितंबर 2012 से दिसंबर 2012 तक ई.आई.डी. पैरी (इंडिया) लिमिटेड के दैनिक चार्ट पर एक बेयरिश डायमंड टॉप रिवर्सल पैटर्न बना, जैसा कि चित्र 12.80 में दिखाया गया है।

यह पूर्णत: स्पष्ट है कि अपट्रेंड बहुत मजबूत है और मजबूत खरीद वॉल्यूम बार के साथ भी सामने आया है।

जब पैटर्न बनना शुरू हो गया तो शेयर प्राइस विस्तार चरण और संकुचन चरण के बीच घूमने लगा। हम यह भी देख सकते हैं कि जब पैटर्न बन रहा था तो प्राइस एक्शन के साथ वॉल्यूम भी उतार-चढ़ाव से गुजर रहा था।

अंतत:, पैटर्न ब्रेकडाउन एक मंदी ब्रेकडाउन कैंडल के साथ हुआ, जिसे वॉल्यूम द्वारा भी समर्थन मिला।

अब, लगभग 184 रुपए (एंट्री एरिया से 44 अंक नीचे) के लक्ष्य के साथ शॉर्ट पोजीशन 222 रुपए से नीचे ली गई है और स्टॉप 231 रुपए (ब्रेकडाउन कैंडल के हाई) के आसपास रखा गया है।

चित्र 12.81 में ब्रेकडाउन हो जाने के बाद प्राइस में गिरावट आ गई। हम पैटर्न ब्रेकडाउन क्षेत्र से एक अच्छा नकारात्मक पक्ष देखते हैं।

बहुत ही कम समय में शेयर प्राइस 222 रुपए से गिरकर 184 रुपए पर आ गया। गिरावट भी बेयरिश कैंडल्स की एक श्रृंखला के साथ घटित हुई।

यदि हम मूविंग एवरेज का उपयोग ट्रेलिंग स्टॉप-लॉस के रूप में करेंगे तो हमें नीचे की ओर अधिक लाभ प्राप्त होगा, क्योंकि हम चित्र 12.81 में देख सकते हैं कि पैटर्न-आधारित लक्ष्य प्राप्त होने के बाद भी प्राइस में गिरावट जारी है।

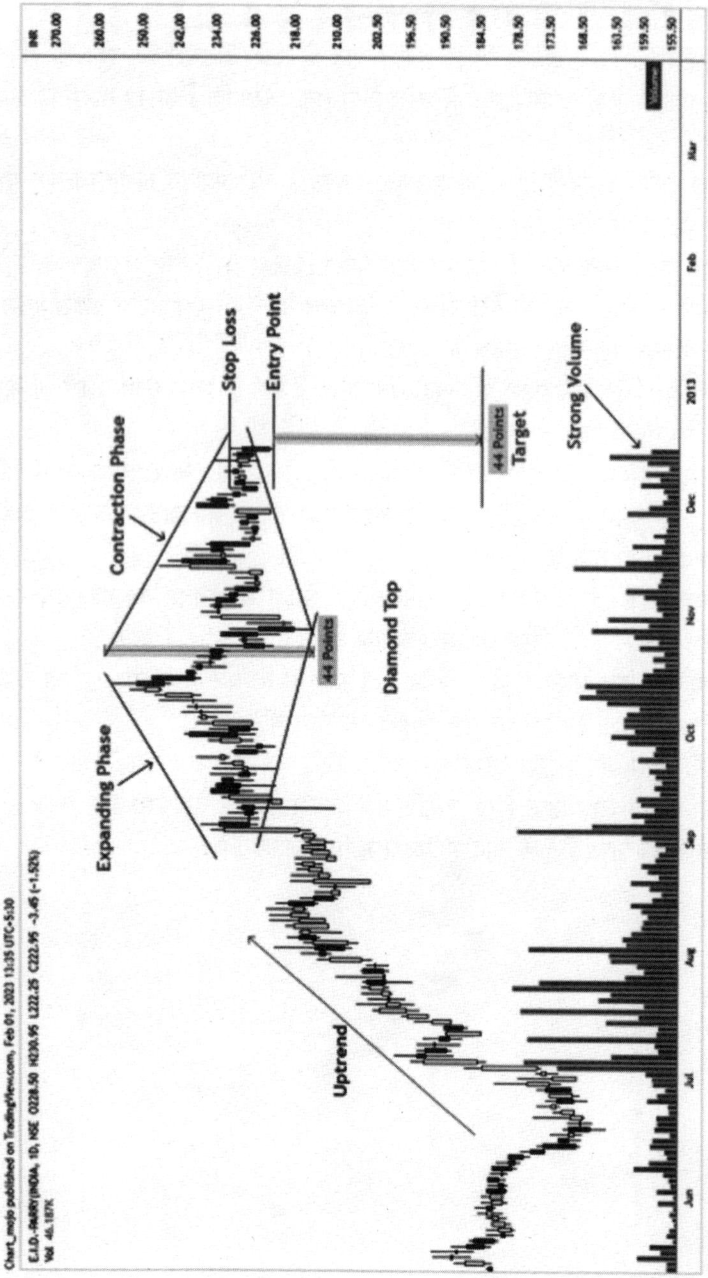

चित्र 12.80: Daily chart of EID Parry (India) Ltd. (bearish diamond top reversal pattern)

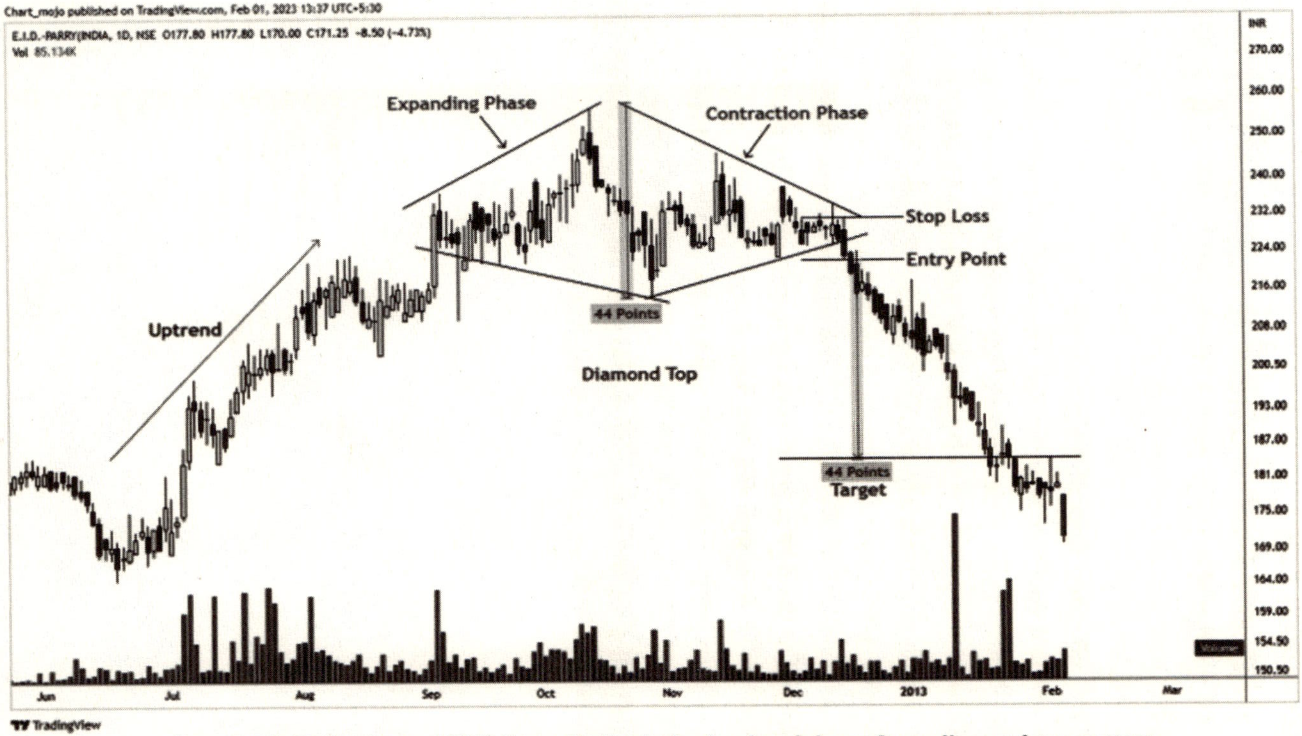

चित्र 12.81: Daily chart of EID Parry (India) Ltd. after breakdown from diamond top pattern.

रेक्टैंगल बॉटम पैटर्न

अक्तूबर 2014 से अप्रैल 2016 तक डी.सी.एम. श्रीराम लिमिटेड के दैनिक चार्ट पर एक बुलिश रिवर्सल रेक्टैंगल बॉटम पैटर्न बना, जैसा कि चित्र 12.82 में दिखाया गया है।

तेजी का रुझान जारी रहा और अंतत: स्टॉक द्वितीयक चरण में चला गया, जहाँ एक लंबी समय-सीमा में रेक्टैंगल बॉटम पैटर्न बना।

जब पैटर्न पूरा हो गया तो स्टॉक प्राइस एक वाइड रेंज ब्रेकआउट कैंडल के साथ बुलिश रिवर्सल पैटर्न के प्रतिरोध से ऊपर चला गया। ब्रेकआउट को वॉल्यूम में भारी उछाल से भी समर्थन मिला, जो स्टॉक प्राइस में अंतर्निहित तेजी को दरशाता है।

इस चार्ट पैटर्न में हम लक्ष्य की गणना पैटर्न के आधार को पैटर्न की नेकलाइन/प्रतिरोध तक खींचते हुए कर रहे हैं।

अंत में, हम लगभग 262 रुपए (एंट्री एरिया से 52 अंक ऊपर) के लक्ष्य के साथ 173 रुपए से ऊपर की लॉन्ग पोजीशन लेते हैं और स्टॉप 146 रुपए (ब्रेकआउट कैंडल के निचले स्तर) के आसपास रखा जाता है।

जब एक मजबूत ब्रेकआउट कैंडल (चित्र 12.83) के साथ लॉन्ग पोजीशन ले ली गई तो मजबूत बुलिश कैंडल्स के साथ प्राइस आसानी से ऊपर जाने लगा।

तो यहाँ ट्रेडिंग के कुछ ही महीनों के भीतर शेयर प्राइस 173 रुपए से बढ़कर 262 रुपए तक पहुँच गया।

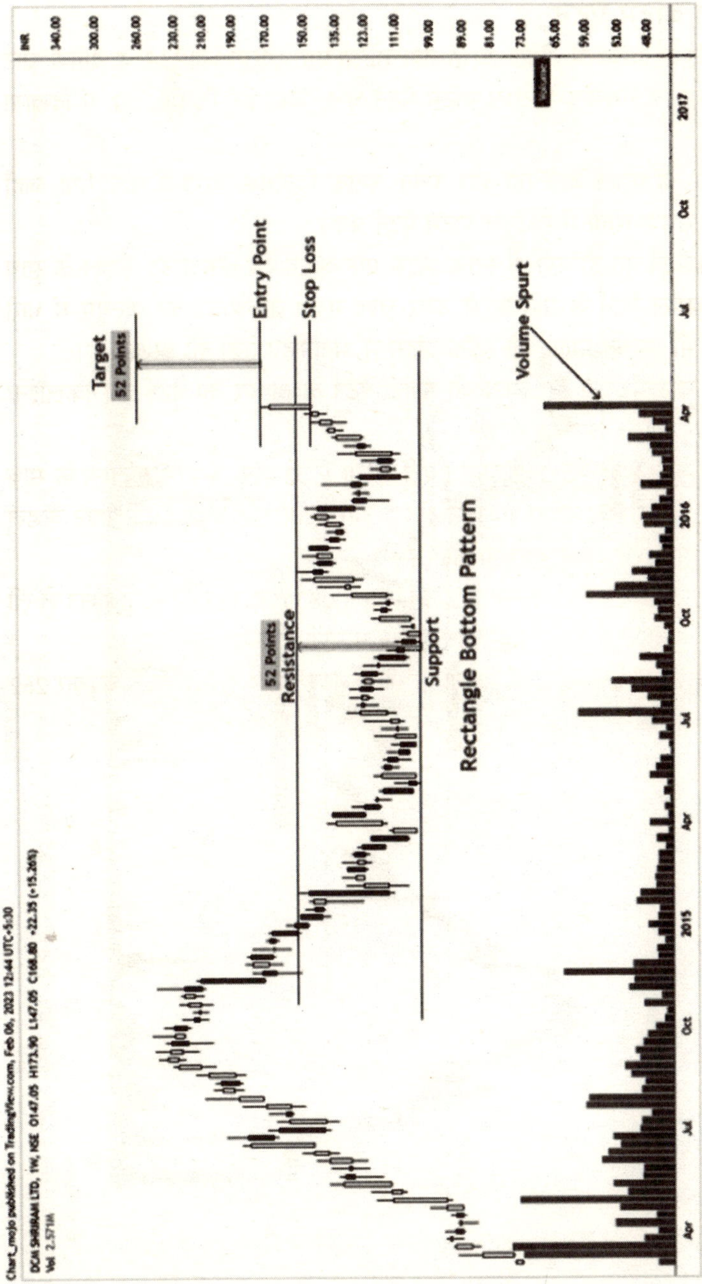

चित्र 12.82: Daily chart of DCM Shriram Ltd. (bullish reversal rectangle bottom pattern).

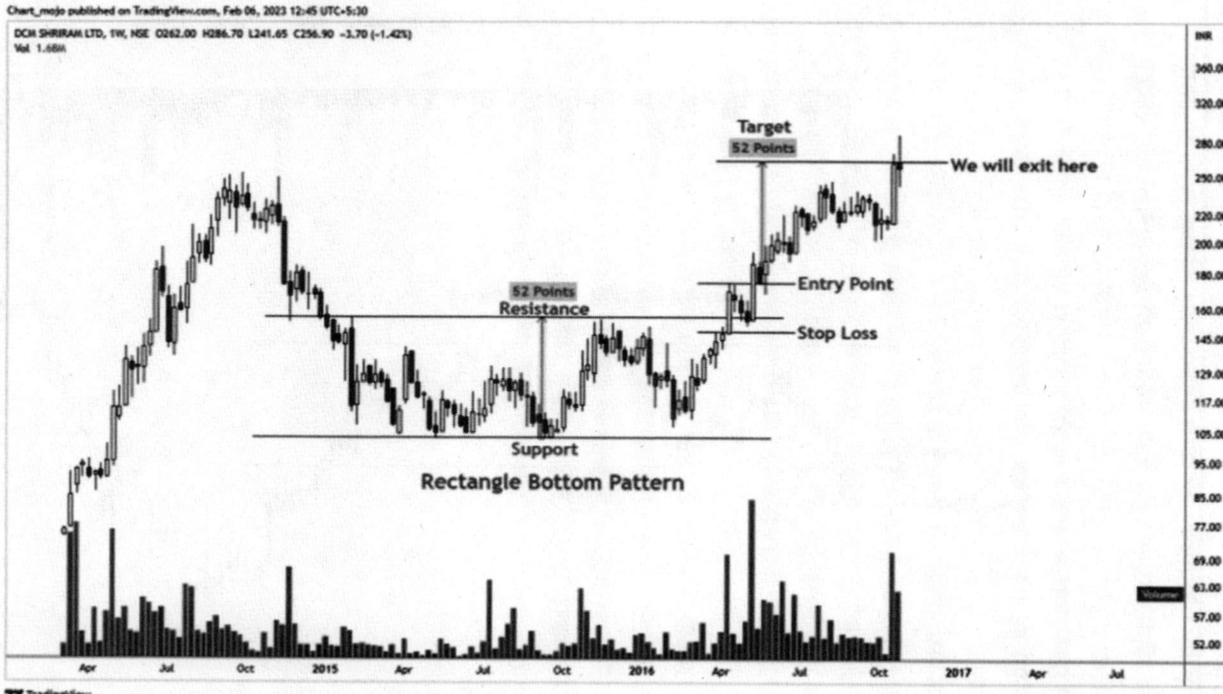

चित्र 12.83: Weekly chart of DCM Shriram showing a bullish trend reversal once the breakout occurred from rectangle bottom pattern.

रेक्टैंगल टॉप पैटर्न

अप्रैल 2011 से अगस्त 2011 तक डेवलपमेंट क्रेडिट बैंक (डी.सी.बी.) बैंक लिमिटेड के दैनिक चार्ट पर एक बेयरिश रिवर्सल रेक्टैंगल टॉप पैटर्न बना, जैसा कि चित्र 12.84 में दिखाया गया है।

पैटर्न बनने से पहले प्राइस मजबूती से ऊपर की ओर बढ़ रहा था।

पैटर्न पूरा हो जाने के बाद एक अनिश्चित कैंडल ब्रेकडाउन हुआ। इसके अलावा, जब पैटर्न बन रहा था तो वॉल्यूम भी एक U आकार बनाते हुए गिरावट से गुजरा, जिससे इस पैटर्न के सही होने की संभावना तेजी से बढ़ गई।

अंततः, शॉर्ट पोजीशन 50 रुपए के प्राइस से नीचे ली जाएगी और स्टॉप-लॉस 55 रुपए पर रखा जाएगा, जो कि ब्रेकडाउन कैंडल की पिछली हाई कैंडल है। निकासी 9-ई.एम.ए. ब्रेकआउट के आधार पर 47 रुपए पर होगी।

चित्र 12.85 में आप देख सकते हैं कि हमें बहुत कम प्रोफिट मिला, क्योंकि प्राइस बहुत पहले ही अनुगामी स्टॉप-लॉस मानदंड से ऊपर चला गया और हमें बाहर निकलना पड़ा।

कभी-कभी ऐसी स्थितियाँ आएँगी और हम अच्छा मुनाफा नहीं कमा पाएँगे। बस, इसे अपनी ट्रेडिंग यात्रा का एक अभिन्न अंग समझें। यदि आप हर बार ट्रेड करते समय बड़ा प्रोफिट प्राप्त करना चाहते हैं तो ऐसा कभी नहीं होगा।

ध्यान रखें, ट्रेडिंग भी एक ऐसा व्यवसाय है, जहाँ आपको प्रोफिट के साथ-साथ लॉस भी बुक करना होगा।

आप जितनी अधिक संख्या में स्टॉप-लॉस लेंगे, आपका अनुभव उतना ही बेहतर होगा। आप ट्रेडिंग को एक व्यवसाय के रूप में मानेंगे, न कि पैसा बनाने की मशीन के रूप में!

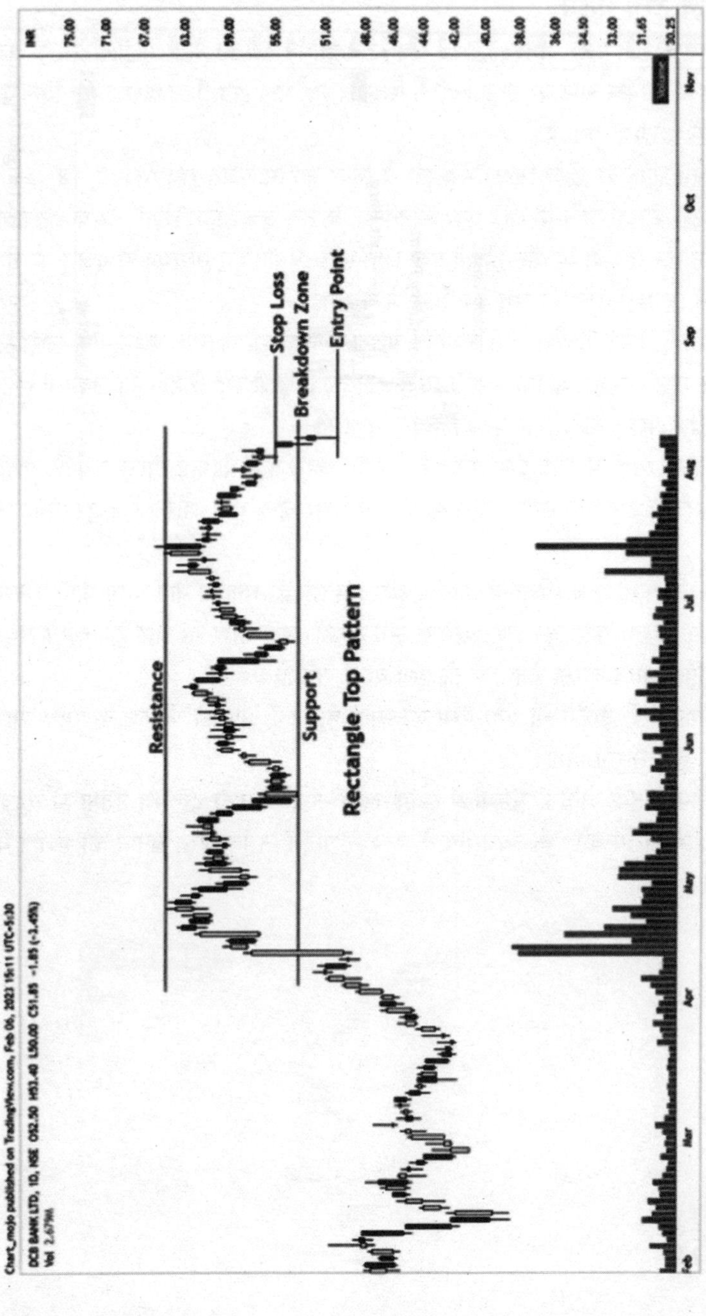

चित्र 12.84: Daily chart of DCB Bank Ltd. (bearish reversal rectangle top pattern).

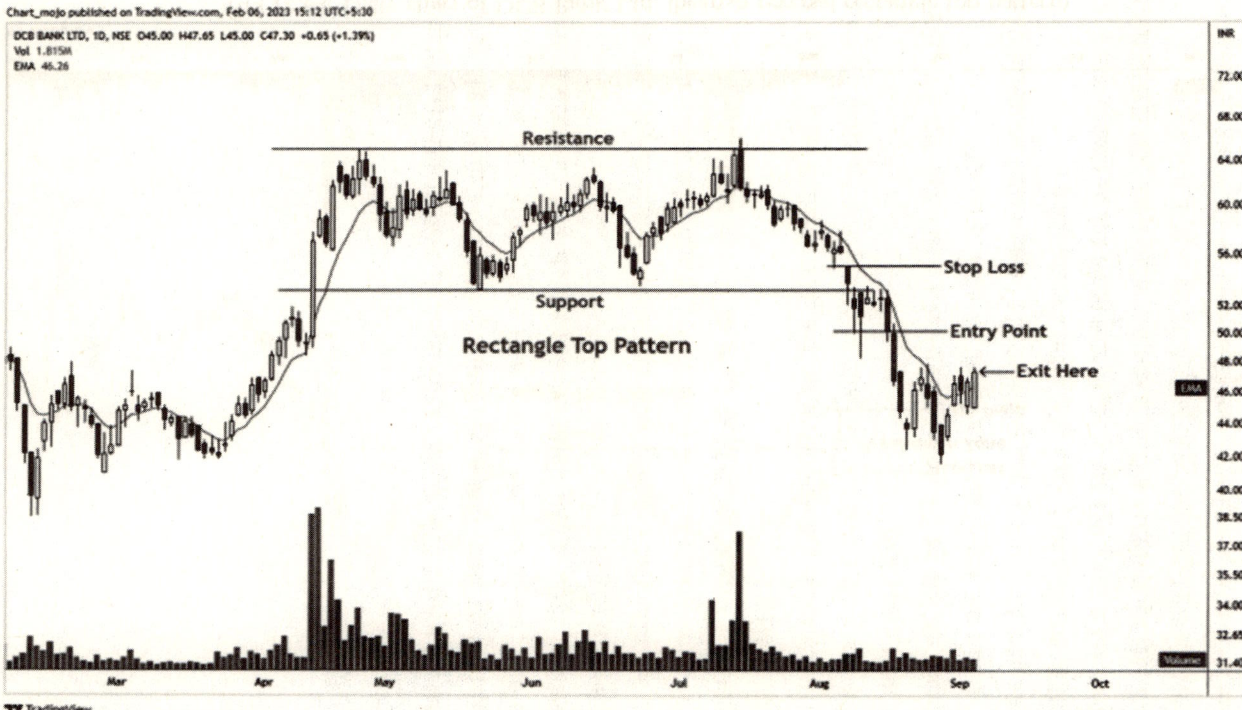

चित्र 12.85: Daily chart of DCB Bank Ltd. signalling downtrend once the breakdown occurred from rectangle top pattern.

डबल बॉटम ईव एंड एडम

नवंबर 2016 से जनवरी 2017 तक इंडसइंड बैंक के दैनिक चार्ट पर एक बुलिश डबल बॉटम रिवर्सल पैटर्न बना, जैसा कि चित्र 12.86 में दिखाया गया है।

यह बड़ी ब्लैक बेयरिश कैंडल्स के साथ एक अल्पकालिक डाउनट्रेंड दिखाता है, जो मंदी का संकेत देता है और अंत में स्टॉक प्राइस निचले स्तर पर स्थिर हो जाता है और डबल बॉटम ईव एंड एडम रिवर्सल पैटर्न बनाना शुरू कर देता है।

जब पैटर्न पूरा हो गया तो पैटर्न ब्रेकआउट जोन (प्रतिरोध स्तर) पर वॉल्यूम में भारी उछाल के साथ एक मजबूत वाइड रेंज ब्रेकआउट कैंडल उत्पन्न हुई।

हमेशा याद रखें कि ईव एक U आकार प्राइस एक्शन होगा और एडम एक V आकार प्राइस एक्शन होगी।

इस चार्ट में लॉन्ग पोजीशन 1,130 रुपए के प्राइस से ऊपर ली जाएगी और स्टॉप-लॉस 1,104 रुपए पर रखा जाएगा, जो कि एक पैटर्न ब्रेकआउट लो है, क्योंकि यह वाइड रेंज कैंडल है।

निकास 9-ई.एम.ए. ब्रेकडाउन के आधार पर 1,312 रुपए पर होगा।

जब लॉन्ग पोजीशन ले ली गई (चित्र 12.87) तो शेयर प्राइस ऊपर की ओर बढ़ने लगा था और प्राइस एक्शन अनुगामी स्टॉप-लॉस मानदंड से ऊपर कारोबार कर रहा था, जो कि 9-ई.एम.ए. है।

बढ़त के दौरान वॉल्यूम एक्शन को उच्च स्तर पर देखा जा सकता है, क्योंकि खरीदने वाली 'वॉल्यूम बार्स' की तुलना में बेचने वाली 'वॉल्यूम बार्स' बड़ी हैं।

दो महीने की समय-सीमा के भीतर स्टॉक प्राइस 1,130 रुपए से 1,312 रुपए हो गया। इस ट्रेड में हमें 2.25% जोखिम (स्टॉप-लॉस) पर 16% की तेजी देखने को मिली।

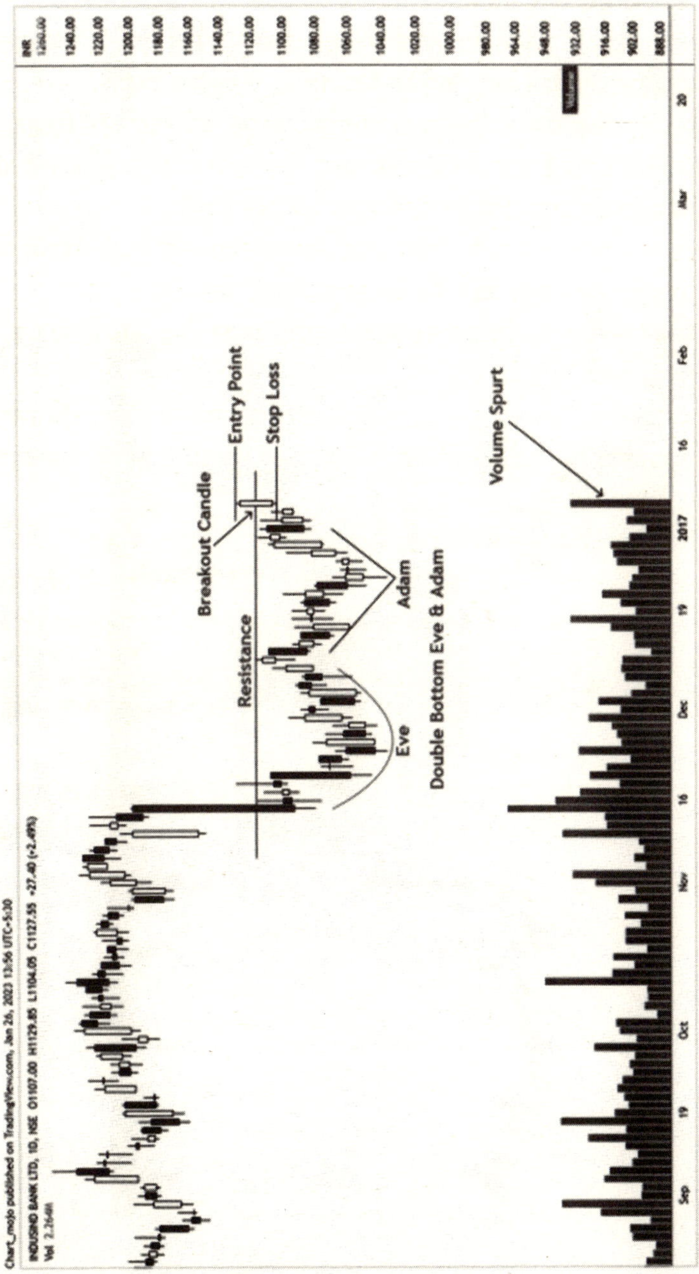

चित्र 12.86: Daily chart of IndusInd Bank (bullish double bottom reversal pattern).

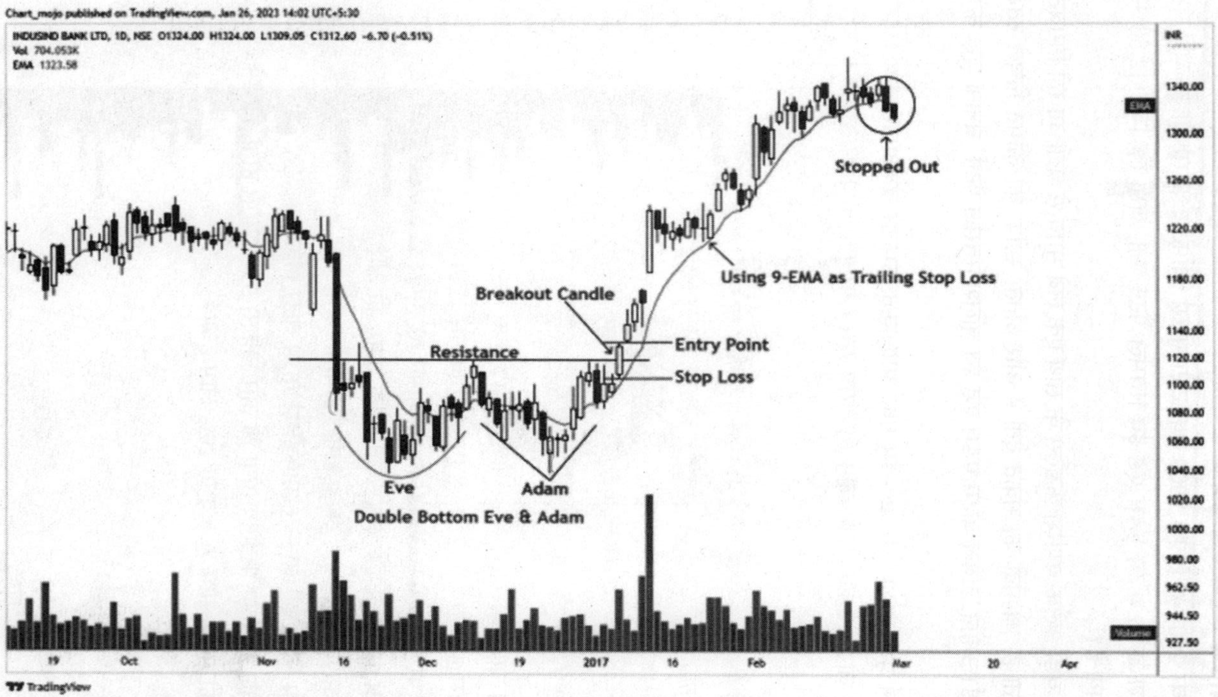

चित्र 12.87: Daily chart of IndusInd Bank Ltd. signifying strong upside momentum from the breakout of bullish trend reversal pattern.

डबल बॉटम एडम एंड ईव

नवंबर 2008 से अप्रैल 2009 तक टाटा मोटर्स लिमिटेड के साप्ताहिक चार्ट पर एक बुलिश डबल बॉटम एडम एंड ईव रिवर्सल पैटर्न बना, जैसा कि चित्र 12.88 में दिखाया गया है।

यह बड़ी, ब्लैक बेयरिश कैंडल्स के साथ एक लंबे समय से चली आ रही गिरावट को दरशाता है, जो मंदी का संकेत देती है और अंतत: स्टॉक की कीमत निचले स्तर पर आ गई। उन्होंने 'डबल बॉटम एडम एंड ईव बुलिश रिवर्सल पैटर्न' बनाना शुरू कर दिया।

पैटर्न पूरा हो जाने के बाद हम एक अपेक्षाकृत कमजोर ब्रेकआउट कैंडल देख सकते हैं, जो पैटर्न ब्रेकआउट जोन (प्रतिरोध स्तर) पर भारी मात्रा में उछाल के साथ घटित हुई।

प्रो टिप : जब ब्रेकआउट मजबूत नहीं होता या एक वाइड रेंज ब्रेकआउट कैंडल होता है तो हम स्टॉप-लॉस को या तो पिछले कैंडल लो पर या हाल के स्विंग लो पर रखते हैं। हालाँकि, इस मामले में ब्रेकआउट व्यापक नहीं होने पर भी कैंडल की एक लंबी निचली छाया है, जो अस्वीकृति स्तर के रूप में कार्य करती है। इसलिए, हमने स्टॉप-लॉस के रूप में इस ब्रेकआउट कैंडल लो का उपयोग किया।

इस चार्ट सेटअप में लॉन्ग पोजीशन 41 रुपए के प्राइस से ऊपर ली जाएगी और स्टॉप-लॉस 33 रुपए पर रखा जाएगा, जो एक पैटर्न ब्रेकआउट कैंडल लो है। निकास 53 रुपए पर 9-ई.एम.ए. ब्रेकडाउन के आधार पर होगा।

चित्र 12.89 में हम देख सकते हैं कि ऊपर की ओर प्रोफिट बहुत बड़ा नहीं था, इसलिए आपको यह ध्यान रखना होगा कि कभी-कभी आप जल्दी ही रोक दिए जाते हैं और स्टॉप-लॉस छुए जाने पर आपको स्टॉक से बाहर निकलना पड़ता है।

प्रवेश 33 रुपए पर लिया गया था और निकास 53 रुपए पर होगा, जिससे हमें 14 सप्ताह की समय-सीमा में लगभग 29% लाभ हुआ।

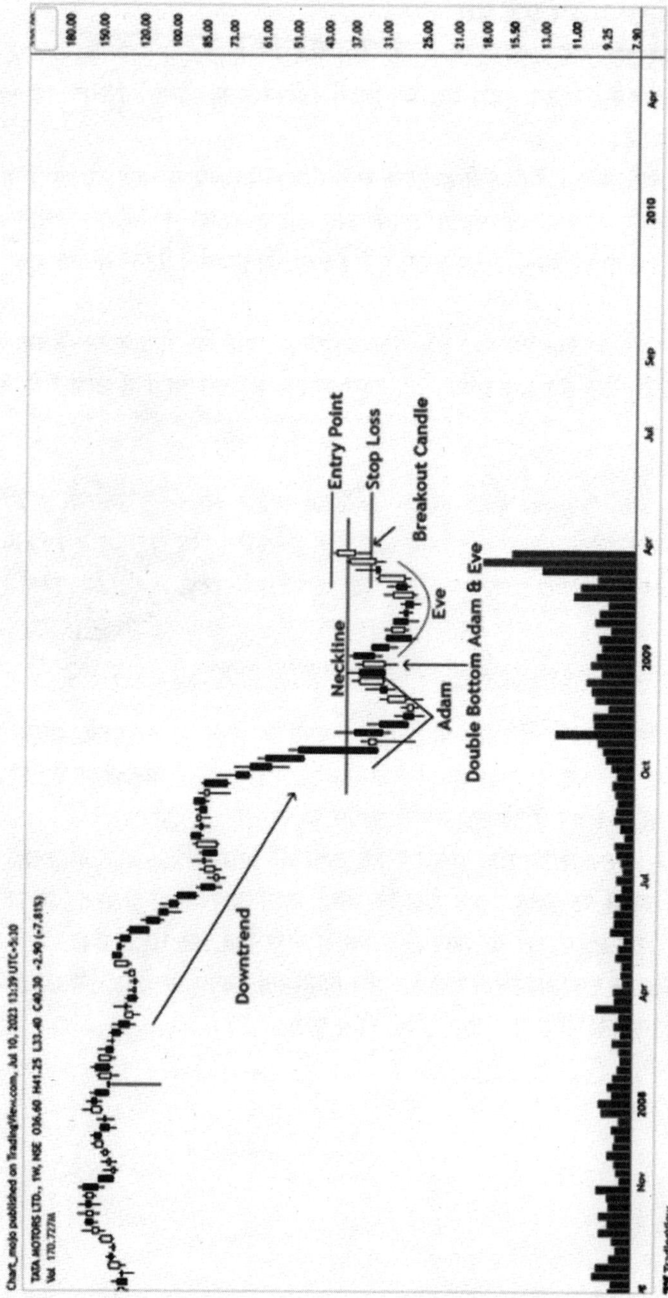

चित्र 12.88: Weekly chart of Tata Motors Ltd. (bullish double bottom Adam and Eve reversal pattern).

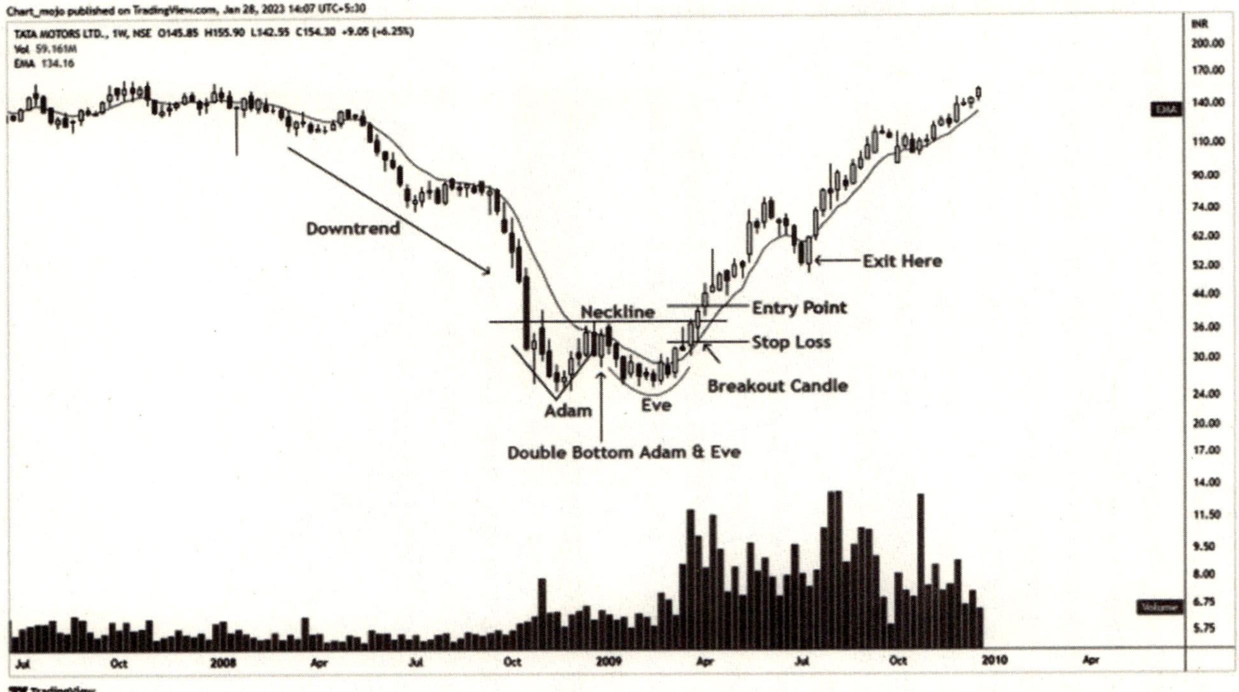

चित्र 12.89: Weekly chart of Tata Motors Ltd. depicting bullish trend reversal from the breakout zone of double bottom Adam and Eve pattern.

डबल बॉटम ईव एंड ईव

फरवरी 2016 से जुलाई 2016 तक आर.ई.सी. लिमिटेड (ग्रामीण विद्युतीकरण निगम लिमिटेड) के दैनिक चार्ट पर एक डबल बॉटम ईव और ईव बुलिश रिवर्सल पैटर्न बना, जैसा कि चित्र 12.90 में दिखाया गया है।

एक बुलिश रिवर्सल पैटर्न बनने से पहले स्टॉक एक मजबूत गिरावट के ट्रेंड में था और लोअर लोज एवं लोअर हाईज की एक श्रृंखला से गुजर रहा था।

ब्रेकआउट एक कैंडल से हुआ, जो बहुत मजबूत नहीं थी। हमने स्टॉप-लॉस को ब्रेकआउट कैंडल के निचले स्तर के ठीक नीचे रखा है, क्योंकि अगर हम स्टॉप-लॉस को पिछले कैंडल के निचले स्तर पर रखते हैं तो हमारा जोखिम काफी बढ़ जाता है।

इस चार्ट सेटअप में लॉन्ग पोजीशन 71 रुपए के प्राइस से ऊपर ली जाएगी और स्टॉप-लॉस 67 रुपए पर रखा जाएगा, जो एक पैटर्न ब्रेकआउट कैंडल लो है। निकासी 9-ई.एम.ए. ब्रेकडाउन के आधार पर 91 रुपए पर होगी।

लॉन्ग पोजीशन लिये जाने के बाद (चित्र 12.91) शेयर प्राइस ऊपर की ओर बढ़ने लगा और प्राइस एक्शन अनुगामी स्टॉप-लॉस मानदंड से ऊपर ट्रेड कर रहा था, जो कि 9-ई.एम.ए. है। इसने 9-ई.एम.ए. पर वास्तविक निकास से पहले एक गलत ब्रेकडाउन अवश्य दिखाया।

बढ़त के दौरान वॉल्यूम एक्शन को उच्च स्तर पर देखा जा सकता है, क्योंकि खरीदने वाले 'वॉल्यूम बार' बेचने वाले 'वॉल्यूम बार्स' से बड़े होते हैं। अंततः जब हम एक्जिट प्राइस के करीब पहुँचे, वॉल्यूम कम होने लगा।

पाँच महीने की समय-सीमा के भीतर स्टॉक प्राइस 71 रुपए से 91 रुपए हो गई। इस ट्रेड में हम 6% जोखिम (स्टॉप-लॉस) पर 27% अपसाइड बुक कर पाए।

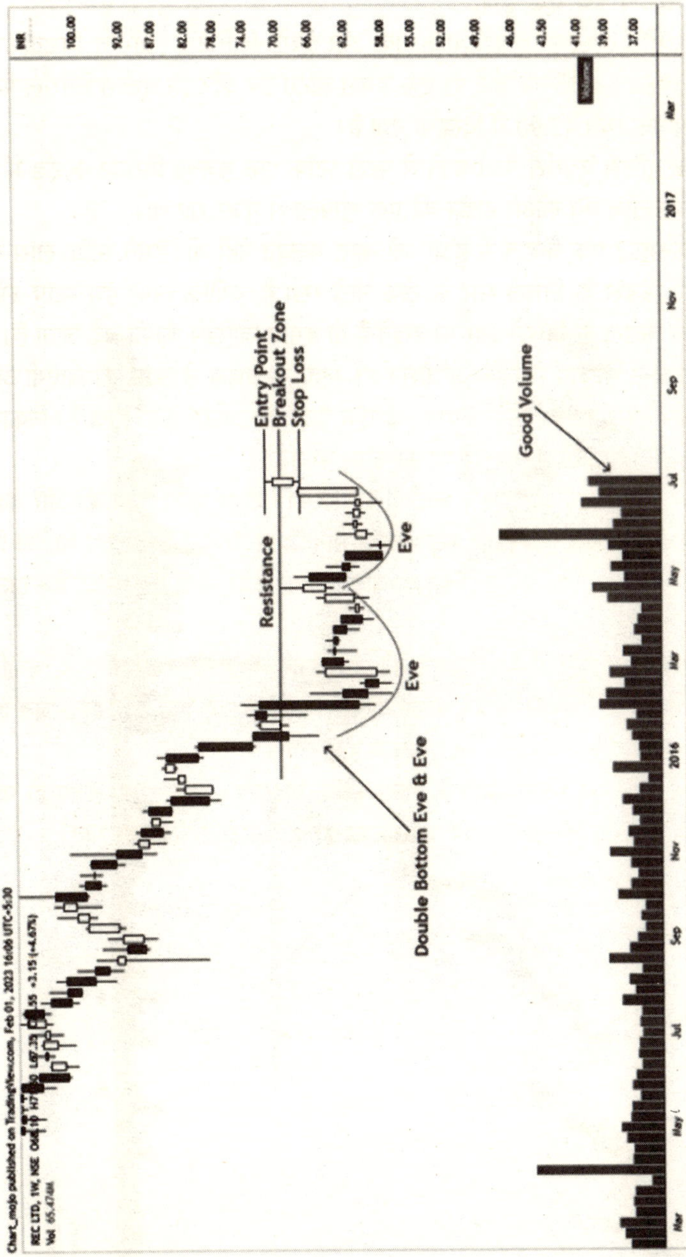

चित्र 12.90: Daily chart of REC Ltd. (bullish double bottom Eve and Eve bullish reversal pattern).

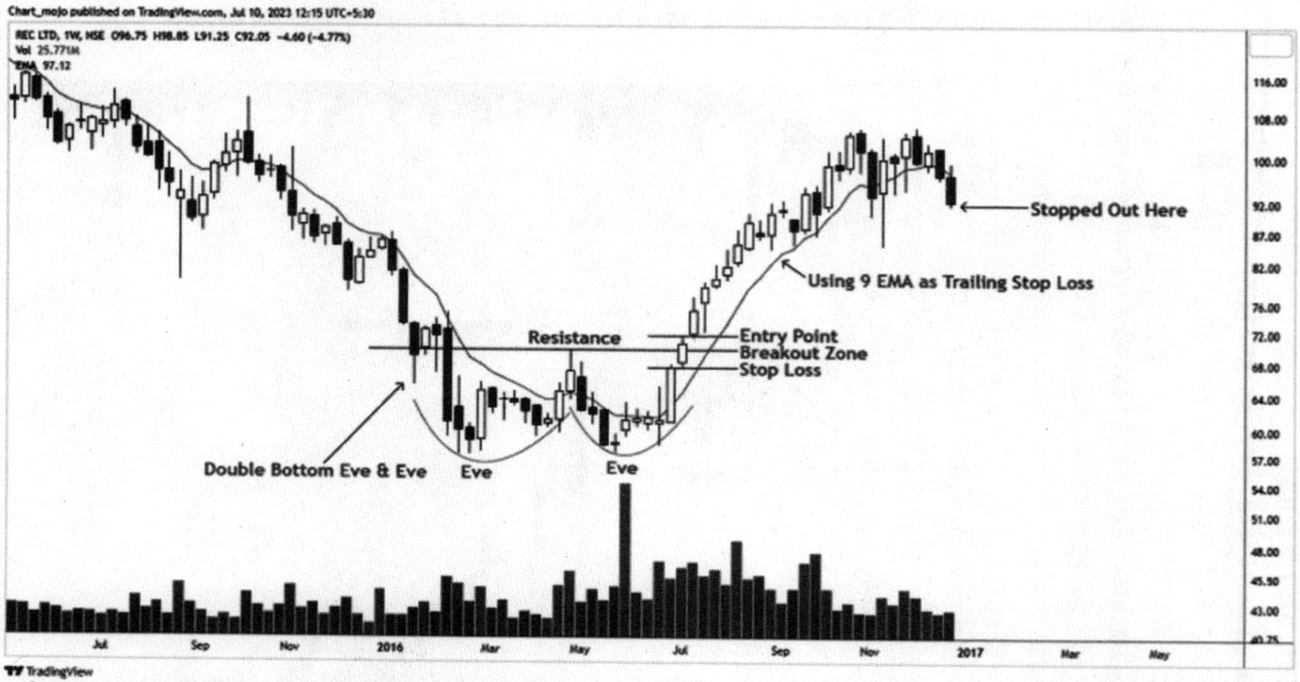

चित्र 12.91: Weekly chart of REC Ltd. showing a bullish trend reversal from the breakout zone of double bottom Eve and Eve pattern.

डबल बॉटम एडम एंड एडम

नवंबर 2016 से जनवरी 2017 तक AVAXUSDT (एक क्रिप्टो करेंसी) के दैनिक चार्ट पर एक बुलिश डबल बॉटम एडम और एडम रिवर्सल पैटर्न बना, जैसा कि चित्र 12.92 में दिखाया गया है।

एक बुलिश रिवर्सल पैटर्न बनने से पहले स्टॉक एक मजबूत गिरावट के ट्रेंड में था और लोअर लोज एवं लोअर हाईज की एक श्रृंखला से गुजर रहा था।

ब्रेकआउट एक कैंडल से हुआ, जो बहुत मजबूत नहीं थी। हमने स्टॉप-लॉस को ब्रेकआउट कैंडल के निचले स्तर के ठीक नीचे रखा है। लेकिन अगर आप स्टॉप-लॉस को हालिया स्विंग लो पर रखना चाहते हैं तो यह भी एक अच्छा बिंदु है।

इस चार्ट सेटअप में लॉन्ग पोजीशन 15 डॉलर के प्राइस से ऊपर ली जाएगा और स्टॉप-लॉस 13.35 डॉलर पर रखा जाएगा, जो कि ब्रेकआउट कैंडल का निचला स्तर है। निकास 39 डॉलर पर 9-ई.एम.ए. ब्रेकडाउन के आधार पर होगा।

लॉन्ग पोजीशन लिये जाने के बाद (चित्र 12.93) शेयर प्राइस ऊपर की ओर बढ़ने लगा और प्राइस एक्शन अनुगामी स्टॉप-लॉस मानदंड से ऊपर ट्रेड कर रहा था, जो कि 9-ई.एम.ए. है और हमें एक सहज बढ़त मिल गई।

ऊपर की ओर प्राइस एक्शन के दौरान वॉल्यूम एक्शन को उच्च स्तर पर देखा जा सकता है, क्योंकि खरीदने वाले 'वॉल्यूम बार्स' बेचने वाले 'वॉल्यूम बार्स' से बड़े होते हैं। अंततः, जब हम एक्जिट प्राइस के करीब पहुँचे, वॉल्यूम कम होने लगा।

30 ट्रेडिंग सत्रों की अवधि के भीतर सुरक्षा मूल्य 15 डॉलर से बढ़कर 39 डॉलर हो गया। इस ट्रेड में हमने 11.50% जोखिम (स्टॉप-लॉस) पर 160% की भारी बढ़ोतरी दर्ज की, जैसा कि आप चित्र 12.93 में देख सकते हैं।

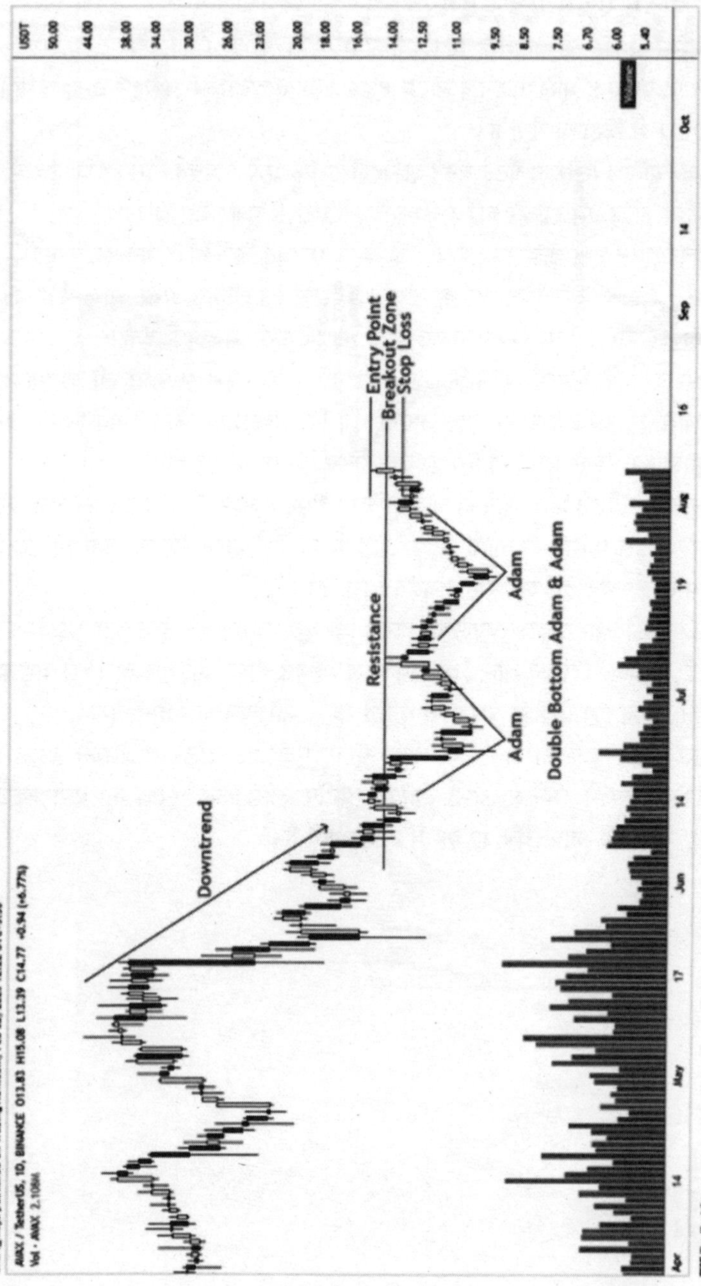

चित्र 12.92: Daily chart of AVAX/Tether US (bullish double bottom Adam and Adam reversal pattern).

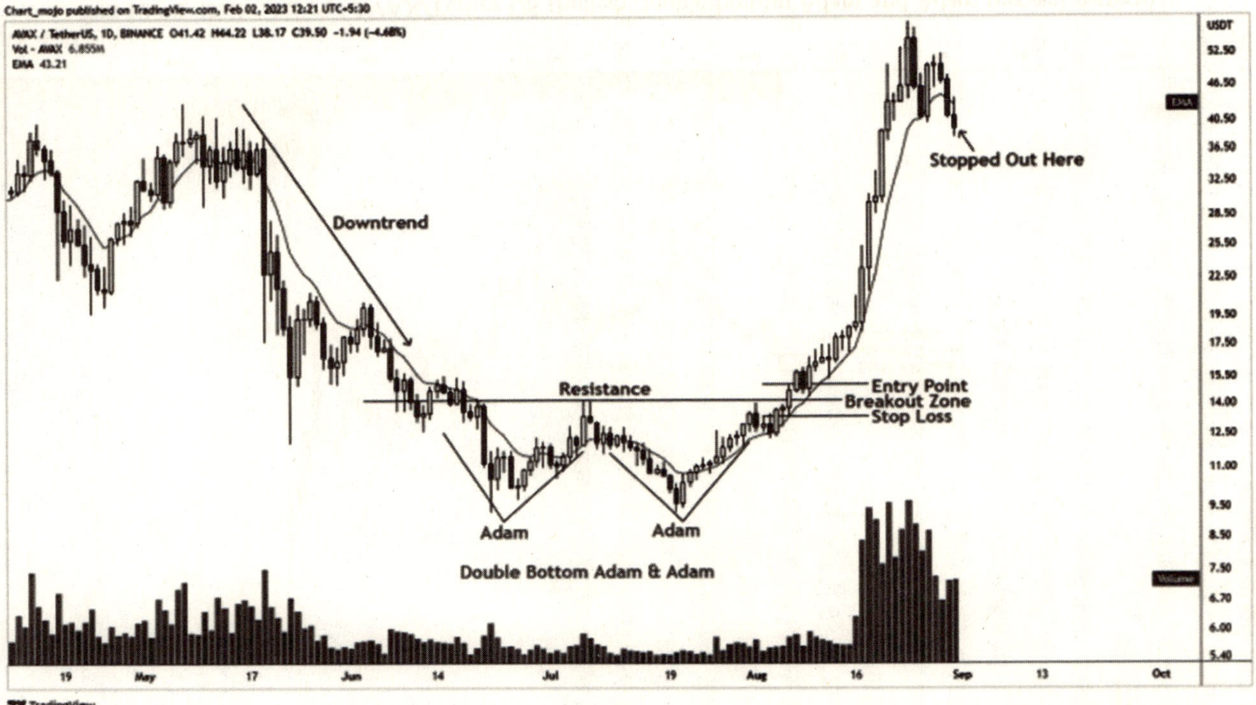

चित्र 12.93: Daily chart for AVAX/Tether US signalling a strong upside momentum from the breakout zone of bullish trend reversal pattern

डबल टॉप ईव एंड एडम

मार्च 2022 से अप्रैल 2022 तक स्टरलाइट टेक्नोलॉजीज लिमिटेड के दैनिक चार्ट पर एक मंदी वाला डबल टॉप ईव एंड एडम रिवर्सल पैटर्न बना, जैसा कि चित्र 12.94 में दिखाया गया है।

व्हाइट (तेजी वाली) कैंडल्स के साथ एक अल्पकालिक अपट्रेंड तेजी का संकेत देता है। अंत में, स्टॉक की कीमत ऊपरी स्तरों पर स्थिर हो जाती है और एक 'डबल टॉप ईव एंड एडम रिवर्सल पैटर्न' बनाना शुरू कर देती है।

पैटर्न के पूरा हो जाने के बाद हम देख सकते हैं कि पैटर्न ब्रेकआउट जोन (समर्थन स्तर) पर भारी वॉल्यूम बिल्ड-अप के साथ एक मजबूत वाइड रेंज ब्रेकआउट कैंडल घटित हुआ।

चित्र 12.95 में शॉर्ट पोजीशन लगभग 155 रुपए (एंट्री एरिया से 42 अंक नीचे) के टार्गेट के साथ 189 रुपए से नीचे ली गई और स्टॉप को 207 रुपए (ब्रेकडाउन कैंडल के हाई) के आसपास रखा गया है।

शॉर्ट पोजीशन लिये जाने के बाद प्राइस एक्शन नीचे की ओर बढ़ने लगा, जबकि एक भी बुलिश कैंडल नीचे की ओर मजबूत दबाव का संकेत नहीं दे रही थी।

कुछ ही ट्रेडिंग सेशंस में शेयर प्राइस 189 रुपए से घटकर 155 रुपए पर आ गया। हमें 9% जोखिम पर 17% का नकारात्मक टार्गेट बुक करना पड़ा।

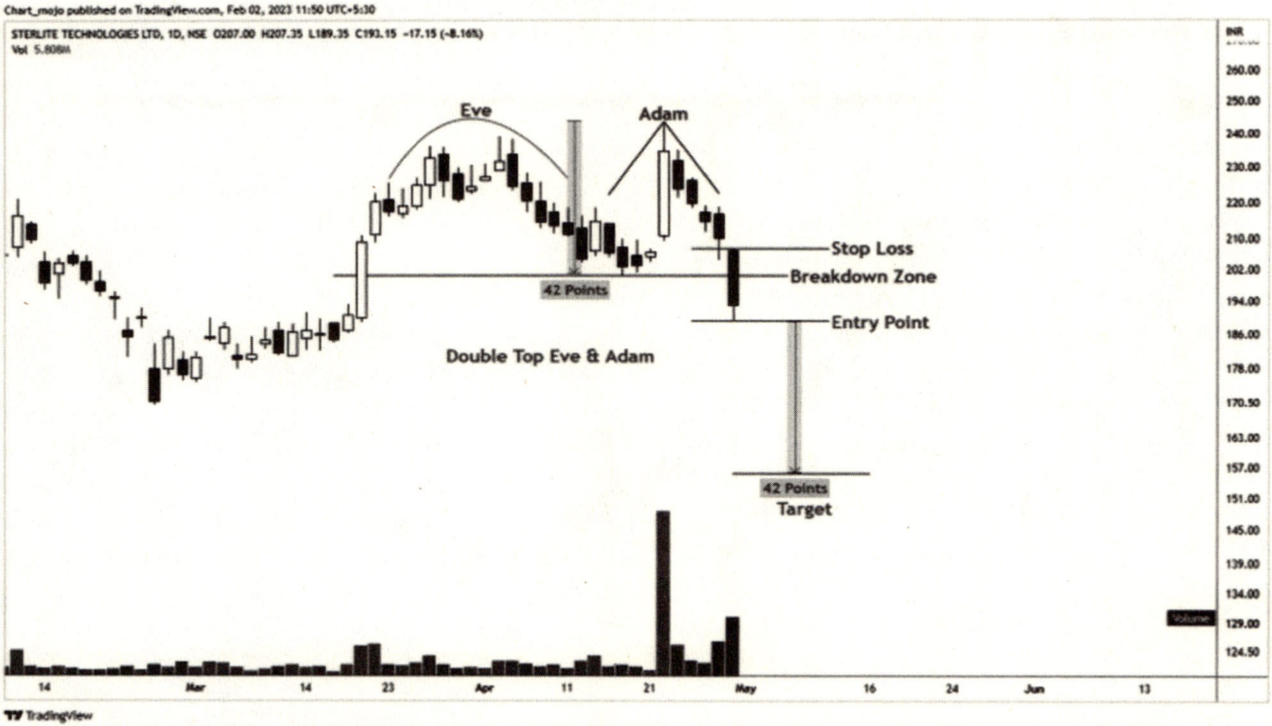

चित्र 12.94: Daily chart of Sterlite Technologies Ltd. (bearish double top Eve and Adam reversal pattern)

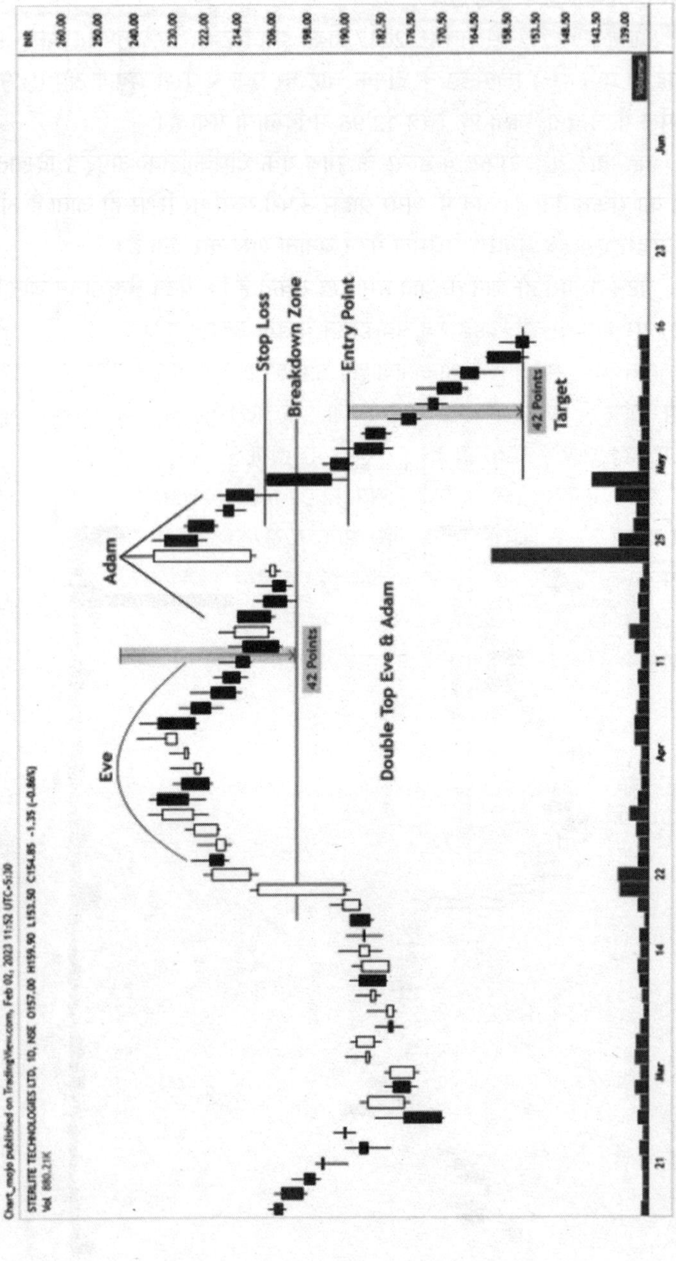

चित्र 12.95: Daily chart of Sterlite Technologies Ltd. showing a strong bearishness after the breakdown from doubl top Eve and Adam pattern.

डबल टॉप एडम एंड ईव

अक्तूबर 2017 से नवंबर 2017 तक इन्फ्रास्ट्रक्चर डेवलपमेंट फाइनेंस कंपनी (आई.डी.एफ.सी.) लिमिटेड के दैनिक चार्ट पर एक बेयरिश डबल टॉप एडम एंड ईव रिवर्सल पैटर्न बना, जैसा कि चित्र 12.96 में दिखाया गया है।

यह चार्ट बड़ी सफेद कैंडल्स के साथ एक दीर्घकालिक अपट्रेंड दिखाता है, जो तेजी का संकेत देता है। अंत में, शेयर प्राइस ऊपरी स्तरों पर स्थिर हो जाता है और डबल टॉप एडम एंड ईव बेयरिश रिवर्सल पैटर्न बनाना शुरू कर देता है।

पैटर्न के पूरा हो जाने के बाद हम देख सकते हैं कि पैटर्न ब्रेकडाउन जोन (समर्थन स्तर) पर एक अच्छी वाइड रेंज ब्रेकडाउन कैंडल उत्पन्न हुई।

इस चार्ट सेटअप में शॉर्ट पोजीशन 63 रुपए के प्राइस से नीचे ली जाएगी और स्टॉप-लॉस 66 रुपए पर रखा जाएगा, जो एक पैटर्न ब्रेकआउट हाई है। निकास 9-ई.एम.ए. ब्रेकआउट के आधार पर 57 रुपए पर होगा।

शॉर्ट पोजीशन लेने के बाद (चित्र 12.97) स्टॉक प्राइस नीचे की ओर बढ़ने लगा और प्राइस एक्शन ट्रेलिंग स्टॉप-लॉस मानदंड से नीचे ट्रेड कर रहा था, जो कि ट्रेलिंग स्टॉप के ऊपर दो नकली चालों के बावजूद 9-ई.एम.ए. है।

कुछ ही समय में स्टॉक प्राइस 63 रुपए से घटकर 57 रुपए हो गया। जैसे ही प्राइस एक्शन 9-ई.एम.ए. से ऊपर पहुँचा, हमारे निकास मानदंड संतुष्ट हो गए।

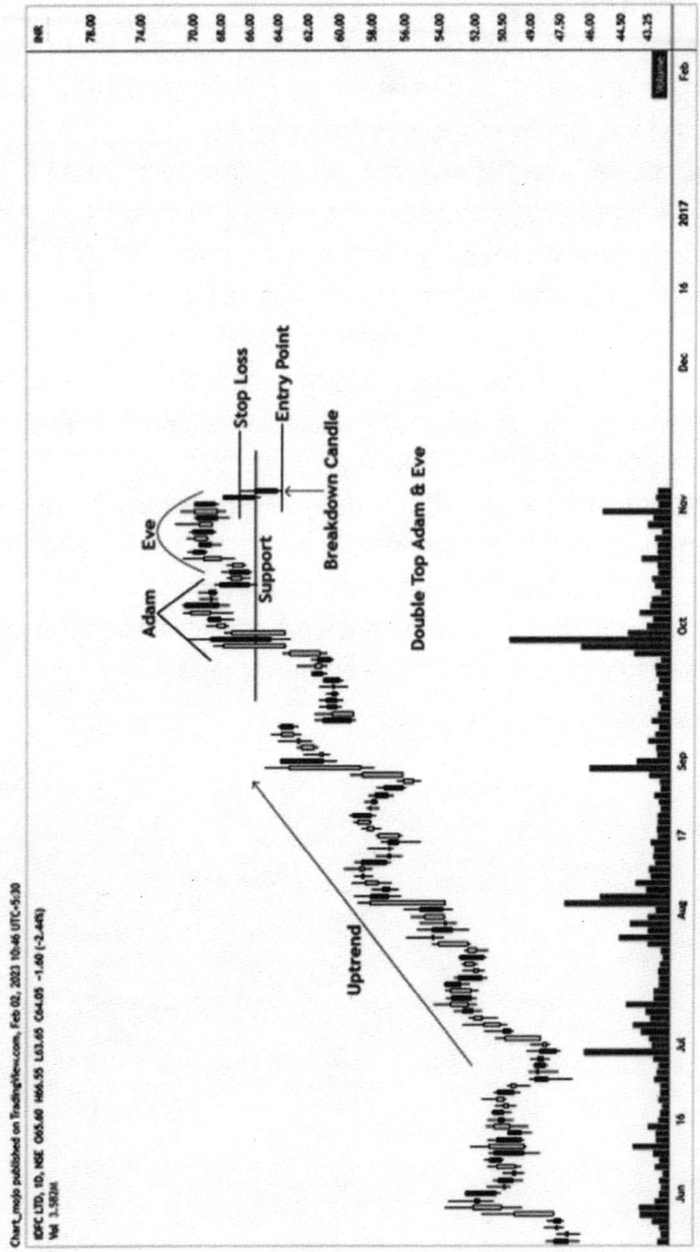

चित्र 12.96: Daily chart of IDFC Ltd. (bearish double top Adam and Eve reversal pattern)

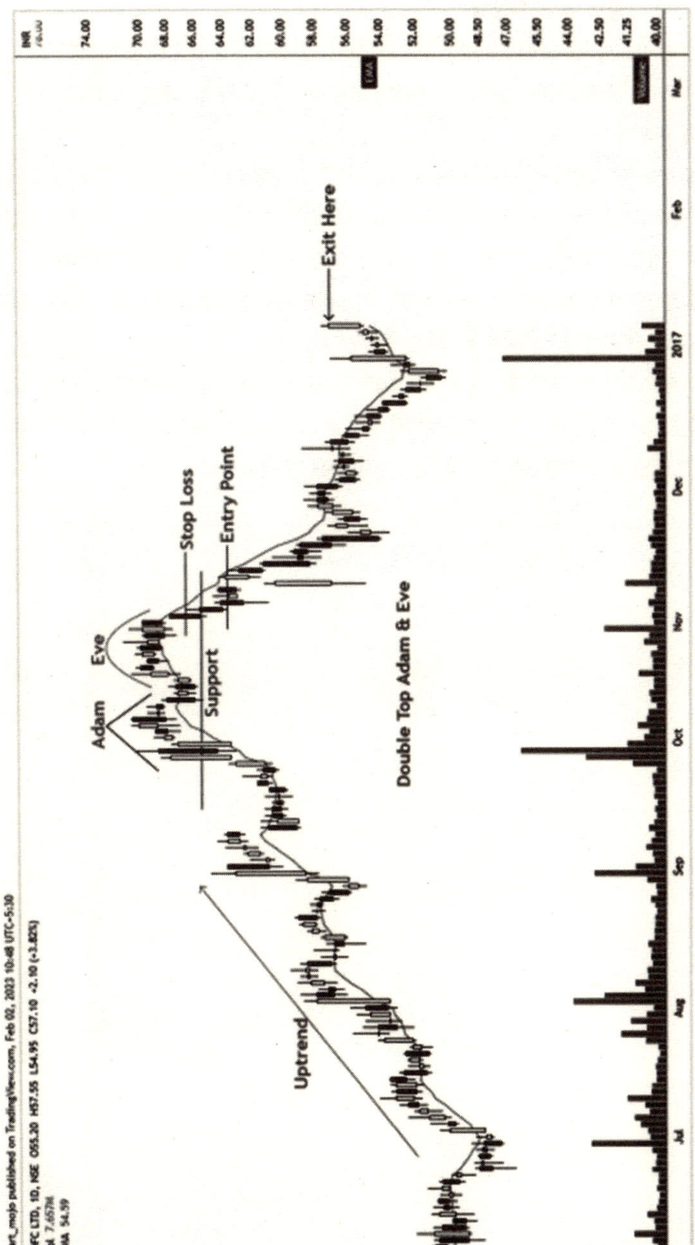

चित्र 12.97: Daily chart of IDFC Ltd. signalling a bearishness after the breakdown from double top Adam and Eve pattern.

डबल टॉप एडम एंड एडम

दिसंबर 2021 से अप्रैल 2022 तक वर्धमान टेक्सटाइल्स लिमिटेड के दैनिक चार्ट पर एक बेयरिश डबल टॉप एडम एंड एडम रिवर्सल पैटर्न बना, जैसा कि चित्र 12.98 में दिखाया गया है।

एक बेयरिश रिवर्सल पैटर्न बनने से पहले स्टॉक मजबूत गिरावट की स्थिति में था। सहायक खरीदारी मात्रा के साथ यह एक अच्छी तेजी के दौर से गुजरा। अंततः, प्राइस अपट्रेंड के शीर्ष पर स्थिर हो गया और बेयरिश रिवर्सल पैटर्न का निर्माण किया।

ब्रेकडाउन एक कैंडल के साथ हुआ, जो बहुत मजबूत थी और हमने स्टॉप-लॉस को ब्रेकडाउन कैंडल की ऊँचाई के ठीक ऊपर रखा।

इस चार्ट सेटअप में शॉर्ट पोजीशन 447 रुपए के प्राइस से नीचे ली जाएगी और स्टॉप-लॉस 508 रुपए पर रखा जाएगा, जो ब्रेकडाउन कैंडल का उच्च स्तर है। निकासी 9-ई.एम.ए. ब्रेकडाउन के आधार पर 350 रुपए पर होगी।

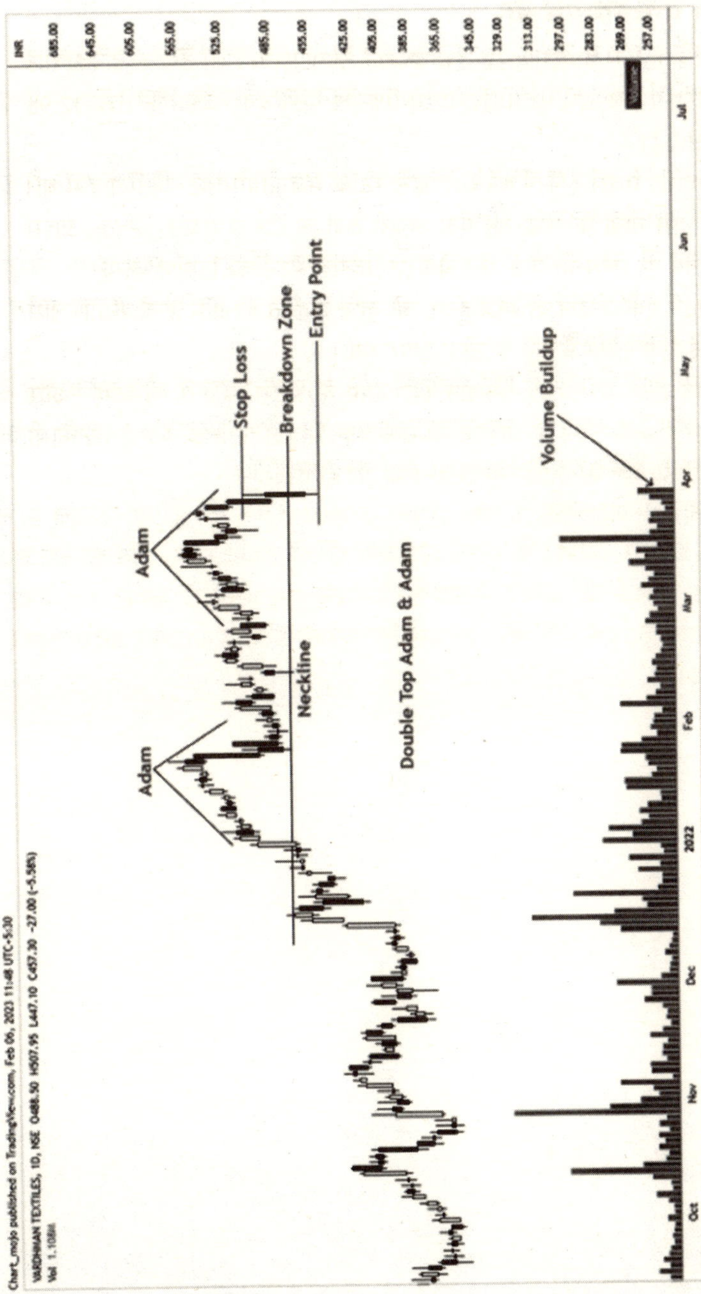

चित्र 12.98: Daily chart of Vardhman Textiles Ltd. (bearish double top Adam and Adam reversal pattern)

डबल टॉप ईव एंड ईव

मई 2021 से जुलाई 2021 तक आर.बी.एल. बैंक लिमिटेड के दैनिक चार्ट पर एक बेयरिश डबल टॉप ईव एंड ईव रिवर्सल पैटर्न बना, जैसा कि चित्र 12.99 में दिखाया गया है।

जैसा कि हम देख सकते हैं, डबल टॉप ईव एंड ईव रिवर्सल पैटर्न के गठन से पहले स्टॉक एक मजबूत अपट्रेंड में था।

अंत में, ब्रेकडाउन एक वाइड रेंज ब्रेकडाउन कैंडल के साथ हुआ, जो बहुत मजबूत था और उसके साथ एक अच्छा वॉल्यूम बिल्ड-अप भी हुआ, जो स्टॉक पर मंदी का संकेत देता है।

इस चार्ट सेटअप में शॉर्ट पोजीशन 198 रुपए के प्राइस से नीचे ली जाएगी और स्टॉप-लॉस 205 रुपए पर रखा जाएगा, जो एक पैटर्न ब्रेकआउट कैंडल हाई है। निकासी 9-ई.एम.ए. ब्रेकडाउन के आधार पर 171 रुपए पर होगी।

शॉर्ट पोजीशन लेने के बाद (चित्र 12.100) स्टॉक की कीमत आसानी से नीचे आ गई और पूरी गिरावट के दौरान उसने एक बार भी ट्रेलिंग स्टॉप-लॉस को नहीं छुआ।

तीन महीने की अवधि में सिक्योरिटी प्राइस 198 रुपए से घटकर 171 रुपए हो गया। हालाँकि, एक बात बहुत स्पष्ट है कि गिरावट स्पष्ट नकारात्मक प्राइस एक्शन के साथ हुई।

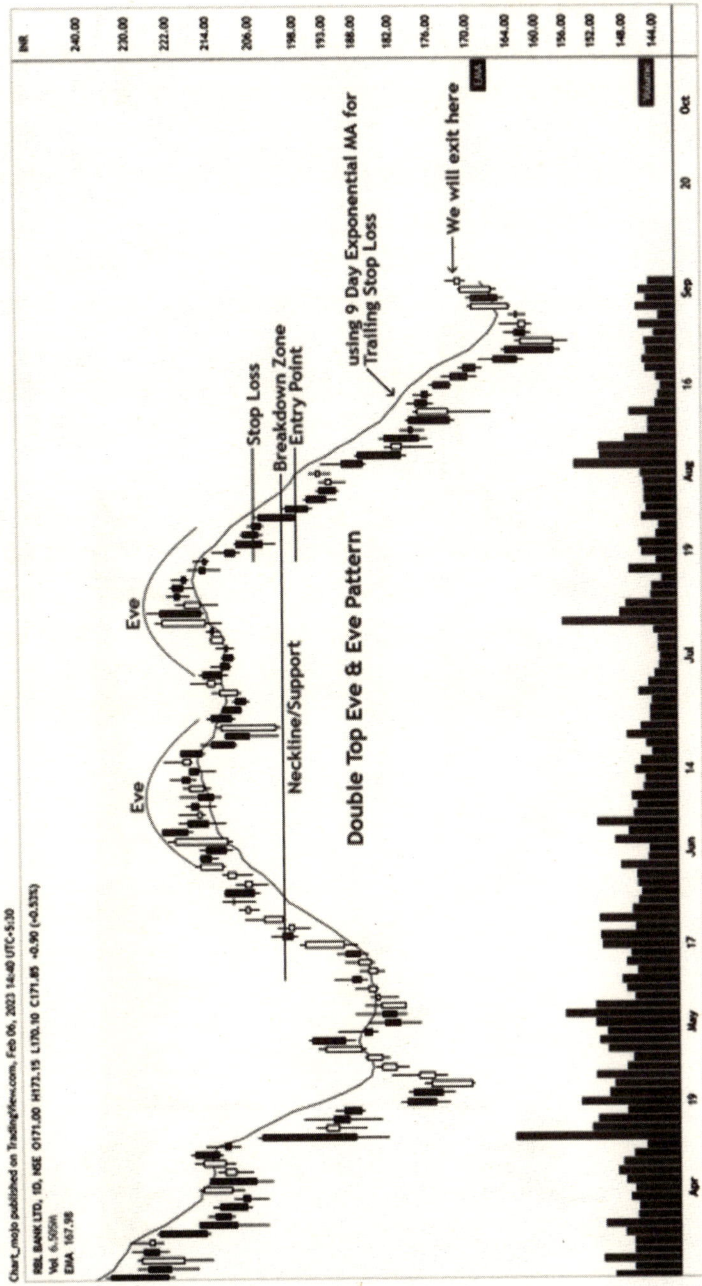

चित्र 12.99: Daily chart of RBL Bank Ltd. (bearish double top Eve and Eve reversal pattern)

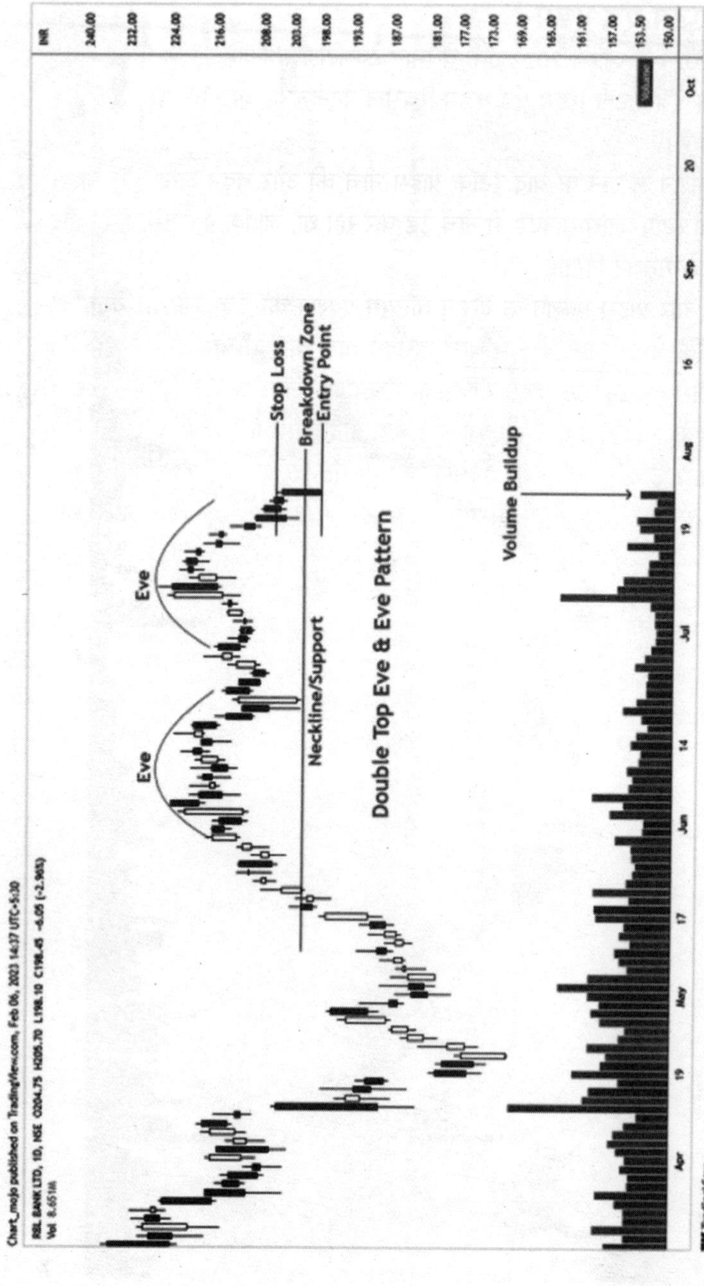

चित्र 12.100: Daily chart of RBL Bank Ltd showing us a downtrend reversal from double top Eve and Eve pattern.

डबल टॉप एडम एंड एडम

दिसंबर 2021 से अप्रैल 2022 तक वर्धमान टेक्सटाइल्स लिमिटेड के दैनिक चार्ट पर एक बेयरिश डबल टॉप एडम एंड एडम रिवर्सल पैटर्न बना, जैसा कि चित्र 12.101 में दिखाया गया है।

शॉर्ट पोजीशन ले लेने के बाद स्टॉक प्राइस नीचे की ओर बढ़ने लगा और प्राइस एक्शन अनुगामी स्टॉप-लॉस मानदंड से नीचे ट्रेड कर रहा था, जो कि 9 ई.एम.ए. है और उसने एक सहज गिरावट दिखाई।

नीचे की ओर प्राइस एक्शन के दौरान वॉल्यूम एक्शन को उच्च स्तर पर देखा जा सकता है, क्योंकि बेचने वाले वॉल्यूम बार्स खरीदने वाले वॉल्यूम बार्स से बड़े होते हैं। अंततः, जैसे-जैसे हम एक्जिट प्राइस (जिसका उल्लेख 'स्टॉप्ड आउट हियर' के साथ किया गया है) के करीब पहुँच रहे थे, वॉल्यूम कम होने लगा था।

34 सक्रिय ट्रेडिंग सत्रों (51 दिनों) की अवधि के भीतर सिक्योरिटी प्राइस 447 रुपए से बढ़कर 350 रुपए हो गया। इस ट्रेड में हमें 21% डाउनसाइड बुक करना पड़ा।

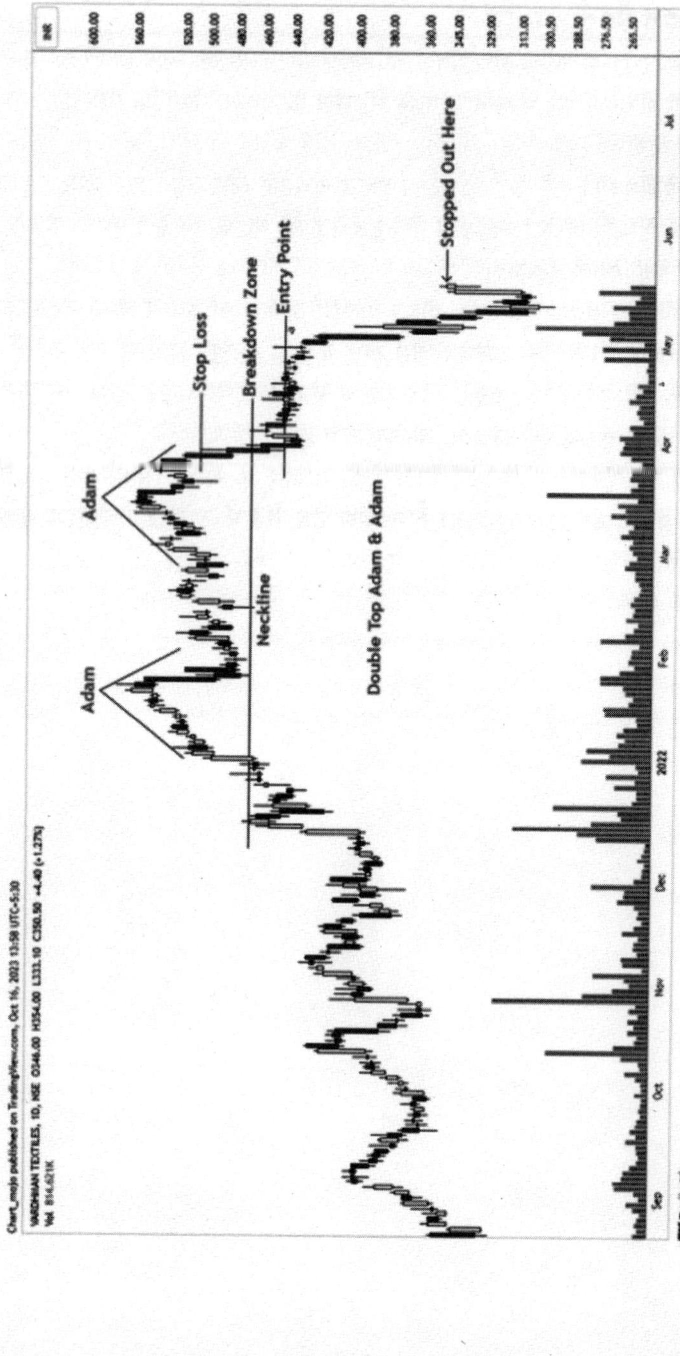

चित्र 12.101: Daily chart of Vardhman Textiles Ltd. (bearish double top Adam and Adam reversal pattern)

ट्रिपल बॉटम पैटर्न

मई 2001 से नवंबर 2001 तक टाटा मोटर्स लिमिटेड के दैनिक चार्ट पर एक बुलिश ट्रिपल टॉप रिवर्सल पैटर्न बना, जैसा कि चित्र 12.102 में दिखाया गया है।

केवल एकतरफा लोअर बॉटम और लोअर टॉप फैशन के साथ प्राइस में जोरदार गिरावट का रुझान था।

पैटर्न के पूरा हो जाने के बाद हम देख सकते हैं कि अच्छे वॉल्यूम बिल्ड-अप के साथ एक मजबूत वाइड रेंज ब्रेकआउट हुआ। हम यह भी देख सकते हैं कि जब पैटर्न बन रहा था तो वॉल्यूम में भी गिरावट आई और उसने एक U आकार बनाया। इससे इस पैटर्न के सही होने की संभावना तेजी से बढ़ जाती है।

अंत में, हम लगभग 25 रुपए (एंट्री एरिया से 8 अंक ऊपर) के टार्गेट के साथ 17 रुपए से ऊपर की लॉन्ग पोजीशन लेते हैं और स्टॉप 15 रुपए (ब्रेकआउट कैंडल के निचले स्तर) के आसपास रखा जाता है।

स्पष्ट रूप से, जब एक मजबूत ब्रेकआउट कैंडल के साथ शॉर्ट पोजीशन ले ली गई तो कीमत मजबूत बुलिश कैंडल के साथ आसानी से बढ़ने लगी।

तो यहाँ (चित्र 12.103) कुछ महीनों के ट्रेडिंग सत्रों के भीतर शेयर प्राइस 17 रुपए से बढ़कर 25 रुपए हो गया।

यह अवश्य याद रखें कि जब पैटर्न ब्रेकआउट हुआ तो वॉल्यूम भी बढ़ना शुरू हो गया था, जो स्टॉक के लिए एक ऊर्ध्वगामी तेजी का संकेत है।

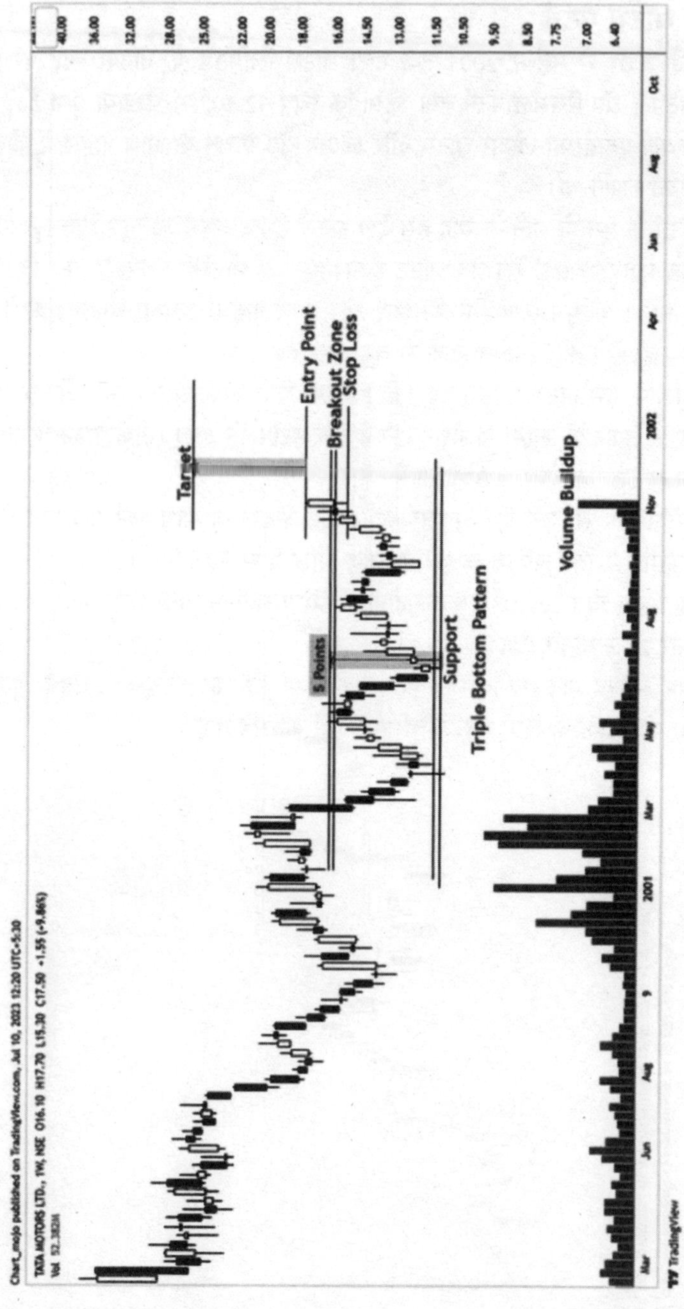

चित्र 12.102: Daily chart of Tata Motors Ltd. (bullish tiple top reversal pattern)

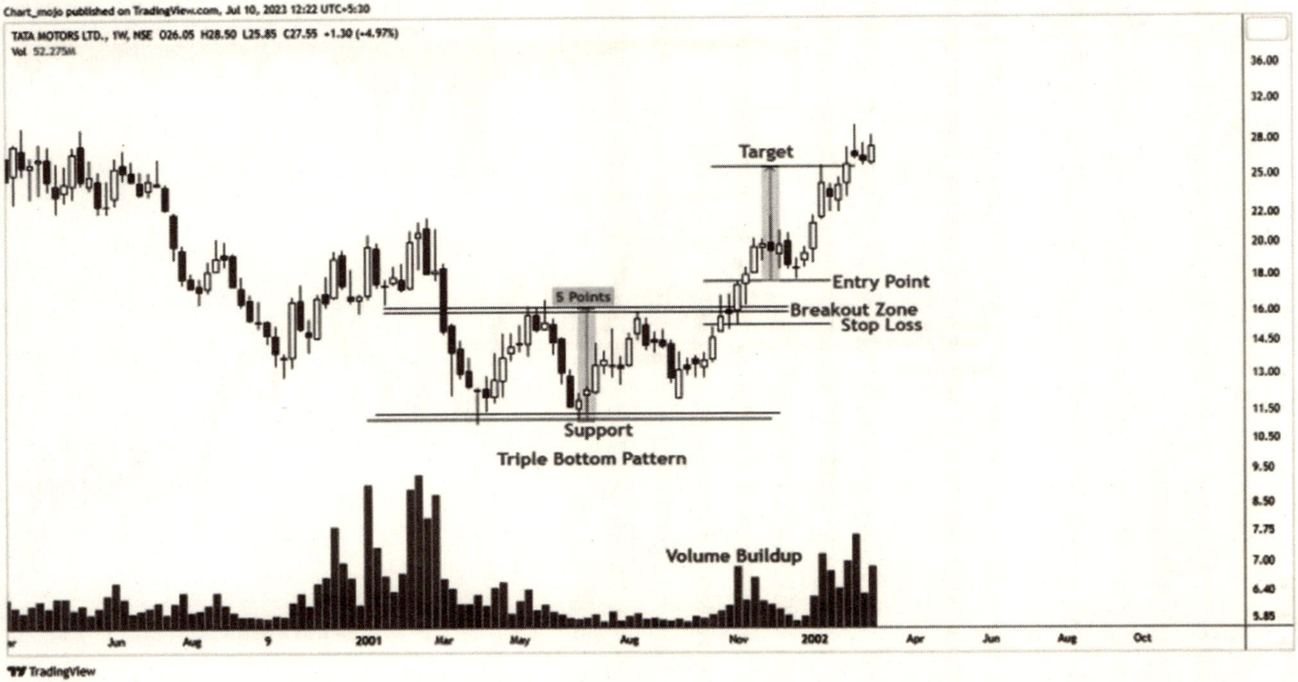

चित्र 12.103: Weekly chart of Tata Motors Ltd. giving us a strong bullish trend reversal once the breakout occurred from triple bottom pattern.

ट्रिपल टॉप पैटर्न

जुलाई 2010 से जनवरी 2011 तक बी.ई.एम.एल. लिमिटेड (पूर्व में भारत अर्थ मूवर्स लिमिटेड) के दैनिक चार्ट पर एक बेयरिश ट्रिपल टॉप रिवर्सल पैटर्न बना, जैसा कि चित्र 12.104 में दिखाया गया है।

प्राइस में केवल एकतरफा वाइड रेंज बुलिश कैंडल के साथ जबरदस्त बढ़ोतरी हो रही थी। जुलाई 2010 में पैटर्न ने आकार लेना शुरू किया और यह एक लंबा पैटर्न बन गया।

एक लंबी अवधि के बाद जब पैटर्न पूरा हो गया तो हम वॉल्यूम संकुचन के साथ एक मजबूत ब्रेकडाउन देख सकते हैं। वॉल्यूम में कमी बिक्री के दबाव की कमी को दरशाती है।

अंत में, शॉर्ट पोजीशन 699 रुपए के प्राइस से नीचे ली जाएगी और स्टॉप-लॉस 769 रुपए पर रखा जाएगा, जो एक पैटर्न ब्रेकआउट कैंडल हाई है। निकासी 9-ई.एम.ए. ब्रेकडाउन के आधार पर 434 रुपए पर होगी।

एक मजबूत ब्रेकडाउन कैंडल (चित्र 12.105) के साथ शॉर्ट पोजीशन लिये जाने के बाद मजबूत बेयरिश कैंडल्स के साथ प्राइस आसानी से नीचे आने लगा।

इस प्रकार, 10 महीने की समय-सीमा के भीतर स्टॉक प्राइस 769 रुपए से गिरकर 434 रुपए पर आ गया। इस पूरी गिरावट में हमें 10% जोखिम पर 37% का प्रोफिट बुक करना पड़ा, जो और कुछ नहीं, बल्कि स्टॉप-लॉस था।

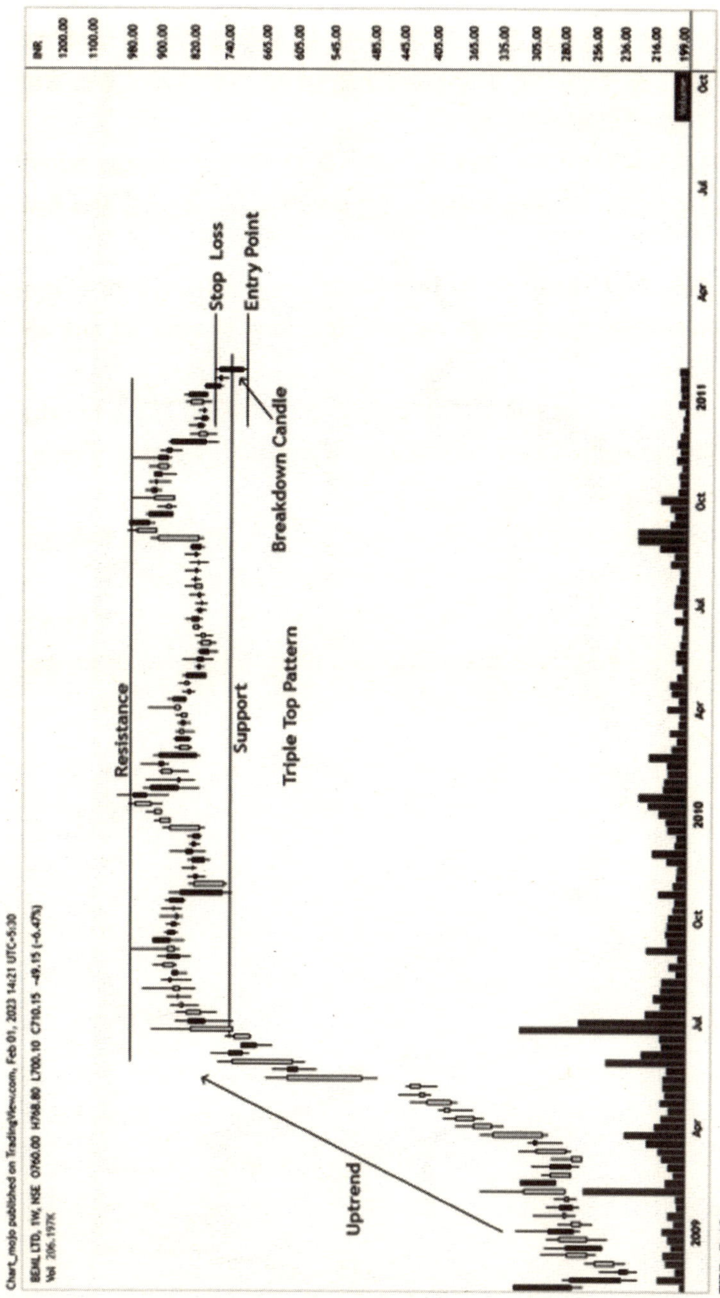

चित्र 12.104: Daily chart of BEML Ltd. (bearish triple top reversal pattern)

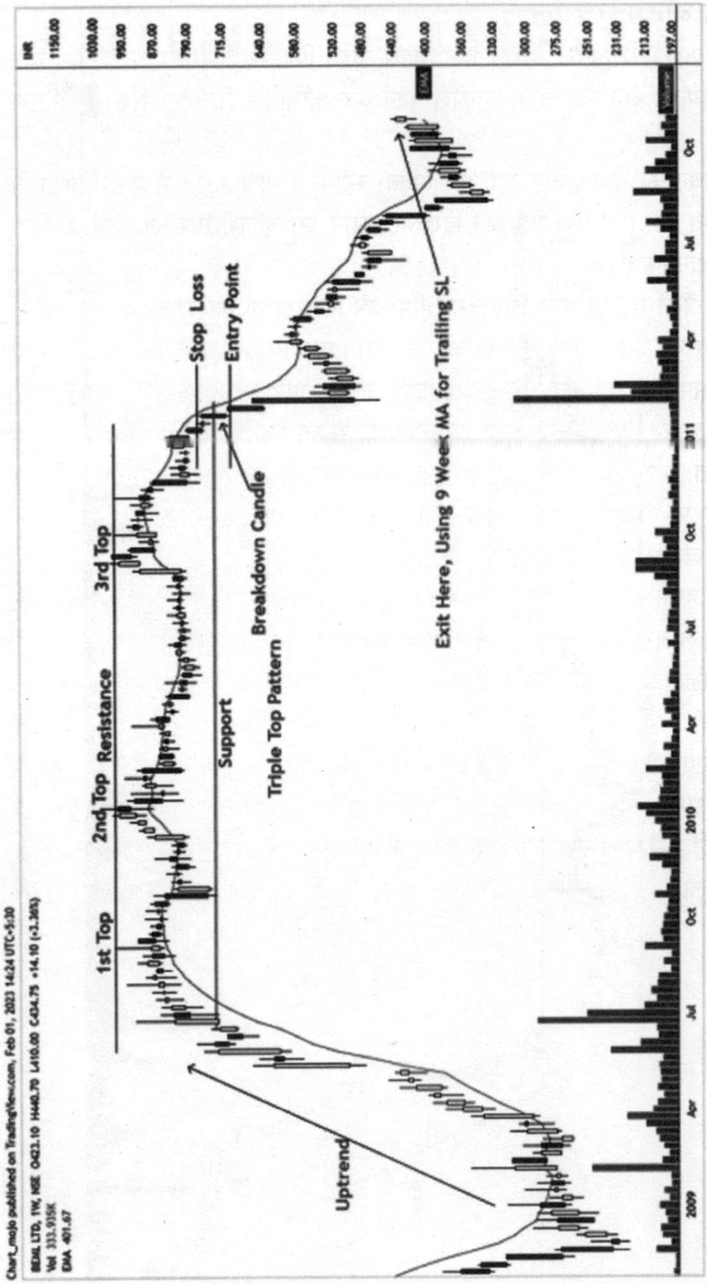

चित्र 12.105: Weekly chart of BEML Ltd. signifying a strong bearishness from the breakdown zone of triple top pattern.

आइलैंड बॉटम रिवर्सल

मई 2021 से अगस्त 2021 तक प्राइस पाइप फिटिंग्स लिमिटेड के दैनिक चार्ट पर एक बेयरिश आइलैंड बॉटम रिवर्सल पैटर्न बना, जैसा कि चित्र 12.106 में दिखाया गया है।

गिरावट का रुझान जारी रहा और अंततः स्टॉक ने मार्च 2021 में एक गैप डाउन तथा अगस्त 2021 में एक गैप अप दिखाया। इसने इस बुलिश रिवर्सल पैटर्न के लिए आकार प्रदान किया।

जब पैटर्न पूरा हो गया और उसने गैप अप दिखाया तो यह स्पष्ट था कि अंततः प्राइस ऊपर की ओर बढ़ना शुरू हो जाएगा। हमने एक विशाल बुलिश कैंडल के साथ एक गैप अप देखा, जो एक अच्छे 'खरीदारी वॉल्यूम पॉप अप बार' द्वारा समर्थित थी, जो स्टॉक प्राइस में अंतर्निहित ऊर्ध्वगामी गति का संकेत देता है।

अंततः, लॉन्ग पोजीशन 142 रुपए के प्राइस से ऊपर ली जाएगी और स्टॉप-लॉस 122 रुपए पर रखा जाएगा, जो कि 'गैप अप सपोर्ट जोन' है। निकासी 9-ई.एम.ए. ब्रेकआउट के आधार पर 220 रुपए पर होगी।

जब हमने लॉन्ग पोजीशन ले ली (चित्र 12.107) तो स्टॉक प्राइस हायर हाईज और हायर लोज के क्रम में बढ़ने लगी। तेजी को भारी खरीदारी वॉल्यूम बार्स से समर्थन मिला—बाजार से एक स्पष्ट संकेत मिला कि बड़े बाजार सहभागियों की भी इस काउंटर में रुचि है।

9-ई.एम.ए. पर एक भी ब्रेकडाउन नहीं हुआ और बढ़त बहुत अच्छी रही। दो महीने की समय-सीमा के भीतर स्टॉक प्राइस 142 रुपए से बढ़कर 220 रुपए हो गया।

इस ट्रेड सेटअप में हमें ट्रेड पर 14% जोखिम के मुकाबले लगभग 55% का भारी प्रोफिट मिला।

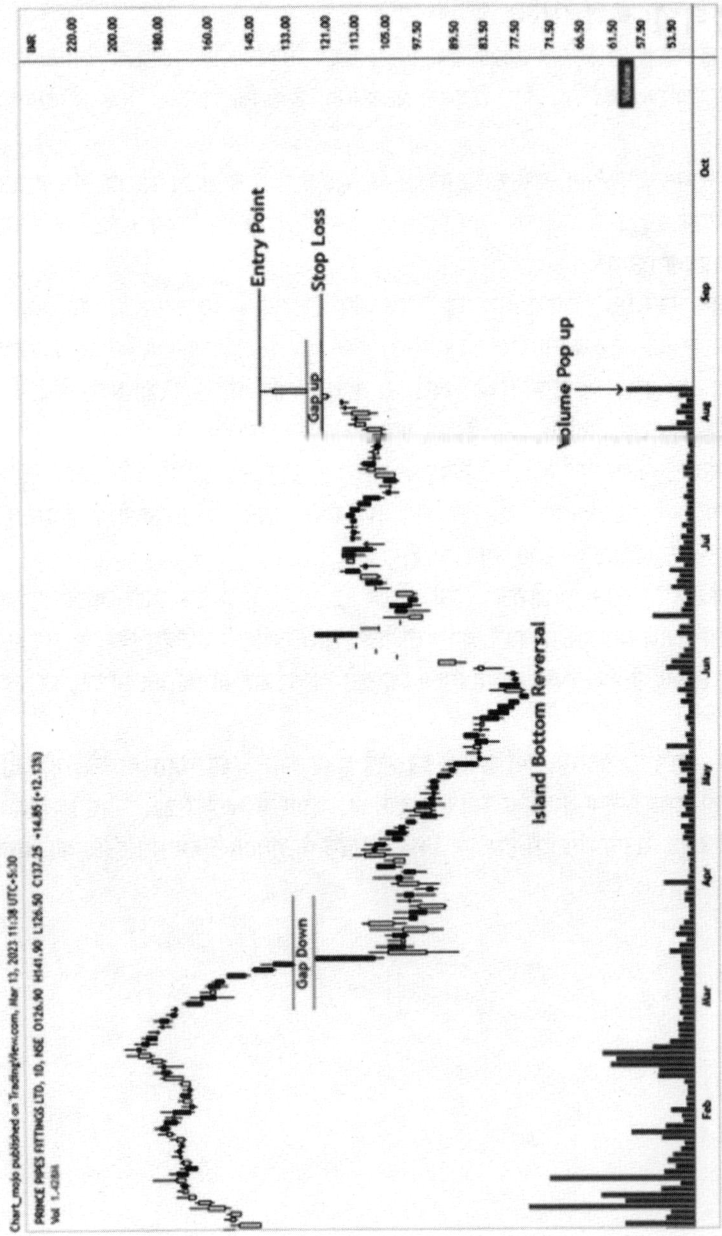

चित्र 12.106: Daily chart of Price Pipe Fittings Ltd. (bearish island bottom reversal pattern)

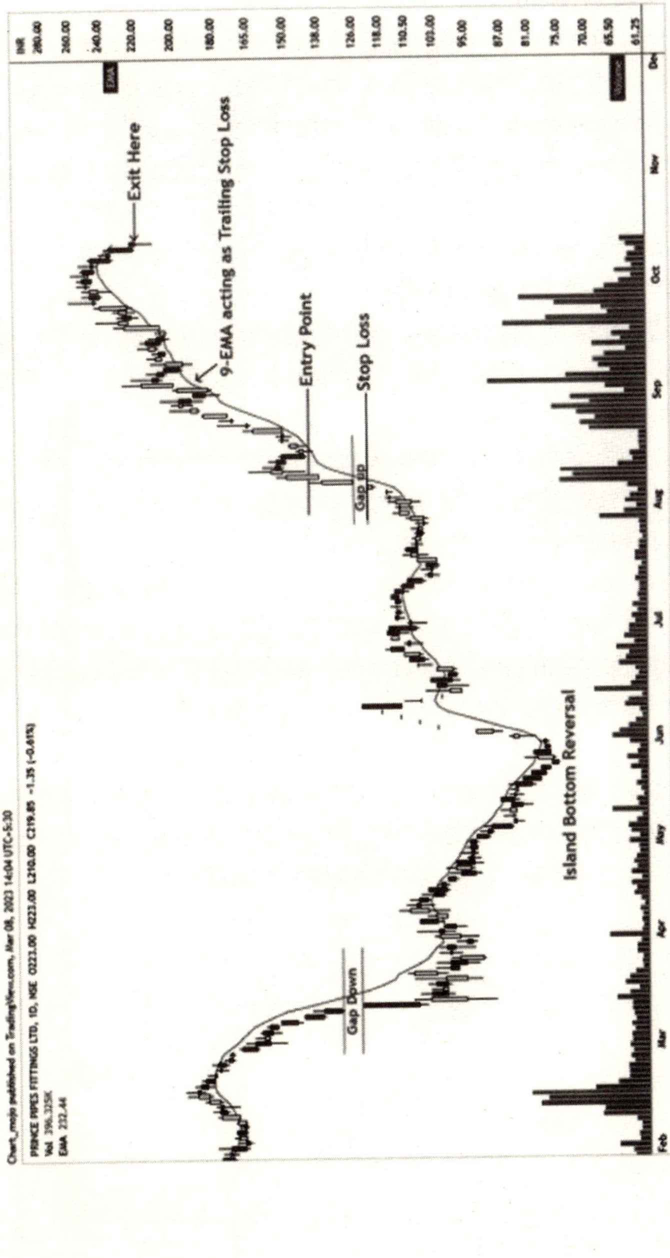

चित्र 12.107: Daily chart of Prince Pipes and Fittings Ltd. giving a strong upside from the entry point of a bullish trend reversal pattern.

आइलैंड टॉप रिवर्सल

मई 2019 से जुलाई 2019 तक एच.डी.एफ.सी. बैंक लिमिटेड के दैनिक चार्ट पर एक बेयरिश आइलैंड टॉप रिवर्सल पैटर्न बना, जैसा कि चित्र 12.108 में दिखाया गया है।

तेजी का रुझान कायम रहा और अंततः स्टॉक ने मई 2019 में एक गैप अप एवं जुलाई 2019 में एक गैप डाउन दिखाया, जिसने इस बेयरिश रिवर्सल पैटर्न को आकार दिया।

एक बार जब पैटर्न पूरा हो गया और इसने एक गैप डाउन दिखाया तो यह स्पष्ट था कि प्राइस नीचे की ओर लुढ़कने लगेगा।

एक गैप डाउन के बाद हमने एक अच्छे 'बिक्री वॉल्यूम पॉप अप बार' के साथ एक विशाल बेयरिश कैंडल देखी। इससे स्टॉक प्राइस में अंतर्निहित गिरावट की गति का संकेत मिलता है।

अंततः, शॉर्ट पोजीशन 1,141 रुपए के प्राइस से नीचे ली जाएगी और स्टॉप-लॉस 1,175 रुपए पर रखा जाएगा, जो कि 'गैप डाउन रेजिस्टेंस जोन' है। निकास 9-ई.एम.ए. ब्रेकआउट के आधार पर 1,141 रुपए पर होगा।

इस ट्रेड सेटअप (चित्र 12.109) में हमने 1% प्रोफिट भी नहीं कमाया, क्योंकि हमने ठीक उसी जगह से एक्जिट किया, जहाँ हमने एंट्री ली थी। इसलिए हमें ध्यान में रखना होगा कि हम प्रत्येक सौदे से लाभ नहीं कमाने वाले हैं। कभी-कभी हमें एक स्टॉप-लॉस हिट लेना होगा और कुछ सौदों में हम ब्रेक ईवन भी करेंगे, जैसा कि इस मामले में था।

यह अवश्य याद रखें कि ट्रेडिंग एक ऐसा व्यवसाय है और माना जाना चाहिए, जिसमें आपको प्रोफिट और लॉस दोनों मिलते हैं। जब आप अपनी मानसिकता इस तरह की बना लेंगे तो आप बाजार से पैसा कमाने में सक्षम हो जाएँगे।

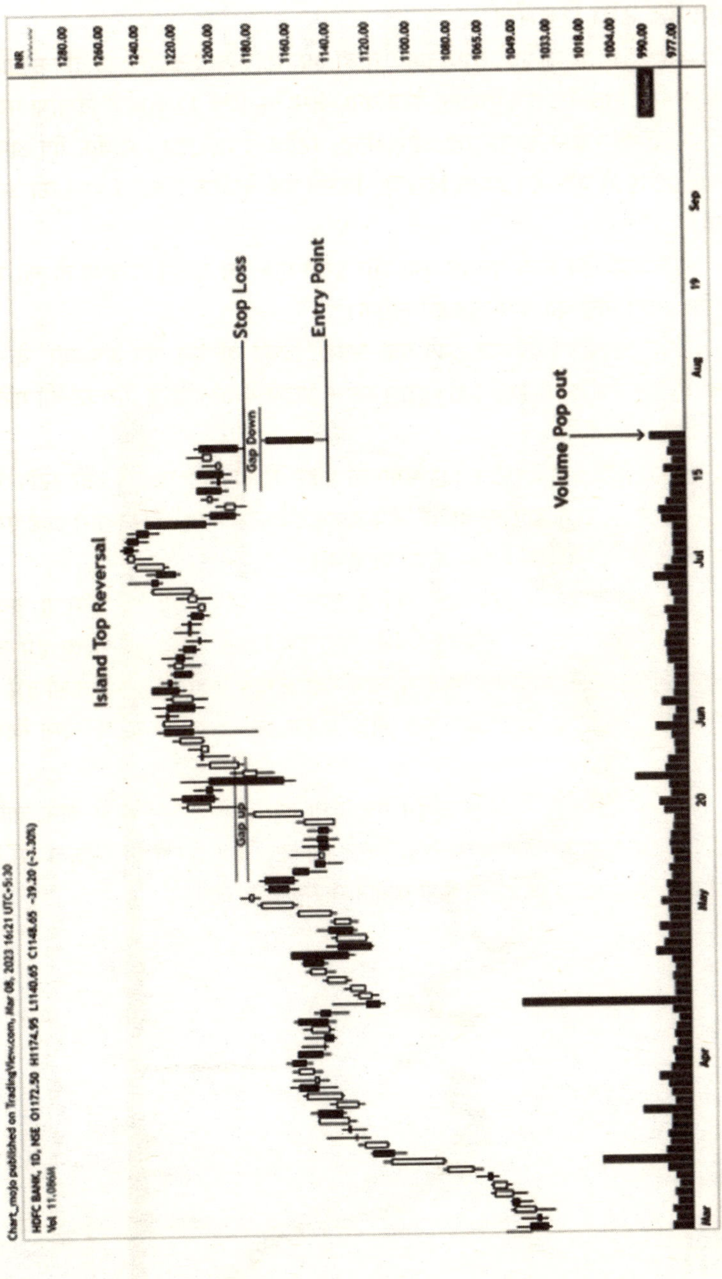

चित्र 12.108: Daily chart of HDFC Bank Ltd. (bearish island top reversal pattern)

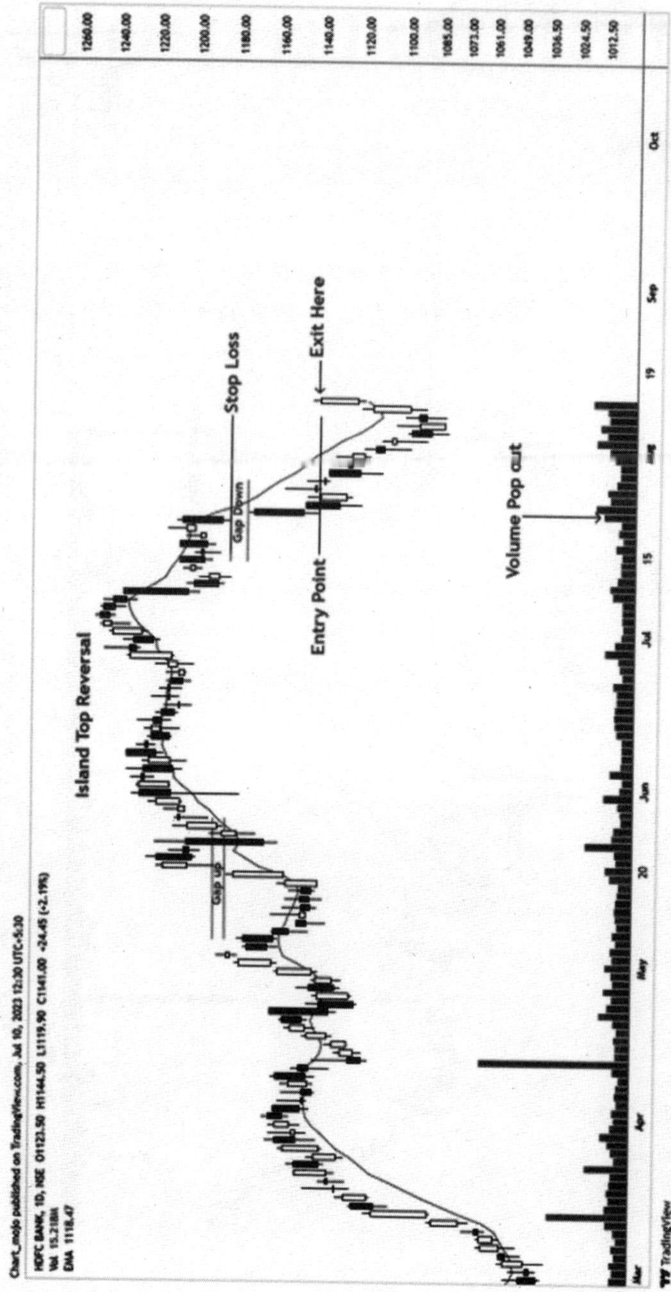

चित्र 12.109: Daily chart of HDFC Bank Ltd. showing us a downside pressure from the gapdown zone of bearish trend reversal pattern.

डिसेंडिंग ब्रॉडनिंग वेज रिवर्सल

जुलाई 2017 से सितंबर 2017 तक डिस्कवर फाइनेंशियल सर्विसेज के दैनिक चार्ट पर एक बुलिश डिसेंडिंग ब्रॉडनिंग वेज रिवर्सल पैटर्न बना, जैसा कि चित्र 12.110 में दिखाया गया है।

जैसा कि हम देख सकते हैं, 'बेयरिश असेंडिंग ब्रॉडनिंग वेज पैटर्न' के गठन से पहले स्टॉक गिरावट के ट्रेंड में था।

जुलाई 2017 में इस पैटर्न ने आकार लेना शुरू किया। जब पैटर्न पूरा हो गया तो पैटर्न का ब्रेकआउट एक कैंडल के साथ हुआ, जो बहुत मजबूत थी। इसे एक अच्छे 'वॉल्यूम बिल्ड-अप' का समर्थन भी प्राप्त था, जो ऊर्ध्वगामी दबाव के आगे बढ़ने का संकेत देता है।

अंततः, लॉन्ग पोजीशन 59.52 डॉलर के प्राइस से ऊपर ली जाएगी (चित्र 12.111) और स्टॉप-लॉस 58.50 डॉलर पर रखा जाएगा, जो कि ब्रेकआउट कैंडल का निचला स्तर है। निकास 63.73 डॉलर पर 9-ई.एम.ए. ब्रेकआउट के आधार पर होगा।

लॉन्ग पोजीशन लिये जाने के बाद शेयर के प्राइस ऊपर की ओर बढ़ने लगा और प्राइस एक्शन अनुगामी स्टॉप-लॉस मानदंड से ऊपर ट्रेड कर रहा था, जो कि 9 ई.एम.ए. है और हमें एक सहज बढ़त दिखाई दी।

अपसाइड प्राइस एक्शन के दौरान वॉल्यूम एक्शन को उच्च स्तर पर देखा जा सकता है, क्योंकि खरीदने वाले वॉल्यूम बार्स बेचने वाले वॉल्यूम बार्स से बड़े होते हैं। अंततः, जैसे-जैसे हम एक्जिट प्राइस के करीब पहुँच रहे थे, वॉल्यूम कम होने लगा और अंततः 63.73 डॉलर पर रुक गया।

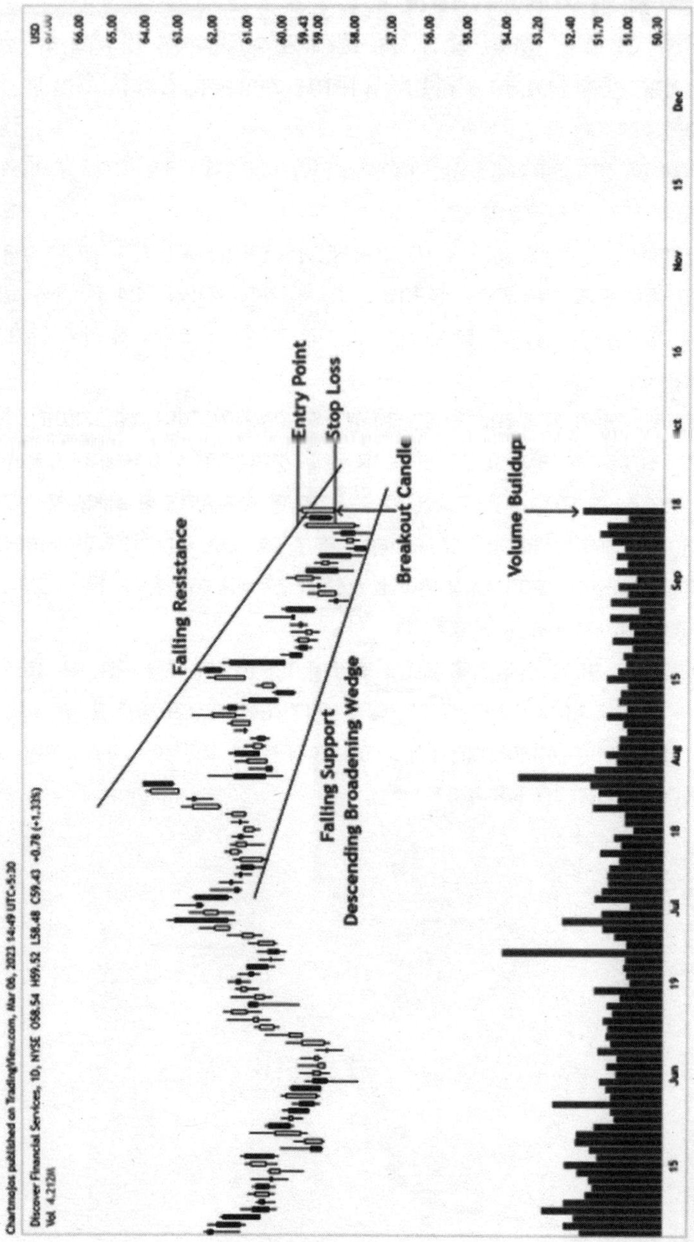

चित्र 12.110: Daily chart of Discover Financial Services (bullish descending broadening wedge reversal pattern)

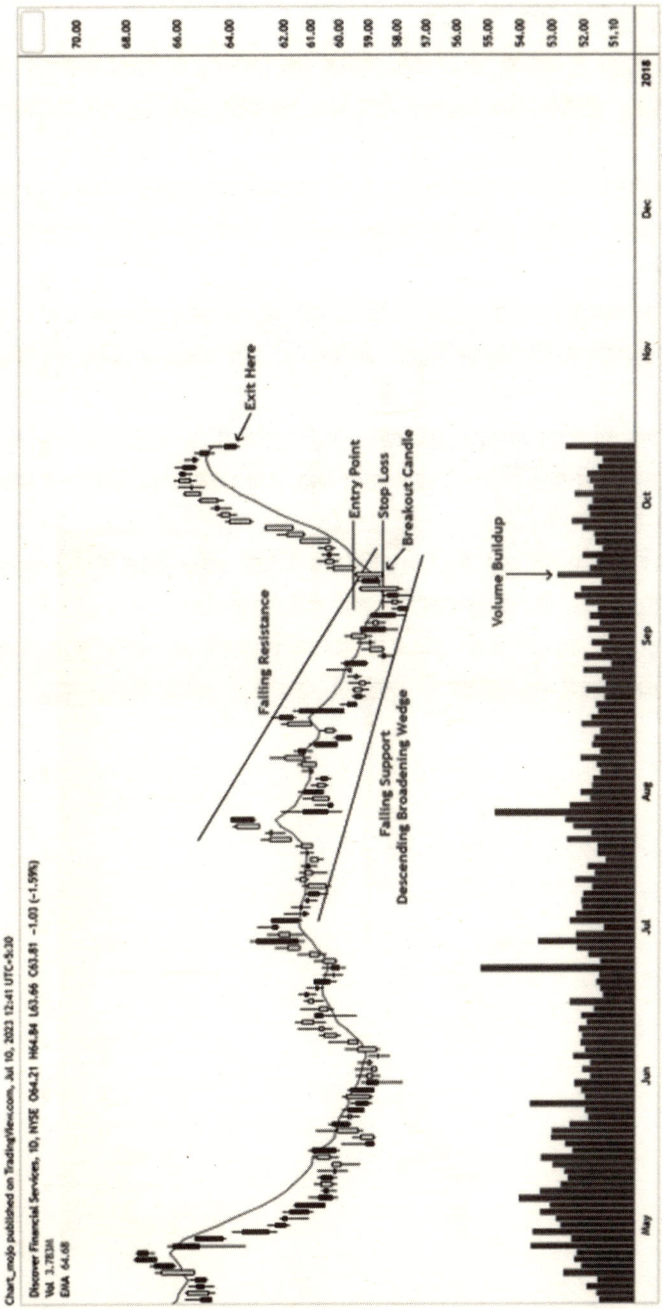

चित्र 12.111: Daily chart of Discover Financial Services showing us a built-in upside momentum from the breakout of bullish trend reversal pattern.

असेंडिंग ब्रॉडनिंग वेज रिवर्सल

अप्रैल 2017 से दिसंबर 2017 तक इंद्रप्रस्थ गैस लिमिटेड के दैनिक चार्ट पर एक बेयरिश असेंडिंग ब्रॉडनिंग वेज रिवर्सल पैटर्न बना, जैसा कि चित्र 12.112 में दिखाया गया है।

एक 'बेयरिश असेंडिंग ब्रॉडनिंग वेज पैटर्न' के बनने और सफेद कैंडल्स की एक शृंखला से गुजरने से पहले स्टॉक एक मजबूत अपट्रेंड में था, जो काउंटर पर तेजी का संकेत देता है।

पैटर्न का ब्रेकडाउन एक कैंडल से हुआ, जो बहुत मजबूत थी। इसे एक अच्छे वॉल्यूम बिल्ड-अप से भी समर्थन मिला, जो नीचे की ओर दबाव के बढ़ने का संकेत देता है।

यहाँ, शॉर्ट पोजीशन लगभग 264 रुपए (एंट्री एरिया से 78 अंक नीचे) के टार्गेट के साथ 340 रुपए से नीचे ली गई है और स्टॉप 360 रुपए (ब्रेकडाउन कैंडल के उच्च) के आसपास रखा गया है।

चित्र 12.113 में एक बार ब्रेकडाउन हो जाने के बाद स्टॉक प्राइस ने पीछे मुड़कर नहीं देखा और मजबूत बेयरिश कैंडल्स के साथ नीचे गिरती रही।

बहुत ही कम समय में प्राइस 340 रुपए से नीचे गिरते हुए 264 रुपए पर आ गया। इस पूरी गिरावट में हमें 6% जोखिम के मुकाबले 22% रिटर्न अर्जित करना पड़ा।

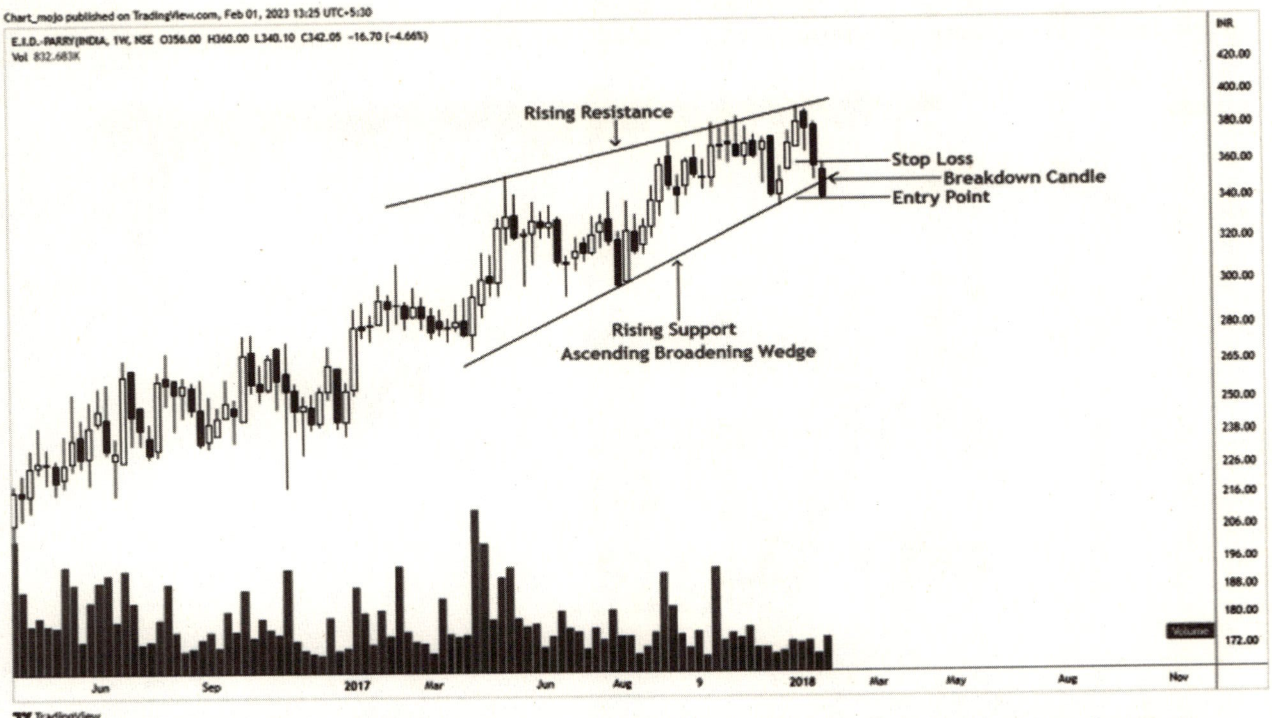

चित्र 12.112: Daily chart of Indraprastha Gas Ltd. (bearish ascending broadening wedge reversal pattern)

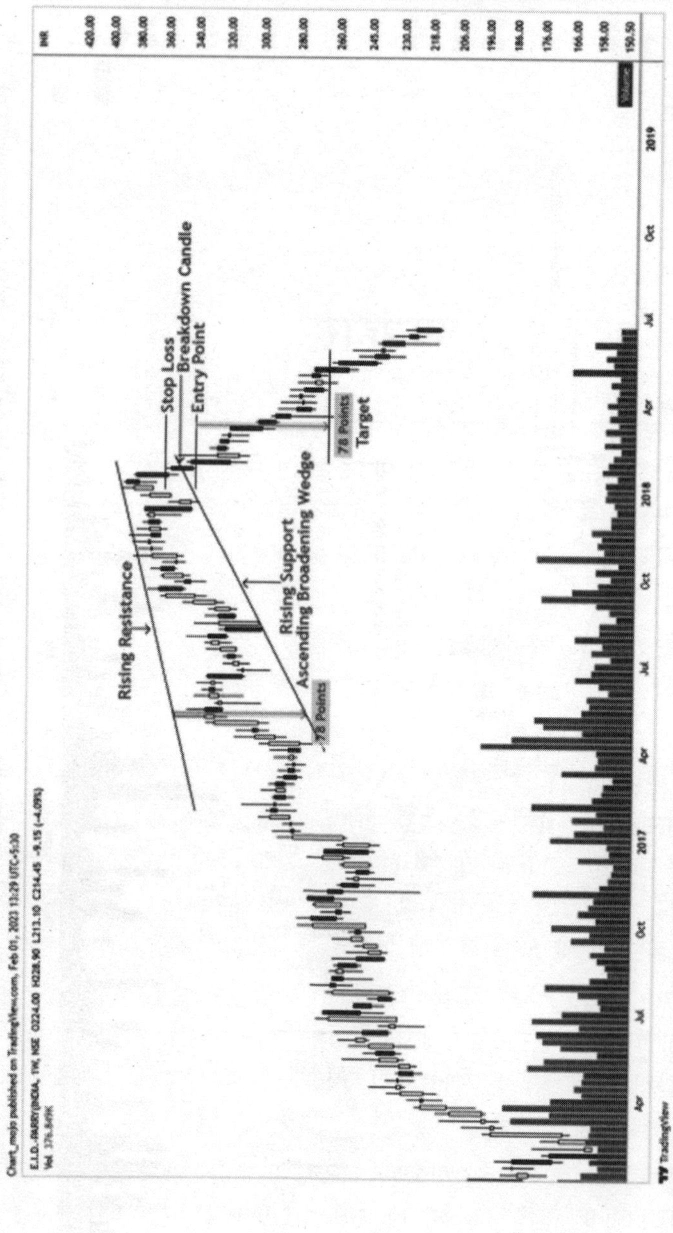

चित्र 12.113: Weekly chart of EID Parry(India) depicting one-way downside momentum after the breakout from bearish trend reversal pattern.

उपसंहार

'ब्रेकआउट ट्रेडिंग मेड इजी' पूरी पढ़ लेने पर बधाई!

इस पुस्तक ने आपको ब्रेकआउट ट्रेडिंग में उत्कृष्टता प्राप्त कर‹ लिए आवश्यक ज्ञान एवं रणनीतियों से सुसज्जित किया है। आइए, मुख्य बिंदुओ पर दोबारा गौर करें और आपको एक लाभदायक ब्रेकआउट ट्रेडर बनने की राह पर ले जाएँ!

अपनी यात्रा पर विचार करें : अपनी प्रगति की सराहना करने के लिए कुछ समय निकालें। आपने ब्रेकआउट अवसरों की पहचान करने, जोखिम एवं लाभ का आकलन करने और सटीक ट्रेड निष्पादित करने के बारे में जाना है। याद रखें, ट्रेडिंग में सफलता सीखने और अनुकूलन की एक सतत यात्रा है।

अनुशासन और धैर्य : ब्रेकआउट ट्रेडिंग के लिए अनुशासन और धैर्य की आवश्यकता होती है। अपनी योजना पर कायम रहें, अपने नियमों का पालन करें और भावनाओं को अपने निर्णय पर हावी न होने दें। धैर्य रखें, सही सेटअप की प्रतीक्षा करें और बाजार की स्थितियों को सामने आने दें।

जोखिम-प्रबंधन : पूँजी की रक्षा करना और लाभप्रदता बनाए रखना महत्त्वपूर्ण है। स्पष्ट जोखिम पैरामीटर सेट करें, उचित पोजीशन साइज निर्धारित करें और स्टॉप-लॉस ऑर्डर का प्रभावी ढंग से उपयोग करें। दीर्घकालिक सफलता के लिए जोखिम-प्रबंधन में निरंतरता महत्त्वपूर्ण है।

अनुकूलनशीलता : बाजार गतिशील और सदैव परिवर्तनशील है। बाजार की स्थितियों पर लगातार नजर रखें, आर्थिक समाचारों से अपडेट रहें और तदनुसार अपनी रणनीतियों को समायोजित करें। लचीलापन और अनुकूलनशीलता आपको बढ़त दिलाती है।

मनोविज्ञान मायने रखता है : भावनाओं को प्रबंधित करें, आवेगपूर्ण निर्णयों से बचें और अपनी रणनीति पर ध्यान केंद्रित रखें। समझें कि लॉस ट्रेड का हिस्सा हैं और एक लचीली मानसिकता बनाए रखें। गलतियों से सीखें और प्रेरित रहें।

सीखें और विकास की तलाश करें : प्रत्येक ट्रेड सीखने का और विकास करने का अवसर प्रदान करता है। अपनी ट्रेडिंग की समीक्षा करें, पैटर्न्स का विश्लेषण करें और एक ट्रेडिंग जर्नल रखें। अपने सीखने की प्रक्रिया में तेजी लाने के लिए गुरुओं या साथी ट्रेडर्स से प्रतिक्रिया लें।

एक सहायक नेटवर्क बनाएँ : अपने आप को ट्रेडर्स के ऐसे समुदाय से घिरा रखें, जो आपके जुनून को साझा करते हों। चर्चाओं में शामिल हों, विचार साझा करें और एक-दूसरे के अनुभवों से सीखें। सहयोग नए दृष्टिकोण और समर्थन प्रदान कर सकता है।

याद रखें, ब्रेकआउट ट्रेडिंग तत्काल धन पाने का गारंटीशुदा रास्ता नहीं है। इसके लिए समर्पण की, निरंतर सीखने की और अनुकूलन क्षमता की आवश्यकता होती है। चुनौतियों को स्वीकार करें, धैर्य रखें और अपनी क्षमताओं पर भरोसा रखें। आपके ब्रेकआउट ट्रेड लाभदायक हों और आप ब्रेकआउट ट्रेडिंग के माध्यम से अपने वित्तीय लक्ष्य प्राप्त करें, यही आशा है।

एक ब्रेकआउट ट्रेडर के रूप में आपकी भविष्य की सफलता के लिए शुभकामनाएँ!

□□□

अनुवादक

श्वेता भट्ट एक गृहिणी हैं, जिन्होंने अपने बच्चों के उच्च शिक्षा के लिए बाहर जाने के बाद अनुवाद के अपने शौक को गंभीरता से लिया। पिछले दस वर्षों में लगभग पचास महत्त्वपूर्ण पुस्तकों का अनुवाद कर चुकी हैं। वाणिज्य में स्नातक; रूसी भाषा में तीन वर्ष का डिप्लोमा। कई रूसी कहानियों का अंग्रेजी तथा हिंदी में अनुवाद।